청중을 변화시키는 해설

Interpretation:
Making a Difference on Purpose

by Sam H. Ham

청중을 변화시키는 해설

Interpretation:
Making a Difference on Purpose

샘 햄 지음

이진형 옮김

세계 최고 해설학자가 전하는
명품 해설사의 길

"많은 해설의 문제점은 테마 없이 단지 이야기 소재만으로 진행된다는 점이다.
 사실의 전달이 초점이 될 때, 해설은 교실의 수업과 같은 것이 되고 만다."

추천사

　여러분들은 아마도 이 책의 저자인 샘 햄의 이전 저서 『환경 해설: 번뜩이는 아이디어와 작은 예산을 가진 해설사들을 위한 실무 지침서 Environmental Interpretation: A Practical Guide for People with Big Ideas with Small Budget』라는 책에 대해 알고 있을 것이다. 그 책은 1992년 출판된 이래, 전 세계의 대학 강단에서 소중한 교과서가 되어왔고 일선 해설사들을 위한 중요한 자산이 되었다.

　『환경 해설』에서 저자는 처음으로 커뮤니케이션에 있어서 테마를 강조하는 접근 방식을 설명했다. 저자는 언제나 『공원 탐방객을 위한 해설 Interpreting for Park Visitors』의 저자 빌 루이스Bill Lewis가 자신이 테마에 대한 관심을 가질 수 있도록 했다고 설명해 왔다. 빌 루이스는 언젠가 나에게 자신의 테마에 대한 관심이 아리스토텔레스로부터 왔다고 이야기한 적이 있으니 테마 중심의 커뮤니케이션은 결코 새로운 것이 아니라고 할 수도 있다. 하지만 심리학자로서 그리고 전직 해설사로서 저자는 누구보다 현장실무를 연구로 연결시키는 것이 얼마나 중요한 것인가를 깊이 알고 있었다. 해설에 있어 테마를 중시하는 접근의 중요성을 옹호하는 연구들에 대한 저자의 설명 방식 하나하나는 우리들에게 테마를 사용해야 하는 이유를 잘 이해시켜 주고 있다.

이 책에서 저자는 해설사들에게 테마를 중시하는 커뮤니케이션이 얼마나 탁월한지에 대한 새로운 지평을 열어주고 있다. 이 책의 가치를 말하기 위해 개인적인 이야기를 좀 나누어 보려고 한다. 나는 1980년대에 콜로라도 주 푸에블로Pueblo 시의 한 자연환경센터nature center의 이사장으로 근무한 바 있다. 당시 나는 이사회에서 자연환경 센터가 가치에 대한 교육values education을 하고 있다고 설명한 바 있는데 갑자기 이사 중의 한 명이 중간에 말을 끊었다. 그는 우리의 발언을 불쾌해하면서 매우 화가 난 나머지 결국 이사회에서 사직했다. 당시 나는 우리의 접근 방식에 대해 매우 열정적으로 방어하려 하긴 했지만 그 사람이 자연환경센터에 대해 더 잘 이해할 수 있도록 이 센터가 지역사회에 미치는 긍정적인 영향에 관한 요점을 잘 설명하지는 못했다.

나중에 나는 그가 금연과 무책임한 성관계를 줄이는 프로그램에 깊이 관여하고 있는 우리 시의 가장 큰 병원의 마케팅 책임자라는 것을 알게 되었다. 그 병원은 체중감량 운동을 장려하는 프로그램을 가지고 있었다. 왜 환경을 관리하는 것의 가치를 교육하는 것이 신체와 라이프스타일을 관리하는 것의 가치를 교육하는 것에 비해 더 논쟁적인 것인가? 그 이사회의 이사는 자연환경센터의 역할을 지역사회 구성원들의 자연에 대한 태도, 신념, 행동에 영향을 주는 것으로 보지 않고 단지 자연에 대한 사실적 정보를 전달하는 것으로 간주하고 있었다. 내가 만일 그 이사가 병원 마케팅 책임자라는 것을 알았더라면 그에게 자연환경센터의 역할과 병원의 보건 관련 업무를 비교해서 설명해 주었겠지만, 당시 나의 생각은 그 불만에 가득한 이사의 화를 누그러뜨리기에는 역부족이었고, 나는 내 주장을 뒷받침해 줄 만한 어떠한 중요한 연구결과도 그에게 제공할 수 없었다.

저자의 이번 신작은 우리가 현재 해설에 대해 알고 있는 것과 공원, 동물원, 박물관, 수족관, 자연환경센터, 야생 보호구역, 역사적 명소 등 다양한 환경에서의 해설의 역할에 대해 잘 알려주고 있다. 저자는 서문에서 자신의 저작 의도가 해설사들이 어떻게, 그리고 왜 커뮤니케이션으로서 해설의 원리가 작동하는지를 이해할 수 있도록 돕는 것이라고 설명하고 있다. 우리가 그 원리들이 어떻게 작동하는지를 설명할 수 있어야만 비로소 테마 중심 해설에 대한 믿음과 더불어 실행력을 가지게 된다고 그는 제안하고 있는 것이다.

여러 해 동안 저자는 해설의 중요한 목적이 탐방객 또는 고객을 생각하게 하는 것이라고 강조해 왔다. 이는 매우 단순해 보이지만 사실 그리 쉬운 것이 아니다. 저자는 미국 국립공원청US National Park Service의 관리 지침에 나와 있는 구절 즉 '해설을 통해 이해하고, 이해를 통해 보전하고, 보전을 통해 보호한다.'를 인용하면서 현대 해설학의 선구자 프리먼 틸든Tilden, 1957 또한 자신과 비슷한 관점을 제시했다고 언급하고 있다. 이것은 또한 미국해설사협회National Association for Interpretation: NAI의 교수요원들이 2000년 이후 가르쳐 왔던 사회적 마케팅social marketing 개념과도 맥락을 같이하는 것이고, 내가 미국 국립공원청의 마더 훈련 센터Marther Training Center에서 처음 목격했던 해설사 훈련 모델이기도 했다. 우리는 해설사로서 청중들에게 지적이고 감정적인 경험을 제공하고, 이를 통해 청중의 이해를 돕는다. 사람들은 반복과 기억증진장치를 통해 암기를 할 수 있긴 하지만 이해는 분석에 기반한 보다 깊은 통찰의 결과인 것이다. 바로 이 사려 깊은 분석이야말로 해설을 단순히 정보를 제공하는 것과 구별시켜 주는 것이라고도 할 수 있다.

미국해설사협회의 상임이사로서 지난 17년간 재직하는 동안 해설의 방식은 엄청나게 많은 양의 정보를 제공하는 강의 스타일의 해설 또는 재미있기는 하나 서로 관련이 없는 복잡한 것들을 제공하는 해설로부터 생각을 불러일으키는 테마 중심의 해설로 변화되었고, 나는 해설사들의 세계에 있어서 엄청난 변화를 목격하였다. 현재 미국해설사협회의 자격 및 교육훈련 프로그램은 저자의 테마 중심 해설에 크게 의지하게 되었고, 세계 여러 곳의 해설사 교육훈련 프로그램 역시 테마 중심 해설의 가치를 인정하고 있다.

만일 내가 과거로 돌아갈 수 있다면 나는 그 불만이 가득했던 이사와 해설을 통한 '가치의 교육'의 중요성에 대해 좀 더 세련된 토론을 할 수 있을 것 같다. 해설은 사람들에게 세상과 중요한 이야기와 다른 문화들, 우주, 또는 맥주에 대한 이해를 도울 수 있다. 어떠한 것이든 해설사들의 해설 소재가 될 수 있다. 문제는 과정인 것이다. 우리는 가치들을 가르칠 필요는 없다. 우리는 선동할 필요도 없다. 우리는 해설사로서 사람들이 이해에 기반하여 자신들의 결론에 도달할 수 있도록 생각해 보도록 할 수 있다. 그리고 그러한 이해는 사람들이 자신들을 둘러싼 세상을 새롭게 바라볼 수 있게 해줄 수 있을 것이다.

저자는 호주를 12번 방문한 것을 포함하여 세계 여러 나라의 초청을 받은 바 있다. 그는 외딴 보호구역에서 혼자서 일하는 해설사들에게 존경받고 있을 뿐만 아니라 미국의 큰 주립대학에서 가르치는 교수이기도 하다. 그는 해설사들의 해설사이자 교사였다. 나는 누구도 저자보다 이런 부류의 일을 잘하지는 못했다고 말하고 싶다. 그를 아는 사람들은 누구나 변화를 이끌어 내려는 그의 진정한 열정에 고무된다.

하나의 직업은 일정한 속도로 성장하지 않는다. 그것은 마치 중요한 사건들이 변화를 야기하듯이, 용솟음치듯이 발전해 간다. 그의 전작인 『환경 해설: 번뜩이는 아이디어와 작은 예산을 가진 해설사들을 위한 실무 지침서』는 수천 명의 해설사들의 서재에 보관되어 있는 만큼이나 해설사라는 직업의 세계에 엄청난 영향을 미쳤다. 그의 새로운 신작『청중을 변화시키는 해설』을 통해 저자는 다시 한번 확실하게 해설사라는 직업의 세계에 변화를 가져올 것이다.

팀 메리만Tim Merriman
미국해설사협회 National Association for Interpretation 前 상임이사

서문

20년 전 『환경 해설Environmental Interpretation』을 저술할 당시 나는 특별한 목적을 염두에 두고 있었다. 당시만 하더라도 해설사들이 참고할 만한 교과서가 전무했었고, 그런 만큼 나는 『환경 해설』에서 해설사들에게 해설을 실제적으로 어떻게 수행할 것인가에 대해 매우 자세하게 설명했다예를 들어, 어떻게 거점해설을 기획하고 실행할지, 이동 해설을 진행할 것인지, 해설 전시 작품을 디자인할 것인지, 오디오 비디오 해설 프로그램을 제작할 것인지 등. 그 무렵만 하더라도 해설에 있어 테마의 개념을 처음 소개했던 빌 루이스Bill Lewis의 1980년 판 저작 『공원 탐방객을 위한 해설Interpreting for Park Visitors』에서조차 테마를 실제 해설에 어떻게 구체적으로 적용할지를 보여주고 있는 저술이 전혀 없었다. 당시 나는 내가 재직하고 있던 아이다호 주립대학의 수업시간에 해설에 있어서 테마의 개념과 테마를 실제 해설에 적용하는 방법들에 대해 강조하고 있었기 때문에 어느 날 내가 해설에 대해 가르치기를 원하는 방식대로, 즉 테마를 중심으로 한 해설에 대한 교과서를 쓰기로 작정하게 되었다. 그것이 내가 『환경 해설』을 저술한 목적이었고, 그 결과는 성공적이었다고 할 수 있다.

그러나 나는 『환경 해설』의 집필을 마칠 무렵 이미 이 책을 저술할 생각을 가지게 되었다. 그리고 20년 전과 마찬가지로 이 새로운 책이 『환경 해설』과는 다른 목적으로 유용하게 사용될 수 있으리라는 것에 대해 나는 다시 한번 고무되어 있다. 나는 독자들이 이 책을 읽어가는 동안 이 책이 실무적인 해설 지침을 다루고 있는 만큼이나 해설을 어떻게 바라볼 것이지, 그리고 해설을 어떻게 할 것인지에 대해서도 다루고 있다는 것을 인지하게 되기를 바란다. 거기에는 이유가 있고, 그 이유는 이 책의 제목 『청중을 변화시키는 해설 Interpretation: Making a Difference on Purpose』에 잘 나타나 있다.

단순한 희망이나 운에 의한 변화가 아닌 사전에 계획을 가지고 청중을 변화시키기 위해서 해설사는 해설에 대해 전략적으로 사고할 필요가 있다. 이것은 무엇보다 해설의 원리가 어디에서 온 것인지 그리고 왜 그것이 맞는 것인지에 대해 잘 알고 있어야 함을 의미한다. 만일 여러분이 제대로 설명할 수 없고, 완전히 자기 것으로 만들지 못한 원리를 어떻게 하다 현장에서 적용하는 데 성공한다 하더라도, 여러분은 언젠가 청중이나 환경이나 매체 등이 바뀌게 되었을 때 그 원리를 또다시 적용하여 해설을 하는 데 애를 먹을 수 있다. 말하자면 해설의 목표가 청중들을 생각하게 하는 것이라는 점을 아는 것만으로는 충분하지 않다는 것이다. 해설사는 청중을 왜 생각해야 하는지 그 이유에 대해서도 알고 있어야 한다. 마찬가지로 박물관의 학예사들은 많은 관람객을 유치하기 위해서 전시의 테마가 있어야 하는 것을 아는 것으로는 충분치 않고 '왜' 테마 제목이 필요한지를 반드시 알고 있어야 한다. 뿐만 아니라 여러분은 거점해설이나 이동식 해설에서 해설의 테마를 명시적으로 이야기하지 않아도 되는 것에 대해 알고 있을 뿐만 아니라 그 이유에 대해서도 알고 있어야 한다.

모두 10개의 장으로 구성된 이 책의 핵심은 해설이라는 것이 마술과 같은 것이 아니라는 것이다. 다시 말해 해설은 논리적 설명이 불가능한 일종의 속임수나 기발한 고안품 같은 것이 아니라는 것이다. 오히려 이 책에서는 해설을 전략으로 간주한다. 의도된 기획과 의사소통 방식은 해설사들이 만나는 다양한 종류의 청중들에게 의도된 변화를 유발할 가능성을 높인다는 것이다.

　물론 전략적이 되기 위해서 여러분은 여러분이 무엇을 하고 있는지에 대해서도 알아야 하고, 왜 특정한 방식으로 해설을 하는지에 대해서도 알아야 한다. 여러분은 직관적 사고뿐만 아니라 일련의 연구결과들만이 보여줄 수 있는 믿을 만한 증거에 기반한 근거도 필요하다. 나는 이 책의 각 장에서 이러한 증거들을 제시하기 위해 노력했다.

　나는 꽤 오랫동안 나의 테마 중심의 의사소통에 대한 이해를 받쳐주고 있는 이론과 인지과학에 대해 저술해 보고 싶었다. 내가 이 책에서 인용한 문헌들이 해설을 더 깊고 다각적으로 이해하기 원하는 연구자들과 무엇인가 새로운 연구를 시작할 필요가 있는 석·박사과정 대학원생들에게도 유용하게 사용될 수 있기를 기대한다. 비록 테마 중심의 의사소통에 대한 나의 접근 방식을 입증하기 위해 사용한 이론과 연구가 한 교수 이론에 불과한 것이고, 다른 누군가가 허점을 발견할 수도 있겠지만 나는 이 아이디어들을 글로 적어야 할 때라고 생각했다. 이 책이 이러한 목적을 성취하기만 하더라도 그것은 이 책의 가장 중요한 기여 중의 하나가 될 것이다.

　나는 모든 독자들이 이 책의 맨 마지막에 포함한 '미주'를 눈여겨보길 바란다. 나는 우리들 중 상당수가 각주나 미주 등을 읽는 것에 신경을 쓰지 않는다는 것을 안다. 사람들은 각주나 미주 등을 전문 연구자들이 다른 연구자들에게 자신의 이야기가 꾸며낸 이야기가 아니라는 것을 보여주는 데 사용하는 것이라고 가정하는 경향이 있다. 하지만 내가 이 책에서 독자들을 위해 달아놓은 미주들은 그러한 종류의 것이 아니다. 오히려 그것들은 추가적인 생각들이라고도 할 수 있는데, 나의 경우는 내가 본문에서 언급했던 것과는 다른 관점이나 시각으로 무엇인가를 분석할 때 미주를 사용하였다. 이것들 중 일부는 내가 독자들에게 생각해 보기를 원하는 완전히 새로운 이슈들을 소개하는 것이지만 대게는 본문에서 언급할 경우 생각의 흐름을 방해할 수 있는 것들이라고 생각했던 것이다. 그리고 나를 개인적으로 아는 사람들이 기대하는 것처럼 이 미주들 중에는 농담이나 개인적 일화 등도 다소 포함되어 있다. 비록 내가 대부분의 참고문헌들을 미주로 밀쳐버리긴 했지만, 어떠한 측면에서 미주는 이 책 안의 또 다른 작은 책이라고 할 수 있다. 나는 여러분들이 이 미주들을 즐겁게 읽을 수 있기를, 그리고 이 미주들이 여러분들의 테마 중심 해설에 대한 이해도를 높일 수 있기를, 나아가 여러분들이 탐방객을 변화시킬 가능성을 증가시킬 수 있기를 바란다.

이 책은 TORE 모델전에 많은 독자들이 EROT 모델로 알고 있는로 시작한다. 제1장과 제2장에서 볼 수 있는 바와 같이 EROT 모델에서 TORE 모델로의 갱신은 '청중의 변화를 유발하는' 데 있어 청중들을 생각하게 하는 것이 얼마나 중요한 것인지를 보여주는 일관된 연구결과들에 의해 야기되었다. 이러한 경험연구들은 내가 『환경 해설』을 출간한 이후에 이루어졌고, 그 책에서 제시된 테마 중심의 해설 원리에 익숙해 있는 독자들은 중요한 변화를 발견할 수 있을 것이다. 그러나 해설은 설명이 아니라 반응을 유발하는 것이라는 주장을 한 프리먼 틸든Freeman Tilden, 1957의 저술에 익숙한 독자들에게는 직관적으로 이 갱신이 왜 필요한지를 이해할 것이다. 확실히 틸든은 그러한 주장을 함으로써 이론과 경험연구에 있어 거의 30년 이상 앞섰다고 할 수 있는데 이 책의 맨 앞 2개의 장은 '해설은 반응을 유발하는 것'이라는 그의 원리를 TORE 접근에 있어 전면에 그리고 핵심에 위치시키도록 하고 있다. 진정 해설에 있어 우리가 얼마나 성공했느냐의 여부는 해설사가 어떠한 정보를 전달했느냐보다는 청중들이 어떠한 생각을 했느냐에 달려 있는 것이다.

내가 이 책을 쓸 수 있게 된 것은 무엇보다 지난 2011년 1월 17일 예기치 않게 세상을 떠난 나의 친구이자 동료 데이비드 랄센David Larsen 때문이다. 내가 이 책을 저술하기 시작한 2005년 3월부터 2010년 11월까지 5년여 동안 데이비드와 나는 매달 전화통화로 이 책의 내용에 대해 이야기를 나누었다. 30분에서 3시간까지 가기도 했던 우리의 대화는 우리 둘 모두에게 지적 카타르시스를 제공하는 데 부족함이 없었다. 그도 그럴 것이 우리 둘은 서로 다른 탐구방식을 통해 완전히 독립적으로 해설에 대한 일치된 의견에 도달했기 때문이다. 나는 데이비드와 마지막 의견교환을 할 무렵 그에게 그의 해설에 대한 탐구의 여정이 나의 여정보다 인상적이라고 고백한 바 있는데, 그 이유는 해설에 대한 나의 이해는 주로 내가 그동안 진행해 온 연구결과가 제공하는 경험적 증거들에 기반한 것이었다면 데이비드와 그의 미국 국립공원청US National Park Service 해설팀은 마치 프리먼 틸든이 해설이 무엇인가를 현장에서 목격했던 것처럼 실제로 해설을 지켜보면서 알게 된 것들이기 때문이다. 이런 이유 때문에 나는 이 책을 내 인생에 있어서 중요한 네 사람, 즉 세 손자와 데이비드 랄센에게 헌정한다. 이 책의 거의 모든 장에 데이비드의 영감이 녹아 있지만 특히 첫 번째 세 장과 제8장은 내가 데이비드와 가장 이야기를 많이 한 장이다.

제3장 '해설의 최종 목표'에서 나는 해설의 목표가 무엇인가라는 중요한 질문을 하면서 독자들에게 스스로 이 질문에 대한 답에 대해 생각해 볼 것을 요청하고 있는데, 이는 단순히 해설의 성공과 실패를 결정하기 위해서 뿐만이 아니었으며 해설과 해설사 교육훈련에 있어 탁월성을 추구하기 위해서였다.

제4장과 제5장에서는 해설을 통해 청중을 변화시킨다는 것이 무슨 의미인지, 그리고 이러한 변화가 어떤 것인지에 대해 다루고 있다. 제4장

'모든 해설이 청중의 변화를 유발할 수 있는가?'에서는 모든 해설이 청중의 변화를 유발할 수 있다고 생각하는 것은 비현실적인 것이라는 것을 알게 될 것이다. 제5장 '해설을 통해 청중을 변화시키기'에서는 만일 해설사들이 해설의 원리를 잘 알고 이를 해설 프로그램 기획과 실행에 전략적으로 적용할 수 있다면 청중들을 변화시킬 수 있는 가능성을 높일 수 있다는 경험적 증거들에 대해 고찰해 보게 될 것이다.

제6장과 제7장은 테마와 테마 중심 해설의 이유에 초점을 맞추고 있다. 제6장 '해설에 있어 테마의 양면성과 탐방객의 수용'에서는 테마 중심의 해설을 최대한 활용하기 위해서는 해설사에게 있어 테마의 가치를 이해하는 것뿐만 아니라 잘 전개된 테마가 어떻게 청중의 생각에 영향을 미칠 수 있는가에 대해서도 이해할 필요가 있다는 점도 알게 될 것이다. 제7장 '모든 테마가 동등한 것은 아니다'에서는 강력한 해설의 특징은 테마 자체만으로도 청중들을 생각하게 하는 것이라는 것을 파악하게 될 것이다. 뿐만 아니라 여러분들은 강력한 테마와 약한 테마는 어떠한 차이가 있는지를 알게 될 것이며 해설사들이 자신들의 테마에 흥미와 생각을 불러일으키게 하는 것에 더할 수 있는 여러 방법들에 대해서도 생각해 볼 것이다.

제8장 '테마에 대한 청중의 수용'은 많은 독자들에게 생소한 부분에 대해 논하고 있다. 간단하게 이야기하자면, 해설사의 수용범위는 해설사 자신의 주관적 만족 범위인 것이다. 여러분이 해설을 통해 청중으로 하여금 자신이 의도한 생각을 불러일으켰다면, 여러분은 청중들이 여러분의 수용범위 안에 있다고 생각할 수 있다. 하지만 만일 청중들이 여러분이 불러일으키고자 하는 생각을 하지 않는다면 가령 여러분이 말하고자 하는 초점을 제대로 파악하지 못했다거나, 부정확한 사실을 인지하게 되었다거나, 여러분이 말하고자 하는 것과 도덕적으로 반대되는 것을 생각하게 되었다면, 그러한 생각들은 여러분의 수용범위에서 벗어나는 것이다. 제8장에서는 해설의 가장 중요한 목적은 청중들이 스스로 생

각하게 하는 것이기 때문에 청중들의 생각이 해설사들의 수용범위에 포함되었는지 아닌지를 파악하는 것이 중요하다는 것을 알게 될 것이다. 그 이유는 그것을 알았을 때만이 여러분의 해설이 성취하고자 하는 것을 성취하였는지를 알게 해줄 뿐만 아니라, 해설을 어떻게 향상시킬 수 있는지를 아는 데도 도움을 줄 수 있기 때문이다.

이 책의 마지막 두 장에서는 테마를 개발하는 방법에 대해 고찰해 본다. 제9장 '순차적 테마 개발'에서는 여러분들이 정보를 전달하는 순서를 결정할 때 사용할 수 있는 여러 커뮤니케이션 전략에 대해 살펴볼 것이다. 순차적 테마 개발은 흔히 대면해설 즉 거점해설, 발표, 이동 해설 등에 적용된다. 제10장 '비순차적 테마 개발'에서는 전시, 안내판, 포스터, 브로슈어, 웹사이트, 스마트폰 앱 등 비대면 해설에서 테마를 개발하는 전략에 대해 살펴본다. 비순차적 테마개발에서는 해설사가 아닌 청중들이 무엇을 어떤 순서로 집중할지를 정한다. 이러한 이유 때문에 불가피하게 비순차적 테마 개발전략은 순차적 테마 개발과는 상당한 차이가 있다.

이 책의 각 장의 마지막에서 여러분들은 진하게 표시된 낱말들을 발견하게 될 것이다. 이 주요용어들은 별도의 공식적인 정의가 필요한 용어들이다. 이 책의 마지막 부분에서 여러분들은 각 용어들에 대한 정의를 담은 주요 용어집을 찾아볼 수 있을 것이다. 뿐만 아니라 이 책 중 몇 개의 장에서는 이 책의 부록에 대해 언급하고 있다. 부록 1은 테마 중심 커뮤니케이션의 기반이 되는 두 가지 핵심 이론-이성적 행위 모델과 정교화 가능성 모델-에 대한 부연 설명을 포함하고 있다. 이 두 이론은 커뮤니케이션학의 역사에 있어 가장 많이 적용되어 온 이론들 중의 하나이다.

부록 2는 생각을 나열하는 절차를 포함하는데, 이는 여러분들의 해설이 청중들에게 불러일으키는 생각들이 여러분들의 수용범위 안에 있는지 밖에 있는지를 알아보는 데 유용한 방법이다. 그리고 마지막으로 부록 3은 스페인에 있는 나의 동료들의 요청에 따라 몇 년 전 작성한 논문이다. 부록 4는 약 40여 년 전에 나에게 어떻게 처음으로 통제할 수 있는 청중과 통제할 수 없는 청중이라는 아이디어가 떠오르게 됐는지에 대한 이야기를 하고 있다.

내가 이 책을 쓰는 데 7년이나 걸렸다는 사실은 나 자신을 놀라게 했다. 이 책이 담고 있는 생각들은 계속해서 발전해 왔고, 시간이 지나면서 영글어 갔다. 데이비드 랄센David Larsen은 몇 년 전 나와 주고받은 이메일에서 독자들은 이 책을 읽고 나서 해설에 대해 이 책을 읽기 전과 동일한 방식으로 생각하지 않을 것이라고 이야기한 바 있다. 나는 그가 이를 긍정적인 의미로 이야기했다고 생각한다. 데이비드 랄센을 아는 사람이라면 누구나 그는 결국 진실로 밝혀지는 용감한 주장을 하곤 했다는 것을 알고 있을 것이다. 나는 앞서 언급한 데이비드의 이메일 내용이 그가 용감하게 주장했던 것 중의 하나라고 생각한다. 나는 독자 여러분들이 이 책을 즐겁게 읽기 바란다. 나는 이 책이 해설이 약속하는 바나 전제하고 있는 바에 대해 여러분이 알고 있는 모든 것을 변화시킬 수 있다고 보지는 않는다. 그러나 만일 이 책이 여러분들에게 여러분들이 원하는 청중들의 변화를 유발할 수 있는 가능성을 증가시키는 방법들에 대해 보다 깊이 있게 생각해 볼 수 있게 한다면, 독자 여러분이나 저자인 나 모두 행복할 것이다.

2013년 2월 7일
샘 햄 Sam Ham

감사의 글

  독자들도 눈치챌 수 있는 바와 같이 7년에 걸쳐 이 책을 저술하는 동안 나는 많은 분들의 도움을 받았다. 이 책의 초고를 읽고 논평을 해준 분들도 있었고, 어떤 분들은 전화나 이메일 등으로 질문을 하거나 이슈들에 대해 논의할 수 있도록 해주었다. 사진이나 삽화 등으로 도움을 주었던 분들도 있었으며, 매우 중요한 데이터나 자료들을 제공해 준 분들도 있었다. 전 세계 여러 나라의 동료들이 내가 미처 생각해 보지 못한 것에 대해 질의해 주었을 뿐만 아니라, 나를 고민에 빠지도록 하는 논평을 해주거나 무엇인가를 특별히 새롭게 바라볼 수 있게 함으로써 자신들의 탁월한 식견을 나에게 제공해 주었다. 이 모든 분들께 진심으로 감사드린다. 이분들이 없었더라면 나는 이 책을 쓸 수가 없었을 것이다.

  문자 그대로 이 책의 모든 단어와 장_{어떤 장은 17번이나 수정을 했다}, 그리고 모든 초고를 읽어준 사람은 40년 동안 나와 함께 한 아내 바바라^{Barbara} 밖에 없다. 그녀는 내가 제대로 된 초고를 읽는 것이 가능하도록 해준 유일한 사람이었는데, 그녀는 언제나 내게 작업을 다시 해야 한다는 것을 기분 나쁘지 않게 이야기해 주었다. 바바라는 사진이나 삽화 등의 위치와 시각적 흐름을 어떻게 결정할 것인가에 대해 나와 함께 수없이 고민했는데 여러분들은 이 책의 레이아웃과 디자인을 통해 그녀의 재능을 확인할 수 있을 것이다. 이 책의 훌륭한 레이아웃과 디자인은 전적으로 바바라의 비판적 안목과 예술적 감각의 산물이다. 나의 아내인 바바라는 나의 가장 좋은 친구이며, 나의 삶의 중심이며, 이 책의 모든 부분은 나의 분신인 것만큼이나 그녀의 분신이기도 하다. 많은 일들이 그랬던 것처럼, 이 책 역시 그녀와 내가 함께 만든 것이다.

이 책이 바깥세상으로 공유할 준비가 되어 있지 않았을 때 나는 몇 년 동안 친한 동료들에게 이 책의 초안을 읽고 논평을 해줄 것을 부탁했다. 이분들에게 각 장의 초안을 검토해 준다는 것은 단지 원고를 읽고 논평을 하는 정도가 아니라 이메일이나 전화로 그들이 제기한 질문이나 문제를 나와 함께 해결해 가는 것을 의미했다. 나는 그분들의 시간을 많이 빼앗은 꼴이 되었지만 그들은 내가 하고자 하는 바를 믿어주고, 내가 목표를 달성하는 것을 도와줄 개인적 관심이 있었기 때문에 기꺼이 시간을 내주었다. 이분들께도 깊은 감사를 드리는데 알파벳순으로 리사 브로츄Lisa Brochu, 데이브 뷰시Dave Bucy, 토로이 홀Troy Hall, 데이비드 랄센David Larsen, 팀 메리만Tim Merriman, 그리고 말콤 몽고메리Malcome Montgomery이다. 도움이 필요했던 아이디어에 대한 이분들의 공감을 불러일으키는 반응들과 이 저술을 계속해 나갈 수 있도록 했던 이분들의 격려는 내가 이 저술을 마칠 수 있도록 하는 데 매우 중요한 역할을 했다.

책을 쓰는 것과 같은 저술활동은 결국 이기적인 행동일 수밖에 없는데 그 이유는 연구와 쓰는 것을 우선시하고 가족을 포함한 나머지 것들은 그 뒤로 미루기 때문이다. 나는 이 책을 저술하고 이 책의 저술과 관련된 업무들에 참석하느라 셀 수 없을 만큼 가족 행사에 참석하지 못했다. 그리고 나는 이기적이게도 내가 인생에서 가장 중요하게 생각하는 사람들과의 시간을 즐기는 대신 너무나 많은 밤들과 시간을 개인적인 일에 사용했다. 다시 한번 우리 가족 모두에게 이해해 준 것과 내가 내 중요한 프로젝트를 마치는 데 필요한 공간을 제공해 준 것에 대해 감사한다. 내 아들 재이리드 햄Jared Ham, 내 딸 앨리슨 베가Allison Vega, 내 동생 프레드 햄Fred Ham, 그리고 내 삶을 들었다 났다 하는 경이로운 세 손주들 맬리아 햄Maleia Ham, 빈센트 베가Vincent Vega, 마일스 베가Miles Vega가 그들이다. 이제는 내가 가족 구성원으로서 온전히 돌아올 수 있게 됐다고 이야기할 수 있게 되어 행복하다.

데이비드 랄센David Larsen의 아내로서 이 책의 앞쪽 헌정페이지에 나와 있는 그의 사진을 제공해 준 수잔 조우넬Susan Journell에게도 깊은 감사의 말을 전한다. 데이비드는 내가 아는 가장 훌륭한 해설사였다.

나는 또한 전 세계 여러 나라에 있는 나의 여러 동료들에게 깊이 감사하고 싶다. 나의 동료들은 이 책의 각 장에 대해 건설적인 비판을 해주었고, 이들의 통찰력 있는 제안은 내가 이 책을 개선할 수 있게 해주었다. 나는 특히 이 책의 3개의 장에서 자신들의 경험과 의견을 짧게 기술해 준 네 명의 동료들에게 특별히 감사한다. 레리 백Larry Beck과 테드 케이블Ted Cable은 제3장에서, 쉘튼 존슨Shelton Johnson은 제2장에서, 그리고 세계에서 가장 품격 있는 지속가능한 여행 주창자이자 린드발트여행사 사장인 린드발트Sven-Olof Lindbald는 제5장에서 해설과 관련된 자신들의 경험과 의견을 진술해 주었다. 여러분들의 관대함 때문에 독자들은 해당 장의 내용을 보다 분명하고 확실하게 알 수 있을 것이다.

문자 그대로 수백 명의 친구들과 동료들, 그리고 학생들이 내가 이 책을 기술하는 데 중요한 기여를 하였다고 할 수 있지만 나는 그중에서도 특별히 몇 개의 단체를 특별히 지목하고 싶다. 첫 번째 단체는 호주 퀸즈랜드Queens;and의 타운스빌 시의회Townsvile City Council의 통합적 지속가능

감사의 글

서비스부Interaged Sustainability Service Branch의 커뮤니케이션 팀이다. 그렉 부르스Greg Bruce의 탁월한 비전과 리더십 말고도 작지만 요령 있는 테마 중심 해설 전문가들은 시민들이 지속가능성에 대해 생각하는 방식과 그것이 어떻게 일상적 삶에서 구체화될 것인가를 생각하는 방식에 있어 눈에 띄는 변화를 유발하고 있다. 나는 지난 몇 년간 이들의 이러한 여정의 한몫을 감당할 수 있는 더할 나위 없는 특권을 누렸다. 그들이 테마 중심 해설의 원리를 고도의 전문성을 가지고 지속가능성의 맥락에 적용시키는 것을 지켜보는 것은 믿기 어려울 정도로 흐뭇한 일이었다.

나는 또한 스웨덴 자연해설센터Swedish Center for Nature Interpretation의 동료들에게도 감사하는데, 이들은 나를 초대해서 매년 3개월씩 3년 동안 그들과 함께 일할 수 있게 해주었을 뿐만 아니라 나의 연구에 대해서도 대단한 관심을 보여주었다. 나는 이 센터의 동료들에게 감사의 빚을 졌는데, 이들은 이 책의 몇 개의 장을 검토해 주었을 뿐만 아니라 이 책에 나와 있는 아이디어들에 대해서 매우 고무적인 토론도 해주었다. 스웨덴 자연해설센터는 유럽의 가장 좋은 환경 커뮤니케이션 프로그램의 하나로 웁살라Uppslal시에 위치한 스웨덴 농과대학Swedish University of Agriculture Science에 부속되어 있다. 이 단체의 일원인 앤더스 알넬Anders Arnell, 랄스 홀그렌Lars Hallgren, 이바 샌드버그Eva Sandberg, 펄 손빅Per Sonnvik, 그리고 나다르자 스리스칸다라자Nadarjah Sriskandarajah에게 감사한다.

이 책을 저술하는 과정에서 많은 동료들은 자신들의 시간뿐만 아니라 많은 사진들과 이미지들을 제공해 주었고 이 중 상당수를 이 책의 핵심 아이디어를 예시하거나 마무리 짓기 위해 포함되었다. 다음은 내가 사진 및 이미지와 관련하여 빚을 진 개인이나 단체의 명단이다. 아부다비 관광문화청Abu Dhabi Tourism and Culture Authority의 아하메드 압둘라 알 미헤어비Ahmed Abdulla Al Mehairbi와 미셸 삽티Michelle Sabti, 아칸소 주립공원Arkansas State Park의 켈리 파렐Kelly Parrell, 캘리포니아과학아카데미California Academy of Science의 에이프릴 랜드April Rand, 라인발트 내셔널지오그래픽 여행 Lineabld-National Geographic Expeditions의 파밀라 핑르톤Pamela Fingleion, 베넷 골드버그Bennett Goldberg와 스캇 키쉬Scott Kish, 몬트레이 만 수족관Monterey Bay Aquarium의 잠 코벨Jim Covel과 크리스 잉그램Jim Covel and Christ Ingram, 미국 해설사협회의 폴 카푸토Paul Caputo, 오커 러닝Orche Learning의 존 페스토렐리John Pestorelli, 캐나다 국립공원청Park Canada의 칼 마틴Cal Martin과 애니크 마휘Annique Maheu, 수잔 스트라우스 스토리텔러Susan Strauss Storyteller, 새넌 컴퍼니Shannon Company의 마이클 다도Michael Daddo, 소버린 힐 박물관 협회 Sovereign Hill Museum Association의 글렌 비숍Gleen Bishop, 베리 케이Barry Kay와 팀 설리번Tim Sullivan, 미국 국립공원청US National Park Service의 도미닉 카디아Dominic Cardea, 스페판 가이거Stephen Giger, 볼리 힐리카히Bolly Helekahi, 쉘튼 존슨Shelton Johnson, 월터 푸Walter Pu, 제이 로빈슨Jay Robinson, 그리고 베티 휠리스Becky Wiles, 볼케이노 디스커버리 하와이Volcano Discovery Hawai의 에릭 스톰Erik Storm, 말리아 스톰Malia Storm, 사진가 알서 비어즈코스Arthur Wierzchos. 마지막으로 나의 친구이자 동료이고 와인 애호가인 론 포스Ron Force에게 제7장의 코판 유적Copan Ruins 이미지를 제공해 준 것에 대해 감사한다.

나는 또한 메인Maine주에 위치한 유니티 대학Unity College의 톰 뮤린Tom Mullin박사와 캘리포니아California주 웨스트 벨리 대학West Valley College의 엘리자베스 해멕Elizabeth Hammck 박사 그리고 이들의 훌륭한 학생들이 이 책이 출판되기 몇 달 전 이 책의 내용을 가지고 예행연습해 준 데 대해 빚을 졌다. 톰과 엘리자베스에게 감사한다. 비록 이 책이 중·고급의 숙련된 해설사들을 포함한 다양한 독자층을 겨냥하고 있긴 하지만 나는 또한 이 책이 이제 막 해설업무를 시작하는 사람들에게 도움이 될 수 있기를 바란다. 이 책을 해설학개론 수업의 교재로 사용할 수 있도록 해주는 것은 내가 이 책이 초보자들에게도 유용할 수 있다는 확신을 갖는 데 도움이 되었다. 이러한 예행연습의 결과 이 책은 더 나아질 수 있었다. 이 점에 대해 영원히 감사한다.

　위에 언급한 분들 이외에도 많은 분들이 이 책을 저술하는 과정에 도움을 주었다. 모든 분들께 진심으로 감사드린다.

한국어판 서문

　지난 2020년 9월 역자가 이 책을 한국어로 번역하고 싶다는 의사를 전해왔을 때 나는 매우 기뻤다. 내가 이 제안을 듣고 기뻤던 것은 무엇보다 오래전부터 한국의 수려한 국립공원과 자연 및 문화유산 관광지에 많은 해설사들이 열정적으로 활동해 오고 있었던 것을 알고 있었기 때문이다. 비록 한국의 해설사들이 어떻게 활동하고 있는지에 대한 나의 지식은 영어로 된 문헌에 한정될 수밖에 없었지만 말이다. 이 책의 역자인 이진형 교수가 국제적인 명성을 가진 학자이면서 직업으로서 해설의 전문성을 옹호하는 분이라는 것 역시 내가 이 책을 번역하려는 데 흔쾌히 동의하게 된 배경이기도 하다. 대한민국의 국립공원공단의 재정적 지원과 지난 2년 반 동안 이 책을 번역하기 위한 역자의 노고 덕분에 이 책에 제시된 여러 가지 해설에 관한 아이디어와 방법들은 드디어 한국의 해설사들의 손에 쥐어지게 되었고, 나는 이 행복감을 어찌 표현해야 할지 모르겠다.

　세계 여러 나라의 수많은 자연 및 문화유산 해설사들이 아는 바와 같이 나는 지난 20여 년 동안 나의 저술들을 비영어권 해설사들이 이용할 수 있도록 하는 것을 개인적 사명으로 생각해 왔다. 이러한 나의 사명은 이 책의 원서를 출판해 준 미국의 출판사 Fulcrum Publishing의 열정적인 후원과 이 책을 자국어로 번역하는 것을 도와준 세계 여러 나라의 후원 기관 덕분에 열매를 맺을 수 있었다. 이러한 기관들은 내 책의 판권을 사서 이 책이 번역 출판될 수 있게 하였을 뿐만 아니라 자국의 해설 업계를 발전시키고 해설사들의 전문성을 향상시키는 프로그램을 개발하기 위해 책의 판매 수익금을 보관하기도 하였다. 나는 내 책이 비영어권에서 번역 출판되는 과정에서 어떠한 인세도 받지 않았고 앞으로도 받지 않을 예정이며 나의 두 저서-즉 이 책과 나의 이전 저술인 『환경 해설 Environment Interpretation』이 전 세계 13개의 언어로 출판되었다는 것에 대해 자부심을 느낀다. 이 두 저서는 영어 이외에 한국어, 일본어, 유럽 스페인어, 라틴 아메리카 스페인어, 스웨덴어, 체코어, 러시아어, 베트남어, 프랑스어, 포르투갈어, 페르시아어로 번역되었다.

  나는 역자가 이 책을 번역하는 데 관심을 보여준 데 대해 깊이 감사한다. 이 책을 번역하는 과정에서 역자와 지속적으로 의사소통을 해왔는데 나는 이 과정에서 그가 이 책에서 제시된 여러 가지 해설 개념들과 방법론들이 중 상당수는 인지심리학과 행동심리학 분야에서 발달된 것들을 적용한 것이다을 가능한 정확하게 파악해서 번역하기 위해 애쓴다는 것을 알 수 있었다. 비록 나는 한국어로 번역된 이 책을 이해할 수 없고 이 책이 얼마나 정확하게 번역되었는지 확증할 수는 없지만, 적어도 나는 그가 가능한 완벽한 번역을 하려 한다는 것을 의심해 본 바가 없다. 나는 나의 이 책을 해외에서 번역 출판하는 과정에서 여러 나라의 번역자들과 협력을 해보았지만, 이번 한국어판 번역자보다 더 인상적인 번역자는 없었던 것 같다.

  나는 이 책을 읽는 한국의 독자들이 이 책을 읽으면서 해설 기술을 더욱 향상시킬 수 있기를 바라며, 세상을 긍정적으로 변화시키기 위해 해설사들이 알아야 할 것들에 대해 보다 깊은 이해를 할 수 있었으면 좋겠다. 이것은 나의 오랜 꿈이었으며, 이 꿈은 드디어 현실이 되고 있는 듯하다.

2023년 8월 22일

샘 햄Sam Ham

미국 아이다호 주립대학 명예교수

역자 서문

　역자가 해설에 대해 처음 관심을 가지게 된 것은 2005년 1월 충남 서산 천수만 일원에서 개최되었던 철새기행전을 찾은 여행자들을 대상으로 이들의 여행 동기와 탐조환경 선호도를 조사 연구할 때로 거슬러 올라간다. 최근까지도 우리나라에는 취미로 새를 관찰하는 사람들이 미국이나 영국, 일본이나 대만 등에 비해 상대적으로 매우 적지만, 그 당시는 지금보다 탐조라는 것이 훨씬 생소한 취미였으며 우리나라에 철새기행전이 있다는 것 자체가 역자에게는 매우 흥미로운 것이었다.

　당시 탐조축제를 찾은 여행자들의 행동과 심리에 대해 연구하기 위해 현장을 찾은 역자의 눈에 확 들어왔던 것이 탐조 버스에 같이 타서 서산 천수만 일원을 찾은 겨울 철새들에 대해 재미있게 설명을 해주던 해설사들이었다. 여러 탐조 해설사들의 해설을 들으면서 역자는 여행자들의 여행경험에 있어 해설이 매우 중요하다는 것에 눈뜨게 되었고, 어떤 해설이 좋은 해설인가에 대해 학문적 관심을 가지기 시작했다. 이후 역자는 해설에 관한 문헌들을 들여다보게 되었고 해설에 관한 일련의 연구들도 진행하게 되었는데, 이 과정에서 2007년 무렵 이 책의 저자인 샘 햄이 1992년에 출간한 『환경 해설: 번뜩이는 아이디어와 작은 예산을 가진 해설사들을 위한 실무 지침서Environmental Interpretation: A Practical Guide for People with Big Ideas with Small Budget』를 만나게 되었었다.

이 책과의 만남은 역자에게 해설을 청중의 경험과 태도와 행동을 변화시키는 목표를 가진 전략적인 커뮤니케이션으로서 바라볼 수 있는 안목을 제공해 주었는데, 특히 커뮤니케이션으로서 해설이 그 목표를 달성하기 위해서는 재미가 있어야 하고, 청중의 눈높이에 맞아야 하고, 이해하기 쉬워야 하며 테마를 가지고 있어야 한다는 저자의 주장과 논거는 매우 설득력 있게 다가왔다. 이후 역자는 국립공원공단이나 지자체에서 문화관광해설사나 자연환경해설사들을 대상으로 한 특강을 요청받을 때면 좋은 해설이 되려면 샘 햄이 제시한 네 가지 품질을 가져야 한다는 점을 설파하곤 했는데, 그때마다 강의를 듣는 해설사들도 이에 대해 크게 공감하곤 했던 기억이 있다.

이번에 번역하게 된 샘 햄의 『청중을 변화시키는 해설』은 저자의 전작 『환경 해설: 번뜩이는 아이디어와 작은 예산을 가진 해설사들을 위한 실무 지침서』에 비해 좋은 해설의 원리를 보다 깊이 있게 다룬 이론서이다. 그렇다고 해서 현장 해설사들이 이해하기 어렵거나 현장 해설사들에게는 쓸모가 없는 책이라는 뜻은 전혀 아니다. 오히려 이 책은 해설사가 얼마나 전문적인 직업이며 또 그래야 하는지를 보여주는 책이라고 할 수 있으며, 해설의 목표와 좋은 해설이 갖추어야 할 요소와 같은 주제를 넘어 해설에 있어서 테마의 중요성과 양면성, 강력한 테마를 만드는 구체적인 방법들과 순차적 테마 개발과 비순차적 테마 개발 등 테마 중심해설의 실제에 대해 깊이 있게 다루고 있다.

2020년 이 책의 번역을 처음 기획할 당시 국립공원공단 탐방해설부 관계자들께서 물심양면으로 지원해 주신 것이 이 책을 번역 출판할 수 있게 되는데 결정적인 계기가 되었다. 당시 탐방해설부 부장이셨던 현 북한산국립공원사무소 박영준 소장님, 그리고 탐방해설부 과장이셨던 현 국립공원연구원 김남영 연구원님께서 이 책을 번역하는 것의 가치를 알아봐 주지 않으셨다면 이 책의 번역출판은 쉽지 않았을 것 같다. 그리고 2022년 탐방해설부 부장으로서 이 책의 번역출판을 위해 출판사와 계약을 체결해 주시고 이 책의 가치를 인정해 주신 현 설악산생태탐방원 박선규 원장님, 실무자로서 여러 일들을 세심하게 신경 써주신 탐방해설부 김유경 주무관님께도 깊이 감사드린다.

번역의 과정에서 번역하기가 어려운 문장이나 문단을 만날 때면 저자와 이메일을 주고받으며 보다 정확하고 이해하기 쉬운 번역을 위해 애썼는데, 이 과정에서 저자인 샘 햄은 때론 무례하게 보일 수 있는 도발적인 질문에도 인내심을 가지고 매우 친절하게 답변해 주었다. 직접 뵌 적은 없는 분이지만 서양의 어른을 대하는 듯한 느낌이었다. 꼼꼼하게 교정을 봐주고 멋지게 표지와 본문 등을 디자인해 주신 바른북스 김병호 편집장님과 황금주 매니저님 및 관계자분들과 교정과 윤문을 도와준 아내 최현영에게도 감사한다. 이 책이 우리나라 해설사들의 '바이블'과 같이 되어 우리나라의 해설이 세계적인 명품 해설이 될 수 있게 되기를 바라본다.

2023년 11월 10일
이진형

목차

제1장   해설과
커뮤니케이션

제2장   좋은 해설의
네 가지 커뮤니케이션 요소

해설과
커뮤니케이션

INTERPRETATION:
MAKING A DIFFERENCE
ON PURPOSE

해설은 일종의 커뮤니케이션 방식이다. 모든 종류의 커뮤니케이션예를 들어 강의, 광고, 정치 캠페인과 마찬가지로 우리는 해설을 그것이 일어나는 장소, 목표로 하는 청중과 그리고 그것이 목표로 하는 결과의 맥락에서 정의할 수 있다[1]. 해설은 전통적으로 박물관, 공원, 역사적 장소, 동물원, 수족관, 식물원, 크루즈, 포도주 양조장, 맥주 양조장, 치즈 공장, 초콜릿 공장, 또는 방문객이 즐거운 시간을 보내고 무엇인가

> 해설은 청중의 생각을 자극하는 방식으로 커뮤니케이션하려고 시도하며 청중은 그러한 시도를 완전히 자유롭게 무시할 수도 있다.

흥미로운 것을 배울 수 있는 곳이라면 어느 곳이든 즐거움을 추구하는 방문객들을 대상으로 이루어진다. 그러나 최근 들어서는 해설이 여가나 관광과는 별로 관련이 없는 분야가령 도시의 지속가능성 프로그램, 마케팅, 홍보, 자선 캠페인 등에도 적용이 되고 있다.

해설 분야에서 우리는 종종 우리의 청중을 방문객visitor이라 부르지만, 해설의 청중이 항상 방문객은 아니다. 그 이유는 청중이 가구 또는 기업, 집에서 인터넷 검색을 하고 있거나 어딘가를 방문하기 전에 여행 가이드를 읽고 있는 사람일 수도 있기 때문이다. 분명 해설의 청중은 어딘가를 방문하는 사람들만이 아니며 해설은 보다 다양한 청중을 대상으로 할 수 있다. 그러나 여전히 해설을 다른 종류의 커뮤니케이션과 구별 짓게 하는 것은 해설의 청중들은 지적이고 때로는 정서적인 경험이기도 한 무엇인가를 배우는 것에 열려 있는 청중들이라는 것이다.

비록 해설을 통해 우리가 만들어 내고자 하는 결과는 다양하겠지만, 일반적으로 어떤 해설이든 최소한 다른 사람의 경험을 변화시키는 결과를 가져온다. 예를 들어 공원 탐방객이 누군가의 해설을 통해 공원의 장소나 특색 있는 것 또는 어떤 생각과 개인적 관계를 맺게 되었을 때 탐방객의 경험에 변화가 일어나는 것이다. 탐방객들이 무엇인가에 대해 더 많이 생각할 수 있도록 자극받게 되면 될수록, 그들은 그 무엇과 더 많은 관계를 맺게 되고, 그만큼 그것에 대해 더 깊은 경험을 하게 되는 것이다. 내가 아는 모든 해설사들은 이것을 해설의 최고의 목표로 삼고 있다.

많은 해설사들에게 또 다른 해설의 목표는 자신들의 청중이 해설 대상가령 장소, 특색 있는 것, 개념 등에 대해 긍정적인 태도를 가지게 되는 것이다. 종종 해설은 청중들에게 무엇인가를 긍정적으로 평가하게 하는 결과를 낳으려 노력한다. 이 무엇인가는 간혹 특정한 공간을 관리하는 조직이나 기관일 수도 있지만, 그것은 또한 역사적 장소나 특정한 시기, 계곡, 산, 강, 식물군, 지질의 역사, 와인, 야생동물 등과 같이 해설의 대상이 되는 것들을 포함한다. 해설 분야에 종사하는 사람들은 종종 이러한 종류의 긍정적인 태도를 돌봄이라고 명명하고 있지만Larsen, 2003, 때로는 중요시하기, 좋아하기, 또는 사랑하기 등의 용어가 사용되기도 한다. 해설의 이러한 결과에 있어 핵심적인 것은 결국 방문객들에게 어떠한 종류의 정서적 또는 감정적 반응을 유발하는 것이 해설의 목표 중의 하나라는 것이다.

　세 번째 목표이자 상대적으로 덜 달성되는 목표는 바로 행동적인 것이다. 우리는 종종 해설을 위한 장소를 방문하는 사람 중에 관리나 보호 목표와 잘 조화를 이루지 못하는 사람들과 조우하게 된다. 또 소수의 방문객들은 보호 자원이나 손상되기 쉬운 환경에 피해를 유발하는 행동을 하고, 때로는 자신도 모르게 위험한 상황에 놓이게 되기도 한다. 만일 이러한 행동이 단순히 순진하거나 정보를 잘 모르거나, 또는 잘못 알았거나 하는 것에 기인한 것이라면 우리는 종종 이들이 적절하고 선호되는 행동을 하도록 설득 커뮤니케이션으로 해설을 사용할 수 있다.

　이러한 해설의 세 가지 산물 경험의 질 향상, 긍정적인 태도 유발, 행위에 영향 주기 은 서로 밀접한 관련이 있고, 해설의 이 세 가지 산물이 결국 해설을 통한 변화가 무엇인가를 규정한다. 이 책의 다음 장들에서 볼 수 있는 것과 같이 이 세 가지 산물에는 순서가 있고, 이 순서는 커뮤니케이션이 어떻게 인간에게 영향을 줄 수 있는가에 관한 상당히 많은 연구결과들에 의해 뒷받침되고 있다. 이순서의 차례를 처음 언급한 사람이 바로 프리먼 틸든 Tilden, 1957: 38 인데, '해설을 통해 이해를, 이해를 통해 긍정적 태도를, 긍정적 태도를 통해 보호를'이라는 그의 격언은 전 세계 해설사들이 실천하는 해설 정신이 되었다.

그림 1-1 │ 해설의 가장 중요한 목표는 청중에게 생각을 불러일으키는 것이다.
사진제공: 미국 몬트레이만 수족관.

내가 이미 다른 것에서 지적한 바와 같이 Ham, 2009a, 틸든의 대담한 주
장 이후 50년이 지나지 않아 그의 주장은 학술연구에 의해 입증되었다이
는 그가 그의 시대보다 훨씬 앞선다는 것을 보여준다. 오늘날의 연구들은 확실히 사람들
이 어떠한 것과 연결이 되면예를 들어 방문객의 경험의 질이 향상되면, 해설된 것에
대해 긍정적인 태도를 가지게 되는 경향이 있고, 사람들이 어떠한 것에
대해 긍정적인 태도를 가지게 되면, 어떤 기회가 주어질 때, 그것을 존중
하고 보호하는 방식으로 행동하는 경향이 있다는 것을 보여준다. 미국 국
립공원청 US National Park Service 이 적절히 언급한 바와 같이 사람들은 귀히
여기는 것을 조심히 다루는 것이다.

1 해설과 관련된 세 가지의 중요한 용어

그러면 실제로 누가 해설을 하는가? 이 책에서 나는 이들을 해설사들이라고 부를 것이다. 나는 대면으로건 비대면으로건 커뮤니케이션 수단을 통하여 어떤 종류의 해설이든 해설을 하는 사람을 지칭하기 위해 해설사라는 용어를 사용한다. 이러한 사람들 중에는 연사나 작가, 디자이너나 예술가들도 있고, 공원이나 동물원, 미술관, 사적지, 현지여행사, 크루즈선사, 과학센터, 정원, 숲, 수족관, 포도주 양조장, 맥주 양조장, 테마파크 그리고 생산 공장 종사자나 자원봉사자들도 있고, 가이드, 투어리더, 도슨트, 스토리텔러, 작곡가도 있으며, 극작가, 감독, 배우, 연주자도 있다. 꽤나 많은 명부이고, 만일 이 이상이 더 없다면, 이 명부는 전 세계적으로 해설을 하는 직업의 다양성을 반영하고 있다.

나는 대면을 통한 개인적 해설과 비대면 셀프 가이드 해설 모두를 지칭하기 위해 해설이라는 용어를 사용하는데, 내가 해설이라는 용어를 사용할 때는 이 두 해설의 유형이 다 가능성이 있는 것이다. 해설은 커뮤니케이션 시점에서 발생한다. 해설은 공원 해설사가 한 명 또는 그 이상의 방문객과 이야기하거나 상호작용하는 것을 의미할 수도 있고, 어떤 사람이 집에서 홈페이지를 둘러볼 때 발생할 수도 있고, 자전거 여행자가 길가의 게시판을 읽기 위해 섰을 때 발생하기도 하고, 미술관 방문객이 작품을 보고 골똘히 생각할 때도 일어날 수 있으며, 앞에서 얘기한 해설의 세 가지 목표를 달성하기 위한 어떠한 커뮤니케이션 매체를 통해서도 사실상 가능하다. 해설이 이러한 목표를 달성하기 위해 어떻게 조율될 수 있는가가 이 책의 주제인 것이다.

그리고 마지막으로 나는 해설 작품이라는 용어를 완성된 해설 프로그램이나 장치를 의미하기 위해 사용한다. 박물관의 연극공연은 일종의 해설 작품이고, 지역사회의 지속가능성에 대한 교육 이벤트도 해설 작품이고, 공원 레인저의 야간 프로그램도 해설 작품이며, 야생동물 공원 투어도 해설 작품이고, 전시 작품이나, 스마트폰 앱app, 길가 전시 작품, 브로슈어, 정보제공용 무인안내기, 홈페이지 등도 해설 작품인 것이다. 해설은 그 해설 작품이 청중에게 제공될 때라면 언제든지 일어나는 것이다.

2 해설의 업무상 정의

　　나는 이 장을 시작하면서 해설을 일종의 커뮤니케이션 방식이라고 언급한 바 있다. 나는 이 장의 후반부에서 그 방식이 의미하는 것이 무엇인가를 좀 더 자세하게 설명할 것이고 여기서는 일부 독자들의 경우 해설이라는 용어가 낯설 수 있는 만큼 먼저 해설을 정의해 보는 것이 필요할 것 같다. 해설에 대한 공식적 정의가 처음 이루어진 것은 프리먼 틸든Freeman Tilden, 1957: 8의 고전 『우리 유산의 해설Interpreting Our Heritage』에서이다. 틸든은 과학자나, 자연주의자, 역사가, 또는 어떤 기술자도 아니었다. 그는 언론인이자, 극작가였고, 철학자였다. 그는 해설 프로그램의 소재가 되는 역사학이나 생물학, 물리학 등을 체계적으로 공부한 사람이 아니었고, 어떻게 하면 사람들이 커뮤니케이션을 제일 잘할 수 있는가에 대한 심오한 직관적 이해를 가진 특별히 세심한 사람이었다. 커뮤니케이션에 대한 그의 이해는 그의 해설에 대한 견해에 나타나는바, 그는 해설을 다음과 같이 정의하였다.

해설은 단순히 사실적 정보를 전달하는 것이 아니라 실물의 이용, 교보재나 체험을 통해 의미나 관계를 들추어내는 것을 목표로 하는 교육적 활동이다.

　그의 이러한 정의가 제안하고 있듯이, 틸든은 해설을 일종의 커뮤니케이션 방식으로 바라보았고, 그에게 있어 해설의 일차적 목적은 단순히 개별적인 사실이나 특성들에 숙달되는 것이라기보다는 방문객의 마음속에 그것들의 관계를 들추어내고 의미를 구성하는 것이다. 비록 모든 해설사들은 의미를 분명히 하고 중요한 점들을 설명하기 위하여 사실적 정보를 사용하긴 하지만 틸든에 따르면 해설사가 가장 신경 써야 할 것은 그 사실들이 아니라 그 의미와 시사점인 것이다.
　『우리 유산의 해설』을 제대로 읽지 않은 독자들은 종종 '의미와 관계'를 드러내는 사람이 해설사라는 것을 놓치곤 한다. 하지만 그는 해설사들의 역할은 방문객들의 생각을 자극시키고 촉진시켜 해설대상과 관계를 갖게 되는 것이라고 주장하였다. 그의 관점에서 의미와 관계는 사실을 전달하는 해설사에 의해 우연히 생겨지는 것이 아니라 좋은 해설이 야기할 수 있는 생각의 결과로 방문객의 마음속에 자연스럽게 생겨나는 것이다. 틸든은 이후 약 30년에 걸친 연구의 결과가 입증한 것, 즉 탐방객들이 어떤 장소나 사물, 개념에 대해 부여하는 의미들은 자신들이 스스로 생각해 본 것밖에 없다는 것을 이미 1950년대에 발견했던 것이다. 그가 발견한 바와 같이 해설사의 일은 그가 '자극하기 provocation'라고 부른 것, 즉 생각을 촉진하고 조율하는 것이다. 우리는 이에 대해 제3장 '해설의 최종적인 목표'에서 좀 더 자세히 살펴볼 것이고 이 책 전반에 걸쳐서 반복적으로 다룰 것이다.
　『우리 유산의 해설』이 출판된 지 거의 50년 동안, 해설에 대한 일련의 정의들도 해설은 의미를 만드는 것이라는 틸든의 관점을 명백히 해왔다.

이러한 정의들 중의 가장 최고의 것은 미국해설사협회National Association for Interpretation, NAI의 해설에 대한 아래 정의라고 할 수 있다[2].

> 해설은 청중의 관심과 자원에 내재한 의미를 정서적이고 지적으로 연결시키는 특별한 임무가 있는 커뮤니케이션이다.

철학자들이나 말쟁이들은 단어의 선택에 대해 논쟁을 벌일지 모르지만 미국해설사협회의 정의에서 중요한 것은 해설을 다른 종류의 커뮤니케이션과 분명히 구분하고 있다는 점이다. 무엇보다 중요한 것은 이 정의가 연관을 짓는 것과 청중을 강조하고 있다는 것인데. 왜냐하면 바로 이 두 요소가 제대로 된 해설을 통한 변화의 중심에 위치하고 있기 때문이다. 미국해설사협회의 이러한 정의는 청중이 스스로 생각할 수 있도록 자극을 받고 연관을 지으면 지을수록 그 결과 청중들의 특정한 것에 대한 태도가 더 강하고 오래갈 수 있다는 것을 입증하고 있는 일련의 연구결과들과 일치하는 것이다Ham 2009a: 2007. 말하자면 미국해설사협회의 정의처럼 연관 짓기가 해설의 가장 중요한 성과인 것이다. 미국해설사협회는 한 발짝 더 나아가 해설 서비스를 제공하는 기관의 사명과 해설사의 역할을 연결시키고 있다. 미국해설사협회의 정의는 해설 서비스를 제공하는 기관들에서 해설을 추가적인 엔터테인먼트 정도로 잘못 바라봐 왔던 것과 달리 해설을 핵심적인 사업의 영역으로 삼고 있는 것이다.

그림 1-2 | 대면해설의 예.

a | 미국 올림피아Olympia 소재 핸즈 온 어린이 박물관 도슨트의
연출.
사진제공: 바바라 햄(Babara Ham).

b | 해설극장.
사진제공: 호주 소버린 힐(Sovereign Hill) 박물관협회.

c | 스토리텔링 공연.
사진제공: 수잔 스트라우스(Susan Strauss) 스토리텔러.

d | 변산반도국립공원 탐방안내소 해설.
사진제공: 국립공원공단.

e | 이동식 해설.
사진제공: 국립공원공단.

그림 1-3 | 비대면 해설의 예

a | 국립공원 리플릿.
　　사진제공: 국립공원공단.

b | 국립공원 웹페이지.
　　사진제공: 국립공원공단.

c | 국립공원 안내표지판.
　　사진제공: 국립공원공단.

d | 덕유산국립공원 탐방안내소 내부전시.
　　사진제공: 국립공원공단.

e | 국립공원 스마트탐방 앱.
　　사진제공: 국립공원공단.

그러므로 나는 이 책에서 미국해설사협회의 정의를 받아들이고 틸든의 '자극하기'에 대한 강조를 보다 분명하게 적용하여 해설을 다음과 같이 정의하고자 한다.

해설은 특별한 임무가 있는 커뮤니케이션 방식으로서, 그 목표는 탐방객들이 개인적 의미를 발견할 수 있도록 자극하고, 사물과 장소, 개념들에 대해 개인적 연관을 짓도록 하는 것이다.

내가 믿는 바를 반영한 이러한 정의는 다음의 네 가지 점에서 이 책에서 해설을 다른 형태의 정보전달들과 구별되고 특별한 대우를 받을 만한 것이 되게 한다. 첫째, 이 정의는 해설을 즐거움을 추구하는 청중들을 대상으로 이루어지는 일종의 커뮤니케이션 방식이라고 본다. 둘째, 이러한 정의는 해설이 한 기관의 핵심적인 사명을 수행하는 것과 관련이 있다는 미국해설사협회의 관점을 따르고 있다. 셋째, 이러한 정의는 해설이 성공적이었다는 증거는 탐방객의 마음속에 남겨진 생각들과 의미, 연관들 속에 있다는 틸든과 미국해설사협회의 개념과도 일치한다. 마지막으로 이 정의는 우리가 가장 관심을 가져온 '의미'와 '연관'이야말로 해설사들이 자신들의 청중에게 설명하고 보여주려는 것이라는 점을 분명히 한다.

3   해설과 강의의 차이

여러분들은 이제 틸든, 미국해설사협회, 그리고 나의 해설에 대한 정의가 모두 해설을 전통적인 강의와 구분 짓고 있다는 것을 알게 되었을 것이다. 교실에서 선생의 목표는 종종 사실만을 전달하는 것인데, 이 과정은 학생들에 대한 장기적인 교육에 필수적인 과정이다[3]. 그러나 해설에서 '사실'은 목표 자체가 아니라 목표를 위한 수단일 뿐이다. 해설사들은 자신들이 보여주거나 설명하고자 하는 것을 청중들이 올바로 인식하거나 연관 지을 수 있도록 도울 수 있는 사실들만을 주의 깊게 선택해서 이야기한다. 강의에서는 사실을 이야기하는 것이 선생의 궁극적인 목적일 수 있지만, 해설에서는 그것이 결코 아니다. 주의 깊게 선택된 사실들은 도움이 되고, 좋은 예가 되기도 하고, 무엇인가를 분명히 할 수도 있지만 그 자체가 목적이 되는 경우는 거의 없다. 우리가 곧 볼 수 있게 될 것과 같이 해설에서 우리의 보다 큰 목표는 우리가 선택해서 이야기한 사실적 정보들과 관련해서 그래서 뭐 어쩌라는 것이냐so what? 또는 뭐가 큰 문제라는 것이냐^{big deal?}라는 것에 대한 메시지를 전하는 것이다. 이러한 점에서 해설사의 이야기에는 언제나 교훈^{moral}이 있는 것이다. 우리는 이 주제에 대해 제2장과 제6장에서 보다 깊이 있게 다룰 것이다.

해설은 특정한 임무를 띤 커뮤니케이션 방식으로 그것의 목적은 청중들이 사물과 장소, 사람, 개념들에 대해 개인적 의미를 발견하고 그것들과 개인적 관계를 맺게 하는 것이다.

해설사들의 가장 큰 어려운 점 중 하나는 그들이 청중을 가르치는 것이 그들의 일이 아니라는 것을 이해하는 것이다. 많은 해설사들은 공식적인 교육을 받지 못하거나 사전 경험 없이 해설사가 되기도 하는데 그들은 의사소통자로서 자신들의 역할에 어떻게 접근해야 하는지를 잘 모른다. 많은 해설사들에게 있어 유일한 롤모델은 자신들의 예전 선생님인 것이다. 이것은 본질적으로 잘못된 것은 아닌데, 왜냐하면 좋은 선생님들이 많기 때문이다. 그러나 우리가 앞으로 보게 될 것과 같이 교실 수업에서 적절한 커뮤니케이션 방법이 공식 교육 시스템 밖의 청중들에게 항상 받아들여질 수 있는 것은 아닐 수도 있다.

4   존스 씨를 기억하시나요?

     존스 씨Mr. Jones는 내가 커뮤니케이션으로서 해설을 설명하기 위해 나의 이전 저서 『환경 해설』의 등장인물로 선택한 인물인데, 1992년에 대중들에게 첫선을 보였다. 『환경 해설』을 읽어본 독자 여러분들 중 몇몇은 아마도 그가 학기 중에는 중·고등학교 과학 선생님이었다가 매년 여름방학 때는 공원의 해설사로 일하는 것을 기억할 것이다. 그는 바위나 광물에 매료되어 있었고, 이것을 그의 과학 수업과 공원에서의 해설에서 모두 강조했다.

  존스 씨의 과학수업 방법을 살펴보자. 그는 그의 학생들에게 지질학책을 읽으라고 이야기한다. 그러면 학생들은 몇 개의 암석의 종류를 식별하기 위해 그들이 꼭 알아야 한다고 생각하는 용어들에 대해 배우게 될 것이다. 이러한 용어들에는 분열, 규산염, 사면체 결합, 화산활동, 변형, 그리고 침강 등이 있다. 여러분이 암석에 대해 많이 알든지 그렇지 않든지에 상관없이 여러분들은 아마 이 용어들이 존스 씨가 그의 학생들을 가르치는 데 있어 중요한 용어라는 데 동의할 것이다. 그는 또한 많은 분량의 강의 노트를 이용하여 강의를 하고 칠판에 판서도 많이 한다. 동시에 학생들은 칠판에 적힌 내용을 베껴 쓰고, 존스 선생님이 수업시간에 이야기하는 모든 것을 노트하는 것이 학생의 역할이라는 것을 알고 있다. 곧 시험이 있을 것이고 학생들은 자신들이 읽은 것과 존스 씨가 이야기한 모든 것에 대해 알고 있어야 한다. 학생들은 존스 선생님에게 그가 암석에 대해 학생들에게 가르친 것을 그들이 기억하고 있다는 것을 입증해야 한다는 것이다. 하지만 학생들은 이에 대해 크게 신경 쓰지 않는다. 존스 선생님은 학생들에게 공부를 열심히 할 것을 요구하지만 좋은 사람이어서 수업시간에 농담도 많이 하고, 시험도 공정하게 본다. 대부분의 학생들은 그의 수업시간에 만족한다.

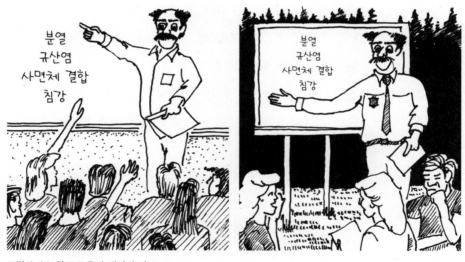

그림 1-4 │ 학교 교육과 해설의 비교.
삽화: 제프 이간(Jeff Egan).

이제 해설사 존스 씨를 살펴보자. 그는 공원을 찾은 탐방객들에게 지질학에 대해 해설하는 것을 좋아한다. 그는 학생들이 읽는 지질학 교과서의 같은 페이지에 있는 내용을 그대로 가져와서 탐방객들이 분열, 규산염, 사면체 결합, 침강 등의 용어를 배울 수 있도록 한다. 그는 이 유인물을 탐방객들에게 나누어 주고 학교에서 빌려온 이동 가능한 칠판을 이용하여 해설을 한다. 그는 해설을 하기 위해 열심히 일할 필요가 없었는데, 왜냐하면 그는 그가 수업시간에 사용하고 있는 강의 노트의 일부분에 의존할 수 있었기 때문이다. 문제는 자신의 강의를 즐겼던 그의 학생들과 달리 그의 해설에 참여한 탐방객들이 언제나 지루해 보인다는 것이었다. 존스 씨는 이를 이해할 수 없었다. 그는 공원을 찾는 탐방객들은 암석에 관심이 없다고 결론짓고 해설의 주제를 탐방객들이 보다 관심을 가질 만한 주제로 바꾸어 볼 것을 고려한다.

물론 문제는 탐방객에게 있었던 것은 아니었고 주제 때문도 아니었다. 어떠한 주제도 본질적으로 무료하거나 재미있는 것은 아니다. 재미있거나 재미없게 하는 것은 사람이 하는 일이다. 존스 씨의 문제는 선생으로서 그를 효과적으로 만들었던 것이 반드시 해설사로서 존스 씨를 효과적으로 만들지는 않는다는 것을 이해하지 못한 것이다. 그는 탐방객들에게 다가갈 다른 접근 방식이 필요했다. 우리가 보게 될 것처럼, 탐방객은 학생들과 다르고, 존스 씨는 이 새로운 청중들에게 적합하게 커뮤니케이션 방법을 바꿀 필요가 있었던 것이다.

5 통제할 수 있는 청중과
통제할 수 없는 청중

　〈그림 1-4〉의 문제를 이번에는 존스 씨가 의사소통하고자 하는 청중의 측면에서 좀 더 분석해 보자. 여러분에게는 이미 그가 공원에서 저지른 실수가 그가 청중들을 학생처럼 대한 것이라는 점이 분명해졌을 것이다. 그러면 도대체 이것이 어떠한 차이를 만들어 내는가? 그의 학생들은 공원 탐방객들과 다른 종류의 사람들인가? 만일 그의 학생 중 일부가 공원의 해설에 참여했다면 청중들은 그의 프레젠테이션에 관심이 없었더라도 그의 학생들만큼은 관심을 가질 것인가? 아마 아닐 것이다.

　사람들은 자신들이 처한 상황이나 환경에 따라 행동한다. 우리가 어떻게 이야기하고, 행동을 해야 하는지, 우리가 어디에 관심을 가지는지, 우리가 다른 사람들에게 기대하는 행동이 무엇인지는 우리가 어떤 상황이나 환경에 놓여 있는지에 영향을 받는다. 만일 여러분이 여러분의 가까운 친구와 해변에 같이 있다면, 여러분이 예배를 드리는 장소나 레스토랑, 또는 결혼식에 있을 때와 매우 다르게 행동할 것이다. 무엇이 흥미롭고,

재미있고, 적절하지 않은지 등에 대한 여러분의 생각은 각각의 상황마다 매우 다를 것이다. 예를 들어 레스토랑이나 해변에서 재미있는 행동들이 예배장소나 결혼식에서는 완전히 적절치 않은 것이 될 수 있는 것이다.

교실에서 학생들은 선생님으로서 존스 씨의 역할에 부합하는 행동을 할 것을 기대한다. 하지만 공원에서 학생들은 선생님으로서의 존스와 다른 행동을 기대하는데 그 이유는 학생들의 경우 공원에서는 자신들을 학생으로가 아닌 탐방객으로 보기 때문이다.

학생과 탐방객들이 왜, 그리고 어떻게 다른지를 이해하고 각각의 청중들에 맞추어 커뮤니케이션 방법을 정할 줄 아는 해설사들은 이를 모르는 해설사들보다 이점이 있는 것이다. 공원과 교실이 물리적인 환경에서 많은 차이가 있지만, 무엇보다 중요한 것은 청중들의 심리적 차이이다. 교실은 청중들이 집중을 해야 하는 환경이다. 하지만 공원에서 청중들은 집중을 하지 않아도 되는 상황인 것이다.

요약하자면 교실의 학생은 통제할 수 있는 청중이다. 학생들이 좋은 점수를 받기 원하거나 적어도 나쁜 점수 받는 트라우마를 피하기 위해서는 가만히 앉아서 집중할 수밖에 없는 것이다. 학생들은 교실 환경과 연관된 일정한 정보의 전달을 기대하고 온 것이다. 하지만 공원의 탐방객은 통제할 수 없는 청중인데, 그 이유는 그들은 점수에 연연하지 않기 때문이다. 만일 탐방객들이 가만히 집중을 한다면 그것은 단지 그들이 그렇게 하기를 원하기 때문인 것이다. 만일 해설 작품이 흥미롭지 않거나, 너무 학술적인 경우, 또는 이해하기 위해 많은 노력이 필요할 경우, 탐방객들은 집중하지 않을 것이다. 교실에서 학생들은 정보의 내용이 어렵거나 지루하거나 상관없이 집중을 하려고 노력할 것이다. 학생들은 그렇게 해야 한다. 시험이 있기 때문이다독자 여러분들 중 통제할 수 있는 청중과 통제할 수 없는 청중의 개념이 어떻게 유래했는지를 알려면 부록 4를 참고하기 바람.

표 1-1 │ 통제할 수 있는 청중과 통제할 수 없는 청중의 중요한 차이

통제할 수 있는 청중		통제할 수 없는 청중	
- 비자발적 청중 - 시간 약속이 정해져 있음 - 외적 보상이 중요 - 집중해야 함 - 공식적이고 학술적인 접근 받아들임 - 지루해도 집중하려고 노력함		- 자발적 청중 - 시간 약속이 정해져 있지 않음 - 외적 보상이 중요하지 않음 - 집중할 필요가 없음 - 비공식적이고 비학술적인 분위기를 기대함 - 지루하면 관심을 다른 곳으로 돌림	
참여 동기		참여 동기	

- 학점
- 학위
- 자격증
- 라이센스
	- 직업/고용
	- 돈
	- 승진
	- 성공
		- 흥미
		- 재미
		- 엔터테인먼트
		- 자기를
		  풍부하게 하기
			- 자기 성장
			- 보다 나은 삶
			- 시간 보내기
			  (할 만한 것이
			  없어서)

전형적인 환경		전형적인 환경	
- 교실 - 직업 훈련 코스 - 전문적인 세미나 - 자격증 취득 과정을 위한 코스		- 공원, 박물관, 동물원, 수족관 - 비공식적인 교육프로그램 - 집에서 텔레비전 시청, 라디오 청취 또는 잡지 읽기	

〈표 1-1〉은 통제할 수 있는 청중과 통제할 수 없는 청중의 중요한 차이들을 열거하고 있다. 통제할 수 있는 청중은 대개 교실의 학생이지만, 통제할 수 없는 청중은 박물관, 역사유적지, 숲, 공원, 동물원, 식물원, 양조장의 탐방객, 인터넷을 이용하거나, 전화상으로 문자를 읽거나, 텔레비전을 시청하거나 라디오를 청취하거나 잡지나 신문을 읽는 사람들 등 통제할 수 없는 청중의 유형은 그야말로 다양하다. 〈표 1-1〉이 보여주고 있는 바와 같이 점수를 잃지 않거나 벌을 받지 않고 정보를 무시할 수 있는 청중은 모두 통제할 수 없는 청중이다. 통제할 수 없는 청중은 점수나 자격부여와 같은 외적 보상에 의해 집중을 하게 되는 것이 아니고 자신들이

들고 보고 읽는 것이 본질적으로 만족스럽기 때문에 집중을 하게 되는 것이다. 통제할 수 없는 청중들이 추구하는 유일한 보상은 내적인 것이다. 이들은 자신들이 수신하는 정보가 자신들을 둘러싼 다른 것들보다 흥미롭고 매력적인 한 계속해서 관심을 기울일 것이다. 하지만 만일 그 정보가 흥미롭지 않다면 청중들은 자신들의 관심을 보다 즉각적인 만족을 주는 것으로 전환할 것이다. 웹사이트를 닫거나, 잡지를 내려놓거나, 텔레비전 채널을 바꾼다거나, 라디오를 끄거나, 영화가 끝나기도 전에 일찍 나와버리거나 하는 것은 이러한 반응을 명백하게 보여주는 것이다. 대화 도중 공상을 하는 것처럼 이는 자연스러운 것이다.

심리학자들은 이러한 경향을 뇌가 생산하는 두 가지 화학물질, 즉 엔도르핀, 도파민과 연결시키고 있다. 이러한 화학물질들은 많은 부분 모르핀과 같고 중독적이다. 즐거운 생각은 뇌가 모르핀과 도파민을 생산하는 것을 자극한다. 지루하거나 매우 어려운 정보는 뇌로 하여금 보다 만족을 주는 정보를 다른 곳에서 찾게 한다. 바로 이것이 우리가 공상을 할 때 본질적으로 발생하는 것이다.

> **우리의 마음은 가장 만족을 가져다주는 정보로 이동하는 경향이 있다.**

다음 시험에서 강조될 정보가 다루어지고 있기 때문에 어떤 날의 수업에 완전히 집중해야만 한다는 것을 알고 있는 통제 가능한 청중인 한 학생들을 생각해 보자. 아마도 그는 무의식적으로 자신에게 이렇게 이야기할 것이다. "오케이 뇌야. 우리는 오늘 집중해야 한다. 오늘 제발 집중해라. 곧 시험이 있을 거니까." 자신의 노트를 선생님이 이야기하는 모든 종류의 정보로 가득 채울 결심을 했던 학생은 한 시간여 지났을 무렵 자신의 이름이 불리어지자 공상에서 깨어나는 자신을 발견하게 된다. 만일 시험을 잘 보고 싶으면 집중해야 한다고 그에게 이야기하는 사람은 그의 선생님이다. 시험에서 실수하면 안 돼. 너의 두뇌가 너를 집중하게 하는 거야. 의식적으로 중요한 수업에 집중하고 있는 학생에게조차 즐거움을 추구하는 경향은 너무나 강력해서 만일 수업이 재미가 없다면 집중하기란 불가능한 것이다. 미스터 존스 씨의 공원에서의 경험으로 되돌아가 보았을 때 이제 우리는 왜 공원의 탐방객들이 집중할 수 없었는지를 쉽게 이해할 수 있을 것이다. 그들은 집중하려 들지도 않았고, 그럴 필요도 없었던 것이다.

6 커뮤니케이션으로서 해설

만일 존스 씨가 교실에서의 통제할 수 있는 청중과 공원에서의 통제할 수 없는 청중의 차이를 알고 있었다면 그의 커뮤니케이션 방식에는 어떠한 변화가 있었을까? 그는 그의 청중의 흥미를 끌고 청중들이 그의 해설에 관심을 가질 수 있도록 무엇을 했었을까? 이에 대해서는 여러 가지 대답이 가능하겠지만 모든 것은 존스 씨가 자신의 해설에서 시도해 보았어야 할 네 가지 커뮤니케이션적 특성으로 압축될 수 있다. 이 네 가지 요소를 나는 해설의 커뮤니케이션적 특성이라고 명명할 것이다.

이 네 가지 특성은 다음과 같다.

1. 좋은 해설은 테마를 가지고 있다 Theme.
2. 좋은 해설은 짜임새가 있다 Organized.
3. 좋은 해설은 청중의 눈높이에 맞다 Relevant.
4. 좋은 해설은 재미있다 Enjoyable.

TORE 테마, 짜임새, 눈높이, 재미 **해설의 약사**

여러분들 중에는 TORE 모델이 이전에는 EROT 순서였다는 것을 아는 사람들도 있을 것이고 Ham, 1983; 1992; 2002b, 그것은 사실이다. 이 네 가지 특성, 즉 EROT는 커뮤니케이션이 잘 이루어졌을 때 사람들이 어떻게 반응하는가에 대한 매우 광범위한 연구로부터 출현했다[4].

이러한 연구들로부터 나온 것이 바로 모든 해설사들이 이해하고 적용할 수 있는 성공적인 커뮤니케이션에 관한 다음의 두 가지 중요한 교훈이다. 첫째, 어떤 커뮤니케이션이 성공적이려면 그것은 어떠한 메시지를 전달할 수 있도록 청중들의 관심을 충분한 시간 동안 끌 수 있어야 한다는 것이고, 둘째는 그 메시지를 매력적으로 전달해야 한다는 것이다. EROT는 이 두 가지 목적을 달성하기 위해 여러분의 해설이 꼭 갖추어야 할 네 가지 요소의 앞 자를 따서 약어로 만든 것이다. 내가 『환경 해설 Environmental Interpretation』에서 EORT 모델을 처음 제시한 1992년에 그것이 진실이었다면 그것은 30년이 지난 지금도 여전히 유효하다. 좋은 해설의 네 가지 특성에는 변함이 없는 것이다.

여러분은 네 글자를 그 순서대로 배열한 이유가 있었느냐고 물을 수 있을 것이다. 사실은 그 네 글자를 어떤 순으로 배열하든 그건 큰 문제가 되지 않았다. 해설이 이 네 가지 요소를 가지고 있다면 그것이 ROTE, OETR, TREO든 다 괜찮을 수 있다. EROT 모델은 내가 해설이라는 커뮤니케이션에서 설명한 바와 같이 청중들의 관점을 취한 결과일 뿐이다. 나는 단순히 청중들이 해설을 마주했을 때 다른 어떠한 것보다 먼저 집중을 해야 한다는 생각을 했던 것이다. 만일 청중들이 해설을 듣지 않거나 해설 작품을 관람하지 않을 경우, 그것이 아무리 매력적인 것이라고 해도 어떠한 메시지도 전달할 수 없다.

이것이 ERO가 T보다 먼저 나온 이유이다. 이 모델은 청중들을 즐겁게 해줌으로써 이들의 관심을 끌 수 있다는 점을 특징으로 한다. 이 모델은 해설을 즐겁게 하고 Enjoyable, 해설의 내용을 청중들에게 관심거리가 될 만한 것과 연결시키고Relevant, 청중들이 힘들이지 않고도 쉽게 이해할 수 있어야 한다Organized고 본다. 이러한 의미에서 엔터테인먼트 산업을 ERO 산업으로 생각할 수도 있다. 하지만 ERO는 단지 우리의 관심을 끌고 유지하기 위해 고안된 것이고, 대개 어떤 메시지를 전달하는 데는 큰 관심이 없다. 서스펜스 영화나 재미있는 코미디 프로그램, 또는 기네스북은 어떤 이야기를 통해 전달하고자 하는 교훈에 의해서가 아니라 그것이 얼마나 우리의 관심을 끄느냐에 의해 판단된다.

해설에서 ERO는 청중들의 마음을 끌고 그들의 관심을 유지시키는 것을 도와준다. 모든 성공적인 해설사들은 이것이 해설의 성공에 있어 매우 중요한 일이라는 것을 안다. 분명히 좋은 해설의 네 가지 요소 중 세 가지는 청중들의 관심을 끌고 유지하는 것과 관련이 있기 때문에 해설사들이 하는 일의 4분의 3은 목적이 있는 엔터테인먼트라고 이야기하는 것도 공정한 것이라고 할 수 있다. 그러나 일정한 성취를 이룬 해설사들이라면 곧 엔터테인먼트 자체만으로는 성공적인 해설이 아니라고 바로 이야기할 것이다. 무엇인가가 더 필요하다는 것이다. 여기서 빠진 것이 바로 청중들이 관심을 가지는 동안 전달하고자 하는 매력 있는 메시지를 전하는 것이고, 그것이 바로 T가 ERO에 추가돼서 EORT가 된 이유이다.

나는 EROT 모델이 해설사들을 잘 훈련시킬 수 있는 것을 보면서 행복했고, 많은 곳에서 이 모델이 모범적인 해설 사례를 창출하기 위한 모델로 간주되어 왔다. 뿐만 아니라 지난 몇 년 동안 해설 분야를 이끌고 있는 분들이 이 모델을 사용하기도 하였다가령, Colquhoun, 2005; Morales, 1998; Moscardo, Ballanyne & Hughes, 2007. 이들 중 일부는 이 네 가지에 몇 개를 더해 더 기억을 잘 할 수 있는 용어를 만들어 내기도 했다. 브로추Lisa Brochu와 메리만Tim Merimann은 그들의 저서 『개별적 해설Personal Interpretation』의 2판에서 포우트리POETRY 모델을 이야기하고 있는데, 여기서 P는 '목적이 있다Purposeful'는 것으로, 해설은 특정한 목표나 임무를 띠고 있다는 매우 중요한 점을 지적한 것이며, Y는 '해설사 자신for You'을 의미하는 것으로, 해설사는 다양한 청중들을 위해 다양한 커뮤니케이션 방식을 사용하여야 하고 전문가로서 지속적으로 성장해야 한다는 것을 말한다. 『의미 있는 해설의 수행Conducting Meaningful Interpretation』에서 캐이롤린 와드와 알렌 윌킨슨Ward & AWilkinson, 2006은 EROT를 크리에이츠CREATES로 변형하였는데, 여기서는 내가 제의한 E와 R에 C, 즉 '연결Connect'과 A, 즉 '적절함Appropriate', 그리고 또 하나의 E, 즉 '마음을 끄는Engaging'이 추가된 것이다S는 구조로서 EROT의 O의 대체이다. 마지막으로 로스, 시펜, 오코너Ross, Siepen, & O'Connor, 2003는 EROT가 에로틱EROTIC이라는 단어와 3개가 같다는 것에 주목한 많은 사람들의 족적을 따라 EROT에 I, 즉 '관여시키는Involving'과 C, 즉 '창의적인Creative'을 추가해서 EROTIC이라는 용어를 원격 교육프로그램 운영을 위한 개념으로 만들어 냈다.

이러한 3개의 줄임말POETRY, CREATES, EROTIC들은 한 세기 이상의 연구들이 성공적인 커뮤니케이션에 대해 깨닫게 해준 것을 내포하고 있기 때문에 해설사들을 훈련시키는 데 유용한 것들이라고 할 수 있다. 뿐만 아니라 이 각각의 줄임말들은 해설사들에게 독특한 방식으로 추가적이고 실용적인 통찰을 제공하고 있다. 그럼에도 불구하고 이 모든 줄임말들이 EROT 요소를 포함하고 있다는 것이 중요한데, 그 이유는 이 네 가지 요소들은 모든 해설사들이 성공적인 해설을 위해서 실행해야 하는 것, 즉 관심을 끌고 메시지를 전달하는 것을 포함하고 있기 때문이다.

우리가 이 책 전반에서 살펴볼 바와 같이, 여러분들이 이 네 가지 요소를 여러분의 해설 작품에 불어넣는 데 숙련되어 있을수록, 여러분은 더욱 성공적인 해설사가 될 수 있을 것이다. 그건 매우 분명한 것이다.

7 재미 · 눈높이 · 짜임새 · 테마 순에서 테마 · 짜임새 · 눈높이 · 재미 순으로

최근에 나는 성공적인 해설의 이 네 가지 요소를 TORE테마, 짜임새, 눈높이, 재미로 표현하기를 선호하게 되었다. 청중의 마음속에 무엇이 일어나는가의 관점에서 해설사가 성공적인 해설 작품interpretation product을 개발하기 위해서 무엇을 해야 하는가의 관점으로 전환하면 테마가 우선이라는 것은 말이 된다. 여러 가지 측면에서 T, 즉 테마는 O짜임새, R눈높이, E재미와 같은 요소들이 목표와 전략을 갖게 한다. 다시 말해 테마가 없다면 짜임새, 눈높이, 재미로 청중들의 관심을 사로잡는 것은 청중들을 즐겁게 해주는 것을 제외하고는 무의미한 것이 되고 마는 것이다. 무엇 때문에 청중들을 즐겁게 해주는 것인가? 랄센Larsen, 2003과 브로추와 메리만Brochu & Merriman, 2012이 설득력 있게 주장한 바와 같이, 즐거움이 최종 목적이라면 그것은 해설이 아닌 것이다. 그것은 인포테인먼트Infotainment 또는 에듀테인먼트Edutainment이거나 밥 로니Bob Roney가 적절히 명명하였던 것처럼 인터프리테인먼트Interpretainment인 것이다Larsen, 2003을 참조하라.

그러나 테마T가 처음에 위치하게 되면, 해설사의 관심은 짜임새O, 눈높이R, 재미E를 어떻게 목적에 맞게 전략적으로 적용할 것인가에 집중되게 된다. 이러한 이유들 때문에 EROT는 TORE가 된 것이다.

　제2장에서 우리는 테마 중심 해설에 관한 TORE 모델을 좀 더 자세히 살펴볼 것이며, 해설사들이 이 네 가지 핵심 요소들을 해설에 불어넣을 수 있는 실용적인 방법들을 들여다볼 것이다. 이것은 해설을 통해 청중을 변화시킨다는 것이 무엇인가에 대해 숙고하게 해줄 것이며, 우리로 하여금 해설적 커뮤니케이션을 대면해설가령 거점해설, 공연, 이동 해설과 비대면 해설가령 전시 작품, 안내판, 브로슈어, 스마트폰 앱, 웹페이지에 어떻게 적용할 것인가를 검토하게 해줄 것이다.

좋은 해설의
네 가지
커뮤니케이션 요소

INTERPRETATION:
MAKING A DIFFERENCE
ON PURPOSE

이번 장에서는 테마 중심 커뮤니케이션의 핵심적 요소인 테마, 짜임새, 눈높이, 그리고 재미에 대해 자세히 살펴볼 것이다. 여러분은 제1장에서 언급된 미스터 존스 씨의 실수를 기억할 것이다. 미스터 존스 씨는 자신의 청중들이 대부분 통제하기 쉽지 않다는 것을 제대로 인식하지 못하는 많은 해설사들처럼 과학 수업시간에 잘 먹혔던 강의 위주의 교수법이 공원을 찾은 탐방객들에게 해설을 할 때는 전혀 먹히지 않을 때 매우 당황했었다. 미스터 존스 씨의 예는 통제할 수 있는 청중과 통제할 수 없는 청중은 심리적으로 다르다는 것을 인식하게 해주며, 우리로 하여금 어떻게 하면 존스 씨가 해설사로서 좀 더 성공적일 수 있는가에 대해 한 세기 이상 커뮤니케이션 분야에서 진행된 연구에 주목하게 한다. 이러한 연구들

> **성공적인 해설은**
> **테마는**
> **강력한 테마가 있고,**
> **이해하기 쉽고,**
> **청중의 눈높이에**
> **맞으며, 재미있다.**

의 결과로부터 얻을 수 있는 교훈은 4개의 글자즉 T, O, R, E로 요약되는데, 이 각각의 글자는 지속적으로 청중의 주의를 끌면서 일정한 주장을 펼치는 데 성공하기 위해서 커뮤니케이션이 갖추어야 할 특성들에 해당하는 것이다. 이 네 가지의 품질은 커뮤니케이션으로서 해설의 특성을 규정하기도 하는데, 이 정의에서는 성공적 해설에 대해 다음과 같이 간명하게 이야기한다.

테마가 있고Theme,

쉬운 이해를 위해 짜임새Organized가 있어야 하며,

청중의 눈높이Relevant에 맞아야 하고,

재미있어야Enjoyable 한다.

다음 절에서 우리는 이 네 가지의 특성을 보다 자세히 살펴보는 한편, 해설사들이 자신들의 해설에 이러한 품질들을 어떻게 의식적으로 포함시킬 수 있는지에 대한 기본적인 방안들을 고려해 볼 것이다. 그럼 해설은 테마가 있어야 한다는 것부터 시작해 보자.

1 좋은 해설은 테마가 있다

여러분의 해설에 테마가 있다면 그것은 테마 중심의 해설이다. 정말 간단하게도 말이다. 테마theme라는 단어를 해설사들의 용어가되게 하는 데 공헌했던 루이스Lewis, 1980는 테마라는 용어의 기원을 아리스토텔레스Aristotle까지 거슬러 올라간다. 그러고 보면 테마라는 용어는 결코 새로운 것이 아니다. 오늘날 해설에 대해 글을 쓰는 모든 저자들은 해설에 관한 논의의 중심 어딘가에 테마라는 개념을 다룬다Beck & Cable, 2002; Brochu & Merriman, 2012; Caputo, et al., 2008; Colquhoun, 2005; Ham, 1992; Knudson et al., 1995; Kohen & Sikoryak, 2005; Larson, 2003; Levy et al., 2001; Morales, 1998; Moscardo et al., 2007; Pastorelli, 2003; Ward & Wilkinson, 2006.

매우 보편적으로 받아들여지고 있는 테마 중심 해설은 대부분 해설에 있어 그것의 실질적인 가치에 기인한다. 테마를 염두에 둔다는 것은 해설사들의 업무를 용이하게 하는데, 그 이유는 해설사들이 자신의 해설에 무엇을 포함시키고 배제해야 하는지, 또 무엇을 강조하고 무엇을 덜 강조해야 하는지에 대해 파악할 수 있게 도와주기 때문이다. 테마는 특정한 이야기 소재topic에 대해 내가 알고 있는 모든 지식 중에서 '어떤 부분을 오늘 나의 청중들에게 해설할 것인가'라는 매우 어려운 질문에 대한 일정한 원칙을 제공할 것이다. 만일 여러분의 테마가 여러분의 사고를 안내하도록 한다면 이러한 결정은 많이 쉬워질 것이다. 제6장 '테마의 양면성과 청중의 수용' 부분에서 우리는 왜 해설에 있어서 이러한 접근이 중요한 것인가에 대해 보다 자세하게 논의할 것이고, 제7장 '모든 테마가 동등한 것은 아니다'에서 테마를 표현하는 방식에 대해 검토해 봄으로써 테마가 여러분의 청중들을 생각하게 할 가능성을 높일 수 있도록 할 것이다.

1-1. 테마는
이야기 소재topic가 아니다

비록 일부 사람들이 테마와 이야기 소재를 동의어로 사용하고 있긴 하지만 테마는 엄연히 이야기의 소재와 다르다는 것을 이해하는 것이 중요하다. 아이디어를 제시하는 모든 프레젠테이션은 테마와 이야기 소재 모두를 가질 수 있고 또 가져야 한다. 이야기 소재와 테마의 근본적인 차이는 이야기 소재가 제시하고자 하는 것에 관한 것이라면, 테마는 커뮤니케이션하는 사람이 이야기 소재와 관련하여 전달하고자 하는 핵심적 아이디어나 주장을 일컫는 것이다.

아주 간단한 예로 〈표 2-1〉의 소재들과 테마들을 살펴보자. 각 소재는 파편화되어 있지만 테마는 주어와 서술어가 있는 완전한 문장이거나 몇 개의 연관된 문장으로 되어 있다. 나는 테마의 가장 중요한 특성을 그것이 몇 개의 문장으로 구성되느냐와 상관없이 하나의 온전한 아이디어를 포함하고 있는 것이라고 본다. 이야기 소재가 매우 간단할 때는 대개 해설사가 그것을 하나의 문장으로 표현하기가 쉽다. 하지만 종종 테마들은 하나의 문장으로 표현하기에 복잡하다. 여러분이 이러한 문제에 직면하게 되면 하나의 전체 아이디어를 2개의 연관된 문장으로 표현하도록 하라. 어떤 해설사들은 두 문장이 서로 관련되어 있다는 것을 보여주기 위해 문장들 사이에 세미콜론을 사용하는 것을 좋아한다. 어떠한 테마이건 간에 테마에 대해 쓸 때는 설령 그것이 명료화를 위해 몇 개의 문장으로 표현된다 치더라도 하나의 전체적인 아이디어를 표현해야 한다는 것을 기억하라. 우리는 제7장 '모든 테마가 동등한 것은 아니다'에서 오래된 '한 문장의 규칙one-sentence rule'에 대해 다시 논의할 것이다.

표 2-1 | 이야기 소재와 테마의 사례

이야기 소재는 테마가 아니다

해설의 소재는 테마와 같지 않다. 소재는 단순히 해설이 무엇에 관한 것인지에 대한 것이다. 반면 테마는 소재에 대해 청중이 생각하게 함으로써 얻고자 하는 전체적인 결론인 것이다.
아래 소재의 목록을 살펴보라. 각각의 소재는 문장의 일부분이 될 수 있지만 어떠한 소재도 완전한 문장은 아니다. 그것은 단순히 소재인 것이다. 이제 테마의 목록을 살펴보라. 비록 각각의 테마들이 건축이라는 소재와 어느 정도 연관되어 있지만 각각의 테마는 여러분들에게 서로 다른 생각을 하게 한다. 해설사가 청중에게 어떠한 것을 전달하고 싶은지에 따라 하나의 소재는 다양한 테마로 활용될 수 있는 것이다.

소재의 유형
건축	14세기의 오래된 성곽	토지에 대한 원주민의 관점
야행성 조류	초콜릿	공룡

건축이라는 소재에 대한 테마의 사례
- 고대 이집트인들은 현대인들과 같은 방식으로 건축의 문제를 풀었다.
- 고딕건축은 뾰쪽한 건물과 아치에 대한 것만이 아니다. 그것은 사람들에게 권력을 시연하고 경외심을 불러일으키는 것에 관한 것이기도 했다.
- 척 베리(Chuck Berry)는 가장 재능 있는 설계자 중의 한 사람이었는데, 그는 바로 로큰롤(rock and roll)을 설계했다.
- 개미들은 현대의 광부들에게 지하를 건축하는 한두 가지를 가르칠 수 있을 것이다.
- 미국에서 토마스 제퍼슨(Thomas Jefferson)은 많은 면에서 진정한 민주주의 설계자였다.

1-2. 테마가 없는 해설은 인포테인먼트Infotainment가 될 운명에 처하게 된다

〈표 2-1〉에 수록된 다섯 가지의 테마 각각은 건축이라는 일반적인 소재와 일면 연관되어 있지만, 각각의 테마는 서로 다른 접근 방식을 필요로 할 뿐만 아니라 각각의 테마를 발전시키기 위해서는 완전히 다른 정보를 요구한다. 만일 여러분이 미술관에서 일하고, 어느 날 지역민들에게 건축에 대해 30분간 해설을 요청받았다고 생각해 보자. 여러분이 아는 것이라고는 해설 시간과 소재뿐인 것이다. 여러분이 해설을 위해 30분을 가지고 있고 소재는 건축이라는 것 말이다. 여러분은 이 해설을 준비하는 데 어떠한 접근 방식을 취할지를 고민하면서 아마도 다음과 같이 생각하게 될 것이다.

음, 어디 보자. 나는 건축에 대해 30분간 말할 시간이 있다. 무엇에 대해 먼저 이야기하고 그다음에는 또 무엇에 대해 이야기해야 하지? 마지막에는 무슨 말을 해야 할까? 내가 이 해설을 준비하기 위해 도서관에 가거나 웹서핑을 할 때 무엇을 찾아보아야 할까?

이러한 질문들에 대한 여러분의 답변은 상당히 자의적일 수 있을 것이다. 여러분은 30분간의 개그를 준비하는 코미디언처럼 건축에 대해 30분간 흥미로운 이야깃거리를 찾을 필요가 있을 것이라고 생각하면서, ORE인포테인먼트 접근을 받아들일 수도 있을 것이다. 그리고 도서관에 도착하거나 온라인으로 정보를 찾을 때 여러분은 주로 건축에 관해 무엇인가 재미있는 것을 찾게 될 것이다. 다시 말해, 여러분이 아는 것이 해설의 소재와 채워야 할 해설 시간, 디자인해야 하는 해설 안내판 크기 등과 같은 커뮤니케이션을 담는 그릇communication container에 관한 것뿐이라면 여러분이 취할 수 있는 유일한 창의적 접근 방식은 인포테인먼트가 되고 만다.

그도 그럴 것이 여러분의 해설의 내용을 결정할 수 있는 어떠한 다른 원칙이나 도구가 없기 때문이다. 온라인에서 여러분은 '건축에 관한 놀라운 사실들'을 검색어로 하여 정보를 찾아볼 수 있을 것이고, 도서관에서 여러분은 건축에 관한 책을 찾은 후 색인에 가서 건축에 관한 재미있는 사실들이 어디에 있는지 찾아볼 것이다. 경험이 있는 해설사라면 이렇게 각색된 해설 준비 시나리오에서도 진실을 발견할 수 있을 것이다.

자 그럼 이번에는 다시 〈표 2-1〉을 들여다보면서 여러분이 해설을 준비하면서 다섯 가지 테마 중의 하나를 염두에 두고 있다고 상상해 보

ORE=인포테인먼트

자. 어떠한 정보를 조사하고 포함해야 할지를 결정하는 데 있어 여러분의 일이 얼마나 쉬워졌는지 알 수 있겠는가? 해설에서 테마를 가지는 것의 유익한 점 중의 하나는 그것이 해설 작품을 준비함에 있어 어떻게 시작을 해야 할지 뿐만 아니라 언제 마쳐야 하는지를 말해준다는 것이다. 이 예에서 볼 수 있는 것처럼, 해설사와 같은 응용 커뮤니케이터들에게는 테마보다 더 도움이 되는 친구는 없을 것이다.

1-3. 스토리가 관건이다

해설을 다른 커뮤니케이션과 구별 짓게 하는 특성을 논의하면서 틸든Tilden, 1957은 '스토리가 관건이다.'라고 말한 바 있다. 이것은 글로 된 것이든, 말로 전달되는 것이든, 어떤 도구를 사용해서 전해지는 것이든 간에 해설은 스토리라는 특질을 가지고 있어야 한다는 의미이다. 말하자면, 해설은 시작과 끝이 있어야 하고 무엇보다 메시지, 요점 또는 교훈을 가지고 있어야 한다는 것이다[1]. 여기서 메시지는 다음과 같이 간명할 수 있다. "원주민들의 토지에 대한 관점은 우리에

게 많은 것을 가르쳐 준다." 그 메시지는 다음과 같이 보다 복잡할 수도 있다. "원주민들의 토지에 대한 관점은 자연이 인간에 도움이 되는 만큼이나 인간이 자연에 도움이 되는 것을 보여주고 있다."

위의 두 예에서 눈치챌 수 있는 바와 같이 각각의 테마는 독특한 사실들과 개념, 그리고 요점을 필요로 한다. 그 이유는 비록 소재를 공유하는 테마라도 모든 테마는 서로 다른 스토리를 이야기하기 때문이다. 비록 이 두 테마가 원주민의 토지에 대한 관점이라는 소재에 기인하고 있지만 각각을 발전시켜 나가는 방식은 근본적으로 다를 필요가 있다는 것이다. 어떠한 테마가 분명히 머릿속에 있을 때 커뮤니케이터들은 자신의 생각을 청중에게 구체적으로 알리기 위해서 무엇을 말하거나 쓰고 보여줄지를 보다 분명하게 알게 되는 호사를 즐길 수 있게 된다. 단순한 이야기 소재는 절대 이러한 통찰을 제공하지 못한다.

**많은 해설의
문제점은
그것이 단지
이야기 소재만으로
진행된다는 점이다.**

많은 해설에 있어 문제는 그것이 이야기 소재 가령 중요한 역사적 사건, 특정 시기의 건축, 조류, 산, 오래된 성터 등에 의해서만 인도된다는 데 있다. 어떤 주어진 소재에 관한 테마의 수에는 한계가 없기 때문에 테마가 없는 해설은 마치 모든 것을 이야기하는 동시에 아무것도 이야기하지 않으려고 하는 것처럼 초점과 방향 없이 진행되고 마는 것이다.

우리가 방금 살펴본 바와 같이 테마가 없는 해설은 인포테인먼트 이외의 접근 방식을 가능하게 하지 않는다. 해설에 스토리가 없고 요점이 없다면 여러분이 무엇을 할 수 있겠는가?

1-4. 여러분의 테마는 그래서 어떻다는 것이냐
So what? 에 대해 답한다

여러분이 학교 다닐 때 경험했던 선생님을 생각해 보라. 노트를 작성하기 어려웠던 적은 없었는가? 1시간을 앉아서 수업을 듣고 이해하려고 노력했음에도 불구하고 노트를 할 수가 없어서 당황했던 경험이 없었냐는 것이다. 그래서 언젠가는 서로 관련이 없는 끊임없는 사실들에 대해 나열하는 것을 들은 후 그래서 어쩌라는 것이냐고 자문한 적이 있지 않은가? 반면 필기하기 쉬운 선생님들도 있지 않았는가? 이 차이를 어떻게 설명할 수 있을까?

테마가 없는 프레젠테이션은 그래서 뭐 어떻다는 것이냐는 질문을 하게 하는데, 불행히도 우리 대부분은 이러한 질문을 하게 하는 프레젠테이션을 접한 바가 있다. 하지만 테마가 있는 프레젠테이션은 방향이 있어 보이며 모든 사실들과 세부사항들을 조직화하기 쉬운데, 그 이유는 우리가 프레젠테이션과 관련된 사실과 세부사항들을 테마와 연관시켜 놓을 수 있기 때문이다. 해설에서 테마는 영화나 스토리에서 구성과 같다. 만일 청중들이 발표가 어디로 가는지 모른다면 청중들은 어떠한 사실들에 관심을 기울여야 할지 모른 채 방향을 잃고 표류하게 되는 것이다. 다시 말해 테마는 청중들이 프레젠테이션에 꼭 붙잡혀 있도록 돕는다는 것이다.

모든 해설은 그래서 어떻다는 것이냐는 질문에 응답할 수 있어야 하고 좋은 스토리와 시, 노래, 드라마, 교실 강의 역시 이러한 질문에 답해야 한다. 전반적인 아이디어를 염두에 두고 개발이 되었다면 홈페이지, 전시 작품, 홍보물, 안내판 그리고 다른 종류의 해설 매체들의 경우도 이는 마찬가지이다. 참고로 다음과 같은 용어들은 테마와 유사한 용어들이다: 큰 그림, 이야기의 교훈, 주요 아이디어 등등. 이 모든 것들은 다 같은 것을 의미하며 이 중 어떠한 용어를 선호하든 간에 여러분은 모든 해설은 테마에 기초해야 함을 명심해야 한다.

테마가 없는 해설은 그래서 어쩌라는 것이냐는 질문을 하게 만든다.

제1장의 미스터 존스 씨의 사례로 돌아가 보았을 때, 어떻게 하면 지질학에 대한 그의 해설을 테마에 기반한 것이 되게 할 수 있었을까? 이쯤 되면 우리의 답은 보다 명확해진다. 그는 이야기 소재로부터 청중들의 관심을 끌 만한 테마를 추출한 후, 그의 해설이 그 테마의 중요한 측면들을 다룰 수 있도록 해설을 전개해 나가야 했었다. 나중에 살펴보겠지만 미스터 존스 씨는 테마를 가지고 있더라도 상황에 따라서 청중들에게 그 테마를 분명하게 이야기하지 않을 수도 있다[2]. 그것은 개인의 스타일의 문제일 수 있다. 하지만 자신의 해설이나 프레젠테이션에서 테마를 분명하게 말로 이야기를 하든 아니면 넌지시 이야기하든 간에 미스터 존스 씨는 자신의 청중들이 자신의 테마와 관련이 있는 생각을 했는지를 확인해 보고 싶을 것이다[3]. 여러분이 이 책 전체에서 보게 될 것처럼 여러분의 테마는 해설이 종료되었을 때 여러분이 여러분의 청중들로 하여금 생각해 보길 원하는 전체적인 결론을 일컫는 것이다. 물론 여러분들은 청중들이 여러분의 해설로부터 취한 테마들이 각각 조금씩 또는 많이 다를 수 있다는 것을 알고 있을 것이다. 여하튼 여러분이 청중 각자에게 불러일으켰던 생각들은 청중들이 여러분의 스토리에서 얻은 개인적 교훈이 되는 것이다. 그리고 청중들 자신들이 하게 된 생각은 그래서 어떻다는 것이냐에 대한 개인적 답변이기도 하다.

제8장 '해설에 대한 탐방객의 수용'에서 이것이 실제로 어떻게 일어나는가에 대해 좀 더 자세히 검토할 것이고, 제9장 '순차적 테마 개발'에서 우리는 해설을 전개해 나가는 데 있어 좀 더 고려해야 할 것들을 살펴볼 것이다. 우선 여기서는 사전에 테마를 염두에 두는 것이 해설사로서 여러분의 일을 하는 것을 훨씬 쉽게 한다는 것, 나아가 이 테마를 지지하게 해주는 정보를 청중들에게 제공하는 것이 어떤 유형의 해설에 있어서도

여러분의 해설을 보다 성공적일 수 있게 한다는 점을 명백히 아는 것이 중요하다.

1-5. 여러분의 테마는 해설사로서 여러분의 일을 쉽게 한다

이 장의 앞부분에서 언급하였던 것처럼, 여러분이 해설을 전개해 나가는 데 있어 테마를 가지는 것의 가장 기본적인 가치는 그것이 여러분들이 여러 가지 결정들을 할 수 있도록 돕는다는 데 있다. 여러분의 테마는 포함시켜야 할 정보와 배제시켜야 할 정보에 대한 분명한 관점을 제공할 뿐만 아니라 이야기의 소재에 대해 조사하고 정보를 모으는 것을 훨씬 쉽게 해준다. 미스터 존스 씨의 해설 중 다음 부분을 생각해 보자.

> **여러분의 테마는 청중들이 생각해 보기를 원하는 전반적인 결론을 표현한다.**

퇴적물sediment은 엉망진창인 것의 다른 말이라고 할 수 있다. 강에서는 지저분한 것들이 강물이 바위를 스쳐 지나가면서 생긴 작은 바위의 입자에서 생기기도 하고 강의 안팎에서 쓸려 내려온 온갖 흙들로부터 생기기도 한다. 시간이 지나면서 그 지저분한 것들이 쌓이게 되는데, 이 모든 과정은 침강sedimentation이라고 불린다. 만일 여러분들이 나라면, 강이 좋은 것 중의 하나는 이 엉망진창인 것들을 청소할 필요 없게 해주는 것이라고 생각할 것이다. 아니면 우리는 이 침강이 유발한 쓰레기를 청소해야 하는 것일까? 여러분은 이 모든 퇴적물이 어디로 갈 것이라고 생각하는가?

이 소재는 지질학, 보다 구체적으로는 토양침식과 침강에 관한 것처럼 보인다. 그렇다면 여러분은 이 해설에서 미스터 존스 씨의 테마는 무엇이라고 생각되는가? 물론 이 정도 분량의 해설 원고에서 테마를 알아낸다는 것은 쉽지 않겠지만 미스터 존스 씨는 침강이 유발하는 지저분한 것들을 청소해야 한다는 테마를 전개해 가고 있는 것처럼 보인다. 토양과 강 안팎에서 쓸려 내려온 다른 침전물들에 대한 그의 언급과 마지막에서 그가 청중에게 하는 질문은 이 해설에서 그가 가진 테마의 단서를 제공한다. 이 질문을 통해 그는 우리를 어디로 이끌고 있는가? 아마도 그것은 강에서 일어나는 침강은 결국 식수를 오염시키고, 어업을 망쳐놓고, 선박의 운송로를 막아버리게 할 수도 있다는 것을 일깨우는 것일 것 같다. 만일 그렇다면 미스터 존스 씨의 테마는 쉽게 이해할 수 있는 것이다. 그는 청중들에게 토양침식은 농업을 위협할 뿐만 아니라 우리의 식수와 어업, 선박 운송로를 위협한다는 것을 이야기하고 있는 것이다.

만일 이것이 미스터 존스 씨의 테마라면 그가 청중들에게 이 테마를 강조하기 위해 어떠한 정보를 포함시키는 것이 도움이 될 것인가? 이것은 미스터 존스 씨가 다루고 있는 소재에 관한 그의 관심과 지식 그리고 신념 등에 달려 있을 것이다. 만일 당신과 두 명의 다른 해설사가 독립적으로 미스터 존스 씨의 테마를 중심으로 해설을 전개해 나가게 된다면 저마다 다른 방식으로 해설을 전개해 갈 것이고 결국 세 사람은 미스터 존스 씨와는 매우 다른 해설을 하게 될 것이다.

여기서 중요한 것은 일단 여러분이 해설 테마를 안다면 거의 무의식적으로 무엇을 실제로 이야기하거나 보여주어야 할지를 알게 되고, 그리고 이것은 여러분의 청중들이 이 테마를 중심으로 사고할 수 있게 한다는 것이다. 이러한 방식으로 여러분의 테마는 여러분이 가지고 있는 모든 지식이 투과되는 안경과 같은 것이 되어서 테마를 전개함에 있어 무엇이 중요하고 중요하지 않은지를 깨끗하게 볼 수 있게 해준다. 이와 관련 테마 중심의 해설의 선구자인 빌 루이스Bill Lewis, 1980는 만일 여러분이 분명한 테마를 염두에 두고 있다면 다른 모든 것은 앞뒤가 맞게 될 것이라고 조언한 바 있다.

2 좋은 해설은 짜임새가 있다

해설은 이해하기 쉽게 제시될 때 짜임새가 있어진다. 다시 말해 짜임새가 있는 해설을 듣는 청중들은 노력하지 않고도 쉽게 해설을 이해할 수 있다는 것이다. 통제할 수 없는 청중들의 경우 만일 어떤 일련의 생각을 따라잡기 위해 매우 열심히 노력을 해야 한다면 다른 곳으로 관심을 돌려버릴 것이다. 광고 분야에 이러한 관계는 잘 알려져 있다. 심지어 대중매체 전문가들은 이를 표현하기 위한 공식까지 만들었다.

$$\text{통제할 수 없는 청중이 주의를 기울일 확률} = \frac{\text{보상(잠재적 편익)}}{\text{노력(일의 분량)}}$$

이 공식은 윌버 쉬람Wilbur Schramm, 1971이 40여 년 전에 개발한 것으로 통제할 수 없는 청중들은 노력을 너무 많이 해야 한다면 집중하지 않을 것이고, 특성상 그럴 필요도 없는 집단이라는 것을 이야기하고 있다. 노력해야 하는 양이 증가할수록 청중들이 집중하게 될 확률은 감소한다는 것이다[4]. 다시 말해 최상의 해설은 청중이 이해하기 쉬워야 한다는 것이다.

2-1. 짜임새가 무엇을 할 수 있는가에 대한 사례

영화가 시작된 후 영화관에 입장한 때를 생각해 보라. 여러분의 첫 번째 관심은 영화 시작 후 여러분이 입장하기 전까지의 내용을 파악하는 것이 될 것이고, 이 과정을 통해 여러분은 영화를 이해할 수 있을 것이다. 만일 여러분이 많이 늦지 않았다면 여러분은 아마도 매우 빠르게 지나간 내용을 정리할 수 있을 것이다. 하지만 만일 15분 이상 늦었다면 아마도 주인공들 소개와 줄거리를 놓쳐버렸을 수도 있다. 그러면 여러분은 줄거리를 맞춰보는 데 몇 분을 사용하게 될 수 있고, 줄거리를 알게 되었을 때가 되어서야 여러분은 안도할 수 있게 된다. 그런데 갑자기 주인공 중의 한 인물이 여러분이 생각했던 줄거리와 맞지 않는 이야기를 하거나 대사를 하게 된다면 여러분은 다시 이 영화의 줄거리를 파악하기 시작해야 할 것이다.

만일 여러분이 영화를 보기 위해 많은 돈을 지불했다면 스토리를 제대로 파악할 때까지 시행착오를 계속하게 될 것이다. 그러나 만일 여러분이 집에서 공짜로 텔레비전을 보고 있었다면, 여러분은 아마도 채널을 돌려버리거나 더 많은 노력을 기울이지 않고 텔레비전을 꺼버릴 수도 있다. 이와 마찬가지로 여러분이 박물관의 전시를 관람하든, 브로슈어를 읽든, 비디오를 보든, 해설을 듣든 간에 여러분이 그 내용을 이해하기 어렵다면 여러분은 몽상을 하거나 아니면 일어나서 나가버릴 수도 있을 것이다. 왜 그런가?

그 이유는 통제할 수 없는 청중들은 이해하기 어려운 발표를 위해 많은 시간과 노력을 기울이지 않기 때문이다. 앞의 공식이 제안하는 것처럼 청중들은 초반부에 자신들이 집중함으로써 얻을 편익이 자신들이 들인 노력을 상쇄할 만한 것인지 결정하며, 그러한 노력의 정도를 평가하는 요소 중의 하나는 메시지가 얼마나 잘 짜여 있느냐는 것이다. 만일 발표되어지는 아이디어가 논리적이라면 청중들은 이를 이해하는 데 많은 노력이 필요하지 않다. 영화의 줄거리, 해설이나 오디오 프로그램의 도입부, 전시작품, 브로슈어, 웹페이지의 표제, 제목과 소제목 등은 이러한 논리를 제공하는 데 도움이 된다. 정보가 범주화되어 있고 그래서 많지 않아 보이기 때문에 청중들로서는 발표를 따라잡기가 더 쉬워진 것이다.

그러나 영화 사례에서와 같이 만일 제시되는 정보가 일정한 조직적인 틀에 고정되어 있지 않다면, 그 정보들은 동떨어진 사실들에 불과하게 되는 것이다. 그리고 곧 알게 되겠지만, 인간은 짜임새 없는 정보를 이해하는 능력에 한계가 있다. 맥락도 없이 많은 정보가 쌓여진다면 사람들은 혼란스러울 것이고 결국 더 이상 이해하려 들지 않을 것이다. 통제할 수 없는 청중들에게 있어 이는 순식간에 발생할 수도 있는 것이다.

정보를 조직한다는 것은 여러분이 발표하는 모든 사실과 아이디어에 테이프나 찍찍이를 붙인 후 각각을 더 큰 아이디어에 붙이는 것이다. 우리는 우리가 이미 기억하고 있는 어떤 아이디어들가령 어떤 초점이나 줄거리에 어떤 정보를 연결시킬 때, 그 정보를 기억하기가 쉬워진다. 만일 우리가 한 프레젠테이션의 중심 아이디어의 수를 청중들이 받아들일 수 있는 만큼으로 제한한다면, 우리는 청중을 잃지 않고 많은 정보를 그 숫자의 범위 안에서 발표할 수 있는 것이다. 그런데 여기서 '청중들이 수용 가능한 아이디어의 수'라는 것은 정확히 무엇을 의미하는 것일까?

2-2. 마법의 수에 대해
다시 생각해 보기

　　　　　　위의 질문에 대한 대답은 4 또는 그 이하인데 혹자는 그것보다 적어야 한다고도 주장한다. 다시 말해 청중들로서는 4개 이하의 중심 아이디어를 전달하려는 해설이나 전시, 브로슈어, 시청각 프로그램 등이 그 이상의 아이디어를 커뮤니케이션하려는 것보다 더 흥미롭고 이해하기 쉬울 것이라는 것이다. 그 이유는 4개 이하의 아이디어가 있는 커뮤니케이션에 적은 노력이 들어가기 때문이다.

　4라는 숫자는 인간이 한 번에 다룰 수 있는 정보의 양이 얼마나 되는가를 다룬 연구들로부터 나온 것이다. 2001년 이전까지만 해도 이 분야에서 가장 유명한 연구는 조지 밀러George Miller의 1956년 연구였다. 마법의 수 7 더하기 빼기 2라는 그의 논문은 인간은 평균 5개에서 9개 정도의 서로 다르고 새로운 정보를 한 번에 이해할 수 있다고 보고하고 있다[5]. 그러나 청중들 중 일부는 다섯 가지 아이디어만 한 번에 다룰 수 있기 때문에 나는 『환경 해설Environmental Interpretation』에서 해설사들은 하나의 해설에서 5개 또는 그 이하의 주요 아이디어또는 하위 테마를 유지해야 한다고 조언한 바 있다Ham, 1992. 이러한 조언은 이후 몇몇 다른 연구자들에 의해 채택되었고 이후 몇십 년 동안 거의 정설이 되었다예를 들어 Beck & Cable, 1998; Brochu & Merriman, 2008; Field & Lente, 2000; Levy et al., 2001; Morales, 1998; Ward & Wilkinson, 2006.

　이러한 가이드라인은 2001년 인간의 기억 용량에 대한 관점이 매우 극적으로 변화될 때까지 견고한 정설로 받아들여졌다. 2001년 심리학자인 넬슨 코완Nelson Cowan이 새로운 방법론을 사

2001년 마법의 수는 4가 되었다.

용하여 밀러의 연구를 다시 검토한 결과 밀러의 연구는 인간의 기억 용량을 과대평가했다는 것을 발견했다. 코완은 대부분의 경우 인간의 기억 용량은 3 또는 4였으며, 이는 다른 연구들에 의해서도 지지되었다이에 대해

더 관심이 있으면 Cowan 2005; Klingber, 2009를 읽어보라.

표 2-2 | 해설에 있어서 짜임새의 중요성

해설의 경우 아이디어들을 4개 이하로 유지하는 것이 좋다

사람들은 새로운 정보를 처리하는 능력에 한계가 있다. 이에 관한 연구들은 정보량 자체와 함께 그 것이 어떻게 조직되느냐가 사람들이 그것을 이해하고 활용할 수 있게 하는데 차이를 만들어 낸다는 것을 보여준다. 관련 연구들은 대부분의 사람들이 거의 모든 상황에서 4개의 서로 다른 유형의 정보를 처리할 수 있다는 것을 제시하고 있다. 물론 어떤 사람들은 4개 이상의 서로 다른 아이디어 또는 사실을 머릿속에서 지속적으로 가지고 있을 수 있다. 그러나 어떤 사람들은 그 숫자가 4를 넘어가면 집중력을 잃어버린다. 관련 연구들은 이러한 관계는 각 사람의 지능과 관련이 있다기보다는 각자가 현재 다루어지고 있는 테마와 이에 관한 사전 경험이 얼마나 있느냐에 달려 있다는 것을 보여준다. 만일 일부 청중들이 4를 초과하면 어려움을 겪게 된다면 주요 아이디어를 4 이하로 제한해야 한다는 것이 당연한 것이다. 그렇게 하는 것이 여러분의 청중들이 제시되는 아이디어를 따라잡기 쉽게 할 것이고 이것은 청중들이 여러분에게 집중하게 할 가능성을 높일 것이다.

몇몇 사례들

만일 여러분에게 1초가 주어졌다면 A그룹과 B그룹 중 어떤 것을 더 이해하기 쉬운가?

A	B
****	********

다음 A그룹과 B그룹은 어떤가?

A	B
********	++++****

짜임새가 차이를 만들어 낸다는 것에 주목하여 보라. 비록 B가 A와 같은 양의 정보를 가지고 있지만 더 이해하기 쉬운데 이 이유는 B의 경우 이해하기 쉬운 2개의 범주로 조직화되어 있기 때문이다. B는 두 종류의 정보가 있는 것에 비해 A는 8개의 서로 다른 정보를 가지고 있는 셈이다. 커뮤니케이션에서 짜임새는 청중의 노력을 줄여준다.

그럼 이번에는 이것을 한번 이해하려 노력해 보라.

A	B
FBIPHDIBMCIA	FBI, PHD, IBM, CIA

만일 여러분의 아이디어가 청중이 연관시킬 수 있는 것들을 중심으로 조직된다면 청중들이 여러분의 발표를 이해하기가 훨씬 쉬워질 것이라는 것은 명백한 것이다.

비록 거의 모든 사람들이 오늘날 4가 상한치라는 데 동의하지만 몇몇 심리학자들은 어떤 상황에서는 '마법의 수'가 3 또는 그 이하일 거라고 주장한다Gobet and Clarkson, 2004를 참고하라. 여전히 4를 소위 마법의 수로 보는 증거들이 널리 퍼져 있어서 해설사들은 4개 또는 그 이하의 하위 테마를 가지고 해설을 하면 청중들을 혹사시키지 않을 수 있다고 상당히 확신하고 있다. 이러한 이유로 이후의 장에서도 마법의 수 4에 대해서 언급할 것이다〈표 2-2〉. 이 중요한 지침은 글로 된 것이든 말로 된 것이든 청각적이든 시청각적이든 모든 유형의 발표에 적용된다. 이 지침에는 두 가지 필요조건이 있는데, 첫째는 청중들은 핵심 포인트와 이에 부속된 정보들을 쉽게 구분할 수 있어야 한다는 것이다. 두 번째는 여러분이 발표하는 핵심 포인트들이 4개를 넘지 말아야 한다는 것이다. 이러한 원칙이 적용되면 어떤 종류의 발표라도 이해하기 쉬워질 것이고 청중들에게 더 많은 생각을 불러일으킬 수 있을 것이다. 실제로 많은 연구들은 이해하기 쉬운 해설을 하는 것이 청중들의 생각을 불러일으키게 하는 두 가지 중요한 요건 중의 하나라는 것을 보여주고 있다[6].

2-3. 하위 테마에 관한
오해

어떤 해설사들은 4개의 하위 테마까지 허락되기 때문에 정확히 4가 최고라고 생각하고 한다. 이런 부류의 해설사들은 3개 또는 2개나 1개의 하위 테마보다는 4개의 하위 테마가 분명히 더 낫다고 생각하고 모든 해설 프로그램이나 해설 도구의 하위 테마를 4개로 개발하려고 한다. 하지만 이것은 실수일 수 있다. 커뮤니케이션에서 거의 모든 경우 단순한 것이 복잡한 것보다 낫고 내 경험상 대개의 해설은 하위 테마를 필요로 하지 않는다. 여러분의 해설 테마가 본질상 다차원적이고 복잡하지 않은 한 그것을 하위 테마들로 쪼개지 않고도 효과적으로 해설을 전개해 나갈 수 있다. 하지만 이것은 해설의 여러 가지 다른 요소들과 마찬가지로 종종 개인적 스타일의 문제이기도 하다.

하위 테마를 찾아 나서지 말라. 만일 여러분이 하위 테마를 꼭 필요로 한다면 하위 테마는 자연스럽게 생겨나게 될 것이다.

숙련된 해설사들은 보통 전체적인 테마 하나면 자신들의 아이디어를 청중들에게 전달하기에 충분하다는 것을 알고 있다. 억지로 하위 테마를 집어넣으려다 보면 창의적 해설 기획과 청중의 관심을 파편화시키게 될 뿐이다. 해설을 짜임새 있게 만드는 것의 목적이 청중들이 아이디어를 이해하기 쉽게 하기 위한 것임에도 불구하고 꼭 필요하지 않은 하위 테마를 추가하다 보면 결과적으로는 청중들에게 더 많은 노력을 하게 하는 꼴이 될 수도 있는 것이다.

결과적으로 나의 조언은 하위 테마를 두고 발표를 하지 않아도 된다는 가정하에 새로운 해설 작품의 개발을 시작하라는 것이다. 하지만 하나의 전체적인 테마로 여러분이 아이디어 흐름을 만드는 데 어려움을 겪게 되거나, 청중들이 여러분의 해설을 파악하는 데 있어 논리적 틈을 발견하게 된다면, 청중들의 이해를 돕기 위해 하나에서 4개까지의 하위 테마의 개발을 고려해 볼 수 있을 것이다. 다시 말해, 정말 필요로 하지 않는다면 억지로 하위 테마를 찾지 않는 것이 좋다는 것이다. 만일 여러분이 하위 테마를 필요로 한다면, 하위 테마는 자연스럽게 생겨나게 된다는 것이다.

우리의 예로 돌아가서 미스터 존스 씨는 그의 해설의 짜임새를 어떻게 향상시켜서 청중들이 보다 쉽게 그의 해설을 이해할 수 있게 할 수 있었을까? 그가 처음 결정해야 할 핵심적인 것은 하위 테마가 꼭 필요한가이다. 만일 존스 씨가 하위 테마를 필요로 한다면 그는 그가 전개해 나가기 원하는 전체적인 테마에 기반하여 하나 이상 4개 이하의 하위 테마를 주의 깊게 선택해야 할 것이다. 이 방법은 어찌 보면 매우 간단한 것이다.

3   좋은 해설은 청중의 눈높이에 맞다

     정보가 청중의 눈높이에 맞으려면 두 가지 요건을 갖추어야 한다. 그것은 의미가 있어야 하고 개별적이어야 한다. 서로 연관되어 있는 것처럼 보이긴 하지만 의미가 있어야 한다는 것과 개별적인 것은 다른 것이다. 앞으로 알게 되겠지만 의미가 있다고 해서 꼭 개별적인 것은 아니다. 이 두 품질을 가진 해설을 할 때 우리는 해설이 청중의 눈높이에 맞다고 하게 되는 것이다.

3-1. 의미 있는 해설이란 무엇을 뜻하는가?

     정보가 우리에게 의미가 있는 것은 우리가 그 정보를 이미 우리의 머릿속에 있는 것과 연관시킬 수 있기 때문이다. 의미 있는 정보는 맥락이 있다고도 할 수 있는데, 그 이유는 우리는 정보를 이미 알고 있는 다른 무엇인가의 맥락에서만 이해할 수 있기 때문이다. 어떤 심리학자들은 우리의 머릿속에 매우 많은 수의 단어들이 떠다니고, 우리가 보거나 들은 것이 그러한 단어들 중 하나 또는 여러 개를 떠올리게 했을 때 우리는 기존의 단어의 의미에 기반해 새로운 정보에 의미를 부여한다고 말한다. 보고 듣는 것이 우리가 이미 알고 있는 것과 관련이 없을 때 그것은 우리에게 무의미하게 된다. 많은 해설의 문제는 해설이 청중들에게 별로 의미가 있지 않다는 것이다.

제1장의 사례로 돌아가 보면 미스터 존스 씨는 아마도 적어도 두 가지 점에서 공원 탐방객들에게 보다 의미 있는 해설을 할 수 있었을 것이다. 첫째, 그는 중요한 개념이나 아이디어를 전달함에 있어 꼭 필요하지 않은 한 전문용어를 사용하는 것을 피할 수 있었을 것이다.

제1장의 예에서 같이 미스터 존스 씨는 공원 탐방객들에게도 과학 수업에서 학생들에게 전문용어를 가르칠 때와 마찬가지로 사면체 결합 tetrahedral bonding, 규산염, 침강과 같은 용어를 가르치려 들었었다. 하지만 지질학자가 아닌 사람 중에서는 소수의 사람들만이 그러한 전문용어를 들었을 때 머리에 떠오르는 단어가 있을 것이기

해설은 청중에게 의미가 있고 개인적으로 다가올 때 눈높이에 맞게 된다.

때문에 그러한 전문용어들은 공원에서 해설을 하는 청중들에게는 별로 의미가 없었을 것이다. 두 번째, 미스터 존스 씨는 지질학의 전문용어를 그의 청중들이 이미 알고 있을 법한 것들과 연결시키려 했을 수 있었을 것이다. 그는 사례, 비교, 대조, 직유, 은유 등을 활용하여 이러한 작업을 할 수도 있었을 것이다. 일상적인 것들이 최고의 새로운 정보를 이해하는 가교의 역할을 하는 것이다〈표 2-3 참조〉[7].

표 2-3 | 해설을 의미 있게 하는 몇 가지 테크닉

친숙하지 않은 것과 친숙한 것을 연결시키는 방법들

사례 들기:

여러분이 이야기하고자 하는 사물이나 사람과 같거나 어느 정도 대표되는 누군가 또는
무엇인가에 대해 재빨리 언급하는 것.

"부메랑은 원주민들의 독창성을 보여주는 좋은 사례이다."

비유:

청중들이 매우 친숙한 것들과 여러분이 이야기하고자 하는 것과의 유사성을 보여주는 것.

"화산활동을 이해하기 위해 여러분은 뚜껑이 덮여 있는 끓는 물이나 터지기 직전의 샴
페인 병을 생각할 수 있을 것이다."

대조:

여러분이 이야기하고 있는 것과 쉽게 관련지을 수 있는 것의 주요한 유사점이나 차이
점을 비교하는 것. 그 결과 둘 중 하나 또는 둘 다가 다른 것과의 관계 속에서 분명해지
게 된다.

"이 두 소나무는 많이 비슷하다. 두 소나무는 둘 다 한 가지에 3개의 바늘 같은 잎을 가
지고 있고 같은 유형의 서식지에서 자라난다. 그러나 표피 냄새를 맡아보면, 하나는 바
닐라향이 나고 하나는 페레빈유향이 난다.

직유:

'~와 같은'이라는 말을 사용하여 두 사물의 성격을 비교하는 것.

"생의 이 단계에서 고흐는 나중에 알려진 바와 같은 예술가라기보다는 괴로운 영혼이
었던 것처럼 보인다."

"이 나무는 가지에 붙은 칼과 같은 가시를 가지고 있다."

은유:

단어나 구를 통해 매우 다른 무엇인가를 기술하는 것. 말하자면 다른 것을 의미하기 위
하여 무엇인가를 사용하는 것.

"척 베리(Chuck Berry)의 천재성은 로큰롤을 탄생하게 하는 청사진(blueprint)을 제시했다."

"카누는 급류를 헤쳐 나갔다(plowed through)."

3-2. 개별적인 해설이란
무엇을 뜻하는가?

의미가 있는 것은 눈높이 해설에 있어 반쪽에 불과하다. 의미가 있다는 것의 다른 반쪽은 개별적이어야 한다는 것이다. 자신이 제시한 첫 번째 해설의 원리에서 틸든Tilden, 1957: 11은 이미 오래전에 탐방객의 특성이나 경험과 연관 속에서 제시되거나 설명되지 않는 해설은 무익할 수 있다고 이야기하면서 개별적인 해설의 진수가 무엇인지에 대해 언급한 바 있다. 이 문장에서 틸든은 해설이란 단지 청중들이 기존에 알고 있는 것과 새롭게 제시되는 것을 연결시키는 방법을 찾아야 할 뿐만 아니라 청중들이 중요시하는 것과 연관시키는 방법도 찾아야 한다는 것을 이야기하고 있는 것이다. 이 사실은 특히 통제할 수 없는 청중들에게 매우 중요한데, 그 이유는 통제할 수 없는 청중들은 자신들이 이해할 수 있는 것이라고 할지라도 그것이 자신들에게 중요하지 않은 정보라면 무시하는 경향이 있기 때문이다. 이는 우리가 왜 이미 읽거나 들어본 것에 대해 프레젠테이션을 접할 때 오래 앉아 있기 어려운지를 이해할 수 있게 해준다. 비록 해당 정보가 이해가 되더라도 그것이 새로운 안목을 제공해 주지 못할 경우, 그것은 우리에게 별로 중요하지 않은 것이 되고 만다.

물론 그 반대도 마찬가지이다. 말하자면 통제할 수 없는 청중들은 얼마든지 자신들이 매우 관심이 있는 정보로 관심을 돌릴 수 있다는 것이다. 개별적인 관심사에는 가족, 건강, 웰빙, 삶의 질, 가치, 원리, 신념 등과 같은 것들이 포함될 수 있다.

그림 2-1 | 청중들이 중요하게 여기는 것과 연관될 때 해설은 눈높이에 맞추어진다.
사진제공: California Academy of Science, USA.

해설의 짜임새를 증가시킬 수 있는 가장 유익한 아이디어는 미국 국립공원청으로부터 기원했으며Larsen, 2003, 미국 국립공원청은 보편적 개념universal concepts이라는 중요한 개념을 발전시켰다. 여기서 보편적 개념이란 어느 시대 어느 사회에서나 인류에게 보편적으로 특별한 의미를 가지고 있는 무형의 상징적인 개념들이라고 할 수 있는데, 이러한 개념들에는 사랑, 증오, 슬픔, 공포, 격앙과 같은 극단적인 감정들과 생로병사와 관련된 출생, 사망, 배고픔, 갈증들, 인류가 열광해 왔던 불확실성, 우주, 미스터리, 긴장감과 같은 것들과 이 밖에 〈표 2-4〉에 제시된 사례들이 포함된다.

표 2-4 | 보편적 개념의 사례

짜임새를 만드는 빠른 길-보편적 개념들			
분노	자유	순교자들	투쟁
탄생	선	오해	초능력
피	죄책감	도덕성	생존
용맹	행복	죽을 수밖에 없음	긴장감
갈등	증오	미스터리	땀
잔인함	영웅	고통	눈물
어둠	소망	권력	갈증
인간의 어두운 면	겸손	후회	위협
죽음	굶주림	복수	폭압
속임	진실	슬픔	불확실
의기양양	고립	구원	약자
당황	질투	성	용기
평등	기쁨	부끄러움	폭력
악	죽임	노예	덕
정의	거짓	슬픔	선각자들
가족	외로움	영적인	악함
공포	갈망	기아	걱정
	사랑하는 것들	강함	당신/우리자신

여러분은 좋은 소설, 영화, 연극 등은 다 이러한 보편적 개념을 둘러싸고 이야기가 전개된다는 것을 알고 있을 것이다[8]. 여러분의 해설을 이러한 보편적 개념과 연결시키는 것은 여러분이 이야기하거나 보여주고 있는 것이 여러분의 청중에게 보다 짜임새 있게 되게 하는 좋은 방법인 것이다. 펏지Fudge, 2003와 다른 연구자들이 제안한 것처럼 만일 해설이 하나 또는 그 이상의 보편적 개념에 둘러싸여진다면 특별한 일이 없는 한 그 자체로 재미있는 것이 된다. 여러분은 이 장의 앞부분에 언급된 미스터 존스 씨의 아래 해설 테마를 기억할 것이다.

토양침식은 농업에만 위협을 주는 것이 아니다. 그것은 식수와 물고기, 해운 운송, 궁극적으로 우리의 삶을 위협한다.

이 테마에서 미스터 존스 씨는 적어도 '위협'과 '우리 모두'라는 두 가지의 보편적 개념을 연결시키고자 하고 있는 것이다. 비록 그가 나중에 이 테마를 더욱 강화시킬 수 있는 방법들을 찾을 수도 있겠지만이 부분은 제7장에서 다룰 것이다, 적어도 이것은 좋은 출발인 것이다. 만일 여러분이 지질에 대한 해설을 한다면 여러분이 여러분의 테마에 포함시킬 보편적 개념에는 어떠한 것들이 있을 수 있겠는가? 권력, 미스터리, 폭력, 생존과 같은 것들이 될 수 있지 않겠는가[9]?

보편적 개념과 강하게 연결되어 있는 해설은 종종 가슴을 뭉클하게 하는데 특히 사람이 이야기의 일부일 때 그렇다. 기교 있게 제시될 때 이런 부류의 해설은 감정을 유발하기도 하는데, 그것은 종종 청중들의 영혼을 어루만지며 청중들에게 큰 영향을 끼치기도 한다. 미국 국립공원청 소속 해설 레인저인 쉘튼 존슨Shelton Johnson의 들소 부대Buffalo Solider에 대한 해설은[10] 미국의 요세미티 국립공원Yosemite National Park과 세쿼이아 국립공원Sequoia National Park에 근무했던 흑인 해설사들에 대해 이야기하고 있는데,

이 사례는 보편적 개념을 능숙하게 사용하면 청중들에게 큰 영향을 미칠 수 있다는 것을 보여주는 최고의 사례 중의 하나라고 할 수 있다[11]. 〈표 2-5〉에서 쉘튼 존슨은 자신의 해설 저변에 깔려 있는 생각과 이러한 그의 해설 스타일이 가지고 있는 위험요소와 보상, 세심함에 대해 논의하고 있다.

보편적 개념은 우리에게 중요한 의미가 있는 손에 잡히지 않거나 상징적인 의미들이다.

우리의 삶에 있어 문제시될 수 있는 것들과 연관이 되어 있는 모든 해설은 다른 종류의 정보보다 우리의 관심을 끌고 유지시킬 것이다. 다음 장에서 살펴보겠지만 개별적 정보에 집중하려는 우리들의 경향은 너무나 강력하기 때문에 심지어 우리가 의식적으로 신경을 쓰지 않으려고 하게 되고 만다.

3-3. 개별적인 것의 힘

최고의 커뮤니케이션은 언제나 그 아이디어를 청중들의 삶과 연관시킨다. 이것이 해설에 주는 능력은 그림자처럼 따라 읽기shadowing 라고 일컬어지는 실험실에서 사용되는 기술에서 반복적으로 확인된 바 있다. 이 실험에서 실험대상자는 스테레오 헤드폰을 끼고 각각의 귀에 매우 다른 메시지를 듣게 된다.

표 2-5 | 보편적 개념의 중요성에 대한 해설 고수의 조언

쉘튼 존슨(Shelton Johnson)
프리먼 틸든상(Freeman Tilden Award) 수상자
미국 요세미티 국립공원 해설 레인저
보편적 개념으로 청중들의 영혼을 어루만지기

아무도 듣고 싶지 않은 이야기 즉 우리를 의자에서 꼼지락대게 하는 이야기, 우리의 마음이 쓰이게 하는 이야기, 우리의 영혼에 내재해 있는 무엇인가를 만지작거리게 하는 이야기가 가장 말하기 어려운 이야기이다. 이러한 이야기들은 우리를 말이 없어지게 하거나 소리 지르게 하고, 한숨짓게 하거나 울부짖게 하고, 부끄러워 고개를 숙이게 하고 반항심에 턱을 내밀게 한다. 이러한 종류의 이야기는 결코 틀린 이야기일 수가 없는데, 왜냐하면 자신들의 이야기를 듣는 것임에도 불구하고 그런 이야기를 듣는 용기를 가진 사람의 얼굴 표정에 그 이야기가 맞다는 것이 나타나기 때문이다. 오늘 내가 요세미티 국립공원의 해설극장에서 말하려는 것은 바로 이러한 종류의 이야기이다.

그렇다고 해서 내가 이러한 이야기를 할 수 있는 유일한 사람이라는 것은 아니다. 유대인 학살, 아프리카 노예무역, 원주민 학대와 같은 세계 도처에서 자행된 바 있는 심각한 부정의에 관한 이야기들도 이를 청중들에게 알리기 원하는 해설사들을 기다리고 있다. 이러한 이야기에 유머는 없지만 웃음소리는 있을 수 있다. 이곳에는 동정심이 없을 수도 있지만, 여러분을 눈물겹게 껴안아 줄 사람들은 있다. 이곳은 여러분들이 외롭게 청중의 판단을 기다릴 수 있는 곳이지만 여러분이 감수한 위험은 거의 언제나 보상을 받는 곳이기도 하다. 그 이유는 여러분이 청중에게 희망이라는 가치를 매길 수 없는 선물을 주었기 때문이다.

희망보다 더 지속가능한 음식은 없다. 우리 몸은 필요로 하는 모든 영양분을 공급받을 수 있지만 만일 희망이 없다면 여러분의 몸은 수척해져서 죽게 될 것이다. 희망은 이야기로 표현될 때 가장 강력해지고, 우리 자신의 이야기보다 더 강력한 이야기는 없는 것이다. 여러분은 이 이야기를 받아들일 것인가 그렇지 않을 것인가? 여러분은 깊이 숨을 쉴 것인가, 아니면 숨을 멈출 것인가? 여러분은 손을 뻗어 부드럽게 어루만질

것인가, 아니면 주먹을 꽉 쥘 것인가? 여러분의 눈은 활짝 열어 그것을 받아들인 것인가, 아니면 그냥 닫아버릴 것인가?

좋은 해설사는 사람들이 진실(the truth)에 반응하게 하는 방식에 어느 정도 영향을 줄 수 있다. 하지만 위대한 해설사는 그 반응에 큰 영향을 미칠 수 있다. 이야기하기 어려운 이야기들은 위대한 해설사의 주요한 소득원인데 그 이유는 가슴 아픈 이야기와 능력 있는 해설사가 결합하면 증명 가능할 정도로 청중들을 변화시킬 수 있기 때문이다.

우리는 이것을 어떻게 달성할 수 있는가? 우리를 서로 멀어지게 하는 표면적인 차이로부터 청중들의 관심을 떼어놓는 대신 우리를 하나로 묶어주는 엄청난 유사점에 호소함으로써 이것이 가능하다고 나는 생각한다. 나는 어른의 세계에서 아이가 되는 것과 권리를 박탈당해 정치적으로 힘이 없는 집단의 구성원이 된다는 것의 느낌, 가족의 의미, 가정은 무엇을 의미하는가, 가족을 위해 희생한다는 생각, 여러분을 부정적인 시선으로 바라보는 사람들에 둘러싸여 있을 때의 느낌, 사랑받지 못하고, 연약하고, 외롭다는 느낌 등과 같은 보편적 개념을 활용함으로써 이것을 달성한다.

나는 스토리텔링을 통해 청중을 끌어들일 뿐만 아니라 청중의 일부를 무대로 끌어내어 내 이야기의 일부가 되게 한다. 이러한 방식으로 모든 청중들은 내 이야기를 밖에서 안을 들여다보는 방식이 아닌 안에서 밖을 내다보는 방식으로 경험하게 된다. 내 전략은 내 이야기의 주인공을 과거의 '타인'에서 지금 여기서의 '형제'로 바꾸는 것이다. "여러분은 나를 알고 나는 여러분을 안다." 나는 지성을 발휘하지만 나의 노력은 가슴 속에 뿌리박고 있다. 만일 청중들이 감정적으로 사로잡히지 않으면 내가 하는 일은 전혀 중요하지 않은 것이 되며, 모든 위대한 해설사들은 강력한 보편적 개념들이 인간 감정을 사로잡는 빠른 방법이라는 것을 알고 있다.

나는 나의 청중들이 90분 후에 사우스캐롤라이나(South Carolina) 출신의 흑인 인디언으로서 미 육군 보병 하사관이자 들소 부대원(Buffalo Soldier)[12]이면서 요세미티국립공원의 최초의 레인저 중의 한 사람이 된 엘리지 보만(Elizy Boman) 앞에 있었던 것처럼 느끼며 떠나기를 원한다. 내가 무대에서 해설을 할 때 청중들은 나의 가족이며, 청중들이 나와 마음을 같이 해줄 것이고, 나를 동료로서 이해하고 바라볼 것이라는 생각을 가지고 해설을 한다. 바로 이러한 이유로 내 접근 방식은 누구도 비난하기 어렵고, 흑인이 아닌 청중들에게 흑인에 대해 이야기할 때, 그리고 미국 사회에서 인종의 문제를 이야기할 때 큰 도움이 된다.

내가 지금까지 설명한 것은 논란이 될 만한 어떤 종류의 주제나 스토리에도 쉽게 적용될 수 있다. 전쟁에서 포로가 된 이야기나 엄청난 사회적 부정의에 대한 이야기는 이러한 방법을 사용하기 위한 좋은 사례가 되겠지만, 어떤 종류의 이야기이건 일정한 갈등의 요소가 포함되어 있기 마련이다. 갈등은 드라마의 핵심이며, 만일 드라마가 없다면 스토리도 없을 것이다. 그리고 모든 위대한 이야기는 보편적 개념을 중심으로 구성되고, 갈등이 이야기를 위대하게 만든다. 여러분이 할 일은 여러분이 하는 이야기 속에 보석과 같이 숨어 있는 보편적 개념을 발견하는 것이다.

예를 들어 황무지에 정원이나 텃밭을 조성하는 것은 일종의 전쟁을 벌이는 것이라고 할 수 있는데, 그 이유는 텃밭이나 정원을 조성하기 위해 심는 식물이나 꽃이 원래 황무지의 일부가 아니기 때문이다. 그 꽃들이나 식물들이 아무리 영양분이 많고 아름답다 하더라도 어떤 사람들은 그것들을 신성한 땅에 침입한 식물로 간주한다. 여러분은 농사를 짓지 않고 맥주나 포도주를 만들 수 없지만 농사만큼 지구의 자연스러운 외형을 변형시킨 것도 없다. 결국 모든 것은 관점의 문제이지 않은가? 전쟁, 침략, 지구의 변화는 모두 기쁨, 공포, 사랑, 증오, 외로움, 슬픔 등과 같은 보편적 개념인 것이다.

나는 훌륭한 해설사가 되길 원하는 모든 해설사들에게 사물을 보편적 개념의 측면에서 보라고 말한다. 이 일을 얼마나 잘하는가가 훌륭한 해설사가 된다는 의미의 핵심인 것이다. 해설사들이 자신의 일은 단지 청중들이 어떤 종류의 연관성에 대해 생각해 보는 것을 돕도록 하는 것뿐만 아니라 어쩔 수 없이 청중들이 무엇인가를 느끼도록 하게 하는 환경을 만드는 것이라는 것을 이해했을 때 그 일은 훨씬 쉬워지게 된다. 동맥과 정맥이 없는 심장이 있을 수 있는가? 심장이 없는 이야기가 있을 수 있는가? 물론 여러분은 여러분의 청중들을 여러분이 생각하기에 경이롭다고 생각하는 것들-그랜드캐니언, 피라미드, 울룰루(Uluru) 또는 아주 작은 들꽃 등-로 인도할 수 있을 것이다. 그러나 해설의 성패는 그들이 그것을 보고 어떻게 느끼느냐에 달려 있다. 청중들은 사물과 자신들의 영혼이 하나가 되는 곳에서만 특별한 장소 경험을 하게 된다. 그 합류지점이 어디든 간에 여러분은 보편적 개념을 발견하게 될 것이다. 여러분의 역할은 청중들에게 그 합류지점으로 가는 길을 보여주는 것이다.

그 실험대상자는 왼쪽 귀에서 프랑스 파리와 같은 어떤 도시들에 대한 이야기를 듣게 되는 반면 오른쪽 귀에서는 광합성과 같은 매우 복잡한 과정에 대한 설명을 듣게 된다. 그리고 이 실험대상자는 파리에 대한 설명에 귀를 기울이는 반면 광합성에 대한 것은 무시하라고 요청받는다. 이 것은 그 자체로 어려운 일이기도 하지만 그 이상의 것이 있다. 2개의 메시지 중 하나만 들어야 되는 것 이외에 실험대상은 다른 메시지를 무시하려고 애써가는 동시에 그가 듣고 있는 메시지를 되뇌도록 요청받는다는 것이다. 그림자처럼 따라 읽기보다 더 많은 집중과 노력이 필요한 정신적 과제는 많지 않을 것이다.

모레이Moray, 1959와 체리Cherry, 1966는 그림자처럼 따라 하기 실험을 통해 실험대상자들은 그림자처럼 따라 하는 데 어려움을 겪었을 뿐만 아니라 그들이 정보를 얼마나 기억하는 것에 대한 시험을 해보았을 때도 매우 조금밖에 기억을 하지 못했다는 것을 발견했다. 물론 이 연구자들이 수신한 메시지를 기억하는 것에 대해 테스트를 했을 때우리의 예에서 광합성과 같이 실험 참가자들은 더욱 적게 기억하였다. 체리의 실험에서는 심지어 화자가 영어로서 독일어로 언어를 바꾼 것도 알아채지 못했으며, 모레이의 실험에서는 특정 단어가 35번이나 계속해서 반복되는 것도 알아채지 못했다. 그러나 이 두 연구에서 연구자들이 무시되는 정보의 일부를 실험대상자의 실제 이름으로 말문을 열었을 때 실험대상자들은 다른 것은 전혀 기억하지 못했지만 자신들의 이름 뒤에 나오는 것은 기억할 수 있었다. 이와 같은 연구들은 해설이 왜 개별적이어야 함을 인상적으로 보여준다. 사람들은 심지어 다른 무엇인가에 집중하려고 할 때라도 자신들이 신경 쓰는 정보에 언제나 주의를 기울일 것이다.

솔소, 맥린과 맥린Solso, MacLin & MacLin, 2008은 대부분의 사람들이 이러한 것을 한두 번씩 경험해 본 바 있다는 점을 지적하고 있다. 여러분이 소란스러운 파티나 친목모임에서 여러분이 서 있는 곳과 반대쪽에서 누군가가 수Sue와 하워드Howard의 목소리를 들었다는 이야기를 했다고 하자. 그러면 서로 떠드느라고 정신이 없다가도 그 방에 있는 모든 수Sue와 하워드Howard는 그 말을 한 사람에 귀를 기울이게 된다. 심리학자들은 이를 선택적 집중이라고 부르는데, 이는 모든 청중들이 가지고 있는 것이다. 우리가 앞에서 살펴본 바와 같이 청중들은 심지어 의식적으로 그렇게 하지 않으려고 하는 때에서도 조차 자신이 신경 쓰는 것으로 자신의 관심을 돌리게 된다.

그렇다면 미스터 존스 씨는 어떻게 자신의 지
질에 대한 해설을 보다 개별적이게 할 수 있었
을까? 분명 그는 그의 청중들의 이름 모두를 언
급할 수는 없을 것이다. 설령 그가 청중들의 이

름을 모두 안다손 치더라고 그것은 너무 많을 것이다. 그러나 모든 청중
의 이름을 아는 것만큼 효과적인 두 가지 테크닉을 시도해 볼 수 있을 것
이다. 이 두 가지 테크닉이 바로 자기언급self-referencing과 꼬리표 붙이기
labeling이다〈표 2-6〉.

3-4. 자기언급

자기언급이란 해설사가 청중들에게 새로
운 정보를 제공하면서 자신들이나 자신들의 경험에 대해 생각하게 해보
는 것이다. 이 과정은 청중들로 하여금 해설사가 청중들에게 제공하는 새
로운 아이디어를 그들이 중시하는 것과 연결시켜 준다. 미스터 존스 씨
의 경우 "여러분이 지난번에 ~한 것을 생각해 보라.", "여러분은 ~을 해
본 바 있느냐?" 또는 "여러분 중 대부분은 아마도 한두 번씩~" 등과 같은
단순한 문구를 사용함으로써 이를 실행할 수 있다. 자기언급을 하는 구는
간단하며 연구자들은 자기언급을 사용하는 것이 커뮤니케이션에 대한 흥
미 수준을 올릴 것이라는 것을 보여주고 있다[13].

이쯤 되면 여러분은 아마도 자기언급이라는 것이 종종 여러분you이라
는 단어에 의존한다는 것을 인지했을 것이다. '여러분'이라는 단어는 어
떤 언어에서건 매우 강력한 단어인데특히 직접적인 눈 맞춤과 결합될 때, 최고의 해
설사들은 이 단어를 자주 사용한다. 하지만 이의 변형 또한 효과적일 수
있다. 예를 들어 이전 문단에서 제공된 사례에 여러분 대신 다른 단어를

대체해 보라. 비록 그 효과가 다를 수도 있지만 새로운 문구도 여전히 그 뒤에 따르는 정보를 개별화하는 데 도움이 된다는 것을 알게 될 것이다. "만일 여러분이 아는 사람이 지난번에 이러 저러한 것을 했다고 생각해 보라.", "여러분의 아이들은 ~을 해본 바 있습니까?" 또는 "우리들 대부분은 적어도 한두 번 아마도~" 등이 그 예이다.

그렇다면 미스터 존스 씨는 어떻게 자기언급을 그의 지질에 대한 해설이 좀 더 개별적이게 되는 데 사용할 수 있었을까? 예를 들어 만일 그가 침전의 과정에 대해 설명하려고 했다면, 그는 아래와 같은 이야기를 할 수 있었을 것이다.

> "여러분 중에 물수제비를 떠본 사람 계신가요?", "여러분은 물수제비를 뜨기 가장 좋은 돌은 강가에서 발견된다는 것을 알고 계셨나요?" 왜 그럴 거라고 생각하십니까? 맞습니다. 강가에 있는 돌들은 물결 때문에 부드럽게 되고 윤이 나게 되었기 때문입니다. 마치 사포로 나무를 문지르고 나면 나무가 부드러워지는 것처럼요. 그리고 만일 여러분이 사포를 가지고 나무를 문질러 보았다면 여러분은 나무를 문지르는 것이 많은 찌꺼기들을 만들어 낸다는 것을 알 것입니다. 강에서 찌꺼기들은 강물이 바위를 문지르면서 발생하는 작은 입자들로부터 생겨나며 또한 강의 안팎에서 쓸려온 흙이나 다른 물질들로부터도 생겨나게 됩니다. 시간이 지나면서 이 찌꺼기들이 쌓이게 되는데 이러한 전체적 과정을 침전이라고 합니다. 만일 여러분이 나 같은 사람이라면 강의 좋은 것 중의 하나는 침전이 생긴 후에 청소를 하지 않아도 된다는 사실일 것입니다. 혹시 그렇게 생각하지 않는 사람 계실까요? 이 모든 침전물은 어디로 가게 되는 것일까요?

이 해설문에서 미스터 존스 씨는 그의 침전에 대한 기술이 그의 청중들에게 보다 개별적이 되게 하기 위하여 두 가지 중요한 것을 하였다. 그는 자기언급 문구를 사용하였고 여러분이라는 단어를 10번이나 사용하였다. 그리고 그는 또한 비유목재를 사포로 매끈하게 하는 것과 침전를 사용함으로써 침전이라는 단어가 청중들에게 보다 의미 있게 되게 하였고, 그의 말하는 톤을 비공식적이고 가볍게 하고자 했다. 미스터 존스 씨는 그의 고등학교 학생들이 알아야 할 사실들이나 전문용어를 가르치는 것 대신에 침강의 과정을 그의 청중들에게 이해시키는 것을 돕는 데 더 많은 관심이 있었다. 위의 내용을 그가 자신의 강의노트에 학생들에게 가르쳐 주기 위해 적어놓은 아래의 공식적 정의와 대조해 보라.

침전이란 물의 침식력에 의해 입자상 물질이 모체로부터 떨어져 나와 강의 하류 지점에 강속과 입자들의 덩어리에 비례해서 층상으로 쌓여가는 과정이다.

만일 해설사로서 미스터 존스 씨가 자기언급이나 비유라는 테크닉에 대한 그의 지식 대신에 그의 강의노트에 의존하였더라면 그의 청중들은 매우 다른의심할 여지 없이 훨씬 못한 해설을 들었을 것이다.

3-5. 꼬리표 달기

해설을 보다 개별적이게 하는 두 번째 기술은 꼬리표 붙이기이다. 이것은 사람들은 자신들을 돌이켜 보게 하는 것들에 집중한다는 생각에 기반한다. 광고에 자주 사용되는 것으로서, 꼬리표는 해설사가 기술하고자 하는 어떤 아이디어나 관점 또는 대상과 관련하여 어떤 유형의 사람이나 집단인가에 대한 단순한 언급이다.

표 2-6 | 사람들은 중요시하는 것에 관심을 기울인다

자기언급과 꼬리표 달기-
커뮤니케이션을 개인적이게 하는 두 가지 방법

우리 자신이나 우리가 사랑하는 것들, 우리가 가진 강력한 신념, 가치, 그리고 깊은 확신과 같이 우리가 진정으로 귀중히 여기는 것들에 호소하는 커뮤니케이션은 우리의 관심을 끈다. 우리들의 내적인 삶과 어느 정도 연관된 정보들은 그렇지 않은 것보다 우리들에게 더욱 중요한 것처럼 보인다. 그 이유는 그러한 것들이 보다 더 개별적이고, 그런 만큼 눈높이에 맞기 때문이다. 해설사들은 자신의 커뮤니케이션을 다양한 방식으로 보다 개별적이게 할 수 있는데, 두 가지 간단한 방법이 바로 자기언급과 꼬리표 달기이다.

1. **자기언급**(Self-referencing)이란 여러분이 청중들에게 새로운 정보를 제공하면서 청중들이 순간적으로 자신들에 대해 생각해 볼 수 있도록 하는 것을 의미한다. 이 과정은 청중들이 그 정보를 개인의 수준에서 연관시키게끔 하고, 연구결과들에 따르면 이 과정은 청중들로 하여금 새로운 정보에 집중시키게 하고, 그 정보를 이해하게 하고, 나중에 기억하게 할 수 있는 가능성을 높인다. 여러분은 자기를 언급하는 간단한 문구를 공표하고 그것을 청중들이 기억해 주기를 원하는 정보들과 연관시킴으로써 자기언급을 사용할 수 있다. 예를 들어,
"여러분이 일전에 ~했던 것을 생각해 보라."
"여러분은 ~을 해본 경험이 있는가?
"우리 대부분은 한두 번쯤 ~을 해보았을 것이다."
"여러분 중 여러분들이 경험했던 가장 훌륭한 선생님을 기억하고 있는 분이 얼마나 되십니까? 그분에 대해 잠시 생각해 보십시오. 그분이 그렇게 훌륭한 선생님일 수 있게 했던 것은 무엇이라고 생각하십니까? 여러분이 인식하고 있는 것 중의 하나는…"

2. **꼬리표 달기**(Labeling)는 사람들을 긍정적 또는 부정적, 아니면 중립적으로 분류하는 것이다. 꼬리표가 달리게 되면 청중들은 그것과 자신을 연관시키거나 그것과 관계를 끊을 것이다. 둘 중 어떤 것이든 청중들은 자신들을 그 꼬리표와 연관시켜서 규정해야 할 것이다. 그러므로 여러분이 꼬리표와 연관시키는 정보는 청중들에게 있어 보다 개별적인 것처럼 보인다.

- 긍정적 꼬리표 달기의 예: "전쟁의 공포를 아는 사람이라면 ~을 알 것이다.", "만일 여러분이 야생 동물을 소중히 여기는 사람이라면, 여러분은 아마도…", "만일 여러분이 맥주를 사랑하는 사람이라면, 여러분은 ~할 것이다.", "~을 걱정하는 부모라면…".
- 부정적 꼬리표 달기의 예: "가장 악질적인 범죄자는 자연을 대상으로 범죄를 저지르는 자들이

몇 년 전에 한 성공적인 땅콩버터 광고는 까다로운 엄마는 이 브랜드의
땅콩버터를 선택한다는 슬로건을 사용한 바 있다. 이 슬로건의 메시지란
자녀를 귀중히 여기는 엄마들은 이 브랜드의 땅콩버터를 선택할 것인데 아
마도 그 이유는 그것이 더 좋기 때문일 것이다. 여기서 꼬리표는 까다로운
엄마인 것이다. 대부분의 엄마들은 자녀들에게 주는 음식에 신중한 것으로
생각되길 원하기 때문에 이 광고에 집중했던 것이다. 이와는 대조적으로
한 농촌연구소의 직원은 그의 청중들에게 다음과 같이 말한 바 있다. 만일
여러분이 진정으로 여러분의 후손들에게 남길 물과 공기, 토지에 대해 신
경 쓴다면 제가 오늘 오후에 여러분들에게 보여주고자 하는 것에 매우 흥
미를 가질 것이다. 그러나 만일 이것이 여러분의 흥미를 끌지 못한다면 여
러분은 지금 여기를 떠나는 것이 나을 것이고, 여러분의 자녀를 나에게 보
내야 할 것이다. 여러분들의 자녀는 확실히 이것에 대해 신경을 쓸 것이다.

비록 위의 것들이 모두 매우 강한 진술이긴 하지만 여러분은 후자의 예
를 통해 꼬리표 붙이기는 부정적일 수도 있고 긍정적일 수도 있다는 것
을 알 수 있을 것이다. 말하자면 사람들은 자기를 좋은 자질을 가진 사람
으로 보이기 원하는 동시 부정적으로 기술되는 사람들의 무리와는 자신
들이 다르다는 것을 확인하기 위하여 부정적인 꼬리표 붙이기에 집중하
게 된다는 것이다. 부정적인 꼬리표 붙이기의 또 다른 예는 미국의 그랜
드 티탄 국립공원 Grand Teton National Park 의 야간 프로그램에서 그의 청중들

에게 가장 나쁜 범죄자들은 자연을 대상으로 죄를 저지르는 사람이라고 해설하는 레인저 등을 들 수 있다.

꼬리표 달기는 또한 중립적이거나 판단하지 않는 것일 수도 있다. 따뜻한 지방에 사는 사람들은…, 미국 사람들…, 우리 호주사람들은…, 0세가 넘은 영국 사람들은… 등과 같이 말이다. 긍정적이거나 부정적인 꼬리표 붙이기에서와 마찬가지로 중립적인 꼬리표 붙이기 역시 여러분의 해설을 개별적이게 되는 것을 돕는데 그 이유는 많은 사람들은 꼬리표가 붙여지면 그것과 자신들을 연관시키든지 끊어버리기 때문이다. 어떤 경우든 꼬리표는 청중들로 하여금 설명되어지는 정보와 개별적인 방식으로 자신들을 규정할 것을 요구한다. 그 결과 정보는 청중들에게 보다 흥미로워지고 청중들은 이어지는 것에 집중을 하게 된다.

하지만 꼬리표를 붙일 때는 신중해야 한다. 꼬리표들은 사람들을 분류하기 때문에 신중하게 선택되지 않으면 불쾌감을 줄 수 있다. 뿐만 아니라 의도가 있지 않는 한 여러분은 지나치게 제한적인 꼬리표 붙이기로 많은 청중들을 배제해서는 안 된다. 마지막으로 여러분은 청중들에게 중요한 꼬리표를 선택하도록 노력해야 한다. 박물관 도슨트는 단순히 '이 박물관을 방문한 사람들'이라는 꼬리표보다는 '역사가 우리에게 가르쳐주는 것을 중요하게 생각하는 사람들'이라는 꼬리표를 붙일 때 더욱 효과적으로 청중의 관심을 유발할 수 있다. 이 둘 다가 좋은 꼬리표 붙이기일 수 있지만 두 번째 꼬리표가 더 나은데, 그 이유는 아마도 그것이 도슨트의 청중들에게 더욱 중요한 것에 대해 언급하기 때문이다. 마찬가지로 동물원의 해설사는 단순히 "많은 사람들은 ~게 생각한다."라고 말하기보다는 "이 동물의 멸종을 막는 것에 신경 쓰는 많은 사람들은 ~을 믿는다."라고 이야기할 것이다. 자기언급과 꼬리표 붙이기를 연습하라. 이 두 테크닉을 사용할 수 있는 기회를 더 잘 인식하고 이용할 수 있을수록 여러분의 해설은 청중들에게 있어 더욱 개별적이 될 것이다.

4 좋은 해설은
재미있다

모든 성공적인 커뮤니케이션은 즐거워야 하는데, 그 이유
는 즐거운 정보여야 청중들을 사로잡아 즐겁게 해주기 때문이다. 그리
고 바로 이런 이유 때문에 어떤 사람들은 알파벳 E로 시작하는 세 단어,
즉 '즐거운Enjoyable', '매력 있는Engaging', '재미있는Entertaining'을 TORE 해
설에 있어서 같은 의미로 사용하기를 원한 바 있다. 실제로 사람의 마음
을 사로잡는 것Being engaging과 재미있는 것Being entertained은 거의 같은 의
미를 가지고 있다고 할 수 있는데, 그 이유는 이 두 단어가 모두 청중들
의 관심을 끌고 유지하는 것을 일컫기 때문이다. 하지만 즐거운 것Being
enjoyable은 TORE 모델에서 좀 더 구체적인 것을 의미한다〈표 2-7〉.

사실 즐겁다는 것은 해설이 청중을 사로잡고 즐겁게 해주는 것의 일부
일 뿐이다. 제1장에서 지적하였다시피, 짜임새Organization, 눈높이Relevance
가 갖추어 져야 해설이 재미있어지는 것을 완수할 수 있다. 청중의 관심
을 사로잡아 유지시키는 해설은 이해하기 쉬워야 하고, 청중들이 중요하

게 생각하는 것과 연결시켜야 하고, 정신적으로 즐거운 과정이어야 한다
는 것이다.

표 2-7 | 알파벳 E로 시작하는 해설과 관련된 글자들

TORE 해설에 있어 E를 언급할 때 나는 언제나 프랑스어 enjoir에서 기원한 '즐기다
(enjoy)'의 문자 그대로의 의미를 생각했다. 해설이 즐겁다는 것은 무언가가 우리의 주
의를 사로잡는 것과 같은 사례에서와 같이 해설이 우리에게 만족과 즐거움을 준다는
것이다. 분명 인간은 주의를 사로잡게 되는 것을 즐길 수 있는데, 심지어 우리가 일
반적으로 이 단어들을 생각하는 방식의 즐거움과 재미가 아닐 때도 그렇다. 가령 비극
적 사건에 대해 읽을 때나 무서운 영화를 볼 때처럼 말이다. 분명 어떤 즐거움은 우스
움, 까부는 것, 장난스러운 재미를 포함한다. 하지만 내가 재미라는 단어를 사용할 때
는 이러한 것들만을 의미하는 것은 아니다.

나는 또한 문자 그대로의 엔터테인먼트의 의미를 사용하는데, 문자 그대로 엔터테
인먼트는 '주의를 끈다.'는 의미이다. 엔터테인먼트(entertainment)의 어원은 프랑스
어 entre(사이, between)와 tenir(붙잡다, to hold), 그리고 라틴어 inter(사이, among)와
tenere(붙잡다, told)이다. 문자적 의미로 보았을 때 즐겁게 해주는 것(entertain)이 꼭 웃
기는 것이나 재미를 시사하는 것은 아니다. 분명 슬픔이나 심리적으로 혼란스러운 생
각, 육체적으로 고통스러운 사건들 역시 우리의 주의를 끈다. 사실 이러한 것들도 우리
를 사로잡고 어떤 것이든 우리의 주의를 사로잡는다면 그것은 말 그대로 즐겁게 해주
는 것이다. 마찬가지로 즐겁게 해주는 것은 심사숙고해야 하는 것이나 고려해야 하는
것, 염두에 두는 것을 의미할 수도 있다. 예를 들어 일상적인 대화에서 우리는 "이러 저
러한 가능성을 즐기자.", "약간 다른 관점을 즐겨보지 않을래요?"라고 이야기할 수 있
다. 이러한 것들이 바로 내가 즐겁게 하는 것(entertain)이라는 단어를 사용할 때 의미하
는 것들이다. 문자적으로 어떤 것을 다른 사람들의 마음에 강력하게 심어주는 것이나
그 사람의 관심을 사로잡는 것이다.

주의를 사로잡는 것(engaging)과 즐겁게 해주는 것(entertaining)은 본질적으로 같은
것이다. 말하자면 사로잡히는 것은 여러분의 관심이 집중된다는 점에서 즐겁게 되는
것이다. 만일 여러분이 무엇인가에 사로잡히게 된다면 여러분이 해설에 집중하게 될
때처럼 여러분은 그것에 전념하게 된다.

그림 2-2 │ E로 시작되는 단어 3개-Enjoyable, Entertaining, Engaging.
사진제공: 국립공원공단.

그림 2-3 │ 청중들은 해설에 참여하는 것을 즐긴다.
사진제공: 국립공원공단.

그림 2-4 │ 유머는 해설을 즐겁게 하는 방법 중의 하나이다.
사진제공: 호주 소버린 힐 박물관 협회(Sovereign Hill Museums Association).

제2장

이것이 내가 TORE 해설에서 사로잡는 것Engaging이나 즐겁게 해주는 것Entertainment을 E를 가리키는 것으로 사용하지 않는 이유이다. 이것은 또한 내가 제1장에서 엔터테인먼트 산업을 E 산업이 아닌 "ORE" 산업이라고 부른 이유이기도 하다. 관심을 끌어 유지시키는 것, 즉 통제할 수 없는 청중의 관심을 끌어 유지하기 위해 해설은 세 가지 요소, 즉 짜임새, 눈높이, 즐거움을 모두 갖추어야 한다.

그렇다면 해설이 즐거워야 한다는 것의 정확한 의미는 무엇인가? 해설이 즐거워야 한다는 것이 해설은 언제나 재미있거나 가벼워야 한다는 의미일까? 꼭 그렇지 않을 수도 있다. 우리 모두가 알고 있듯이 우리가 집중하기를 좋아하는 것은 때때로 슬프거나, 무섭거나, 쇼킹하거나, 간담이 서늘한 것일 수도 있다. 텔레비전 뉴스를 보는 것만으로도 그렇게 될 수도 있다. 우리는 비록 우리를 미소 짓게 하거나 웃게 하지 않더라도 우리의 관심을 끌기 때문에 이러한 것들에 집중하는 것을 즐기는 것이다.

즐거운 해설의 핵심적 요소는 청중들이 좋은 시간을 가지게 할 수 있도록 해설이 시연되는 것이다. 설령 좋은 시간을 가진다는 것이 슬프거나, 화나거나, 겁나거나, 사색적이라도 말이다. 종종 어떤 해설들은 그리 희망적이거나 가볍지 않을지라도 청중들이 그것에 집중하게끔 함으로써 청중들의 마음을 즐겁게 한다[14]. 적어도 잠깐 동안이라도 말이다. 말하자면 해설에서 제시된 정보를 처리하는 것 자체가 즐겁다는 것이다. 그리고 이것이 TORE에서 E가 '즐겁다Enjoyable'가 되어야 하는 이유이다. 즐겁다는 것은 짜임새나 청중의 눈높이에 맞는 것과는 질적으로 다른 성공적인 해설의 구체적 특성을 포착하게 한다. 그리고 해설이 짜임새, 청중의 눈높이에 맞는 것, 즐거움이라는 세 가지 요소를 모두 가질 때 여러분은 청중들을 사로잡아 즐겁게 해줄 수 있다.

우리의 마음은 무의식적으로 가장 만족스러운 정보를 찾아가게 되어 있고, 이러한 과정 자체가 즐거움인 것이다. 미스터 존스 씨가 제1장에서 발견했던 바와 같이, 통제할 수 없는 청중들은 면전에서 행해지는 해설을 즐기지 못할 때 그들의 관심을 다른 데로 돌리게 될 것이다. 제1장에서 살펴본 바와 같이 관심 전환은 몽상을 하는 것과 마찬가지로 무의식적인 행동이고, 그것은 해설을 듣고 있는 중간에 일어난다든지, 나가버린다든지 하는 노골적인 행동으로 나타날 수도 있다. 전시 작품이나 표지판을 보는 청중들은 보는 것을 중지할 것이며, 무료한 해설 브로슈어 등은 휴지통이나 땅에 버려질 것이다.

4-1. 해설을 즐겁게 만드는 방법들

학습을 즐겁게 하는 방법은 사용하는 커뮤니케이션 수단에 따라 다양할 것이다. 예를 들어 즐거운 전시해설은 즐거운 시청각 프로그램이나 즐거운 대면해설과 다른 성질을 가지고 있을 것이다. 하지만 대부분의 성공적이 해설에서 두드러진 것처럼 보이는 하나는 그것이 비공식적이고 수업과 같지 않다는 것이다.

해설사들은 다양한 방법으로 비공식적인 분위기를 만들 수 있다. 예를 들어 미스터 존스 씨는 정치인들이나 학자들이 대본을 보고 읽을 때 사용하는 인위적이고 답답한 어조 대신에 대화체를 사용할 수 있을 것이다[15]. 해설 전시에 대한 여러 해 동안의 연구들은 미스터 존스 씨의 칠판과 같이 청중들에게 공식적인 교육을 연상시키는 미디어나 커뮤니케이션 전략을 활용할 경우 관람객들은 전시 작품에 적은 관심을 가지게 된다는 것을 보여주고 있다. 일반적으로 최고의 해설 전시 작품은 관람객들을 끌어들이고 상호작용하게 하거나, 삼차원적이고, 빠르게 움직이거나 장면이 전환되고, 생생한 색채를 가지는 등 전통적인 교보재보다는 엔터테인먼트와 관련된 특징들을 가지고 있다[16]. 마찬가지로 거점해설이나 이동

해설 또는 다른 종류의 해설 역시 유머나 음악, 쌍방향 소통 등을 포함하였을 때 보다 많은 청중들의 관심을 끌게 된다고 알려져 있다[17]. 같은 이유로 배경음악을 가진 시청각 프로그램이 내레이터의 목소리만 있는 시청각 자료보다 더 오랫동안 청중들의 관심을 끌 수 있고, 신기한 제목을 가지고 있고, 흥미로운 질문을 던지거나 화려한 삽화를 가진 표지판이나 출판물이 그렇지 않은 것들에 비해 관람객의 관심을 끌 가능성이 높다[18].

몇몇 사람들의 의견과 반대로 여러분은 모든 전문적인 정보를 통제할 수 없는 청중에게 재미있게 해설할 수 있을 정도로 타고난 커뮤니케이터가 될 필요는 없다. 해설을 즐겁게 하는 간단한 테크닉들이 〈표 2-8〉에 언급되어 있다.

표 2-8 | 해설을 즐겁게 만드는 방법들

전문적인 정보조차 즐겁게 청취할 수 있게 해주는 여러 가지 방법들

웃어라: 웃는 얼굴은 모든 문화에서 기쁨을 나타낸다. 루이 암스트롱의 옛 노래는 "여러분이 웃을 때 모든 세계가 여러분과 함께 웃는다."라고 하고 있다. 이것은 여러분의 청중들이 여러분으로부터 힌트를 얻게 될 것이라는 것을 의미한다. 만일 여러분이 여유가 있어 보이고 즐거워 보인다면 청중들도 같은 느낌을 가지게 될 것이라는 것이다. 심각해 보이는 것은 여러분에게 불리하게 작용할 수도 있는 공식적 분위기를 만들어 낸다.

능동태를 사용하라: 동사는 어느 언어에서나 힘이 있다. 수동태를 만듦으로써 동사가 가진 힘을 빼앗지 말아야 한다. 예를 들자면, "불확실성이 매일 탐험가에 의해 직면되었다." 대신 "탐험가는 매일 불확실성에 직면했다."라고 써라. 학술적 글쓰기는 수동태의 사용을 너무 많이 강조한다. 하지만 해설사들은 강력한 능동태를 사용해야 한다. 제7장 '모든 테마가 동등한 것은 아니다'에서 우리는 능동태를 사용하는 것의 중요성을 보다 자세히 다룰 것이다.

인과관계를 보여줘라: 사람들은 어떤 것을 발생시키는 원인에 대해 알기를 원한다. 원인과 결과의 직접적인 관계를 보여주도록 하라.

과학을 사람들의 이야기와 연결시켜라: 과학자가 아닌 사람들은 종종 과학을 사람들과 연결시킬 수 있을 때 과학에 더 흥미를 가지게 된다. 예를 들어 식물에 대한 정보를 원주민들이 식물들을 음식, 예술, 종교 등에 활용했는지에 관한 이야기로 만드는 것은 식물에 관한 정보 그 자체보다 청중들을 더 즐겁게 해줄 수 있다. 자연과학이나 물리학의 특정한 측면을 그것에 경이로워했고 그것을 탐구, 발견, 기술하려 했던 사람들과 극복, 굴복, 걱정했던 사람들의 관점에서 또는 그것으로 인해 죽게 되거나, 구출되거나, 방해되거나, 영향을 받거나, 영향을 준 사람의 관점에서 이야기를 하는 것은 비과학자들을 보다 흥미롭게 할 것이다.

크기를 과장하라: 만일 여러분이 말벌의 둥지를 걸어 들어갈 수 있을 정도로 충분히 작다면, 여러분은 여러분이 보는 것에 놀랄 것이다.

시간을 과장하라: 만일 시간의 속도가 엄청 빨라져서 초당 수천 년이 지나간다면 여러분은 여기에 서서 대륙이동을 관찰할 수 있을 것이다.

비유를 우선적으로 사용하라: 여러분의 해설 전체를 둘러싸고 있는 비유를 사용하라(가령 좋은 레드와인을 만드는 것을 치즈를 만드는 것에 비유하는 것, 특정한 지질학적 과정을 설명하기 위해 양파의 껍질을 지구와 비교하는 것, 숲의 천이를 집을 짓는 것과 결부시키는 것 등).

부자연스러운 상황을 사용하라: 나무나 나무로 만든 것이 전혀 없는 마을에 관한 이야기를 지어냄으로써 숲을 보존하는 것의 필요성을 보여주어라. 시간을 과거 또는 미래로 돌려보아라, 가설적인 질문을 해보아라. 또는 실례를 들어보아라(예를 들어, 만일 정부가 없다면, 만일 평균 온도가 5도 상승한다면 지구에 있는 생명체는 어떻게 될까?).

의인화를 사용하라: 비인간적인 것에 인간적인 성질을 부여하라(예를 들어 만일 나무가 말할 수 있다면 무슨 말을 할까? 개미는 인간을 어떻게 바라볼까?). 시청각 프로그램에서 내레이터에게 동물 흉내를 내게 하라. 월트 디즈니는 동물들의 시각을 통해 청중들이 어드벤처를 경험하게 하는 스토리나 동물에 대한 영화들에서 기가 막힌 의인화를 보여준 바 있다. 이러한 테크닉은 생물학자들에게 동물들에게 인간의 성품을 부여한다는 이유로 때론 정당하게, 때론 정당하지 않게 비판을 받아왔다. 따라서 의인화를 사용할 때는 주의를 기울여야 한다. 동물과 식물들이 실제로 인간처럼 생각하고 행동하는 것처럼 암시하지 말아야 한다.

개별적인 것에 집중하라: 특정한 사람이나 사물(예를 들어 동물, 식물, 바위, 물 분자, 얼음 결정체 등)에 대해 허구적이지만 엄밀히 따져보면 정확한 이야기를 만들어 내라. 여러분의 청중들이 이해하길 원하는 전문적인 정보와 관련하여 특정한 개인이나 사물이 어떻게 경험을 하는지를 설명하라.

다음은 개인적인 것에 초점을 맞춘 사례들이다.

- 기본적인 인권을 위해 다수 민족과 용감하게 싸운 한 원주민 가족에 대한 이야기를 하라.
- 한 군인의 일기를 통해 그가 경험했던 공포와 외로움에 대해 들려주어라.
- 아기곰이었을 때 인간의 음식에 적응되었던 곰 한 마리가 공원 레인저에 의해서 정착과 이주를 거듭하다가 결국은 안락사 된 불운에 대해 생각해 보게 하라.
- 물 분자가 전체 물 순환 또는 암석 덩어리를 통과하면서 퇴적 상태에서 부드러운 상태로 변형되는 것을 설명하라.
- 열대우림에서 사로잡힌 앵무새가 다른 나라의 애완동물가게에 다른 새들과 함께 옮겨졌을 때 무슨 일이 일어날지에 대해 묘사하라.
- 지구 종말의 날에 마지막 남은 인간이나 특정한 동식물에 대해 이야기 하라.
- 멸종위기에 있는 동물의 가죽을 해외로 밀수출하려는 한 밀수업자에 대해 설명하라.
- 한 가지에서 포도가 자라나서 수확된 후 병에서 발효되어 몇십 년 후 특별한 행사를 기념하기 위해 개봉되는 과정을 설명하라.

5   요약 및
다음 장 미리보기

해설에 있어 성공이란 '해설이 청중들의 관심을 충분히 오랫동안 끎으로써 결국 설득력 있는 주장을 할 수 있게 하는 것이다.'라고 정의했을 때, 해설의 성공에 있어 테마가 있는 것T, 짜임새가 있는 것O, 청중의 눈높이에 맞는 것R, 즐거운 것E의 중요성을 살펴보았다. TORE 모델의 이 네 가지 요소들이야말로 내가 지금까지 해설이라는 커뮤니케이션과 관련하여 연구하고 가르쳐 온 바이다. 인간이 커뮤니케이션을 어떻게 처리하는지와 커뮤니케이션에 의해 어떻게 영향을 받는지에 대한 많은 연구의 결과들은 어떤 종류의 해설이건 이 네 가지 요소를 불어 넣는다면 성공 가능성이 높아진다는 것을 보여준다.

우리는 또한 제1장에서와 마찬가지로 이번 장에서도 해설의 중요한 목표는 청중들이 스스로 생각하게끔 하는 것이라는 것도 살펴보았다. 이러한 목표를 염두에 두었을 때 T, O, R, E 각각의 역할은 해설사들에게 좀더 분명해지는데, 그 이유는 이러한 목표를 염두에 두었을 때 해설사들은 비로소 자신을 교실의 선생님이나 어떤 사실을 재미있게 전달하는 사람이 아니라 우리가 이 책의 다음 장들에서 '의미 만들기meaning making'라고 부를 훨씬 중요한 것에 대한 촉진자로서 바라볼 수 있게 해준다. 제3장에서 우리는 촉진자에게 부여된 일이 무엇인지, 그리고 왜 해설이 강의 또는 단순한 엔터테인먼트와 다른 것인지에 대해 자세히 살펴볼 것이다.

> ● **주요용어**
>
> 비유 analogy, 대조 contrast, 즐거운 enjoyable, 엔터테인먼트 entertainment, 사례 example, 전체적인 테마 global theme, 꼬리표 달기 labeling, 마법의 수 4 magic number 4, 의미 있는 meaningful, 은유 metaphor, 짜임새 있는 organized, 개별적인 individual, 눈높이에 맞는 relevant, 자기 언급 self-referencing, 직유 simile, 하위 테마 subtheme, 테마 theme, 이야기 소재 topic, 보편적 개념 universal concept.

제3장

해설의
최종 목표

INTERPRETATION:
MAKING A DIFFERENCE
ON PURPOSE

한 남성이 작업장에서 작은 바퀴들과 용수철을 발명하느라 분주하다. 여러분은 그에게 그 장치들이 무엇이고 그것을 무엇에 쓰려고 하는지 묻는다. 그가 여러분을 보며 속삭인다. 잘 모르겠다.

또 다른 남자가 숨을 헐떡이며 거리를 달려간다. 여러분은 그를 잡고 어디를 가느냐고 묻는다. 그는 숨을 헐떡이며 대답한다. 내가 어디로 가는지 어떻게 알겠는가. 나는 그냥 내 길을 가는 중이다.

여러분은 이 사람들이 정신없는 사람들 아니냐는 반응을 보일 것이다. 모든 합리적인 발명품은 반드시 목적이 있어야 하고 모든 전력 질주는 목적지가 있어야 하는 것이다.

　라호스 에그리 Lajos Egri, 1946:1 ,

　『극작의 기술The Art of Dramatic Writing』

　우리의 삶은 불확실성으로 가득 차 있지만, 위에 언급된 두 번째 남자
는 여전히 뛰고 있고, 발명은 여전히 진행 중이라는 것에 대해서는 확신
할 수 있다. 최종적인 목표를 염두에 두지 않는 경우 의도했던 성과를 낼
수 없는 것이다. 해설도 마찬가지다.

　이 장에서는 해설의 결과가 무엇인지, 우리가 해설을 통해 궁극적으로
달성하고자 하는 바가 무엇인지, 그리고 우리가 해설에 성공했다고 말할
수 있기 위해서 최소한 알아야 할 필요가 있는 것이 무엇인지 등 해설의
성과에 대해 다룬다. 나는 이러한 성과를 '궁극적인 목표endgame'라고 부
를 것인데, 이는 어떠한 과정이나 사건이 성공적인 결론에 이른 상태나
조건을 일컫는 것이다.

　에그리의 발명자나 경주자의 예에서와 마찬가지로 해설의 목적과 목적
지를 정하기 위해서 우리는 해설의 성과를 마음속에 그릴 필요가 있다.
우리가 추구하는 것이 분명할 때 해설의 내용과 커뮤니케이션 방법, 그리
고 평가방법에 대한 결정 역시 더 분명해지는 것이다. 마찬가지로 우리가
해설의 궁극적이 목표를 제대로 정의하고 나서야 해설사들의 역량을 지
속적으로 향상시키기 위해 그들을 어떻게 교육 훈련해야 하는지가 보다
분명해질 것이다.

1 해설의 궁극적인 목표들

전 세계의 많은 해설사들과[1] 일을 하면서 나는 해설사들이 자신들이 가지고 있는 기술인 해설을 바라보는 관점에는 몇 가지 유형이 있다는 것을 알게 되었다. 나에게 특별히 흥미로웠던 것은 어떠한 해설이 우수하고 효율적이며 성공적인 해설인지에 대한 생각들을 듣는 일이었다. 어떤 해설사가 성공의 척도로 강조하는 것은 그 해설사의 해설에 대한 철학이나 접근 방식을 보여주는 것이고 그 해설사가 가진 해설의 목표와 목적의식을 나타내는 것이다.

보통 이런 이야기는 어떤 해설사가 자신 또는 다른 사람의 해설에 대해 격찬을 하거나 불만을 토로하면서 시작된다. 이러한 평가를 듣고 나서 나는 늘 '왜 그렇게 생각하는가?'라는 질문을 한다. 그러고 나면 해설사들이 의식적으로 종종 무의식적이기도 하지만 채택했던 해설의 궁극적인 목표에 관한 이야기로 이어지기가 일쑤이다. 우리가 무언가에 대해 좋거나 나쁘다는 평가를 하는 이유에 대한 설명을 해야만 할 때 우리는 그러한 결론에 이르게 되는데 적용된 기준을 꼭 붙들어야 한다. 〈표 3-1〉에서 나는 왜 해설이 좋았는지에 대해 들어왔던 이유들의 목록을 제시하였다.

여러 해 동안의 수십 명의 활동적인 해설사들과의 대화를 통해 나는 해설의 궁극적인 목표가 될 수 있는 세 가지를 알게 되었다. 물론 이 세 가지 해설의 궁극적인 목표가 해설의 전부는 아닐 수 있고, 세 가지가 상호 배타적이지 않을 수도 있다사실 종종 이 세 가지가 융합된 경우가 많다. 그러나 이 세 가지는 훌륭한 해설과 그렇지 않은 해설, 또는 성공한 해설과 실패한 해설을 가르는 데 적용될 수 있고, 그렇기 때문에 이 세 가지는 해설의 궁극적인 목표에 대해 근본적으로 다른 관점들을 대표하기도 한다. 해설[2]을 어떻게 효과적으로 디자인할 것인가에 대한 우리의 감각, 그리고 어떻게 해설사들을 뛰어나게 훈련시킬 것인가는 이러한 해설의 궁극적인 목표 가운데 어떠한 것을 채택하는가에 달려 있게 될 것이다. 내가 가장 자주 목격하는 해설의 궁극적인 목표는 청중들에게 생각을 불러일으키는 사람, 교사, 연예인이라는 서로 다른 세 가지 해설사의 유형에 의해 옹호된다[3]. 여러분은 아마도 〈표 3-1〉의 진술들에서 서로 다른 해설사의 유형을 발견할 수 있을 것이다.

표 3-1 | 해설이 성공적이었던 이유에 대한 해설사들의 설명

"해설이 놀라웠어요. 여성 해설사분이 45분이나 학생들의 관심을 끌었거든요."

"나는 그들이 자신의 문화유산을 느낄 수 있을 거라 확신해요. 해설은 좋은 것이었어요."

"결국 모두가 모든 새들을 관찰할 수 있었어요."

"모든 청중들은 그 연관성을 파악할 수 있었어요."

"그들은 모두 이 중요한 빌딩들을 디자인했던 건축가들의 이름을 나에게 이야기할 수 있었어요."

"그들은 이 프로그램 전체 동안 미친 듯이 웃었어요."

"그의 몸짓은 모든 것의 열쇠였어요."

"색깔이 믿기 어려울 정도로 생생했어요. 그것들은 판자 위에서 폭발할 뻔했어요."

"사람들은 해설이 끝나자 나와 사진을 찍기 원했어요."

"내가 다음 날 그의 캠핑장에 갔더니, 그는 나를 식사에 초대했어요. 그리고 내게 맥주를 주었어요."

"여러분은 바퀴가 돌아가는 것을 볼 수 있을 거예요. 그는 정말로 그들을 사로잡았어요."

"해설을 듣고 간 사람들이 너무 감동이 되어서 아마도 그날 밤 잠을 이룰 수 없었을 거예요."

"나는 이보다 더 의욕적인 청중을 보지 못했어요. 나는 이들을 내가 원하는 대로 생각하게 하거나 행동하게 할 수 있었어요."

"그 해설은 로마의 도제가 어떻게 만들어졌는지를 보여주는 훌륭한 방식이었어요."

"이번 해설은 해설사로서 내가 가장 기억에 남는 것이었다고 말해야 할 것 같아요. 청중들은 내가 말한 모든 것에 반응하는 것 같았어요."

"이 해설은 창의적이었어요. 방문객들이 정말 즐거워했어요."

"만일 여러분이 어떻게 진화가 일어나는지를 설명하려고 한다면 이보다 더 좋은 비유는 없을 거예요."

2   동기유발로서
해설

      해설의 궁극적인 목표를 정의하는 것은 프리먼 틸든이 그의 저서 『우리 유산의 해설』1975의 제5장의 목적이었던 것 같다. 그는 우리가 해설을 학술적인 것을 강의하는 것으로 보아서는 안 된다는 것을 강조했다. 틸든은 랄프 왈도 에멀슨Ralph Waldo Emerson을 차용하여 해설이 무엇이고 무엇이 아닌가를 보여주는 틀로써 '강의가 아닌 동기부여'라는 유명한 이분법을 제시했다.

      탐방객들은 종종 정확한 정보를 바란다는 것은 사실이고 이는 때때로 강의를 요구하며, 훌륭한 해설사는 요청이 있을 경우 언제나 가르칠 수 있어야 한다. 하지만 해설의 목적은 해설 전시 작품을 읽거나 해설을 듣는 청중들이 자신의 관심과 지식의 지평을 넓힐 수 있도록 자극하는 것이고, 사실에 관한 진술의 배후에 있는 보다 큰 진실을 이해할 수 있도록 하는 것이며, 자신만의 의미를 찾도록 하는 것이다1957, 32-33, 36.

   위의 인용문에서 틸든은 우리에게 해설이 목표로 하는 가장 중요한 것은 사람들이 자신들에 대해 생각해 보게 함으로써 해설자원에 대해 개인적 의미를 부여하고 자신과 연관 짓게 하는 것이라고 이야기하고 있는 것이다[4]. 나아가 그는 해설을 학술적인 강의로 바라보는 것을 경계하고 있기도 하다. 만일 여러분이 이미 틸든의 철학에 친숙하다면 그의 해설 성공방정식은 영어 대문자 R로 시작한 두 단어 즉 관련성Relevance과 드러냄Revelation에 달려 있다는 것을 알고 있을 것이다. 그가 마음속에 그렸던 것처럼 가장 성공적인 해설은 사람들이 가장 신경 쓰는 것즉 자기 자신이나 자신의 경험과 해설의 내용을 연결시키며, 해설되어지는 것들이 사람들에게 자연스럽게 내적인 의미를 드러내는 방식으로 시연될 것이다. 말하자면 해설의 청중들은 해설되어지는 것에서 개인적 의미를 발견하게 된다는 것이다. 두 세대가 지났지만 나는 해설에 대한 틸든의 관점은 여전히 유효하

다고 생각한다. 이러한 것을 궁극적인 목표로 하는 해설사 유형을 우리는
생각을 불러일으키는 사람provoker 이라고 부를 수 있을 것이다.

3 가르침으로서 해설

그러나 틸든이 목격했고, 여전히 목격되고 있는 바와 같이 해설사들은 종종 동기유발이라는 목표를 놓치게 되는데, 자신들이 해설하는 것에 대한 지식이 많을수록 이러한 위험에 빠지기 쉽다. 이러한 상황이 발생할 경우 해설사는 청중들이 객관적 사실에 대해 어떠한 의미를 부여하기보다 사실 그 자체에 대한 숙지에 초점을 맞추게 되어 결국 숙련되지 못한 교사가 되는 위험을 무릅쓰게 된다.

사실을 전달하는 것이 초점이 될 때, 해설은 교육과 같은 것이 된다.

이와 관련 틸든은 자신이 청중의 일원으로서 경험했던 해설들에 대해 다음과 같이 회고한다.

많은 해설들의 경우 탐방객들이 의미를 부여할 수 있도록 동기를 부여하거나 동료로서 탐험에 동참하게 하는 것이 엄청난 양의 정확하지만 비효과적인 사실이라는 높은 파고에 의해 수면 아래로 잠겨버렸다. 그리고 이러한 그룹의 일원이 된 경우 나의 열정은 정보를 제공하는 것을 해설로 착각하고 청중들에게 생각을 불러일으키는 역할을 하는 대신 별 볼 일 없는 강의자가 되어버린 해설사들에 의해 시들해지곤 했었다Tilden, 1957: 36.

  우리는 아마도 자신이 아는 것 모두를 이야기하고 싶은 욕구를 참지 못하는 해설사들을 용서해야 할지도 모르는데, 그 이유는 많은 경우 해설사들의 약점은 너무 열정이 많다는 것에 기인하기 때문이다. 물론 경우에 따라서는 많은 양의 사실을 전달하는 것이 필요한 해설도 있을 수 있다. 하지만 좋은 의도에도 불구하고 이러한 사실들을 전달하는 것에 해설사가 초점을 맞춘다면 해설은 마치 강의와 같이 되어 버릴 것이다[5]. 해설이 이러한 궁극적인 목표를 가지게 되면 해설의 성공은 청중들이 해설에 제시된 사실들을 얼마나 배우고, 인식하고 기억하는가가 되는 것이다. 우리는 이러한 해설사의 유형을 교사로서의 해설사라고 이름 붙일 수 있을 것이다.

4   엔터테인먼트로서 해설

　　해설의 세 번째 궁극적인 목표가 될 수 있는 것은 대부분의 청중들은 즐거움을 추구하는 사람들이라는 분명한 사실에서 유발된다. 이러한 목표하에서 해설의 성공이란 각각의 해설 행위가 재미있고 청중의 관심을 끄는 것이다. 이러한 목표를 성취하기 위해서 해설사들은 비일상적이고 놀라운 사실들과 역동적인 프레젠테이션 스타일, 그리고 뉴 미디어 등과 같은 요소들을 강조하는 해설을 기획해서 진행하게 되는데, 이러한 요소들이 존재할 경우 해설은 멋진 사실들의 조합이 되고 이들 간의 흥미로운 관련성들이 기발한 방식으로 제시되기도 한다. 이러한 목표를 가지고 해설을 바라보았을 때 우리는 해설의 효과성은 청중들이 해설을 즐겼는지 해설을 통해 주어진 시간 동안 청중들을 즐겁게 해줄 수 있는지에 의해서만 측정되게 된다. 이와 관련하여 제2장의 〈표 2-7〉에서 제시된 엔터테인먼트와 즐거움의 문자적 의미를 상기해 보기 바란다.

　데이비드 랄센David Larsen, 2002, 2003은 이러한 부류의 해설을 인터프리테인먼트interpretainment라고 적절히 명명한 바 있다. 인터테인먼트와 비슷한 용어인 인포테인먼트infotainment나 에듀테인먼트edutainment는[6] 각각 유익한 정보를 제공하거나, 교육적인 목적을 가진 엔터테인먼트나, 재미있는 교육을 지칭한다. 그리고 여기서 테인먼트tainment의 최종 목표는 청중의 관심을 끌었는지가 결정적이라는 것을 시사한다.

앞의 두 장에서 살펴본 바와 같이 모든 해설이 최우선적으로 필요한 것은 청중의 관심을 끌고 그것을 유지시키는 것이다. 만일 청중의 관심을 끌고 유지하지 못한다면 우리는 더 이상 아무것도 할 수 없고 진짜로 시간 낭비만 하게 되어버릴 수도 있다. 청중의 관심을 끌고 유지하는 방법에는 수백 가지가 있겠지만, 이 중 몇 가지에 대해 우리는 이 장의 후반부에서 다루어 볼 것이다. 이러한 방법이 성공하느냐의 여부는 청중들이 생각하는 즐거움과 해설사들이 사용할 수 있는 방법들을 얼마나 잘 조화시키느냐에 달려 있다. 청중들에 따라 즐겁게 생각하는 것이 다를 수 있기 때문에 청중들을 즐겁게 해주기 위해서는 대면해설이든 비대면 해설이든 간에 청중들에 대해 좀 알아야 한다. 만약 청중들의 관심을 끌고 유지하는 데 있어 뭔가 잘못되었다는 생각이 든다면 우리는 그 이상의 것을 성취하는 데 성공하기가 쉽지 않을 것이다. 이러한 점을 알고 있기 때문에 몇몇 해설사들은 해설의 엔터테인먼트적 가치에 가장 초점을 맞추기도 한다어떤 해설사들은 이 부분에 모든 초점을 맞추기도 한다. 우리는 이러한 부류의 해설사를 '엔터테이너'라고 부를 수 있을 것이다.

엔터테이너가 되는 것이 최종 목표인 경우 엔터테인먼트가 해설을 다 차지하게 되어서 해설사가 염두에 두고 있는 다른 성과를 놓치게 되는 위험요소가 있다. 캐나다의 철학자인 맥루한McLuhan, 1967이 경고했듯이 메시지를 전하는 수단 그 자체가 청중이 취득하게 되는 메시지가 되어버릴 수 있다는 것이다[7]. 예를 들어 여행 작가 빌 브라이슨Bill Bryson은 호주의 악당 네드 켈리Ned Kelly의 연대기를 다룬 네드 켈리의 마지막 저항Ned

Kelly's Last Stand 이라는 공연을 지켜보면서 다음과 같이 기술한 바 있다.

> 우리는 표를 산 후 문틈을 비집고 들어가 해설이 이루어지고 있는 어두컴
> 컴한 방으로 들어갔다. 우리는 가구와 앉은뱅이 인형들의 형태만 알아볼
> 수 있었다. 몇 분이 지나 조명이 한꺼번에 들어왔고 요란한 총소리와 함
> 께 공연이 시작되었다. 나를 겁쟁이라고 부르든 아니면 나한테 벽돌집을
> 투하하든 간에 나는 이렇게 어처구니없이 후진 공연을 본 적이 없다고 말
> 할 수밖에 없다. 단 한 푼의 돈도 내기가 아까울 정도로 형편없었다고나
> 할까. 솔직히 이 공연은 너무 형편없어서 돈을 낸 것이 너무나 아까웠다.
> 다음 35분간 우리는 여러 개의 방을 통과했는데 이 방들에서는 집에서 만
> 든 인형들이 헝클어진 머리를 한 채 어설프게 웃고 있어서 우리로 하여금
> 바람에 날리는 해골 뼈를 생각나게 했으며, 유명한 켈리의 총격전의 여러
> 장면을 일관되지 않게 재연해 놓기도 하였다. 가끔 그 인형들이 머리를
> 돌리거나 팔뚝을 잡아당겨 권총을 발사하기도 했는데 이러한 것들은 해
> 설과 조화되지 못했다. 뿐만 아니라 각각의 방들에서는 빈 의자가 흔들린
> 다거나 찬장이 미스터리하게 열리거나 닫혔고 피아노가 연주되기도 하
> 였다. 축제장의 노점에서 목표물을 향해 총을 쏴서 박제된 닭이 넘어지게
> 하는 것을 본 적이 있는가? 나는 해설이 가미된 이 공연을 보면서 그러한
> 장면 아니 그것보다도 못한 것들이 생각났다2000: 16.

주지하다시피 대부분의 청중들은 기발하고 창의적인 커뮤니케이션 스
타일과 '인터프리테이너interpretainer'에 관심과 박수로 호응하고, 해설사들
은 이러한 호응에 저항하기 어렵도록 동기부여가 된다. 따라서 해설에 대
한 평가에 있어서 종종 청중의 관심과 즐거움이 성공의 첫 번째 척도가
되는 것은 놀라운 일이 아니다. 이러한 방식으로 청중과 해설사와 평가자
는 인포테인먼트가 최종적인 목표라는 것을 인증하는 데 힘을 합치게 되

는 것이며, 해설을 사실에 기반한 엔터테인먼트로 보는 관점이 오늘날도 여전히 몇몇 곳에서 지속되고 있는 것이다.

**청중의 주의를
끄는 것이
가장 중요한
목표라면,
해설과
엔터테인먼트 간의
구별이 모호해진다.**

비록 모든 해설이 청중의 관심을 끄는 데 성공해야 하지만 만일 청중의 관심을 끄는 것만이 중요한 관심사가 된다면 해설과 엔터테인먼트의 차별성을 발견하기가 매우 어렵게 된다. 브라이슨의 설명이 우리를 상기시키듯이 메시지를 잃어버린다면 해설이 카니발과 다를 바가 무엇이겠는가.

5 탁월한 해설의 조건

우리는 지금까지 해설의 궁극적인 목표와 종착점을 대변하는 세 부류의 해설사의 유형^{생각을 하게 하는 사람, 교사, 엔터테이너}에 대해 살펴보았다. 비록 내가 이 세 유형이 상호 배타적일 필요가 없다고 강조한 바 있지만 나는 이 세 부류가 마치 서로 분명히 구별되는 것처럼 각각의 특성과 차이를 강조하였다. 그리고 우리가 보아온 상당수의 해설이나 해설사들은 이 세 부류 중 어느 하나에만 속한다는 것을 알고 있다. 하지만 실상 대부분의 해설사들에게 있어 이 세 부류 중 어느 하나만이 목표가 되어야 하거나 흥미로운 결말이 되는 것은 아닐 것이다. 자신이 해설하고자 하는 장소와 청중들을 연관시키는 지식을 결여한 동기유발자는 얄팍하다는 인상을 줄 것이고, 쇼맨십이 없는 교사로서의 해설사는 청중을 지루하게 만들 것이고, 쇼 너머를 보지 못하는 엔터테이너는 청중을 웃게할 수는 있어도 해설이 청중에게 어떠한 의미가 있는지에 대해서는 무지할 것이다.

상식적으로 봐도 이상적인 해설사는 이 세 해설의 최종적인 목표의 모든 측면을 일정 부분 구현할 수 있어야 할 것이다. 말하자면 이상적인 해설사는 지식으로 무장된 숙련된 커뮤니케이터로서 청중들의 이목을 끌어서 청중들이 스스로 생각해 볼 수 있어야 하는 것이다. 이미 살펴본 바와 같이 청중들에게 생각을 불러일으키는 것은 모든 해설에 있어 꼭 필요한 목표이지만 어떤 사실에 기반하지 않고는 청중을 생각하게 할 수 없으며, 만일 청중의 관심을 끌고 유지할 수 없다면 해설사는 자기한테 이야기를 하는 꼴이 되고 만다. 다시 말해 이 세 해설의 궁극적인 목표는 각각 장점이 있다는 것이다.

하지만 이 세 궁극적인 목표가 서로 나누어지는 지점은 어떤 해설을 우수한 해설로 보아야 하는가에 대한 관점에서다. 내가 이 장의 초반부에서 제시하였던 것처럼 해설의 목적과 종착점을 정하기 위해서는 해설의 궁극적인 목표를 마음속에 그려볼 수 있어야 한다. 무엇을 달성할 것인가가 분명해지기 전까지는 훌륭한 해설에 대한 관점을 가지거나 어떻게 그 목표를 달성할 것인지, 그리고 어떻게 해설을 평가할 것인지를 아는 것은 가능하지 않은 것이다. 〈표 3-2〉에서 나는 이 세 궁극적인 목표들과 각각의 평가 척도를 비교하고 있다. 〈표 3-2〉의 핵심은 이 세 가지 궁극적인 목표는 진정 차이가 있다는 것을 보여주는 것이고, 이 세 가지 궁극적인 목표는 해설사들이 직업적 탁월성에 이르는 각기 다른 길을 제시하고 있다.

우리는 이미 이 각각의 궁극적인 목적의 평가 기준을 살펴본 바 있다:

청중들에게 생각을 불러일으키는 것이 궁극적일 목표인 경우에 해설사는 해설을 통해 청중들이 자신만의 의미를 발견하고 해설되어지는 것과 자신과의 관련성에 대해 생각해 보고 발견하기를 원한다.
가르치는 것이 궁극적인 목표라면 해설사는 해설을 통해 청중들이 무엇인가에 대해 알기를 원한다. 말하자면 해설사는 어떤 현상이나 장소, 사물을 둘러싸고 있는 사실들에 대한 정보를 청중들에게 제공하고, 청중들은 그러한 사실들을 나중에 기억하게 되기를 원한다.

엔터테인먼트가 궁극적인 목표인 경우 해설의 성과보다는 해설 행위 자체를 강조하는데, 이 경우 청중들의 관심을 끌어 청중들을 즐겁게 해주는 것이 평가의 척도가 되며 해설사들은 청중들이 즐거운 추억으로 인해 만족하기를 바라게 된다.

위에서도 볼 수 있는 바와 같이 세 가지 해설의 궁극적인 목표는 우리로 하여금 해설의 탁월성에 이르는 길에 대한 서로 다른 기준에 초점을 맞추게 한다. 만일 우리가 이 세 가지 중 하나의 궁극적인 목표에 따라 어떤 해설을 평가한다면 우리는 다른 두 범주를 평가하는 지표들과는 다른 성격의 지표들에만 관심을 가질 것이다.

해설사들이 어떤 해설의 성공을 판단하는 데 사용되는 기준을 대수롭지 않게 여기는 것이 사실이긴 하지만 우리는 직업으로서 해설의 탁월성을 추구해 가는 방향이 전적으로 이러한 기준들에 달려 있다는 것을 명확히 인지해야 한다. 모든 평가는 결과를 낳는다. 이런저런 기준이 해설이 성취한 것 가령 청중들이 지식을 묻는 시험에서 좋은 성적 또는 낮은 성적을 거두었다거나, 청중들이 집중을 하거나, 하지 않았다거나, 즐거웠다거나, 또는 여러 가지 생각 또는 약간의 생각을 하게 했다거나에 대한 평가를 하는 데 사용된다면, 그러한 기준에 의한 평가는 평가되는 것을 어떻게 향상시킬 수 있는가에 대한 결정을 내리게 할 수 있어야 한다. 만일 시험성적이 낮다면 다음번에는 시험성적을 향상시킬 수 있는 전략을 조언해 주어야 하지 않겠는가? 만일 청중들이 집중을 하지 않거나 해설이 재미있었다고 평가되지 않을 경우 해설이 청중들에게 보다 더 매력적이게 할 수 있는 방법들을 찾아야 하지 않겠는가? 만일 해설이 청중들에게 테마와 관련된 생각을 불러일으키지 못했다면 이러한 목표를 달성할 수 있는 수단들을 간구해 보아야 하지 않겠는가?

나는 이제 여러분들이 이러한 논의로부터 도출된 피할 수 없는 결론이 있다는 것을 알 수 있기를 원한다. 해설의 궁극적인 목표에 대한 관점은 우리를 해설의 성공에 대한 서로 다른 척도에 이르게 할 뿐만 아니라 이러한 기준 자체가 결국 해설에 있어서 탁월성이 무엇인가를 정의하게 해준다. 우리가 집중하는 해설의 궁극적인 목표가 무엇인가에 따라 해설의 품질을 향상시키고 다음 세대의 해설사들을 훈련시키는 방식에 차이가 날 거라는 것이다. 예를 들어 지식을 습득하는 것이 지표라고 한다면 우리는 청중들이 해설에서 제시된 정보들을 더 잘 기억할 수 있도록 해설사들을 훈련시켜야 할 것이다. 하지만 이것은 해설사들이 해설보다는 활기 없는 강의를 하도록 하게 할 것이다. 반복이나 강화와 같은 기술들은 우수한 점수를 만들어 낼 수 있을지 모르지만, 해설의 상황에서 이 같은 방법을 사용하는 것은 청중의 관심을 없애 버릴 수 있다는 것은 잘 알려져 있는 것이다Moscardo, 1996[8].

표 3-2 | 해설의 세 가지 목표와 평가 기준

	교사로서 해설사	엔터테이너로서 해설사	생각을 하게 하는 사람으로서 해설사
주된 목적	청중들이 잘 알려진 사실들을 이해하고 배울 수 있게 하는 것	– 청중들을 즐겁게 해 주고 즐거운 시간을 제공해 주는 것	청중들을 생각하게 해서 개인적 의미를 발견하게 하는 것
성공의 척도	– 사실들에 대한 정확한 기억 – 지식에 대한 인식	– 즐거움의 정도 – 청중의 관심을 끌고 유지시키는 능력	– 청중들이 생각하게 된 것들의 수와 종류

여하튼 만일 더 많은 지식을 얻게 하는 것을 원한다면 가능한 많은 지식을 얻을 수 있도록 해야 하지 않은가? 그리고 우리는 이러한 교수법에 정통한 사람들을 해설사로 고용해야 하지 않겠는가? 만일 그렇지 않다면, 해설을 평가하는 데 있어서 청중의 지식수준을 사용해야 하는 이유가 무엇이겠는가? 우리는 이러한 논리를 이 세 가지 궁극적인 목표 모두에 적용할 수 있을 것이다.

이 정도 시점에서 이제 여러분은 이 세 가지 궁극적인 목표가 완전히 다르지 않다고 생각할 수 있고, 만일 이 세 가지 중 하나에서 성공하려면 다른 두 가지의 성공을 전제로 해야 함을 알 수도 있을 것이다. 예를 들어 만일 여러분이 청중들의 관심을 충분히 오래 끌 수 있다면 청중들은 생각하게 될 것이고, 나중에 여러 가지 것들을 기억할 것이다. 또 만일 여러분이 청중들이 여러 가지 생각을 하게 하는 데 성공했다면 청중들은 여러분이 이야기하고자 했던 핵심에 대한 지식에 대한 시험을 잘 볼 수 있을 것이다. 하지만 이러한 가정이 매력적임에도 불구하고 아직까지 이를 뒷받침할 만한 연구 자료들이 충분치는 않다.

설령 우리가 해설의 이 세 가지 궁극적인 목표를 달성하기 위하여 청중의 주목을 끌어서 유지한다손 치더라도 그것 자체만 가지고는 그 이상의 결과를 보장하기 어렵다. 이와 마찬가지로 청중들에게 생각을 불러일으켰다고 해서 해설사가 제시하는 주된 생각을 청중들이 제대로 기억하게 할 수 있는 것은 아니다. 이와는 정반대로 청중들이 해설사가 제시한 많은 사실들을 기억할 수 있다는 것이 청중들로 하여금 이러한 사실 저변에 있는 무엇인가를 생각하게 했다는 것을 의미하지 않을 수도 있는 것이다[9]. 그러므로 만일 여러분이 여러분의 해설을 장기간에 걸쳐 발전시켜 탁월하게 만들고자 한다면 여러분 스스로가 가장 중요하게 생각하는 궁극적인 목표를 결정해야 한다는 것은 분명한 것처럼 보인다.

그림 3-2 │ 셰이크 자예드 그랜드 모스크, 아랍 에미리트.
사진제공: 아부다비 관광 문화국.

    따라서 이 세 가지 해설의 궁극적인 목표 중 어느 하나가 다른 두 가지를 배제하지는 않는 것이라 하더라도 해설의 성공과 평가, 탁월한 해설사를 길러내기 위한 교육훈련 문제에 직면하였을 때 이 세 가지는 결국 선택의 문제가 되는 것이다. 이 세 가지의 궁극적인 목표는 우리가 해설의 목적과 종착점을 바라볼 수 있는 관점을 제공하며 이 중 어떠한 것을 선택하느냐 는 것은 우리가 어디에 더 집중하고 어떤 성과를 더 중시할지를 결정한다. 이 장 초반의 이야기로 돌아가서 만일 육상선수와 에그리Egri 이야기의 창 작자가 결말에 대한 분명한 생각이 있었다면, 착수했던 것을 잘 마쳤을 뿐 만 아니라 다음에는 더 잘할 수 있었을 것이다.

6   어떠한 목표가 가장 중요한 목표라고 할 수 있는가?

지금까지 우리는 해설사들이 청중의 관심을 끌고 정보를 전달하는 데 있어 궁극적인 목표의 중요성을 살펴보았다. 우리는 또한 이세 가지 궁극적인 목표 중 어느 하나에 성공했다고 해서 다른 두 가지가 자동적으로 따라오지 않는다는 것도 알 수 있었다. 따라서 이 세 가지 중어떤 것이 보다 근본적인가를 묻는 것은 당연한 것일 수 있다. 말하자면이 세 가지 궁극적인 목표 중 어느 하나가 더 궁극적인 것이고 다른 두가지는 수단이라고 할 수 있겠냐는 것인데, 나는 이 세 가지 중 더 궁극적인 목표가 있다고 본다.

청중들의 생각이나 태도, 행동의 변화를 유발하는 것을 해설의 잠재력이라고 한다면 우리가 이 장에서 고려했던 세 가지 부류의 해설사 중에서 '생각을 불러일으키는 사람으로서 해설사'가 가장 없어서는 안 될 존재이다. 제1장에서 우리는 해설이 유발할 수 있는 세 가지의 변화, 즉 경험의 질을 향상시키고, 해설사가 해설하는 대상에 대해 긍정적인 태도를 갖게 하고, 경우에 따라서는 청중의 행동에 영향을 줄 수 있는 것에 대해 논의한 바 있다. 아직까지 청중을 생각하게 하는 것이 청중의 경험이나 태도 행동에 미치는 영향에 대한 연구들이 충분하지는 않지만[10], 해설을 통해 이 세 가지 모두 또는 그중 하나에라도 영향을 줄 수 있다는 것, 무엇보다 청중을 생각하게 할 수 있다는 것은 무리한 주장이 아닐 것이다[11]. 1980년대 이후 진행된 많은 경험연구에 따르면 청중을 생각하는 만큼 청중의 경험의 질이나 태도 및 행동의 변화 가능성은 의미 있게 증가한다.

결국 청중의 경험이란 생각하는 것과 다름없는데 나의 연구의 결과는 특정한 것에 대한 우리의 경험은 우리가 그것에 대해 생각하는 바와 같은 것이라는 것을 보여준다. 따라서 청중들이 즐거운 생각을 할 수 있게 한다면 그것은 곧 청중들의 경험의 질을 향상시키게 되는 것을 보여주고 있는 것이라고 할 수 있다[12]. 적지 않은 연구들에서 노력이 필요한 생각들의 효과가 태도에 미치는 영향을 살펴보았는데, 이러한 연구의 결과들은 일관되게 청중들을 생각하게끔 하는 커뮤니케이션일수록 청중들의 태도 변화가 더 강하고 오래간다는 것을 보여주고 있다[13]. 말하자면 청중들을 생각하게 하는 데 성공한 해설이 청중들을 생각하게 하는 데 실패한 해설보다 청중들로 하여금 해설하고자 하는 것에 대한 긍정적인 태도를 가지게 할 확률이 높아진다는 것이다.

이러한 연구들의 시사점 중의 하나는 많은 생각을 통해 야기된 강한 태도는 많은 생각을 통해 얻어지지 않은 태도에 비해 청중들의 향후 행동을 더 잘 예측한다는 것이다[14]. 보호구역 내에서 탐방객들의 행동을 변화시키는 데 있어 해설의 영향력을 평가한 연구들에서도 탐방객들을 생각하도록 디자인된 해설은 탐방객들의 바람직한 행동에 대해 긍정적인 태도를 미치는 데에서뿐만 아니라 실제로 그러한 행동을 유발하는 데 있어 성공적인 것이 발견된 바 있다[15].

하지만 기존의 연구들은 경험과 태도와 행동의 변화의 상호관계에 대해서와 커뮤니케이션에 있어서 엔터테인먼트적인 요소의 가치, 프로그램의 내용에 대한 청중들의 기억 등에 대해서는 아직까지 제대로 밝혀내지 못하고 있다. 그럼에도 불구하고 청중을 생각하게 하는 것은 청중의 경험과 태도와 행동의 변화에 있어 핵심적인 것처럼 보이긴 한다.

많은 경험연구의 증거를 통해 이제 우리는 우리의 해설이 청중들을 생각하도록 하는데 성공한다면 경험과 태도와 행동의 변화를 유발할 수 있는 가능성이 높아진다는 것을 확신할 수 있게 되었다. 이것이 바로 청중을 변화시키는 해설의 전제이며 탁월한 해설이 약속하고 있는 것이다. 우리는 이어지는 제4장과 제5장에서 청중을 변화시키는 해설에 대해 다시 한번 주의 깊게 살펴볼 것이다.

• **주요용어**

정교화 elaboration , 최종적인 목표 endgame , 생각을 불러일으키기 provocation .

모든 해설이 청중을 변화시킬 수 있는가?

INTERPRETATION: MAKING A DIFFERENCE ON PURPOSE

나는 세계 여러 나라의 해설사들과 함께 일해본 경험이 있다. 내가 방문한 나라들마다 해설사들은 외모와 복장이 조금씩 달랐고, 다른 언어로 이야기를 했다. 뿐만 아니라 다른 음악을 듣고, 다른 음식을 먹었으며, 다른 TV 프로그램을 보았고, 유머도 달랐으며, 때때론 냄새도 달랐다. 하지만 이러한 표면적인 차이에도 불구하고 해설에 있어 중요한 것이 무엇인가에 대해 함께 앉아서 논의할 때는 차이점보다는 유사점이 훨씬 많았다.

청중을 변화시키는 해설은 테마가 있어야 하고, 청중의 눈높이에 맞아야 하고 짜임새가 있어야 하고, 재미있어야 한다.

우리가 가장 중시하는 것 다시 말해 개인적인 차원에서나 해설사라는 직업의 차원에서 우리를 둘러싸고 있는 네댓 가지의 핵심적인 가치들과 우리가 살면서, 또는 아이를 키우면서, 또는 선거에서 투표를 하면서 얻은 교훈들에 대해 이야기하게 될 때 우리 모두는 매우 유사하다는 것을 발견하게 된다. 문화유산, 자연, 역사, 예술, 산업, 과학, 또는 맥주 등 어떤 것을 해설하든 해설사처럼 자신들이 가지고 있는 가치가 중요한 직업군은 많지 않다.

다음의 강력한 질문들 대부분에 '그렇다'고 답한다면 여러분은 제대로 된 해설사라고 할 수 있을 것이다.

> 만일 여러분이 여러분의 거주지에 1,000개의 일자리를 창출할 수 있는 상업적 개발과 고고학적 유물을 보존하는 것 사이에 선택을 해야 할 때, 여러분은 유물 보존을 희생하는 개발에 대해 의문을 제기할 것인가?

> 여러분은 개인적으로 알지도 못하고 심지어 아직 태어나지도 않은 인류를 위해 깨끗하고 건강한 환경을 물려줄 책임이 있다고 느끼는가?

> 역사가 우리에게 가르쳐 준 위대한 교훈들을 잘 보존하고 영존시키는 것이 인류에게 있어 가장 중요한 것 중의 하나라고 생각하는가?

> 비록 몇몇 생물 종들의 경우 분명한 경제적 가치가 없다 하더라도 생물 다양성을 유지하는 것은 그 자체로 가치가 있다고 믿는가?

예술, 과학, 유산, 문화, 농업, 아름다운 경관 등과 관련하여서도 우리는 유사한 질문을 할 수 있고, 대체로 해설사들의 답변은 많은 다른 사람들과 다를 것이며 이것이 바로 해설사들의 특징이라고 할 수 있다. 내가 아는 대부분의 해설사들은 개인으로서, 그리고 해설사로서 자신의 삶을 이러한 가치들을 고취시키는 데 헌신해 오고 있다. 많은 다른 직업들과 마찬가지로 해설사들도 무엇인가에 대해 변화를 만들어 내기를 원한다. 하지만 해설사들을 다른 많은 직업들과 구별시키는 것은 이들이 변화시키고자 애쓰는 것이 유산이나 자연, 문화, 환경 등의 보존에 관한 사람들의 생각이라는 데 있다.

제8장 '테마에 대한 청중의 수용'에서 다른 사람의 생각을 변화시키는 것의 윤리적 측면에 대해서 좀 더 자세히 살펴보겠지만 전 세계 모든 해설사들은 다른 사람의 생각을 변화시키는 것이 자신들의 궁극적인 목표라고 이야기할 것이다. 전 세계의 주요 해설사협회들이 이야기하는 해설사들의 최고 목표에 관한 〈표 4-1〉의 내용을 들여다보아도 이 점은 명백하다. 〈표 4-1〉에 나와 있는 거의 모든 내용들은 의식을 일깨우거나 이해를 도모하고 자연이나 문화유산을 감상하게 함으로써 청중들을 변화시키고 자원을 보호하고 보존하는 것을 소망하는 것에 대해 명백하게 언급하고 있다. 세상을 변화시키는 긍정적인 힘이 되기 원하는 해설사들이 직면해야 하는 도전들에 대해 레리 백Larry Beck과 테드 케이블Ted Cable은 다음과 같이 이야기하고 있다.

> 이러한 소망을 성취하기 위해서 해설사들은 자신들이 가지고 있는 소망을 다른 사람들과 나누어야 한다. 미래에 대한 소망이 없는 해설사는 얄팍한 메시지를 전하기 십상이다. 이러한 해설사들은 인류가 더 나은 세상을 만들어 갈 수 있다는 믿음에서 나오는 동기와 열정이 부족할 것이다2000: 16.

해설사는 변화를 일으키는 직업이다. 해설사들은 변화시킬 수 있는 것에 대해 각기 다른 정도의 확신을 가지고 있겠지만, 내가 해설사들로 가득 찬 방에서 세상을 변화시키기를 원하느냐고 질문을 할 때마다 거의 모든 해설사들의 손이 올라간다.

그렇다면 도대체 변화를 유발한다는 것이 무엇인가? 이를 위해서는 제3장에서 해설이 만들어 낼 수 있는 세 가지 변화를 들여다보면서 끝났다는 것을 기억할 필요가 있으며[1] 이 세 가지는 다음과 같다.

표 4-1 | 주요 전문 해설사 협회의 관점에서 본 해설의 목표들

해설은 우리의 유산에 대한 부정적인 영향을 줄이고 긍정적인 태도와 행동을 심어주는 관리수단이다(스페인문화유산해설협회, 2012).

해설은 문화 및 환경자원을 더 잘 감상하고 이해하게 함으로써 문화 및 환경자원에 의미를 부여한다(영국유산해설협회, 2012).

유산해설은 청중들이 자신의 환경과 자신을 이해할 수 있도록 하는 아이디어와 느낌을 커뮤니케이션하는 수단이다(호주해설협회, 2012).

우리는 무엇인가를 배우는 경험과 유대감과 보호의식을 창출한다(캐나다해설협회, 2012).

해설은 장소의 중요성에 대한 의식을 일깨우며 보존과 관리에 대한 지역사회의 후원을 얻을 수 있도록 돕는다(유럽해설협회, 2012).

자연과 문화유산은 호주 국민들이 공유하고 있는 역사이자 유산이고 정체성이니만큼 우리의 소망은 이러한 것들이 가치 있게 여겨지고, 지속되고, 커뮤니케이션 되는 것이다(호주박물관협회, 2012).

우리는 청중들에게 문화 및 자연유산과의 유대감을 형성시킴으로써 자원의 보존을 촉진한다(미국해설협회, 2012).

해설은 동기를 유발하고, 경험하게 하고 새로운 것을 드러냄으로써 탐방객들의 이해와 즐거움을 증진시키는 것이 목적이다(스코틀랜드해설네트워크, 2006).

해설개발프로그램은 의미 있고 기억에 남는 탐방객 경험을 촉진함으로써 공원 자원의 관리를 장려한다. 이 프로그램은 사람들은 자신들이 신경 쓰는 것을 챙기게 된다는 철학에 기반한다(미국 국립공원청, 2012).

전 세계의 동물원과 수족관이 종과 서식지의 보존과 지속가능성에 기여하는 엄청난 가능성을 충분히 이해시키는 것이 우리의 궁극적인 목적이다(세계동물원 수족관협회, 2012).

1. '해설'은 청중의 경험을 향상시킬 수 있다_{여기서 청중은 탐방객일 수도 있고, 특정한 이벤트 참가자일 수도 있으며, 웹페이지 방문자일 수도 있고, 인쇄 또는 방송 매체의 소비자일 수도 있다.}

2. '해설'은 특정한 장소나 사물 또는 개념을 감상할 수 있게 하며 그것들에 대한 태도에 영향을 미칠 수 있다.

3. '해설'은 청중들의 행동에 영향을 미침으로써 중요하고 희귀하며 손상되기 쉬운 자원에 대한 보호를 강화시킬 수 있다.

이 장에서 우리는 모든 해설이 이 세 가지의 변화를 유발할 수 있게 해야 하는지 아니면 일부 해설에서만 그래야 하는 것인지 질문을 해볼 것이다. 우리가 해야 하는 질문은 절대 수사rhetoric적인 것이 아니다. 이러한 질문들은 해설이 즐거움을 추구하는 청중들에게 단지 즐거움을 주거나 사실을 알려주는 것 이상이 될 수 있다는 생각을 뒷받침해 준다.

1   테마 · 짜임새 · 눈높이 · 재미 = 성공

질이 낮은 해설에서는 청중들에게 단순한 오락을 제공하는 것조차 기대하기 어렵다.

여러분은 내가 왜 해설이 유발할 수 있는 변화에 대해 설명할 때 '해설'이라는 단어에 따옴표를 했는지 궁금해할 수도 있을 것이다. 그 이유는 해설이라는 단어가 의미하는 바가 무엇인지에 대해 합의가 이루어져서 문장의 나머지 부분에서 일관되게 이해되게 하기 위해서였다. 이 대목에서 나는 제1장에서 했던 것과 같이 해설을 개념적으로 정의하려는 것은 아니고 해설을 통해 목표하는 바(가령 생각하게 하고 의미를 들어내는 것 등)가 무엇인지 그리고 이러한 목표가 다른 종류의 정보전달과 해설을 어떻게 구별 짓게 하는지에 대해 설명하고자 한다. 그러나 해설이 실제로 어떻게 특정한 성과를 유발할 수 있게 하는지에 대해 논의하려면 우리가 해설이라는 용어를 사용할 때 그것이 어떠한 의미인지 매우 구체적일 필요가 있다.

해설이라는 단어를 사용할 때 그것이 구체적으로 의미하는 것이 무엇인가를 규정하는 것은 매우 중요한데, 그 이유는 청중을 생각하게 하고 청중들이 해설하는 대상에 대해 의미를 부여하게 하는 것이 해설의 목적이지만 만일 어떤 해설이 이 부분에 있어 성공을 하지 못한다면 이러한 해설은 앞에서 언급한 세 가지의 변화를 유발할 가능성이 낮을 것이기 때문이다. 다시 말해 만일 우리가 해설이라는 단어를 그것이 성공적이든 성공적이지 않든 모든 해설을 통칭하는 용어로 사용한다면 우리는 해설이 변화를 유발할 수 있다고 주장을 할 근거가 없게 된다는 것이다. 그 이유는 질이 낮은 해설의 경우 청중들에게 단순한 오락을 제공하는 것조차도 기대하기 어렵기 때문이다[2].

만일 여러분이 이장에서 논의되는 종류의 변화를 유발하고자 한다면 여러분은 여러분의 해설이 성공적이라는 확신을 가지고 있어야 하며 해설이 성공적이라는 것은 그것은 청중들의 관심을 끌고 강력한 요점을 제시한다는 것을 의미한다. 다시 말해 청중의 변화를 유발하는 해설은 테마가 있어야 하고Thematic, 짜임새가 있어야 하며Organized, 청중의 눈높이에 맞아야 하고Relevant, 재미가 있어야 한다Enjoyable는 것이다. 따라서 해설이 달성할 수 있는 것에 대해 주장하기 위해서는 우리가 해설이라는 단어를 사용할 때 그것은 객관적으로 이 네 가지 요소를 갖추었는지를 확인할 수 있는 해설을 의미하는 것이라는 것을 명확히 할 필요가 있다〈그림 4-1〉.

표 4-2 | 근거 없는 주장과 초점 없는 논의 피하기

청중을 변화시키기 -
해설사들이 연구를 요구해야 할 것들

하루 일과를 마치고 여러분이 해설이 청중의 경험의 질을 향상시키고 청중의 태도와 행동에 영향을 줄 수 있다고 주장하려면 우리는 테마와 짜임새, 눈높이, 재미를 갖춘 해설이 훌륭했다거나 성공적이었던 것이 무엇을 의미하는지를 특정해야 한다. 만일 우리가 이 부분을 특정하지 못한다면 해설이 청중들을 변화시켰다고 주장할 근거를 가지고 있지 않은 것이 되고 만다. 제2장에서 살펴본 바와 같이 성공적인 커뮤니케이션에 관한 연구에 따르면 만일 특정한 해설에 이 네 가지 요소가 내재한다는 것을 확인하지 못한다면 그 해설이 이 세 가지의 변화 중 어떠한 것이라도 유발했다고 생각할 이유가 없는 것이다.

해설사들은 이러한 기본적 논리를 이해하고 인정해야 한다. 테마, 짜임새, 눈높이, 재미가 결여된 해설은 훌륭하거나 성공적인 해설로 간주될 수 없는 것이다. 따라서 우리가 청중을 변화시키는 해설에 대해서 이야기할 때 우리는 언제나 '좋은' 해설에 대해 이야기하고 있음을 분명히 할 필요가 있는 것이다. 지나치리만큼 열성적인 해설 연구자가 해설이 이것은 할 수 없고 저것은 할 수 없다는 식의 대담한 주장을 할 때 해설사들은 그 연구자에게 그 해설이 어떠한 해설을 의미하는 것인지를 분명히 해달라고 요청을 해야 하고, 그 연구자에게 해설이 테마, 짜임새, 눈높이, 재미의 요소를 가지고 있는지를 어떻게 알 수 있는지에 대해 설명해 달라고 해야 하는 것이다. 해설사들이 이러한 질문에 대해 답을 해달라고 주문을 하지 않고, 해설 연구자들이 이러한 질문에 답하지 못한다면, 일반적인 용어로서 '해설'이라는 단어는 해설이 할 수 있는 것과 할 수 없는 것에 대해 무의미한 논쟁만을 불러일으키게 될 것이다[3].

그림 4-1 │ 의도적인 변화를 유발하기 위해서 해설은 테마, 짜임새, 눈높이, 재미라는 요소를 가지고 있어야 한다.
사진제공: 국립공원공단.

이것이 왜 그렇게 중요한 것일까? 그 이유는 많은 선행연구들로부터 청중들이 생각하게 하고 해설대상에 의미를 부여하게 하기 위해서는 이 네 가지 요소 모두가 필요하다는 것을 알고 있기 때문이다. 해설이 동기유발이라는 기본적인 목표를 달성하지 못하는 한 그것은 어떠한 종류의 성과도 일관성 있게 유발할 수 없는 것이다. 우리는 이장의 마지막 부분에서 이에 대해 다시 한번 생각해 볼 것이다.

해설이 생각을 하게끔 하는 것이라는 기본적인 목표를 달성하지 못하는 한, 그것은 어떠한 종류의 변화도 일관성 있게 유발할 수 없다.

2 명품 해설의 요소 중 하나가 빠지거나 덜 강조된 경우

다시 이야기하지만 테마, 짜임새, 눈높이, 재미라는 네 가지 요소가 모두 갖추어졌을 때만 해설은 그것이 어떠한 종류의 것이든 청중의 변화를 유발할 수 있다. 다시 말해, 테마가 있고, 짜임새도 있고, 재미는 있는데 눈높이에 맞지 않는 해설이나 테마도 있고, 눈높이에 맞고, 재미도 있는데 짜임새가 없는 해설, 그리고 짜임새도 있고, 눈높이에 맞고, 재미도 있는데 테마가 없는 해설은 청중을 변화시키는 데 실패할 수 있다는 것이다. 해설이 성공적이기 위해서는 이 네 가지 요소 모두를 구비해야 하는 것은 명백한 것이다. 특정한 해설이 이 네 가지 요소를 모두 구비했다는 것을 확인할 수 없다면 그것을 해설이라고 불러서는 안 되고, 어떠한 변화를 유발하는 것에 대해서 이야기해서는 안 된다. 우리가 청중을 변화시키는 해설에 대해서 이야기할 때는 우리가 이 네 가지 요소를 모두 갖춘 성공적인 해설에 대해 이야기하고 있다는 점을 분명히 해야 한다. 그렇지 않은 논의는 무의미한 것이다.

그림 4-2 | 테마, 짜임새, 눈높이, 재미를 고루 갖춘 고품격 해설.
사진제공: 국립공원공단.

　이와 마찬가지로 성공적인 해설사가 되기 위해서 여러분의 해설 프로그램은 이 네 가지 요소를 양질의 수준으로 갖추고 있어야 한다. 말 그대로 여러분은 이 네 가지 요소 모두에 있어 훌륭해야 한다는 것이다. 예를 들어 만일 여러분의 해설이 테마가 있고, 짜임새도 있고, 재미도 있는데 눈높이에 잘 맞지 않는다면, 여러분의 해설이 청중들의 눈높이에 맞지 않는 만큼 여러분은 해설에서 성공하는 데 어려움을 겪을 것이다. 마찬가지로 여러분의 해설이 짜임새도 있고, 눈높이에 맞고, 재미도 있는데 테마가 약하다면, 여러분의 해설은 청중을 즐겁게도 하고 해설의 내용을 청중들이 관심을 가진 것과 연관시킬 수도 있겠지만, 청중들이 많은 생각을 하게 되지는 않을 것이고 청중들은 그래서 뭐 어쩌라는 것이냐 라는 골치 아픈 질문을 하게 될 것이다. 여러분은 이 네 가지 해설의 요소 중 특정 요소가 약하거나 강한 다양한 경우를 생각할 수 있겠지만, 우리가 확신을 가지고 해설이 청중의 경험을 향상시키고 청중의 태도와 행동에 긍정적인 영향을 주었다고 이야기할 수 있는 경우는 그 해설이 이 네 가지 요소를 모두 제대로 갖춘 경우뿐인 것이다.

TORE는 문자 그대로 높은 성과를 내는 해설에 포함되어 있는 네 가지 요소를 의미한다. 테마Theme란 해설이 단지 테마를 가지고 있다는 것 정도가 아니고 매우 강한 테마제7장에서 이 부분에 대해 자세히 살펴보겠지만 이해하기 쉽고 청중들의 눈높이에 아주 잘 맞는 테마를 가지고 있다는 것을 의미한다. 테마가 약하다는 것은 해설사가 테마를 개발하려고 노력을 했지만 청중들이 이해하기 어렵거나 청중들이 별로 관심이 없다는 것을 의미한다. 이해하기 쉽고 청중의 눈높이에 맞고 재미있게 제시되더라도 그 테마 자체가 청중들에게 별로 중요하지 않다면 청중들은 이에 대해 별로 생각해 보지 않을 것이다.

이와 마찬가지로 짜임새가 훌륭한 해설은 청중들이 특별한 노력 없이도 해설을 잘 알아들을 수 있는 경우이고, 짜임새가 약한 해설은 정보가 너무 많아 청중들이 혼란스러워하는 것을 의미한다. 청중의 눈높이에 맞는다는 것은 청중들이 평소에 관심을 가지고 있는 것들과 해설의 내용을 지속적으로 연결시킨다는 것이다. 그런 의미에서 강력한 테마를 가지고 있지만, 눈높이에 맞지 않는 해설이란 잠재성이 있는 테마가 청중들의 눈높이에 맞게 적당하게 개발되지 못한 경우를 일컫는다. 마지막으로 해설이 재미가 있다는 것은 청중들이 해설 전체를 즐겁게 받아들인다는 것이고, 해설이 그리 재미없다는 것은 그 해설이 비록 좋은 해설의 다른 세 가지 요소즉 강력한 테마, 짜임새, 눈높이를 갖추었다고 하더라도 청중들이 지겨워할 수 있다는 것이다[4].

이러한 점을 염두에 두고 다음 장인 제5장에서는 해설이 유발할 수 있는 청중의 변화청중의 경험의 향상, 긍정적인 태도와 행동의 변화 각각에 대해 좀 더 자세히 살펴볼 것이다. 이러한 작업은 테마, 짜임새, 눈높이, 재미라는 해설의 요건을 통해 어떻게 청중을 변화시키는지에 대해 우리가 보다 분명히 이해할 수 있게 해줄 것이다.

- **주요용어**

변화 difference , TORE 품질 TORE-quality

제5장

해설을 통해 청중을 변화시키기

INTERPRETATION:
MAKING A DIFFERENCE
ON PURPOSE

제4장에서 TORE요소를 갖춘 해설이 야기하는 청중의 변화를 다루었던 것에 대해 되새겨 보자.

> **TORE를 갖춘 해설은 청중의 경험의 질을 높이고, 긍정적인 태도를 촉진하고, 행동을 하게 한다.**

1. 청중의 경험의 질을 향상시키는 것.
2. 특정한 장소와 사물 또는 개념에 대한 태도에 영향을 미치고 이를 보호하려는 태도를 촉진시키는 것.
3. 청중들이 중요하고 희귀하고 파괴되기 쉬운 자원에 대해 보호하는 행동을 하게 하는 것.

이 장에서 우리는 TORE 요소를 갖춘 해설이 이러한 변화를 야기할 수 있는 이유들을 살펴볼 것이다. 특히 우리는 해설이 청중들의 변화를 유발할 수 있다는 학술적 근거를 찾아보는 한편, 이러한 연구들이 해설사들에게 실제로 말하고 있는 것이 무엇인가에 대해서도 자문해 볼 것이다. 해설사들은 어떻게 우연이나 운이 아니라 의도적으로 청중의 변화의 가능성을 증가시킬 수 있겠는가?

1   첫 번째 변화 – 해설은 청중의 경험을 향상시킬 수 있다

두 가지 추론이 해설이 청중의 경험의 질을 향상시킬 수 있다는 주장을 가능하게 한다[1]. 나는 제3장의 마지막 부분에서 경험을 생각하는 것과 같은 것으로 논의하면서 이 부분에 대해 언급한 바 있는데. 대부분의 심리학자들은 경험이라는 것을 생각하는 것으로 바라보고 이해한다. 예를 들어 두 사람이 푸른 하늘 아래 함께 길을 걸어가고 있지만 한 사람은 좋은 시간을 보내고 다른 한 사람은 비참한 시간을 보내고 있는 예를 생각해 보자. 이 예에서 볼 수 있는 바와 같이 경험이라는 것은 완전히 주관적인 것이다. 그것은 머릿속에서 일어나는 것이고, 각 사람이 생각하는 것들로 구성된다. 분명히 해설은 청중들이 개인적인 생각을 하게 하고 특정한 개념이나 장소, 사물, 사람들에 의미를 부여하게 한 만큼 그 사람의 경험을 형성하게 한다. 해설을 통해 만들어진 의미는 각 사람의 경험에 있어 핵심적인 것이다. 그리고 그 사람이 생각하게 된 것이 어느 정도 즐거운 것이었다면 말 그대로 그의 경험이 향상된 것이다.

두 번째 추론은 해설이 관광객의 경험에 미치는 영향을 살펴본 네 편의 선행 연구들로부터 유래한다. 첫 번째 연구는 호주의 열대우림지역의 탐방객의 경험에 미친 해설의 영향을 평가한 피어스와 모스카르도Pearce & Moscardo, 1998의 연구이다. 이 연구는 해설 경험은 탐방객의 전체 방문 만족도에 긍정적인 영향을 미쳤다는 것을 보여주고 있다. 대만의 국립공원에서 진행된 이후 연구에서도 해설에 대한 탐방객들의 만족도가 장소에 대한 관여도와 애착도에 긍정적인 영향을 미치는 것으로 나타났다Hwang, Lee & Chen, 2005. 세 번째 연구Powell & Ham, 2008에서는 갈라파고스 국립공원을 방문한 생태관광객의 경험에 있어 TORE에 기반한 해설의 역할을 살펴보았는데, 연구결과 이들은 생태관광객들의 긍정적인 경험은 상당 부분이 해설에 대한 만족도에 기인한 것이라는 것을 발견했다. 이 연구가 비교한 탐방객 경험의 여덟 가지 측면 중 '해설의 품질'과 '해설사의 수준'이 여행에 대한 만족도에 가장 큰 영향을 미치는 세 가지 중 두 가지였다[2]. 마지막 연구는 파나마를 찾은 해외여행객들에 대한 연구로, 이 연구에서는 해설이 이들의 여행만족도를 증가시켰을 뿐만 아니라 이 연구에서 독립변수로 고려된 11개 중 가장 중요한 기여를 한 것으로 드러난 바 있다[3].

1-1. 첫 번째 변화에
대한 결론

이러한 두 추론에 근거해 보았을 때 테마, 짜임새, 눈높이, 재미를 갖춘 해설이 청중들의 경험향상에 긍정적인 영향을 미칠 가능성이 있다는 것은 그럴듯한 이야기인 것이다. 비록 어떠한 기제mechanism로 해설이 청중들의 경험의 질을 향상시킬 수 있는가에 대한 더 많은 추가적인 연구가 필요하긴 하지만, 해설이 청중들의 경험을 향상시킨다는 주장은 정당화될 수 있을 것이다.

1-2. 기억에 남는 경험에 있어
해설의 역할

무엇인가에 대한 우리의 기억은 그것에 대해 우리의 마음속에 저장된 의미와 다름없기 때문에 우리는 의미 만들기를 추억 만들기라고 생각할 수 있다. 이러한 의미에서 의미 만들기에 성공한 해설사는 추억 만들기에도 성공한 셈인 것이다.

2000년대 초반 호주의 태즈매니아Tasmania 주는 주의 관광브랜드로서 '잊을 수 없는 자연을 경험하게 하기Creating Unforgettable Natural Experience'를 제시한 바 있다. 이 슬로건에서 태즈매니아 사람들은 의미 있는 경험과 기억 사이의 관계를 이해할 수 있었을 것이다. 실제로 전 세계의 많은 정부 조직들국립공원, 박물관, 기념관, 관광기구 등과 민간 관광기업들은 추억 만들기를 그들의 주요 비즈니스 목표로 선정한 바 있다. 분명히 우리는 사람들이 방문한 곳과 그들이 한 것을 기억하길 원하는데, 그 이유는 그러한 추억들은 좋은 것이고 더 좋은 것가령 돌봄, 관리, 재방문, 긍정적 구전, 기념품 구매[4], 재구매[5] 등을 야기하기 때문이고 이것들 중 몇몇은 해설사들이 만들어 내기를 원하는 변화의 유형이기도 하다.

아마도 비즈니스적인 측면에서 경험과 추억 만들기에 대한 최고의 원천은 파인과 길모아Pine & Gilmore, 1999의 『체험의 경제학The Experience Economy』일 것이다. 이 책에서 이들은 다음과 같이 언급한 바 있다.

경험이라는 것은 시연이 끝나면 사라지지만 그 경험의 가치는 그 사건에 관여했던 사람들의 기억 속에 남아 있고, 그 공유된 경험은 몇 달, 몇 년 또는 그 이후로도 일상적인 대화의 일부가 되게 한다. 경험이라는 것

자체는 손에 잡히지 않지만 사람들은 경험의 가치를 높게 평가하는데, 그 이유는 그것이 오랫동안 그들의 기억 속에 남아 있기 때문이다.

파인과 길모아는 우리가 잊을 수 없는 경험을 했을 때 그것이 어떻게 우리 모두에게 작용하는지를 기술하고 있는 것이다. 만일 여러분이 이를 세 단계 과정으로 생각해 본다면 왜 강력한 해설이 기폭제가 되는지를 이해할 수 있을 것이다.

사람들은 생각하고, 의미를 부여하며, 기억한다.

1970년대 이후 진행된 많은 연구결과들로부터 우리는 적어도 두 가지의 장기기억이 있다는 것을 알고 있다. 이것들은 어떤 사실에 대한 기억 의미기억이라고도 불린다과 우리가 참가했던 사건들에 대한 기억 일화기억 또는 자전적 기억이라고도 불린다이다[6]. 의미기억은 보통 교사로서의 해설사들이 관심을 가지는 것으로, 탐방객들이 특정한 동물의 이름이나 특정한 지질학적 과정, 특정한 사건을 둘러싼 역사적 사실들을 기억하는 것들이 그 예이다. 하지만 청중의 생각을 불러일으키는 사람으로서 해설사는 동물을 관찰했을 때, 그리고 특정한 지질 풍경의 아름다움을 보았을 때 기억하거나, 또는 특정한 역사적 사건이 일어났던 시기에 살았다면 어떠했을지에 대해 상상하는 것과 같은 청중들의 일화기억에 더 관심이 있을 것이다. 이러한 점을 알고 있는 태즈매니아 관광청은 태즈매니아를 방문하는 경험의 핵심으로서 강력한 테마가 있는 해설을 개발하는 전략을 채택했던 것이다. 제6장과 제7장에서 보다 자세히 살펴보겠지만, 적절한 방식으로 제시되는 강력한 테마는 청중들을 생각하게 하고, 청중들이 생각하는 것은 결국 그들이 경험한 것과 나중에 추억해서 이야기할 수 있는 것들의 총합인 것이다.

이러한 종류의 장기기억을 연구한다는 것이
어렵고 돈이 많이 들어가는 것이긴 하지만 해설
에 대한 일부 연구는 탐방객들이 해설의 내용
과 관련된 사실적 정보들을 기억 못 할 때조차
국립공원이나 자연[7], 야생[8], 박물관[9]에서 경험한
일화들을 기억하고 때로는 생생하게 회고할 수

> ## 의미 만들기에 성공한 해설사는 추억 만들기에도 성공한 셈이다.

있다는 것을 보여준 바 있다. 인류학자인 카메룬과 게이트우드Cameron &
Gatewood는 방문객들이 사적지를 기억하기를 원한 경험이 무엇이었고 그
사적지를 방문했을 때 분위기가 어땠는지에 대해 시간을 거슬러 올라갈
수 있는지에 대해 〈표 5-1〉과 같이 기록한 바 있다[10]. 이 역사 여행 중에
여행객의 상상력이 더 발휘되었을수록 이들의 이 여행에 대한 추억이 생
생해질 것이라는 것은 이치에 맞는 것이다. 카메론과 게이트우드는 이에
대해 다음과 같이 설명한다.

> 사적지 설계자들은 방문객들의 단기 기억이 좋지 않을 것이라는 것과
> 장기기억이 냄새, 열기, 냉기, 배고픔과 같은 감각이나 느낌에 대한 기
> 억일 것이라는 것을 염두에 둘 필요가 있다. 가장 최고의 사적지는 통
> 찰력을 제공하고 호기심을 자아내고, 상상력을 발동시키는 것을 목표
> 로 해야 한다2003: 69.

우리가 경험한 것을 기억하거나 우리의 기억을 더듬어서 방문 당시로
거슬러 올라가는 것이 바로 일화기억인 것이다. 의미 만들기를 목표로 하
는 해설생각을 하게 하는 사람으로서의 해설사에서 청중을 생각하게 하는 테마를 개
발해서 전달하는 것은 이러한 종류의 추억 만들기에서 핵심적인 것으로
간주된다.

표 5-1 │ 사적지 방문객들이 원했던 경험에 대해 언급했던 것들의 예들

사적지 방문객들이 원했던 경험에 대한 이야기

카메룬과 게이트우드(Cameron & Gatewood, 2003)는 사적지 방문객들이 원하는 경험을 연구한 바 있는데 이들의 결론은 해설이라는 것이 단지 정보를 제공하는 기능 이상을 한다는 것을 보여주고 있다. 미국의 역사적인 마을과 사적형 국립공원에서 진행된 연구는 유산 관광객들에게 과거의 신성한 것(numen)을 찾으려는 충동이 있음을 보여주고 있는데, 이러한 충동은 옛날이나 과거의 어떤 사건에 대한 본능적이고 감정적인 반응을 일컫는 것이다[11]. 이들의 연구결과 이 두 사적지 모두에서 방문객의 25% 이상은 자신들이 해당 사적지를 매우 개인적인 방식으로 경험하기를 원한다고 명시적으로 이야기한 것을 보여주고 있다. 다음은 이 두 사적지를 방문한 사람들이 사적지 방문을 통해 얻기를 원했던 것이 무엇인지에 대한 질문에 대한 답변들이다.

"당시 사람들이 경험했던 것, 즉 그들이 무엇을 생각하고 그들의 현실이 어땠는지를 경험해 보고 싶었다."

"이 사적지들이 보여주는 시대의 느낌을 알고 싶었다. 당시 사람들의 생각이 어땠는지도 알고 싶었다."

"과거로 연결시켜 주는 장소의 느낌을 알고 싶었다."

"당시의 느낌이나 기억할 만한 무엇인가를 경험해 보고 싶었다. 나는 그것을 회고해 보고, 그것의 일부가 되고 싶다."

"여기서 발생한 사건과 관계를 맺고 싶다."

"그 시기의 분위기를 느껴보고 싶고, 당시 사람들이 살았던 방식에 대해 제대로 알고 싶다. 나는 그것을 볼 뿐만 아니라 그것을 진짜로 경험해 보고 싶다."

비록 이 사적지들을 방문한 대부분의 방문객들 역시 즐겁고 무엇인가를 배우기를 원했을 수도 있지만, 이들의 답변은 지식을 얻거나 즐기는 것보다 연결시키는 것, 느끼는 것, 반추해 보는 것과 같은 것에 방점이 찍혀 있다는 것에 주목해 보라. 카메룬과 게이트우드에 따르면 과거의 흔적을 찾으려는 충동은 정보를 찾거나 즐기려는 것과 같은 다른 동기들을 배제하지는 않지만 이러한 동기들과는 구별되는 것이다. 초점이 반추

해 보는 것이나 연결을 촉진시키는 것에 맞추어져 있기 때문에 생각을 해보게 하는 사람으로서 해설사들은 테마의 성격이 역사적이든, 과학적이든, 문화적이든, 자연적이든 방문객 중에는 과거의 흔적을 찾아보고자 하는 자들이 있다는 것을 알고 있다. 이러한 연구결과들과 우리의 일상적인 경험은 보호구역이나 사적지에서 우리의 가강 강력한 경험이 우리가 보고 실제로 해보는 것에 우리의 생각과 마음을 쏟을 때, 그곳에 있는 것에 대해 경외심을 갖게 될 때, 그리고 과거에 발생했던 것에 대해 공감을 할 때 생기게 된다는 것은 명백하다. 경외감이나, 공감, 돌보고자 하는 마음은 많은 해설사들이 청중들에게 불러일으키고 싶어 하는 것들이다.

2 두 번째 변화 -
해설은 청중의 태도를
변화시킬 수 있다

해설의 청중들은 지식을 더 많이 습득했다고 해서 반드시 더 사려 깊은 태도를 가지게 되는 것은 아니다.

많은 현장연구 결과들은 테마와 짜임새, 눈높이와 재미라는 요소를 갖춘 해설이 청중의 태도에 영향을 미친다는 것을 보여주고 있다[12]. 청중을 생각하게 하는 데 성공한 해설이 그것에 실패한 해설보다 청중의 태도에 영향을 줄 가능성이 높은 것이다. 이미 살펴본 바와 같이 테마와 짜임새, 눈높이와 재미를 모두 갖춘 해설이 이 중 어떠한 요소가 결여된 해설보다 청중을 좀 더 생각하게 만들 것이다[13].

하지만 해설에 대한 연구의 결과가 다른 분야의 연구에서 나타난 결과와 일관성이 있지는 않다고 이야기할 수는 있다. 예를 들어 해설에 대한 평가에 있어서 청중들이 지식을 많이 습득한 경우, 일반적으로 태도에는 거의 또는 전혀 변화가 없다는 것이 발견된다[14]. 이러한 결과들은 청중들이 지식을 더 많이 습득했다고 해서 더 사려 깊은 태도를 가지게 되는 것은 아니라는 점을 상기시킨다[15]. 관련 분야의 연구들은 사람의 태도를 변화시키기 위해서는 먼저 청중이 태도를 가지게 되는 것—심리학에서는 이를 태도 객체attitude object라고 부른다—에 대해 무엇인가를 생각해 보게 해야 한다. 말하자면 청중들이 태도를 가지게 되는 그 무엇인가에 대해 집중적으로 생각해 보지 못한다면, 그 무엇인가에 대한 청중들의 태도가 바뀔 이유가 만무한 것이다[16]. 해설에 대한 선행연구 중에는 청중의 지식을 증가시키는 것이 태도의 변화를 가져온다고 가정하는 것들도 있었다. 하지만 이는 순진한 기대일 수 있다는 것이다.

그렇다면 왜 해설이라는 상황에서 진행된 연구의 결과들이 다른 분야에서 진행된 연구들과 다른 결과를 가져왔을까? 아마도 몇 가지 이유가 있었을 것으로 생각된다. 무엇보다 모든 해설이 청중들의 태도를 바꿀 수 있을 것이라고 기대하는 것은 별로 합리적이지 않다. 따지고 보면 태도가 변화되는 것은 태도와 관련된 세 가지 결과, 즉 변화하지 않는 것, 강화되는 것, 그렇게 새롭게 생성되는 것 중 하나인 것이고, 해설사로선 이 세 가지 중 어떤 것이라도 받아들일 수 있는 것이다. 예를 들어 청중들은 이미 어떠한 것에 대해 매우 강한 태도를 가진 채 해설을 들으러 오기도 한다. 이 경우 해설이 청중이 이미 가지고 있는 태도를 지지한다면 태도의 변화는 일어날 수 없는 것이다[17]. 하지만 기존의 태도를 강화시킬 수는 있을 것이다. 논자에 따라서는 기존의 태도를 강화시키는 것은 신앙생활을 열심히 하는 사람들에게 설교를 하는 것처럼 별 의미가 없다고 보지만, 기존의 태도를 유지시키기 위해서는 기존의 태도를 강화시키는 것이 필요하다고 보는 사람들도 있다[18].

세 번째의 가능성은 청중들이 이전에 전혀 생각해 보지 못해서 태도랄 것이 존재하지 않은 것에 대해 해설이 이루어지는 것인데, 이 경우도 변화될 태도가 없는 셈이다. 하지만 이 경우는 해설이 완전히 새로운 태도를 형성시킬 수는 있을 것이다. 내가 아는 많은 해설사들은 이 부분을 그들의 가장 중요한 업무로 생각한다. 해설이 항상 태도 변화를 가져오지 못하는 것으로 발견되어 온 더 중요한 이유는 특정한 것에 대한 우리의 태도는 우리가 그것과 직접적으로 관련이 있는 소수의 중요한 믿음들에 기반하고 있기 때문이다. 해설사가 제공하는 정보가 특정한 것에 대한 태도와 관련된 믿음들에 영향을 미치지 못하는 한, 설령 청중들이 그것에 대해 많은 새로운 지식을 얻는다 하더라도 청중들의 태도에 변화가 생길 것이라고 보기는 어려울 것이다[19]. 물론 그 대상과 관련된 믿음은 사람마다 다르겠지만 말이다.

이러한 논의를 통해 여러분은 태도는 믿음과 다르다는 것을 알 수 있을 것이다. 신념이라는 것은 '나는 레몬이 시다고 생각한다.'와 같이 특정한 대상이 가지고 있는 속성이나 특성에 대한 어떤 사람의 인식이라면, 태도란 특정한 것에 대한 평가, 즉 그것이 좋은지 나쁜지, 바람직한지 그렇지 않은지, 긍정적인지 부정적인지—가령 '나는 레몬을 좋아한다.'처럼—에 대한 진술인 것이다. 좋아하거나 사랑하거나 사려 깊은 것은 모두 태도에 관한 감정이다. 프리먼 틸든이 『우리 유산의 해설』에서 우리가 무엇인가를 이해하게 된다면 그것은 우리가 그것의 진가를 인정하게 된다고 언급했을 때, 그는 무엇인가에 대한 우리의 믿음은 그것에 대한 믿음과 일관된 우리의 태도를 유발한다고 이야기했던 것이다.

이는 매우 중요한데, 그 이유는 진가를 인정하는 것에 대한 개념은 진가를 인정하게 되는 대상이 무엇인지가—다시 말해 진가를 인정받는 것이 무엇인가—특정될 때까지 모호하게 들릴 수 있기 때문이다. 이해를 통해 진가를 인정하게 되려면, 다시 말해 믿음이 태도로 이어지려면, 믿음과 태도가 동일한 것에 초점을 맞추고 있어야 한다는 것이다. 예를 들어 여러분이 청중들로 하여금 특정한 장소의 가치의 진가를 알게 하고 싶다고 했을 때 그 장소에 대한 태도는 그 장소에 대한 청중들의 이해정도에 달려 있다는 것이다. 마찬가지로 만일 여러분이 청중들로 하여금 유산을 잘 보호한다는 개념의 가치를 알게 하고 싶은 경우, 유산을 보전하는 것에 대한 신념이 유산보전에 대한 태도를 결정하게 되는 것이다. 만일 특정한 해설사가 청중의 특정한 것에 대한 태도에 강력하고 지속적인 영향을 미치고자 한다면 그 해설사는 먼저 청중이 그것에 대해 가지고 있는 신념에 영향을 주어야 할 것이다. 심

> 호환성의 원리란 특정한 것에 대한 청중의 태도에 지속적인 영향을 주기 위해서는 먼저 그 사물에 대한 신념에 영향을 주어야 한다는 것이다.

리학에서는 이것을 호환성의 원리Principle of Compatibility 라고 부른다[20].

2-1. 태도에 영향을 주는
두 가지 경로

관련 연구들은 해설은 두 가지 경로부록 1 참조를 통해 태도에 영향을 미칠 수 있다는 것을 보여준다. 그중 하나는 생각을 불러일으키는 경로 또는 강한 경로이다[21]. 만일 해설이 해설되어지는 소재에 대해 청중들이 많은 생각을 하게 된다면 강력한 태도가 발생할 수 있게 될 것이다. 이런 종류의 태도는 많은 생각을 거쳐 형성되지 않은 태도보다 더 강력하고 오래간다. 연구들에 따르면 이렇게 형성된 태도는 청중들로 하여금 반대주장에 저항할 수 있게 해줄 뿐만 아니라 청중들의 행동에도 영향을 미칠 가능성이 높다[22]. 해설이 행동에 미치는 영향을 고려할 때 이 부분에 대해 다시 한번 검토해 볼 것이다.

태도에 미치는 영향에 대한 다른 하나의 경로는 빠른 또는 약한 경로다[23]. 생각을 유발하는 강력한 경로와 대조적으로 이 빠른 경로는 청중들에

게 많은 생각을 요구하지는 않는다. 사실 청중들을 잠깐 생각하게 하는 것도 이러한 빠른 경로로 이어진다. 하지만 여러분이 생각하는 바와 같이 빠른 경로를 통한 태도변화는 보다 많은 생각을 통해 얻어진 강력한 태도들에 비해 매우 약하다. 그리고 그 결과 이러한 태도들은 오래가지 못할 뿐만 아니라 즉각적인 행동 이외에는 행동을 예측하기도 어렵다.

그렇다면 무엇이 주어진 상황 속에서 어떤 경로가 더 그럴듯한 것인가를 결정하는가? 여러분은 제2장에서 해설에서 청중을 생각하게 하는 데 성공하기 위해서 조정할 두 가지 점에 대해 다루었던 것을 기억할지 모르겠다. 이 중 하나는 청중들이 해설을 이해하기 쉬워야 한다는 것인데, 많은 부분 이것은 해설의 짜임새에 관한 것이고 해설사의 언어나 단어선택, 문장구조, 문단과 문단을 연결시키기 등도 관련되어 있다. 두 번째 필요조건은 청중들이 정보 처리를 원하도록 동기화되어 있어야 한다는 것이다. 선행 연구들은 해설되어지는 정보를 처리하려는 동기는 그것이 청중의 눈높이에 얼마나 맞는가에 영향을 받는다는 것을 보여준다. 설명되어지는 정보가 청중들이 관심을 가지고 있는 것과 연관되어진다면, 다시 말해 청중들의 눈높이에 맞을수록 청중들이 그 정보를 처리할 동기는 높아진다는 것이다.

실험연구들은 높은 수준의 짜임새와 눈높이 요소를 갖춘 커뮤니케이션은 이 중 하나의 요소가 없거나 결여된 경우보다 청중들을 생각하게 할 가능성이 높다는 것을 보여준다[24]. 하지만 해설은 연구대상자가 반강제적으로 메시지를 읽고 주의 깊게 들을 것을 요구받는 심리학 실험실에서 발생하지 않는다. 이와는 반대로 해설은 해설을 꼭 들어도 되지 않는 청중들이 해설사가 이야기하는 정보를 완전히 무시할 수도 있는 현실 속에서 행해진다. 이러한 이유 때문에 즐거움이라는 요소가 짜임새와 눈높이라는 요소에 추가되어야 할 필요가 있다. 다시 말해 짜임새와 눈높이, 재미라는 것은 사람들이 생각을 하게 하는 적절한 조건을 창출하는 필수불

가결하다는 것이다. 쉽게 이야기해서 여러분의 해설이 짜임새가 있고, 청중들의 눈높이에 맞고, 재미가 있다면, 청중들이 여러분들이 해설하는 것에 대해 생각해 볼 가능성이 높다는 것이다. 제6장에서 테마가 청중들이 생각하는 바에 영향을 주는 것에 대해 살펴볼 것인데 일단 이 장에서 여러분은 해설이 이 세 가지의 요소를 갖추었을 때 강력한 경로가 작동할 가능성이 크다는 것을 가정해 볼 수 있을 것이다.

하지만 이 중 하나, 또는 그 이상의 요소가 없을 때도 여러분은 짧은 경로를 통해 청중들의 태도에 보다 약하거나 보통수준으로 영향을 줄 수도 있다. 선행 연구들은 청중들이 대부분의 자세한 정보를 무시할 수 있도록 하게 해줄 수 있는 '신호' 같은 것이 있고, 자신의 태도를 그 '신호'에 기댈 때 더 쉬워진다는 것을 보여준다. 빠른 경로가 작동하게 하는 일반적인 신호에는 화자에 대한 신뢰나 호감, 외모, 정보원천의 신뢰성,

> 여러분의 해설이
> 짜임새가 있고,
> 청중의 눈높이에
> 맞고, 재미가 있다면,
> 청중들을
> 생각하도록 할
> 가능성은 높아진다.

사회적 승인 예를 들어 여러분이 존경하는 사람들은 이것을 좋아한다, 또는 대부분의 사람들은 이렇게 생각한다 등, 그러한 태도를 뒷받침해 주는 몇 가지 점들이 포함된다. 5분간의 짧은 해설이나 60자 이내의 전시 작품같이 여러분의 커뮤니케이션 기회가 매우 작을 때 이러한 짧은 경로가 발생할 수 있다. 이러한 상황에서조차도 청중들이 해설되어지는 정보가 믿을 만하거나 해설사의 커뮤니케이션 스타일이나 외모, 길거리의 해설 작품의 삽화를 좋아한다면 짧은 청중들은 짧은 기간 동안 그 소재에 대해 빠르고 긍정적인 태도를 형성시킬 수 있다는 것이다.

몇몇 연구들에 따르면[25] 해설사가 테마를 전할 수 있는 기회가 매우 짧더라도 그 테마가 청중의 관심을 끌기에 충분하기만 한다면, 그리고 해설

사가 그 테마를 설득력 있게 전개해 나간다면, 그 시간이 매우 짧고, 청중들이 생각하는 데 시간을 상대적으로 적게 써도 청중들의 태도심지어 행동에까지도에 영향을 미칠 수 있다. 예를 들어 이러한 빠른 경로는 여러분의 해설 시간이 5분 정도 밖에 안 되거나 해설 전시 작품의 60글자밖에 못 담는 경우에도 일어날 수 있는 것이다. 그러한 경우라 하더라도 청중들이 해당 정보를 믿을 만하다고 인식하거나, 아니면 단순히 청중들이 해설사의 복장이나 커뮤니케이션 스타일을 좋아하거나, 전시 작품의 삽화를 좋아한다면, 이러한 것들을 통해서 테마에 관한 긍정적인 태도를 짧은 시간 안에 형성시킬 수 있는 것이다.

2-2. 두 번째 변화에 대한 결론

특정한 것에 대한 태도 이면에 그것에 대한 믿음이 있다는 것을 확인한 해설 분야의 연구들은 그 믿음들에 영향을 주도록 설계된 해설이 청중의 태도를 변화시킨다는 것을 발견해 왔다. 이러한 연구들은 다른 분야의 연구 결과들도 지지한다[26]. 해설이 특정한 것에 대한 태도와 관련된 것으로 알려진 믿음에 영향을 줄 수 있도록 구체적으로 겨냥되었을 때, 그 태도를 의도적으로 변화시키는 것은 가능한 것이다. 그리고 그 태도가 긍정적이고, 동의할 만한 것이라면, 그것의 가치를 인정하는 결과로 이어지게 된다. 따라서 해설이 특정한 태도를 야기하는 믿음에 영향을 미치도록 설계된다면, 해설이 사물이나 사람, 장소, 개념 등의 가치를 인정하게 하는 태도를 야기할 수 있다는 주장은 정당한 것처럼 보인다[27].

3 세 번째 변화 – 해설은 청중의 행동을 변화시킬 수 있다

틸든이 사려 깊은 태도는 보호로 이어질 수 있다고 주장했을 때, 그는 해설이 특정한 환경에서 청중들의 행동에 영향을 줄 수 있는 가능성이 있다고 말하고 있는 것이다. 만일 여러분이 그의 이러한 논의를 이해하고 있다면, 여러분은 아마도 '사려 깊은 태도를 통해 행동을'이라는 그의 언급이 특정한 것에 대해 사려 깊은 태도를 가지게 되는 것은 특정한 행동들로 이어질 수 있다고 이야기하는 것임을 이해할 수 있을 것이다. 무엇보다 틸든은 공공기물을 파손하거나, 건초에 담배꽁초를 던지는 것과 같은 사려 깊지 않은 행동을 못하게 하는 것에 주목하고 있었다.

특정한 것의 가치를 이해하는 사람은 의도적으로 외관을 훼손하지 않을 것이다. 왜냐하면 진정으로 특정한 것의 가치를 이해한다면 그 특정한 것이 자신의 일부라는 것을 알기 때문이다. 만일 여러분이 아름다운 것을 파손한다면, 그것은 여러분 자신을 파손하는 것인 셈이다.

이러한 사실이야말로 해설이 청중들의 의식 속에 주입시킬 수 있는 것이다1957: 38.

'사려 깊은 태도'란 틸든에게 있어 특별한 종류의 태도로서, 부모가 자식에 대해 느끼는 것과 같은 것이었다. 그는 우리가 관심을 가지고 신경을 쓰는 것을 고의로 해하지 않는다고 생각한 것이다. 그는 아주 일반적인 경우를 언급한 것이기 때문에 청중들이 취하거나 취하지 않을 수 있는 모든 행동들을 예측할 수는 없었을 것이다. 하지만 그가 말하고자 하는 요점은 만일 어떤 청중에게 특정한 것에 대해 깊이 생각해 볼 수 있는 기회가 주어졌다면 그 청중은 그 사물에 대해 많은 개인적 의미를 부여할 것이라는 점이다. 우리는 의미 있는 것들을 중시하며, 의미 있는 것과 관련하여 어떤 식으로든 행동을 해야 할 기회가 주어진다면 우리는 대개 그것을 존중하고 보호하는 방식으로 행동할 것이다. 우리가 가진 상식이나 그동안 진행되어 온 연구들은 이러한 주장을 뒷받침하고 있다.

사람들은 자신들이 소중히 여기고 신경 쓰는 것을 고의적으로 훼손하지 않는다.

하지만 오늘날 해설사들은 해설을 훼손되기 쉬운 환경에서 특정한 행동을 하지 못하도록 하는 것을 목적으로 하는 관리수단으로 활용하는 데 관심이 있다. 나 자신도 지난 몇 년간 캠핑 참가자들이 곰이 출현할 수 있는 야영장에서 음식물을 제대로 보관하도록 하는 것이나 야생동물에게 음식물을 주지 못하도록 하는 것, 국립공원 탐방객들이 다른 사람이 버린 쓰레기를 주워 오게 하는 것, 보호구역 내에서 개에게 목줄을 채우게 하는 것, 관광객들에게 지역의 환경보전기금에 기부하게 하는 것과 같은 구체적인 문제들에 대해 연구해 온 바 있다[28]. 이 각각의 상황에서 관심이 되는 행동은 모두 매우 구체적이고 다른 것들과 구별되는 것이며, 틸든이 철학적인 차원에서 이야기했던 일반적인 의미의 보호라는 단어로서는 이 각각의 행동들의 구체성을 담아내지 못한다.

물론 박물관이나 동물원, 수족관, 그리고 여행사 등과 같은 곳들도 영업과 효율적인 운영 가령 참여자 수를 늘리거나, 매출과 구매를 촉진하거나, 자원봉사자를 모집하는 등을 위해서 특정한 종류의 행동들이 요구된다. 따라서 이런저런 고객 행동을 유발하는 것은 이러한 기관들에 있어 어느 시점에서 반드시 해야 하는 일인 것이다. 하지만 해설이 참여자들의 행동을 변화시킨다는 증거가 있긴 한 것인가? 답은 '그렇다.'이다. 사실 1990년대 이후 진행된 몇몇 연구들은 전략적으로 고안된 해설들이 자연 관광지에서 탐방객들이 특정한 행동을 하는 데 강력한 영향을 미칠 수 있다는 것을 발견한 바 있다. 규범적 접근Normative Approach과 합리적 행위 접근Reasoned Action Approach이 이러한 행동들을 가장 잘 설명해 주는 두 가지 이론적 틀이다.

규범적 접근은 종종 청중들의 행동에 영향을 주는 빠른 경로로 간주되곤 하는데, 이 이론에서는 해설이 사회적으로 용인되고 웃음거리가 되는 것을 피하고자 하는 청중들의 욕구에 호소할 수 있다고 본다. 규범적 접근에서는 적절하고 바람직한 행동을 장려하기 위한 사회적 압력이라는 개념을 적용한다. 이와 같은 맥락에서 규범적인 메시지는 대개 대부분의 사람들이 규범적으로 행동하는 것이 무엇인지, 그리고 가족이나 친한 친구와 나에게 중요한 사람들이 찬성하거나 반대하는 것이 어떤 것인지 등을 강조한다[29]. 규범적 메시지들은 쓰레기를 버리는 것을 감소시키거나 정해진 등산로나 산책로를 벗어나는 것을 막고 분리수거와 같은 환경보전 행동들을 하게 하는 데 효과가 있어왔다[30].

규범적 접근은 바람직한 행동을 권장하기 위한 방법으로 사회적 압력이라는 개념을 적용한다.

합리적 행위 접근은 우리의 행위는 우리 행위와 관련되어 가지고 있는 믿음들과 일관된다는 연구들로 비롯되었다. 합리적 행위 접근에 따르면 사람들을 특정한 방식으로 행동하게 하려면 먼저 그 행위와 관련된 사람들이 가지고 있는 믿음들에 영향을 끼칠 필요가 있다[31]. 만일 어떤 행위들에 참여한 결과에 대한 사람들의 믿음이 긍정적이라면, 이는 사람들이 그 행동에 대해 긍정적인 태도를 가지고 할 것이고, 이는 결국 사람들이 여러분이 원하는 대로 행동하게 할 수 있는 가능성도 높아지게 할 것이다합리적 행위 접근에 대한 자세한 사항은 부록 1을 참조하라. 설득을 위한 빠른 경로로 간주되는 규범적 접근과 달리, 합리적 행동 접근은 더 강력한 생각을 불러일으키는 경로를 전제로 한다. 다시 말해 만일 여러분이 특정한 행동에 대한 사람들의 믿음을 변화시키기 원한다면, 여러분은 그 행동에 대해 충분히 생각해 보도록 해야 한다는 것이다.

합리적 행위 접근에서는 사람들의 행위에 영향을 주기 위해서는 먼저 사람들의 태도에 영향을 미쳐야 한다고 본다.

많은 연구들은 의사소통을 통해 특정한 행동에 대한 청중의 믿음에 긍정적인 영향을 미치는 데 성공하게 되면, 기대한 행위가 일어날 가능성이 높아진다는 것을 보여주고 있다[32]. 하지만 관련 연구들은 특정한 것에 대한 일반적인 태도가 그것과 관련된 특정한 행동을 유발할 것이라는 생각을 지지하지는 않고 있다[33]. 오히려 이러한 연구들은 일반적인 태도와 관련된 믿음과는 별로 관련이 없는 다른 요인들이 그 특정한 행동에 영향을 미친다는 것을 보여준다. 이러한 결과는 환경주의자들이라고 해서 모든 사람이 다 가정에서 재활용에 참여하거나 환경보전단체에 참가하거나 기부금을 내는 것이 아닌 이유를 설명해 준다. 이러한 행동들은 믿음과 관련된 문제인데, 이러한 믿음들은 자연이나 환경에 대한 일반적인 믿음이 아니라 특정한 행위와 관련된 믿음들인 것이다. 합리적 행동이론에 따르면 특정한 행위에 영향을 미치려고 의도된 해설은 먼저 청중들의 그 행동에 대한 믿음에 영향을 주는 데 성공해야 한다[34].

그림 5-1 | 슈퍼마켓 또는 레스토랑에서 지속가능한 수산물을 선택하도록 하는 데 영향을 미치는 것을 목적으로 하는 쌍방향 해설 전시 작품.
사진제공: 미국 몬트레이만 수족관.

사려 깊은 태도가 보호하는 행동을 이끌어 낸다는 틸든의 관점으로 돌아가서 우리가 사려 깊은 태도를 무엇인가에 대한 긍정적 태도라고 생각하고, 그 무엇인가가 행동이라면 1970년대 이후 진행된 많은 연구들은 태도와 행동이 연결되어 있다는 것을 지지해 주고 있다[35]. 따라서 특정한 행동의 결과에 대한 긍정적 믿음을 형성시킬 수 있도록 해주는 해설은 그 행동에 대한 긍정적인 태도를 유발할 것이다. 그리고 이것은 탐방객이 그 바람직한 행동에 참여할 가능성을 증가시킬 것이다. 다른 말로 하자면 특정한 것에 대한 믿음이 변화되는 것은 그것에 대한 사려 깊은 태도를 가지게 하고 이는 다시 그것을 보호하는 행동으로 이어진다는 것이다.

합리적 행위 접근은 해설 현장에서 관광객들이 지역의 환경보전단체에 기부금을 내게 하고[36], 국립공원에서 야생조류에게 먹이를 주지 못하게 하고[37], 다른 등산객들이 버리고 간 쓰레기를 주워 오게 하고[38], 국립공원 탐방객들이 자가용을 이용하는 대신 대중교통을 이용하게 하고 [39], 반려견을 데리고 산책하는 사람들이 개에게 목줄을 채우게 하는 행위[40] 등에 성공적으로 사용되어 왔다.

3-1. 세 번째의 변화에 대한 결론

2010년도에 규범적 행위이론과 합리적 행동이론은 하나로 통합되어 인간 행위에 대한 통합모델로 발전되었고[41], 이러한 통합모델 내에서 해설이 행동에 영향을 미치는 새롭고 더 좋은 방법에 대한 연구가 지속되고 있다[42]. 문자 그대로 어떤 연구도 해설이 100% 행동에 영향을 미친다는 것을 보여주지는 못했지만, 해설이 선호되는 행동을 의미 있

> 해설을 통해
> 청중들의 행동의
> 변화를 유발하려면
> 그렇게 될 수 있도록
> 의도적으로
> 기획되어야 한다.

는 정도로 증가시켰다는 것은 많은 연구에서 밝혀진 바 있기 때문에 해설이 적어도 그것이 행동의 변화를 의도해서 기획하는 한 청중의 행동에 변화를 유발할 수 있다는 것을 의심할 여지는 거의 없는 것처럼 보인다. 미국 국립공원에서 대면 인터뷰를 통해 진행된 전국적인 조사연구에서 스턴과 파월, 마틴과 맥리언 Stern, Powell, Martin & Mclean은 목적이 있는 해설기

획의 중요성을 다음과 같이 강조하고 있다_{이 장 마지막의 표 〈5-3〉도 참조하라}.

> 해설사가 행동의 변화를 성과의 하나로 분명하게 목표로 한 프로그램
> 은 실제 행동의 변화를 유발하는 데 더 성공적인 것이다_{2012: 38}.

해설이 행동에 영향을 주는 것을 목표로 해서 성공한 잘 알려진 사례
중의 하나는 린드발트 탐험 Lindbald Expeditions 여행 참가자들의 자선여행
프로그램인데, 이 프로그램은 수백만 미국달러에 달하는 환경보전 기부
금을 만들어 냈다. 이 프로그램들의 관심을 가져온 행동은 관광객들이
지역의 환경보전단체에 기부금을 내게 하는 것이다. 이 책에서 설명된
TORE 접근 방식을 활용하여 갈라파고스 보전 기금 캠페인이 운영하는
해설 프로그램을 쇄신한 후, 이 단체에 대한 기부금은 1년 동안 무려 4배
나 증가했다[43]. 이와 관련된 자세한 내용은 〈표 5-2〉에 나타난 이 회사의
창립자이자 공동이사장인 스벤-올로프 린드발트 Sven-Olof-Lindbald 의 설명
을 참조하라.

표 5-2 | 청중을 변화시키는 것은 비즈니스적으로도 유익하다.

갈라파고스에서 청중을 변화시키는 해설

여행이라는 것은 발생하는 지역과 그것을 바라보는 사람의 관점에 따라 꼭 필요한 것이기도 하지만 성가신 것일 수도 있다. 여행은 뜨거운 이슈가 되고 있는데, 수년 전에 시사지인 뉴스위크(Newsweek)는 34페이지 분량의 기사를 통해 세계의 보석 같은 곳들이 전례 없는 위험에 처해 있는 상황에서 여행객들이야말로 보전을 위한 가장 강력한 세력이 될 수 있다고 논의한 바 있다. '인류를 위해 무엇이 가능한가'라는 관점으로 본다면 강력한 산업 중의 하나인 관광은 온갖 가능성들을 가지고 있다. 여행객들은 지구의 특별한 곳들을 보존해야 한다는 것을 열정적으로 주장할 것이고, 이러한 강력한 잠재성에 따라 운영되는

스벤-올로프 린드발트
(Sven-Olof Linbald)
린드발트여행사 대표

기업은 번창할 것이다. 단순하게 말해서 자원을 보존하는 것이야말로 여행객들이 관광산업체에 원하는 것이라는 것이다.

　하지만 이러한 것들이 발생하게 하려면 여행사들은 고객들에게 멋진 경험을 선사해야 하는데, 특히 테마가 있는 해설을 할 수 있는 해설사나 가이드들을 훈련하는 데 투자를 해야 한다. 해설사나 가이드야말로 여행사업의 생명선일 뿐 아니라 여행객과 여행객들이 방문하는 장소를 연결시켜 주는 연결자인 것이다. 이들이야말로 특정한 장소를 찾는 탐방객들에게 장소가 가진 의미를 제공해 줄 수 있고, 탐방객들의 장소에 대한 애정을 촉발시킬 수 있는 사람들인 것이다. 나아가 해설사나 가이드들이야말로 고객들 스스로가 더 좋은 세상을 만들어 가게 하는 것을 가능하게 할 수 있는 주체인 것이다. 나와 같은 사람이 세상에 팔고 있는 여행상품의 운명 역시 해설의 품질에 달려 있다 해도 과언이 아니다. 이것이 내가 가진 비즈니스 감각이다.

　우리가 갈라파고스보전기금을(Galapagos Conservation Fund: GCF) 만들었을 때, 갈라파고스가 멋진 경관을 제공할 것이라는 것은 시작부터 명백했다. 하지만 기금이 부족한 관계로 갈라파고스 제도의 절박한 보전 필요가 충족될 수 없다는 것도 분명했다. 그때까지만 해도 갈라파고스 제도에서 관광이 의미 있는 방식으로 제대로 이용된 바가 없었다. 우리가 해야 할 것은 뛰어난 해설을 통해 갈라파고스와 방문객이 연결되도록

촉진함으로써 관광객들이 스스로 갈라파고스를 보전하는 데 참여하도록 하는 것이었다. 갈라파고스 해변을 산책하거나, 스노클링을 이끌거나, 식사 도중 음료수를 마시면서 고객들과 이야기를 나누면서 해설업무를 담당했던 직원들은 일종의 연결자들이었다. 탐방객들을 생각하게 하는 강력한 테마가 있는 해설을 능수능란하게 관광객들에게 제공하게 함으로써 이들은 갈라파고스보전기금이 관광을 통해 자연을 보전하는 데 가장 크게 기여하는 것 중의 하나가 되게 하는 역할을 했다. 이러한 여행 가이드들이 없었다면 우리 고객들이 우리에게 원했던 것-즉 세상을 긍정적으로 변화시키는 일-을 할 수 없었을 것이다. 이것은 내가 가진 평범한 비즈니스 감각이다.

4 **TORE**
테마 · 짜임새 · 눈높이 · 재미 **모델**

우리는 이 장과 앞의 제4장에서 모든 해설이 탐방객의 경험을 향상시키고, 긍정적인 태도를 촉진하고 행동에 영향을 미치는 데 성공할 수 있는 것이 아니라는 것에 대해 살펴보았다. 또한 우리는 청중을 변화시키는 해설은 강력한 테마가 있고, 짜임새가 있고, 청중의 눈높이에 맞고, 재미있다는 네 가지 속성을 가질 필요가 있다고 결론지은 바 있다. 해설이 청중들을 생각하게 할 가능성이 높을수록, 그것은 청중들의 경험의 질을 향상시킬 수 있을 뿐만 아니라 청중들의 태도에도 긍정적인 영향을 미친다. 마찬가지로 청중들에게 특정한 행동을 하게 하기 위해서 해설은 청중들이 그 행동에 대해 가지고 있는 직접적인 믿음에 영향을 주는 것을 목표로 해야 한다. 따라서 일련의 연구결과들로부터 강력한 테마와 짜임새가 있고 청중의 눈높이에 맞고 재미있는 해설은 청중들을 변화시킬 수 있다고 결론짓는 것은 정당한 것이다.

해설사들이 이러한 논의로부터 다른 것은 아무것도 취하지 않는다고 하더라도 자신들의 일이 청중들의 경험과 태도, 행동을 변화시킬 수 있고, 이러한 변화는 해설사들로 하여금 자신들의 일을 교사나 엔터테이너로서 보다 생각을 하게 하는 자로 접근할 것을 요구한다는 점만큼은 꼭 인식할 수 있기를 바란다. 다시 말해, 해설사들은 청중들에게 의미를 부여하는 촉진자로서 성공하는 만큼 청중의 변화를 일으킬 가능성은 극대화될 것이다. 이것이 바로 〈그림 5-2〉에서 보여지는 사건들의 사슬이고, 〈그림 5-2〉은 테마 중심의 커뮤니케이션에 관한 TORE 모델을 잘 묘사하고 있다.

그림 5-2 | 변화를 일으키는 경로- 테마 중심 커뮤니케이션 TORE 모델

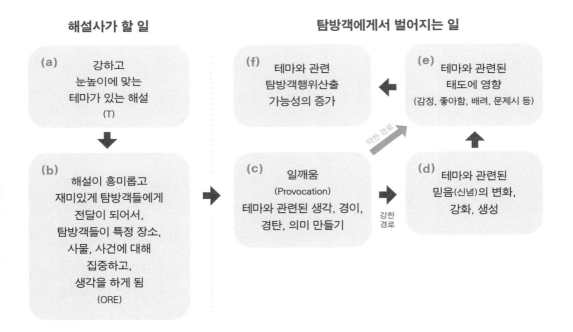

선행연구들이 보여주는 바와 같이 해설사의 테마가 강력하고[박스 a], 해설사가 청중들이 그 테마에 초점을 맞추고 그 테마를 수용할 수 있는 방식으로 해설을 전달하면[박스 b][44], 그것은 청중들로 하여금 해설되는 것에

대해 생각해 보고 의미를 부여하게 해준다[박스 c][45]. 청중이 얼마나 많은 생각을 하게 되고 여러 가지 의미들이 이 생각들과 조화되는 정도에 따라 청중들의 태도를 강화하거나, 변화시키거나, 또는 새로 창출할 수 있다[박스 d]. 신념이 강화되거나, 변화되거나, 또는 새로 창출될 때 해설사들은 자신들이 개발했던 테마들과 관련된 태도의 변화를 기대할 수 있다[박스 e]. 그리고 이러한 태도들이 충분히 강할 때 그러한 태도들과 일관된 행동들을 유발할 수 있는 것을 기대할 수 있게 될 것이다[박스 f]. 이것이 〈그림 5-2〉에 묘사된 생각을 불러일으키는 강한 경로 속의 흥미로운 사건들이다.

그러나 우리가 이미 살펴본 바와 같이 선행연구들은 강한 경로보다 적은 생각을 요구하는 약한 경로를 통해서도 일정 정도의 영향은 가능하다는 것을 보여준다. 이 장의 앞부분에서 논의되었던 것으로 미루어 보았을 때, 이러한 종류의 영향은 대단치 않고 상대적으로 짧지만 해설사들이 청중들의 행동에 영향을 주는 데 관심이 있을 때 단기적인 효과를 보는 데 적당할 수도 있다[46].

〈그림 5-2〉는 해설이 어떻게 청중의 변화를 야기하는 지에 관한 인과관계를 완벽하게 보여주는 것이라기보다는 많은 연구결과에 기초하여 해설을 통한 청중의 변화와 관련된 주요 관심사를 묘사한 것이다. 〈그림 5-2〉가 보여주고 있듯이 해설사가 가지고 있는 테마는 청중의 변화를 촉발하는 데 있어 가장 중요하다. 청중의 입장에서 테마야말로 사고의 초점을 제공하는 것이기 때문에, 테마는 청중들에게 중요해야 하며 이해 가기 쉽게 설명되어야 한다[47]. 우리는 제7장에서 강력한 테마의 중요성에 대해 다시 논의할 것인데, 이 과정에서 여러분은 비타민 R로 무장된 이해하기 쉬운 테마를 개발하는 것이야말로 청중을 변화시키는 해설을 하기 위한 가장 중요한 전략이라는 것을 알게 될 것이다.

5 요약 및
다음 장 미리보기

        입수 가능한 여러 증거들을 근거로 했을 때, TORE 속성을 제대로 갖춘 해설이 청중들의 변화_{적어도 단기간이라도 청중의 경험을 향상시키고, 사려 깊은 태도를 촉진하고, 특정한 행동을 야기시키는 것}를 가져올 수 있다고 결론짓는 것은 타당한 것처럼 보인다〈표 5-3〉. 추후 연구가 해설사들이 전략적으로 이러한 성과들을 창출할 수 있는 기제와 경로에 대한 우리의 이해를 보다 분명하게 해주겠지만, 현시점에서도 이러한 성과들을 성취하는 것이 가능하다는 주장은 정당한 것이라고 할 수 있다.

표 5-3 | 해설이 청중을 변화시킬 수 있다는 것에 관한 기존 연구결과

여러분의 해설이 이러한 변화를 야기할 수 있는가?	TORE 갖춤	TORE 갖추지 못함
탐방객의 경험의 질을 향상시킬 수 있는가?	Yes	No
특정한 것에 대한 태도를 형성시키거나, 강화시키거나 변화시킬 수 있는가?	Yes (변화시키고자 하는 태도가 분명하게 설계될 경우)	No
단기 행동에 변화를 가져올 수 있는가?	Yes (변화시키고자 하는 행동이 분명하게 설계될 경우)	No
장기 행동에 변화를 가져올 수 있는가?	Yes (연구결과 부족)	Yes (연구결과 부족)

　제6장에서 우리는 청중을 변화시키는 해설에 있어서 테마의 중추적인 역할에 대해 자세히 살펴볼 것이다. 제6장에서 우리는 테마의 개념을 두 가지 측면, 즉 해설사의 측면과 청중의 측면에서 탐구해 볼 것이다. 해설사의 측면에서 보았을 때 테마는 창의적인 해설 디자인에 있어 매우 중요한 점과 결정사항을 제공한다. 하지만 청중을 변화시키는 해설의 가능성은 청중의 측면에도 있다. 여러 해 동안 나는 해설이 어떻게 이러저러한 것들을 달성할 수 있는가에 대한 다양한 이론들에 강한 흥미를 가져왔다. 이러한 이론들의 일부는 해설 철학에 관한 문헌들에서 기원했는데,

이러한 문헌들에서는 종종 청중을 매우 순진하고 쉽게 영향을 끼칠 수 있는 존재로 묘사하는 한편 해설의 성과가 나타나는 과정을 논리적으로 설명하지 못하고 있다. 개인적으로는 이러한 철학들도 나쁘지 않다고 생각하는데, 그 이유는 세계 최고 수준의 해설사들도 영적이라고 할 정도의 마음을 가지고 있고, 이러한 마음속의 에너지와 목적의식을 통해 자신들이 쉽게 측정하기 어려운 성과를 이끌어 낼 수 있다는 것을 발견한다.

하지만 해설 연구자들은 이러한 이론들을 해설의 성과에 관한 연구를 적용하는 데 있어 좀 더 신중할 필요가 있다. 해설학 연구자들을 염두에 두면서 나는 이 장을 최근에 해설 연구자들에게서 들은, 보다 흥미로운 두 가지 이론을 재미있게 소개하면서 마치고자 한다. 나는 이 두 이론을 깜짝 이론Poof Theory과 전능한 해설사 이론Omnipotent Interpreter Theory이라고 부르고자 한다〈표 5-4를 보라〉.

탐방객의 행동을 변화시키는 해설사의 능력에 대해서는 두 가지 이론이 있다. 나는 해설사들과의 대화를 통해 심지어 해설 연구에 관한 블로그에서조차 이에 대해 충분히 듣고 있다. 농담 반 진담 반 나는 이 두 이론을 각각 '깜짝 이론'과 '전능한 해설사 이론'이라고 부를 것이다〈표 5-4〉.

표 5-4 │ 해설사가 할 수 있는 것에 대한 순진한 이론들

행위에 영향을 미치는 해설사의 능력에 대한 두 가지 신화

깜짝 이론(Poof Theory)[47]: 깜짝 이론가들은 청중에게 해설이라고 불리는 것이 제시되었기 때문에 청중의 바람직한 행동은 당연히 발생해야 하는 것이라고 믿는다. 다시 말해 해설의 내용이나 초점과 상관없이 어떤 종류의 해설이든 청중으로 하여금 깜짝 이론가들이 바람직한 것이라고 생각하는 행동들(가령 집에서 재활용하기, 물 절약하기, 토론 모임에 참여하기)을 하게 하는 것이 당연하다는 것이다. 해설을 듣고 난 후 며칠 또는 몇 달이나 몇 년 동안 이러한 행동들이 구체적으로 나타나지 않을 때 깜짝 이론가들은 해설이 행동에 영향을 미칠 수 없다고 결론짓는다.

깜짝 이론의 문제점: 모든 해설이 TORE 속성을 가지고 있다 하더라도(청중들이 무엇인가에 대해서 생각하게 되었다손 치더라도), 깜짝 이론은 어떤 해설이 청중으로 하여금 특정한 행동을 하게 하려면 그 특정한 행동에 초점을 맞추어 해설이 디자인되어야 한다는 점을 제대로 인식하지 못하고 있다. 어떤 해설이 특정한 행위에 영향을 미치도록 기획되지 않은 상황에서 해설이 그러한 행동을 이끌어 냈는지를 평가하는 것은 이치에 맞지 않는 것이다. 예를 들어 어떤 해설사가 자연 보존의 역사에 관해 TORE 요소를 잘 갖춘 훌륭한 해설을 했다고 해서 해설의 결과로서 청중들이 세계자연기금(Word Wildlife Fund)에 가입하게 될 것이라고 예상하지는 말아야 한다는 것이다. 왜냐하면 그 해설사는 세계자연기금에 가입하는 것에 대해 청중이 가지고 있던 믿음이나 행동에 초점을 맞추지 않았기 때문이다. 따라서 해설을 들은 청중들이 나중에 세계자연기금의 회원이 되지 않았다고 해서 해설이 행동에 영향을 미치지 못한다고 결론짓는 것은 잘못된 것이다. 주지하다시피 TORE 속성을 갖춘 해설이 청중을 생각하게 하는 목표를 달성할 수 있을지라도, 청중들의 생각이 특정한 행동과 관련된 직접적인 믿음과 연관되어 있지 못하다면 그러한 행동이 나중에 일어날 가능성은 거의 없을 것이다[48].

전능한 해설사 이론(Omnipotent Interpreter Theory): 전능한 해설사 이론가들은 보통 사람들이 과거에 들었던 한 번의 해설이 그들의 행동에 장기적으로 미친 영향을 추적해 보아야 한다고 믿는다. 이것은 해설사들에게 많은 점수를 주는 것이다. 사실 이 이론은 맞는 방식으로 말하거나 쓰기만 하면 무엇이든 달성할 수 있는 전능한 해설사의 이미지를 생각나게 한다. 이 이론은 또한 해설사들을 실패에 직면하게 하는데, 그 이유는 어떤 종류이든 일회성 커뮤니케이션이 인간의 삶에 엄청나게 강력한 영향을 미칠 수 있다는 것을 정당화해 줄 수 있는 이론적 근거가 없기 때문이다. 연구자들이 예상만큼 놀라운 결과를 만들어 내지 못한다고 해설을 비판하는 경우, 그들은 다소 순진한 것이다.

전능한 해설사 이론의 문제: 인간은 전능한 해설사 이론가들이 생각하는 것보다 훨씬 복잡한 존재이다. 물론 많은 해설사들은 자신들의 삶이 하나의 사건에 의해 변화되었다고 이야기할 것이고 삶에 있어 중차대한 결정에 영향을 미칠 수 있는 중대 사건이나 유년시절의 중요한 사건들이 있다는 것도 사실이다[49]. 하지만 지금까지 알려진 어떠한 이론이나 연구 또는 일상적인 경험도 비록 그것이 최상의 해설이라 할지라도 대부분의 사람들의 삶에 일정하게 엄청난 영향을 미친다는 것을 제시하지는 못하고 있다. 사람들의 인생 여정은 수천 가지 사건으로 영향을 받게 되어 있고 해설은 그중 하나에 불과한 것이다. 뿐만 아니라 해설 프로그램의 장기적 효과에 대한 체계적인 연구도 아직까지 진행되지 못하고 있다. 물론 특정한 상황에서 해설이 소위 수면효과(Sleeper Effect)라고 불리는 영향을 미칠 수 있다고 생각해 볼 수 있는 이유도 있다[50]. 하지만 이러한 영향을 미친 해설을 추적한다는 것은 매우 어렵거나 불가능한 것에 가까운데, 그도 그럴 것이 사람들이 해설과 같은 커뮤니케이션 이벤트를 접한 후에 가장 먼저 잊어버리는 것이 커뮤니케이션 과정에서 제시된 정보라는 것이 잘 알려져 있기 때문이다[51].

• 주요용어

태도 attitude, 태도의 대상 attitude object, 믿음 belief, 호환성의 원리 Principle of Compatibility, 생각을 불러일으키는 강한 경로 provocation/strong path, 약한 경로 weak path.

해설에 있어 테마의 양면성과 청중의 수용

INTERPRETATION: MAKING A DIFFERENCE ON PURPOSE

여러분 중에는 놀라는 사람이 있을 수도 있겠지만 나는 테마라는 단어를 진짜로 좋아해 본 바가 없다. 그 이유는 테마라는 것이 본질적으로 잘못된 것이기 때문이 아니라 테마라는 단어가 종종 불필요한 혼란을 가져오기 때문이다. 하지만 나는 테마라는 단어보다 더 많은 설명과 그것이 갖추어야 할 자격을 요구하는 품격 있는 단어를 접해본 바도 없다. 해설사가 아닌 사람들에게 해설을 설명하는 데 요구되는 노력만큼이나 테마가 무엇인지를 설명하는 데도 많은 노력이 요구된다[1].

나는 테마에 대해 많은 것을 이야기하고 있는 저자들에게 경의를 표한다. 이러한 저자들 중에

테마가 있는 커뮤니케이션이란 개념은 짜임새가 있고 청중의 눈높이에 맞고 재미를 갖춘 강력한 테마를 개발한다는 것이다. 테마가 있는 커뮤니케이션을 잘하면 여러분이 청중을 생각하게 할 가능성이 높아진다.

제6장

는 테마와 관련된 용어들을 가령 메타테마, 거대테마, 거시테마, 미시테마, 미니테마 등 고안해 낸 테마 분류학자thematic taxonomist도 있다[2]. 테마theme와 명제thesis의 질적 차이에 대한 1990년 후반의 논쟁과 명제가 테마보다 나은 것인지에 대한 논의 등이 이러한 부류의 연구들에 속한다[3]. 래리 백Larry Beck과 테드 케이블Ted Cable이 〈표 6-1〉에서 제시하는 바와 같이 테마라는 것은 어쩌면 앞에서 언급한 복잡한 논의들에서 이야기되었던 것보다 훨씬 단순한 것일 수 있다.

테마라는 단어가 아직까지 남아 있게 된 것은 나의 멘토 중 한 분이었던 빌 루이스Bill Lewis 덕분이라고 할 수 있다. 빌 루이스가 1979년 나에게 테마라는 단어를 처음 소개했을 때 그 단어가 의미하는 바는 매우 단순했다. 해설사가 청중들에게 전하고자 하는 중심적인 아이디어에 대해 미리 생각을 해둘 수 있다면 그 해설사는 어떠한 내용과 방식으로 해설을 할지를 결정하기가 쉬워질 수 있다는 의미에서 빌 루이스는 테마를 '여러분이 전하고자 하는 메시지'라고 불렀다. 오늘날 해설 전에 해설 전체를 관통하는 아이디어를 가지고 있는 것의 유익함은 명백하지만 1970년대 말까지만 해도 많은 사람들은 해설에 테마가 있어야 한다고 생각하지 않았다. 1970년대 말까지만 하더라도 이 책의 제3장에서 논의되었던 교사로서, 또는 정보 제공자로서 해설사로 바라보는 관점이 지배적이었다. 당시 해설사들은 틸든의 해설 원리도 알고 있고, 열정도 있었지만 커뮤니케이션 전략은 가지고 있지 않았다. 빌 루이스의 테마에 대한 개념은 해설사들에게 있어 커뮤니케이션 전략을 생각해 보는 단초를 제공했던 것이다.

빌 루이스에 따르면, 테마란 해설되는 것과 관련하여 그래서 어쩌라는 것이냐는 질문에 대해 분명한 답을 할 수 있도록 완전한 문장으로 표현되어야 한다. 『공원 탐방객을 위한 해설 Interpreting for Park Visitors』에서 빌 루이스는 이에 대해 다음과 같이 조언하고 있다.

테마를 개발하는 것은 해설을 짜임새 있게 만들어 줄 뿐만 아니라 청중이 이해하기 쉽게 해준다. 해설의 테마가 선택되고 나면 다른 것은 저절로 앞뒤가 맞게 된다.

테마를 사용하는 것은 해설사가 다음과 같은 것으로부터 멀어질 수 있도록 해준다: 날짜 같은 것에 연연하는 것, 일화의 목록을 제공하는 것, 맥락 없이 무엇인가를 확인하는 것 등. 테마를 미리 적어봄으로써 여러분은 여러분의 이야기를 테마에 한정할 수 있다1980: 38.

30여 년이 지난 지금 나는 빌 루이스의 이러한 조언에 대해 어떠한 이의도 제기하지 않는다. 해설에는 테마가 있어야 한다는 그의 생각은 분명히 해설에 있어서 패러다임의 전환을 가져왔다. 오늘날 테마나 테마에 기반한 해설은 전 세계의 해설사들에 의해서 인정될 뿐만 아니라 시행되고 있다[4].

여기서 빌 루이스의 테마에 대한 설명이 주로 해설이 청중에 미치는 영향테마의 결과들의 측면이 아닌 해설사의 측면에서 테마에 초점이 맞추어져 있다는 점을 인식하는 것은 중요하다[5]. 빌 루이스의 조언은 해설사들이 테마를 구체적으로 전개해 가는 과정에서 어떤 것들을 강조하고, 어떠한 것들을 포함시킬지를 결정하는 데 있어 테마가 어떻게 활용될 수 있는지에 대한 것이라고 할 수 있다. 다시 말해 빌 루이스는 해설사가 해설을 창의적으로 기획해 가는 과정에서 보다 나은 결정을 하기 위해 사용하는 개념적 도구로서 테마를 바라보았다고 할 수 있다. 이것이 그 당시 그의 중요 목적이었고, 해설 분야에 있어서 그의 가장 중요한 공헌 중의 하나로 오늘날에도 남아 있는 것이다.

하지만 빌 루이스의 해설사들에 대한 조언을 충분히 이해하기 위해서 우리는 테마를 청중의 관점에서 바라볼 필요도 있다. 『환경 해설』Ham, 1992에서 나는 해설사들에게 가능한 한 간단하면서도 실질적인 방식으로 인지심리학 및 사회심리학에 기반한 테마 중심 해설이 왜 필요한지를 제시한 바 있다. 이것은 그때나 지금이나 매우 도전적인 작업이라고 할 수 있는데, 그도 그럴 것이 테마 기반 해설에 관한 이론과 연구가 워낙 방대하기 때문이다. 만일 이 부분에 대해 보다 많은 독자들이 흥미가 있거나, 이 부분을 다룰 수 있을 정도로 이 책의 분량이 충분하였다면, 청중의 관점에서^{또는 해설}의 결과 측면에서도 테마 중심의 해설을 하는 것이 매우 좋은 것임을 보여주고 있는 문헌들에 대해 더 많은 페이지를 할애했었을 것이다[6].

이러한 점을 염두에 두고, 이 장의 나머지 부분에서 나는 테마 기반 해설에 관한 일반적인 질문을 다루어 보고, 테마의 양면성을 제시함으로써 테마의 개념에 대해 설명해 볼 것이다. 테마가 무엇인가를 기술하는 데 있어 어떠한 어휘들을 사용할 수 있을까? 테마 기반 해설이 제대로 이루어졌는지, 그렇지 않은지를 어떻게 알 수 있을까? 테마 기반 해설에 노출된 후 청중들은 무엇이 테마였는지를 정확히 이야기할 수 있어야 하는 것일까? 청중들이 해설을 청취한 후 하나의 테마밖에 없었다고 이야기하는 것을 기대해야 맞는 것일까?

표 6-1 | 명제thesis 는 해설에 새로운 것을 가져다줄 수 있는가?

테마theme와 명제thesis

테마라는 용어는 이제 실제로 해설사들의 세계에 자리를 잡게 되었다. 하지만 혹시 다른 가능성은 없는가? 테마라는 단어보다 해설사가 전하고자 하는 바를 보다 잘 기술해 줄 수 있는 단어는 없냐는 것이다? 이야기거리(topic)나 주제(subject) 또는 명제(thesis)라는 단어를 사용하면 안 되는가?

레리 백(Larry Beck)과 테드 케이블(Ted Cable)
『21세기를 위한 해설(Interpretation for the 21st century』(1998)
과 『해설의 선물(The Gifts of Interpretation』(2011)의 저자들

앤 룬드버그(Ann Lundberg, 1997)는 테마들로는 충분하지 않기 때문에 해설 프로그램의 취지는 명제(thesis)가 되어야 함을 보여주는 사례를 제시한 바 있다. 그녀에 따르면 명제는 이야기되는 주제를 넘어 청중들의 관점에 도전을 한다. 앤 룬드버그에 있어 명제란 청중들이 받아들이거나 거부할 수 있는 의견을 표현하고 있기 때문에 청중을 생각하게 한다. 하지만 테마는 그렇지 못하다는 것이다.

우리가 보기에 명제가 테마보다 우월하다는 주장은 의미론(semantics)에 기반한다. 독자 여러분들이 알고 있는 것처럼 어떤 메시지든 핵심은 그것을 청중들과 관련되고 청중들이 중요하게 생각하는 것들과 연결시키는 것이다. 강력한 테마는 짧은 것이든 아니면 보다 정교한 것이든 이를 해낼 수 있다. 다른 단어가 필요하지 않은 것이다.

테마에는 명제의 의미도 포함되어 있다. 테마에 기반한 해설 프로그램에서는 어떤 점을 주장함으로써 청중들에게 생각을 불러일으킬 수 있겠지만, 주장을 앞세우지 않고도 청중들로 하여금 무언가를 새롭게 바라볼 수 있도록 일깨움으로써 청중들을 생각해 보게 할 수 있는 것이다. 경우에 따라서 테마에 기반한 해설에서는 하나의 강력한 명제가 아닌 여러 가지 관점이 제시될 수도 있는 것이다. 이 모든 것들을 넓은 의미에서 테마라는 범주 안에 포함시킬 수 있는 것이다. 따라서 명제는 테마보다 협소한 범주이고 해설 프로그램이 전달할 수 있는 모든 메시지의 유형을 포함하지 못한다. 실제로 우리는 프리먼 틸든의 해설에 대한 언급을 보다 쉽게 설명하는 데 있어 해설 프로그램의 핵심 메시지를 표현하기 위해 테마라는 단어보다 더 적절한 단어를 찾을 수 없었다. 테마란 해설사가 해설 프로그램을 통해 청중들에게 전달하고자 하는 핵심 메시지를 정의하기 위한 여러 가지 가능성들을 포괄한다. 일관성, 단순성, 역사성의 측면에서 보았을 때 우리는 테마가 가장 적당한 용어라고 믿는다.

1 해설에 있어 테마란 무엇인가? 테마의 의도와 결과

테마는 너무나도 자주 이야기 소재 topic 와 동의어로 사용되어 왔기 때문에 테마 중심 해설을 가르치는 자라면 누구나 직면하는 어려움 중의 하나는 테마가 무엇인지를 설명하는 방법을 찾는 것이다. 우리는 개념적인 차원에서 테마가 이야기 소재가 아니고 이야기의 소재에 관련된 중요한 진술이라는 것을 가르칠 수 있다. 우리는 문법적으로 테마를 가르칠 수도 있다 테마는 완전한 문장으로서 주어와 술어를 가지고 있고 문장 마지막에 마침표가 찍혀 있다. 우리는 테마를 구조적으로도 가르칠 수 있는데, 가령 나는 나의 청중들에게 _____을 이해시키는 것을 매우 중요하게 생각한다는 것과 같은 문장을 완성하게 함으로써 해설이 무엇인가를 가르칠 수 있다는 것이다. 우리는 또한 테마라는 것이 어떠한 장소가 가진 유형의 의미들을 무형의 의미들과 연관시키는 진술이라는 것을 가르칠 수 있다. 이 밖에도 테마를 가르치는 여러 방법들이 있고 이러한 방법들 중 어떠한 것은 강력한 테마를 만들어 내고 어떠한 것들은 그렇지 못하다[7].

해설사들이 강력하고 설득력 있는 테마를 개발하는 것과 관련하여 내가 알게 된 가장 강력한 방법 중 하나는 해설사들이 테마의 저변에 깔려 있는 심리학적 기반이 무엇인가를 이해하도록 도와주는 것이다. 일단 해설사들이 이에 대해 잘 이해하게 된다면, 그들은 테마 중심의 사고가 무엇인지 파악할 수 있게 되고, 테마를 잘 활용할 수 있게 되고 결국 자신들의 것으로 만들게 된다.

이것을 위해서 해설사들은 테마라는 것이 청중의 머릿속에 어떻게 비칠 것인지, 어떻게 청중의 머릿속에 들어가는지, 청중의 머릿속에 들어가면 어떻게 기능하는지에 대한 개념을 가지고 있어야 한다. 커뮤니케이션과 관련된 어떠한 분야이건 그것이 해설사, 극작가, 법조인, 교사, 마케터이든 가장 재능 있는 커뮤니케이터들은 테마를 중심으로 사고하는 법을 알 뿐만 아니라 왜 그것이 그렇게 작동하는지에 대해서도 알고 있고, 커뮤니케이션을 통해 청중들에게 영향을 줄 수 있게 하는 기제와 경로에 대해서도 설명할 수 있는 것이다[8].

해설, 자유 선택 학습, 스토리텔링, 극작, 시나리오 작성, 웅변과 같은 응용 커뮤니케이션뿐만 아니라 커뮤니케이션 심리학, 심리언어학, 설득, 마케팅과 같은 보다 난해한 연구분야의 관련 문헌들과 전 세계의 해설사들과 나눈 대화에서 나는 테마를 완곡하게 표현하는 단어들을 접해왔다. 이 책의 독자들 중 철학자들과 의미론자들이 있다면 〈표 6-2〉의 단어나 구들이 동의어인지 그저 비슷한 말인지는 그분들의 숙제로 남겨드리고 싶다. 하지만 심리학자인 나에게 이러한 것들은 모두 매한가지로 보인다.

표 6-2

테마와 관련되어 사용되어 온 단어나 구들	
해설사가 커뮤니케이션하고자 하는 것(의도)	청중이 받아들인 것(결과)
	형성된 신념들
어쩌라는 것이냐는 질문에 대한 대답	얻어진 중심 아이디어들
핵심 아이디어	도출된 결론들
큰 그림	형성된 정서적 연결
지배적인 아이디어	도출된 시사점들
집중적으로 발전시킬 아이디어	형성된 인상들
탐구되어야 할 아이디어	만들어진 추론들
핵심 메시지	취해진 핵심 아이디어들
핵심 포인트	알게 된 교훈들
이야기의 교훈	형성된 의미들
가장 중요한 의미	취해진 메시지들
줄거리 구조	이야기에서 추출된 교훈들[26]
전제	개인적 테마들
제안	형성된 명제들
명제	이해된 관계들
	자극된 생각들

〈표 6-2〉의 2개의 문구 목록 중 몇 가지는 여러분에게 확 들어올 수 있을 것이다. 첫째, 무엇이 테마인지는 해설사의 의도를 생각하는 것인지 청중들이 받게 되는 영향결과을 생각하는 것인지에 따라 달라질 수 있다는 것이다. 의도라는 측면에서 보자면 해설의 내용과 방식대면해설 또는 비대면해설을 결정하는 해설사들이 있다. 여기서 발전시키고자 하거나 탐구하고자 하는 중요한 아이디어나 중요한 의미가 무엇인가에 대한 해설사의 감각, 즉 테마는 이들로 하여금 해설에 포함시키거나 제외할 것과 연관을 지을

것과 그렇지 않을 것, 다른 것들보다 강조할 것 등을 분별하게 해준다. 해설사들에게 있어 테마는 강력한 의사결정의 규칙을 제공해 주는 것이다. 제2장에서 살펴본 바와 같이 테마가 없다면 해설은 여흥거리가 되어버리기 십상이고, 멋져 보이는 사실들의 일시적 조합이 되어버릴 수 있어서 결국 주어진 시간 동안 청중들을 즐겁게 해주는 것이 해설의 목적이 되어버리고 만다.

그러나 결과의 측면에서 보자면 해설사의 테마는 다른 기능을 하게 되고 다른 형태를 띠게 된다. 랄센Larsen은 테마를 다음과 같이 이해한 바 있다.

> 테마가 무엇인지는 해설사의 의도를 생각하는 것인지 청중들이 받아들이게 되는 것을 생각하는 것인지에 따라 그 의미가 달라질 수 있다.

> 테마는 청중이 고려하고, 반응하고, 기반하며, 청중을 변화시키는 아이디어이다2003: 193.

여기서 그가 사용한 동사, 즉 '고려하고, 반응하고, 기반하고, 변화시키는'이라는 것은 정신적 활동을 의미한다. 만일 해설이 성공적이라면 테마 중심 해설의 결과로 청중들이 곰곰이 생각해 보거나, 심사숙고하거나, 의심해 보거나, 동의하거나, 반대하거나 결론을 도출하거나, 새로운 신념을 가지게 되거나, 기존의 신념을 강화하거나, 해설로부터 개인적 교훈을 도출해 내거나, 적어도 해설을 듣는 순간만큼은 그것을 내면화하는 것을 목도할 수 있을 것이다. 제5장에서 언급했던 바와 같이 청중의 측면에서 보았을 때 테마의 중요한 목표는 청중들의 마음속에 무엇인가를 불러일으키는 것이고, 즉 Larsen이 언급한 것과 같은 정신적 활동고려하고, 반응하고, 기초하고, 변화하고 등을 할 수 있도록 해주는 것이라고 할 수 있다.

　이러한 논의를 통해 우리가 도출할 수 있는 결론은 해설사는 테마 중심 해설이 가지는 이점을 극대화하기 위해서 해설 준비단계에서 해설이 청중들에게 미치는 영향을 확고하게 염두에 두고 있어야 한다는 것이다. 나아가 해설사의 의도라는 측면과 청중의 영향이라는 측면은 함께 고려되어야 한다. 테마를 중심으로 사고를 할 때 설령 의식적으로 그것을 인식하지 않더라도 우리는 테마의 이 양 측면을 결국 융합시키고 있는 것이다.

2 해설 테마에 대한 탐방객의 수용 – 하나의 테마와 서로 다른 수용

〈표 6-2〉의 목록에서 발견할 수 있는 두 번째 것은 청중의 수용과 관련된 문구들이 모두 복수형일 가능성이 있다는 것이다. 이것은 여러분이 해설 프로그램을 듣거나, 좋은 영화를 보거나, 유명인에 대한 자서전을 읽을 때처럼 여러분이 청중이나 독자의 한 사람이었을 때의 경험을 생각해 보았을 때 그리 놀라운 사실은 아니다. 만일 누군가가 여러분이 자서전의 마지막 페이지를 읽자마자 여러분에게 걸어와서 '자서전에서 무엇을 얻으셨습니까?', '이 책을 다 읽으신 소감이 어떠십니까?[10]' 라고 묻는다고 상상해 보자. 이러한 질문들에 대해 여러분은 우선 여러분이 이 책을 얼마나 좋아하거나 싫어했는지에 대해 답할 것이다. 하지만 만일 여러분에게 질문을 한 사람이 이 책의 이야기로부터 여러분이 얻은 의미가 무엇이냐고 다그친다면, 여러분이 이것을 한 문장 또는 몇 개의 문장으로 답할 수 있겠는가? 만일 그 자서전이 감동적이고 무엇인가를 생각하게 했다면 분명 여러분은 그 책이 여러분의 마음속에 만들어낸

모든 의미들에 대해 몇 분간 이야기할 수 있을 것이다. 빅^{Beek}은 그의 아들과 함께 브로드웨이 뮤지컬을 관람하기 위해 뉴욕여행을 한 후 다음과 같이 질문과 답을 한 바 있다.

> 나는 무엇을 얻었는가? 어떠한 의미가 공감되었는가? 이 짧은 에세이에는 전달하고 있는 것이 매우 많다_{2005: 17}.

캐내다 온타리오 과학 센터^{Ontario Science Center}의 전시 작품에 대해 3,300명의 방문객들이 남긴 평가들에 대한 분석에서 리빙스톤과 그의 동료들은^{Livingstone et al., 2002} 탐방객들이 전시 작품을 관람함으로써 얻게 된 의미는 전시 작품이 이들에게 어떤 생각을 하게 했는지라는 측면에서 보았을 때 다양하고도 흥미롭다고 했다. 저자들은 이에 대해 다음과 같이 언급한 바 있다.

> 전시 작품에 대한 방문객들의 다양한 평가 중에는 많은 질문들과 새롭게 알게 된 개념들, 철학적 지향 등이 포함되어 있었다_{2002: 362}.

대부분의 경우 해설사는 해설을 준비하면서 하나의 테마를 염두에 두고 있지만[11], 만일 그 해설사가 자신이 생각했던 테마를 개발하고 전달하는 데 성공했다면 청중들의 마음속에는 하나의 테마가 아닌 여러 개의 테마가 남아 있을 수도 있다[12]. 나는 이것을 청중의 머릿속에 있는 테마라고 부른다. 사실, 해설의 가장 중요한 목표가 청중들을 생각하게 하는 것이라면, 하나의 해설이 청중의 머릿속에 여러 개의 테마로 남아 있을수록 그 해설은 더 낫고 효과적이라고 보는 것이 이치에 맞는 것이라고 할 수 있다.

해설사들이 하나의 해설에서 하나의 테마만을 제시하려 함에도 불구하고 기존의 연구들은 청중들이 하나의 해설 작품을 통해 단 하나의 테마만 추출해야 한다는 증거를 제시한 바가 없다. 오히려 우리가 해설을 통해 청중이 단일한 생각을 하게 하려고 하는 만큼 그 해설은 실패하거나 평범해질 공산이 크다. 적어도 해설이라는 것이 청중들에게 가능한 한 많은 생각을 할

> 해설사가 잘 개발한 하나의 테마는 청중의 머릿속에서는 여러 가지 테마가 될 수 있다.

수 있도록 하는 것이라면 말이다. 『정열적인 사실The Passionate Fact』이라는 책에서 세계적으로 유명한 스토리텔러인 수잔 스트라우스Susan Strauss는 이에 대해 다음과 같이 이야기한 바 있다.

> 스토리텔러는 자신이 좋아하고 자신에게 중요한 메시지가 있는 이야기를 잘 골라야 하지만 하나의 스토리가 다양한 메시지를 줄 수 있다는 생각에 대해 열려 있어야 한다1996: 44.

데이브 뷰시Dave Bucy, 2005의 연구는 해설사가 가지고 있는 하나의 테마가 어떻게 청중의 머릿속에서 다양한 테마가 될 수 있는지를 보여준다. 뷰시는 탐방객들이 해설 안내판에서 무엇을 배우고 그 해설 안내판에서 어떠한 테마를 추출해 내는지에 대한 가설을 검증하기 위해 사람들이 많이 찾는 미국 오레건 주의 한 호숫가에 해설 안내판을 몇 차례 교체했는데, 그가 한 실험 중의 하나는 탐방객들에게 해설 안내판을 읽고 떠오른 생각들을 적어보게 하는 것이었다. 〈표 6-3〉은 열한 명의 탐방객들이 20세기 초 미국산림청US Forest Service 소속 레인저들에게 전략적으로 중요한 위치에 있었던 경비초소를 설명하는 표지판을 본 후 이들에게 떠올랐던 생각들을 보여준다. 이 해설 안내판 디자이너가 염두에 두었던 테마는 다

음과 같다: 오늘날의 관점에서 보면 이 관리사무소가 왜 이곳에 있었는지 이상할 수 있지만, 당시 레인저들에게 이 관리사무소는 일을 하고 생존하는 데 있어 모든 것의 열쇠와 같은 것이었다.

그림 6-1 | 잘 전해진 이야기는 많은 메시지를 전달할 수 있다.
사진제공: 미국의 스토리텔러 수잔 스트라우스(Susan Strauss).

이 열한 명의 탐방객들이 해설 안내판에서 얻은 의미에 대해 여러분은 무엇을 알 수 있는가? 무엇보다 이 탐방객들이 매우 다양한 생각을 하게 되었다는 점일 것이다. 놀랍지 않게도 탐방객들의 생각은 매우 다양했다는 말이다. 대부분의 탐방객들의 생각은 이 관리사무소의 스토리에 대해 집중했지만, 일부는 놀라움과 같이 자신들이 본 것에 대한 반응에 초점을 맞추었다. 일부는 당시 관리사무소에서의 삶이 어땠을까보다 넓은 측면에 대해 생각하게 되었고, 어떤 탐방객들은 해설 안내판 자체에 대해 생각을 하게 되었다. 분명하게도 해설사가 투입한 하나의 테마는 탐방객들의 마음속에서 매우 다양한 테마들을 산출했던 것이다.

표 6-3 | 하나의 해설 안내판이 창출해 낸 여러 가지 테마들

오래전 레인저들의 관리사무소에 대한 해설판이 야기한 생각들

해설 테마: 오늘날의 관점에서 보면 이 관리사무소 위치는 상식적이지 않을 수 있지만, 초창기 레인저들에게 있어서는 여기에 관리사무소를 설치한다는 것이 그들이 이루어야 했던 것의 전부라 해도 과언이 아니다. 당시 미국산림청 레인저들의 일이란 결국 척박한 환경에서 살아남는 것이었다.

탐방객 1: 위치가 중요하다. 미국산림청은 역사가 오래됐다. 물이 근처에 있고 연료가 주변에 있다.

탐방객 2: 당시 관리사무소의 환경과 관리사무소에서 레인저들이 어떻게 열악한 환경에서 살았고 살아남았는지, 그리고 자신들의 필요한 모든 것을 가지고 있었는지를 상상할 수 있었다.

탐방객 3: 일종의 사회개발 유형인가? 여기 살았던 사람들이 배운 것들. 당시 사람들이 기후에 어떻게 적응했는지? 당시의 레인저들이 인근의 인디언 부족들과 물물교환을 했는지? 당시 레인저들이 어디로 다시 배치되었는지? 당시에 풍토병이 있었는지, 그리고 의사는 있었는지. 당시 사냥은 할 만했는지? 레인저들은 정의를 지켰는지?

탐방객 4: 1933년은 매우 흥분되는 해였을 것 같다. 이곳에는 많은 힘든 일들이 있었을 것 같다. 당시 사람들이 근처에 음식과 냉장고를 두었다는 점이 좋았다. 바로 자기 집 문 밖에서 일해야 했다는 것이 좋았다.

탐방객 5: 이 관리사무소가 이렇게나 오래된 것에 놀랐다. 무엇인가를 더 배우는 것이 흥미롭다.

탐방객 6: 1906년에 전기가 없었던 것은 당연하다. 관리사무소의 외관이 실제보다 오

래되어 보이지 않는다. 이 굴뚝은 어떤 빌딩에 붙어 있었는가? 안내판은 화재에 대해서는 언급하고 있지 않다. 일터 근처에 사는 것이 진짜로 좋은 삶인가? 얼마나 아름다운 일터인가? 고된 일!

탐방객 7: 이 관리사무소가 첫 미국산림청의 첫 관리사무소라는 데 놀랐고, 이 관리사무소가 거의 100년이나 지속되었다는 것에 더욱 놀랐다. 이 관리사무소가 수리되어서 기쁘다. 관리사무소 안으로 데리고 들어가서 더 많은 정보를 알 수 있었으면 좋겠다. 당시 산림청 레인저들의 일과가 어땠는지에 대한 보다 많은 정보와 전시가 필요하다.

탐방객 8: 당시 레인저들은 힘들게 일했던 것 같다. 위치의 중요성에 대해 배웠다. 이 관리사무소가 여전히 보존되어 있어 기쁘다.

탐방객 9: 초창기 레인저 업무에 대해 생각해 보았다. 생선을 먹는다는 것은 일종의 보너스라는 것을 알았다. 어디에, 그리고 왜 관리사무소가 위치해 있는지에 대해 생각해 보았다. 물과의 근접성. 초창기 관리사무소가 얼마나 외진 데 있었는지.

탐방객 10: 매우 외진 곳. 교통수단으로써 말이 중요했다. 당시 레인저들은 목초지가 필요했다. 나 같으면 50년 전쯤 레인저를 했을 거 같다.

탐방객 11: 옛적의 벌목. 당시 사람들이 어떻게 생존했는지. 물이 얼마나 중요한지를 보여주고 있다. 말이 먹을 목초지가 얼마나 중요한가를 보여주고 있다.

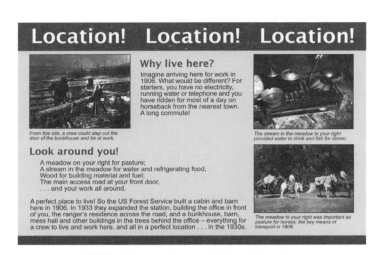

그림 6-2 | 미국산림청의 최초 관리사무소를 설명하는 해설 안내판.
사진제공: 데이브 뷰스(Dave Bucy).

여러분은 또한 소수의 탐방객들만이 해설사가 의도했던 테마에 대해 생각해 보게 되었다는 것도 알 수 있을 것이다[13]. 탐방객 1, 2, 8, 9만이 관리사무소 위치의 중요성에 대한 생각을 가장 근접하게 표현하고 있는 것 같다. 하지만 대부분은 탐방객들은 해설사가 의도했던 테마와 어느 정도 일치하긴 하지만 개인적 의미가 덧붙여진 생각들을 언급했다. 탐방객 4와 6의 경우 일터가 자신의 거주하는 집에서 가까운 것이 좋았다는 것에 대해 동의하지 않는 것에 주목할 필요가 있는 것이다. 물론 해설사 입장에서는 어떤 것이 맞는 것인지는 별로 문제가 되지 않는다. 오히려 해설사들에게는 해설 안내판 자체가 탐방객들이 구체적으로 그런 생각을 하도록 하지는 않고 있음에도 두 탐방객들이 관리사무소의 위치에 대해 생각을 해보았다는 것이 더 중요한 것이다.

마지막으로 여러분은 대부분의 탐방객들의 생각들이 평서문으로 표현되었다는 것을 알 수 있을 것이다. '장소가 중요하다.'처럼 명시적이든, '관리사무소가 이렇게나 오래된 것에 놀랐다.'처럼 암시적이든 말이다. 해설의 테마는 문장들의 형태로 표현되는 완전한 생각의 형태라는 것을 상기했을 때, 각각의 탐방객들이 해설로부터 취하는 것은 사실상 '테마들'이라는 것을 알 수 있을 것이다.

여러분은 몇 명의 탐방객들이 해설 안내판을 보고 난 결과를 심사숙고해서 자신들의 생각을 표현했다고 생각하는가? 탐방객 3은 관리사무소가 위치해 있던 곳에서의 당시 삶이 어땠을까에 대해 경탄하고 있다. 탐방객 4는 당시 삶이 신났을 것이라고 추측하기도 한다. 탐방객 6은 1906년에는 전기가 없었다는 해설 안내판에 나와 있지 않은 사실에 대해서도 생각한다. 탐방객 9와 탐방객 11은 옛날 초창기 레인저들과 벌목꾼들의 라이프스타일에 대해 생각해 본다. 탐방객 10은 자신이 레인저가 되는 몽상을 해보기도 한다. 여러분들은 이 모든 것들이 새롭게 창조된 의미라는 것을 알 수 있을 것이고, 이것들은 해설 안내판이 아닌 11명의 탐방객들이 만들어 낸 의미인 것이다.

여러분은 또한 이 탐방객들 중 몇몇은 해설 안내판을 본 결과로 질문을 하게 되었다는 것도 알 수 있을 것이다. 엄격히 말해 이러한 것들은 테마가 될 수 없다. 왜냐하면 테마란 질문이라기보다는 이에 대한 대답이기 때문이다. 하지만 각각의 질문들은 탐방객들로 하여금 생각하게 하고 어떤 결론에 이르게 하고 결국 이 질문에 대한 답변에 이르게 함으로써 일정한 테마를 창출해 낼 것이다.

> 해설이 우리를 생각하게 하면, 그 생각들은 해설사가 만들어 내려고 의도했던 것뿐만이 아닌 다양한 문장들을 우리의 머릿속에 만들어 내게 할 수 있다.

여기서 우리는 잘 전개된 테마가 탐방객의 마음속에 미치는 영향을 알 수 있다. 이 경우, 해설 안내판은 단순히 특정한 테마를 커뮤니케이션하거나 전달한 것이 아니고 탐방객으로 하여금 자신들의 의미를 만들어 보게끔 하고 생각해 보게 하였고, 그 스토리와 연관된 새로운 가능성도 즐길 수 있도록 하고 있는 것이다. 여러분이 해설 안내판의 목적이 탐방객들로 하여금 저마다의 의미를 발견하는 것이라는 것을 받아들일 수 있다면 위의 해설 안내판이 해설사가 염두에 두었던 테마를 표현했던 4명에게만 성공적이었다라고 하는 것은 논리적이지 않을 수 있는 것이다. 이 경우 탐방객들이 언급한 테마들 중에 어떠한 테마가 해설 안내판의 테마와 어울리는 것인지를 묻는 것은 적절하지 않을 것이다. 해설이라는 것이 탐방객들의 생각을 자극하는 것이라는 관점에서 보았을 때 이러한 질문은 진정 잘못된 것이 될 수도 있다는 말이다. 제8장에서 살펴보겠지만 해설사로서 여러분은 청중들이 오직 하나의 메시지만을 취하기를 원할 때가 있을 수도 있지만, 그러한 상황이라고 하더라도 청중들이 하나의 메시지만을 가지게 될 것이라는 것은 순진한 생각일 수 있는 것이다. 무엇인가가 우리를 생각하게 한다면, 우리의 머릿속에는 여러 가지의 문장들이 만들어지게 될 것인데, 그러한 생각들은 해설사가 의도한 것들만은 아닐 것이다.

그림 6-3 | 미국 하와이 화산 국립공원에서 탐방객들의 머릿속에 생각을 불러일으키는 해설을 하고 있는 모습. 한 해설사가 탐방객들에게 바위 표본과 활화산이 폭발하면서 나온 마그마를 연관시키고 있다.
사진제공: 아더 비에르츠초스(Arthur Wierzchos).

이것이 우리의 머릿속에서 일어나는 일인 것이다. 무엇인가가 우리를 생각하게 한다면, 그것은 우리로 하여금 그것을 설명하기 위한 의미를 만들어내고, 그것을 개인적 관점에서 바라본다[14]. 무엇인가가 우리를 많이 생각하게 한다면, 무엇인가가 우리들이 가지고 있는 관점에 깊이 있는 영향을 준다면 그것은 우리 마음에 여러 가지 생각을 만들어 내고, 그것은 결국 여러 의미를 창출해 내는 것이다. 따라서 어떤 것이 우리에게 의미가 있다면, 그 이유는 그것이 우리로 하여금 그것과 연관된 많은 것들을 생각하게 했기 때문인 것이다. 이것이 바로 여러분이 매우 중요하게 생각하는 것에 대해서는 어렵지 않게 몇 시간이고 계속해서 이야기할 수 있는 이유인 것이다. 여러분이 이야기하고자 하는 것과 관련하여 여러분의 머릿속에 많은 문장을 가지고 있기 때문에 여러분은 그것에 대해 많은 이야깃거리를 가지고 있는 것이다.

잘 개발된 해설의 테마가 청중이나 독자들을 생각하게 할 수 있고 개인적 의미를 만들어 낼 수 있다는 생각은 여러분이 생각하는 것처럼 그렇게 새롭거나 혁신적인 것은 아니다. 만일 여러분이 프리먼 틸든Freeman Tilden 의 저작에 익숙하다면, 여러분은 아마도 그가 이미 오래전에 비슷한 관점을 제시했다는 것을 알고 있을 것이다.

> 해설의 목적은 청중이나 독자들이 사실에 관한 진술 이면에 있는 더 큰 진실을 이해하고 자신에게 가지는 의미를 찾을 수 있도록 자극하는 것이다1957: 36.

반세기가 지난 지금 우리는 이제 많은 경험연구로부터 하나의 메시지가 청중들로 하여금 다양한 생각을 하게 하고 그 테마에 관한 개인적 의미를 만들어 내게 자극할 수 있다는 것을 알게 되었다[15]. 진정 하나의 잘 개발된 테마는 많은 의미를 만들어 내는 것이다.

다음 장인 제7장에서는 테마를 기술하는 실제적 업무에 대해 집중적으로 조명해 볼 것이다. 우리는 구조적으로 테마라는 것이 어떤 형태를 띠는지에 대해 알아볼 것이고, 서로 다른 테마들을 비교해 볼 것이고, 어떤 테마가 더 나은 건지, 그 이유는 무엇인지에 대해 살펴볼 것이다. 이 과정에서 우리는 모든 테마가 동일하게 청중을 생각하도록 하게 할 수 있는 것은 아니라는 것도 알 수 있을 것이다. 우리는 강력한 테마와 약한 테마의 속성을 대조해 볼 것이고 그것의 차이는 테마를 기술하는 데 사용한 용어가 얼마나 화려하냐에 달려 있는 것이라기보다는 그 테마가 표현하는 아이디어의 힘에 달려 있다는 것도 알 수 있을 것이다. 그리고 이것은 자연스럽게 우리를 TORE 해설에 있어 R, 즉 눈높이에 맞는 해설의 중요성으로 이끌어 갈 것이다.

- **주요용어**

해설사의 의도적인 면에서의 테마Intention Side of Theme , 결과 측면에서의 테마Results Side of Theme

모든 테마가 동등한 것은 아니다

INTERPRETATION:
MAKING A DIFFERENCE
ON PURPOSE

와인 한 모금을 마시는 것은 우리 조상들의 고통과 피가 여러분의 일부가 되는 것입니다.

위의 테마는 몇 년 전 내가 스페인에 초청을 받아 특강을 하러 갔을 때 유능해 보이는 스페인 해설사가 가진 테마였다. 그 젊은 해설사는 스페인 북부의 리오하Rioja 지역에서 적어도 1,500년 동안 재배되어 온 바스크Basque 포도에 대한 테마를 이야기하고 있었다[1].

여러분은 그의 테마가 여러분들을 생각하게 한다는 데 동의할 것이다. 만일 그 해설사가 리호하 와인을 맛볼 수 있는 술집에서 여러분이 와인을 한 잔 마시기 위해 잔을 들었을 때 위의 테마를 이야기했다면 여러분

> **만일 여러분이 강력하고 생각을 하게끔 하는 테마로 해설을 시작한다면 여러분은 이미 성공에 근접해 있는 것이다.**

은 아마도 와인을 한 모금하기 전에 잠시 멈추었을 것이다. 만일 여러분이 그가 가르치는 스페인 역사 수업시간에 불쑥 위의 테마를 말했다면, 여러분은 그에게 이에 대해 좀 더 자세히 이야기해 달라고 졸랐을 수도 있을 것이다. 이 두 사례 모두에서 그의 테마는 성공적이라고 할 수 있는데 그 이유는 그의 테마가 생각을 불러일으키기 때문이다. 그의 테마는 우리로 하여금 그 테마 저변에 있는 것에 대해 알고 싶게 한다는 것이다. 이것이 바로 모든 강력한 테마가 가지는 특성이다[2].

이 하나의 사례로부터 우리는 테마 중심 해설의 두 가지 원리를 끄집어낼 수 있다. 첫 번째는 모든 커뮤니케이션에서와 같이 해설에 있어서 테마가 얼마나 강력한지는 청중의 수용 여부에 달려 있다는 것이다. 말하자면 특정한 장소나 맥락에서 일정한 방식으로 특정한 청중에게 영향을 주었던 테마가 맥락이나 청중이 바뀌었을 때 동일한 결과를 가져오리라는 법이 없다는 것이다. 두 번째 원리는 강력한 테마는 청중의 눈높이에 맞는다는 것이다. 말하자면 강력한 테마는 그것을 청중들이 관심을 가지고 있는 것과 연관을 짓는다는 것이다.

이 장에서 우리는 모든 테마가 동등한 것이 아니라는 것에 대해 알게 될 것이다. 우리는 강력한 테마와 약한 테마를 대조해 볼 것이고, 테마가 강력하게 되려면 어떠한 속성이 있어야 되는지에 대해서도 살펴볼 것이다. 이를 통해 해설사들이 테마를 강력하게 만드는 데 도움이 될 만한 몇 가지 실제적인 가이드라인을 제시할 것이다. 이번 장의 마지막에서는 테마를 강력하게 만드는 몇 가지 실전 팁들과 어려운 테마에 흥미를 부여할 수 있는 창의적 결정에 대해서도 다룰 것이다[3].

1 테마가 충분히 강력한 것인지를 어떻게 알 수 있는가?

       설득 커뮤니케이션의 난제 중의 하나는 화자가 전하고자 하는 메시지에 대해 청중들이 동의를 했을 때 비로소 그 메시지가 강력해진다는 점이다[4]. 강력한 메시지의 개념이 가진 문제는 커뮤니케이션을 시도하는 사람은 커뮤니케이션이 끝나기 전까지 자기가 전하고자 했던 메시지가 강력했는지, 그렇지 않은지를 알 수 없다는 것이다. 물론 대부분의 해설사들은 자신들의 메시지가 강력했는지의 여부를 뒤늦게 알게 된다. 이러한 이유 때문에 해설사들은 해설이 시작되기 이전에 강력한 메시지를 만들 수 있는 방법에 대해 알기 원한다.

그림 7-1 | 강력한 테마는 그 저변에 무엇이 있는지에 대해 여러분이 더 알기를 원하게 한다.

이러한 문제는 해설의 테마에도 존재한다. 우리는 강력한 메시지는 (1) 청중을 생각하게 한다는 것과 (2) 청중의 관심을 끌고 호기심을 자극한 다는 것, (3) 호기심 때문에 청중이 테마에 대해 더 알기 원한다는 것을 알고 있다. 말하자면 청중들은 강력한 테마에 대해서는 더 알기 원한다는 것이다. 만일 여러분이 도시에서 길을 걷다가 어떤 사람이 여러분과 관련 된 이야기를 하는 것을 무심코 들었을 때 여러분은 분명히 잠깐 멈추어 서거나 걷는 속도를 줄여서 그 사람의 이야기에 귀를 기울일 것이다. 그 렇지 않겠는가? 위의 사례가 강력한 테마가 무엇인가에 대한 좋은 설명 이긴 하지만, 어떻게 사전에 강력한 테마를 만드는지와 강력한 테마의 속 성이 무엇인지에 대한 실제적인 안목을 제공해 주지는 못하고 있다. 바로 이 부분이 이번 장의 나머지 부분에서 다루고자 하는 바이다. 일단 강력 한 테마가 가지고 있는 요소들이 무엇인지부터 살펴보도록 하자.

테마 팁

만일 여러분이 생각을 하게 하는 테마로 시작한다면 여러분의 해설이 얼마나 더 성공적일지 상상해 보라는 것이다. 제2장에서 TORE 해설이란 것은 강력한 테마를 ORE 방식으로 커뮤니케이션 하는 것을 의미한다고 했던 것을 기억하라. 여러분이 강력한 테마를 가지는 한 해설 성공에 있어 ORE만 신경 쓰면 되는 것이다.

2 강력한 테마의 구성요소

　　만일 여러분이 여러분의 테마를 진술하기에는 빠듯한 5초의 시간을 가졌다고 상상해 보자. 테마 중심 해설의 목적이 생각을 하게 하는 것이라는 점을 염두에 둔다고 하면 여러분은 그 5초 동안에 무슨 말을 할지 어떻게 결정할 것인가? 어떤 단어들이 여러분의 메시지의 본질을 포착할 수 있게 하고 청중을 생각하게 할 수 있겠는가?

　이 질문에 대해 최고의 답이 한 가지만 있는 것은 아니지만 아마도 여러분 대부분은 간단하면서도 청중들이 관심을 가질 만한 것을 이야기하는 것의 필요성을 강조할 것이다. 말하자면, 청중들이 쉽게 이해할 수 있고 청중들의 관심과 관련이 있고, 실제로 체험을 해볼 수 있는 것 말이다. 테마는 단순해야 하는데 그 이유는 통제하기 어려운 청중들은 자신들이 이해하기 어려운 것을 파악하기 위해 많은 노력을 기울이지 않을 것이기 때문이다. 말할 것도 없이 청중의 눈높이에 맞는 것도 중요한데, 왜냐하면 청중의 눈높이에 맞아야 청중들이 여러분이 이야기하는 것에 관심을 가지게 할 수 있고, 그럼으로써 그들을 생각하게 할 수 있기 때문이다.

와인의 사례로 돌아가서, 만일 여러분의 해설이 템프라니요tempranillo 포도에 대한 것이라고 가정해 본다면 여러분은 어떠한 테마를 5초 동안에 이야기하겠는가? 아마도 여러분 대부분은 다음과 같은 단순한 사실을 언급하지는 않을 것이다.

이 포도는 이 지역에서 오랜 전통이 있는 포도입니다.

위에 언급한 테마는 충분히 단순하긴 하지만, 많은 사람들은 그 테마가 생각을 하게끔 한다고 여기지는 않을 것이다. 오히려 여러분은 그 포도와 관련된 사실들을 청중들이 관심을 가지는 것과 연결시키는 방식에 대해 생각해 볼 수 있을 것이다. 이런 식으로 말이다.

이 포도주 한 모금을 마실 때마다 우리 조상들의 피와 고통이 여러분의 일부가 됩니다.

대부분의 사람들은 아마도 두 번째 테마가 더 강력하다는 것에 동의할 것이다. 그렇다면 왜 두 번째 테마가 더 강력한 것일까? 두 테마 모두 역사적 사실이라는 측면에서는 모두 정확한 것이지만 두 번째 테마가 첫 번째 테마보다 더 생각을 하게 하지 않는가? 생각을 하게 하는 것이 두 번째 테마를 첫 번째 테마보다 더 강력하게 만드는 것이다.

2-1. 생각을 불러일으키는 테마는 두 가지 특성을 가지고 있다

우리는 이 책의 앞부분에서 청중들이 생

각을 불러일으킬 가능성을 높이기 위해서는 해설이 다음과 같은 두 가지 속성을 가져야 한다는 것을 살펴본 바 있다. 첫째, 해설을 청중들에게 중요한 것과 연관시켜서 청중들을 생각하게 해야 한다. 말하자면 해설이 청중들과 관련이 있어야 한다는 것이다. 둘째, 청중들을 생각하게 하는 해설은 청중들이 이해하기 쉬워야 한다[5]. 앞 장들에서 살펴본 바와 같이 해설은 이 두 가지 속성 모두를 가지고 있을 때에 이러한 속성을 가지고 있지 않거나 이 중 하나의 속성을 가지고 있을 때보다 청중들을 생각하게 할 가능성이 높아진다. 다시 말해 해설이 높은 수준의 생각을 불러일으키는 가능성을 가지게 된다는 것이다.

개별적인 해설 테마들에서도 이는 마찬가지이다. 만일 어떤 테마가 청중들과 관련이 있고 이해하기 쉽다면, 그 테마는 청중들에게 생각을 불러일으킬 가능성이 높아진다. 생각을 불러일으킨다는 것이 강력한 테마를 인증해 주는 것과 같은 것이니만큼 테마들이 생각을 불러일으키게 하는 두 가지의 핵심적 구성요소를 가질 수 있도록 여러분이 무엇을 할 수 있을까에 대해 생각해 보자.

강력한 테마는 생각을 불러일으킬 가능성이 높다

어떤 테마가 이해하기 쉽고 청중들과 관련이 있을 때(다시 말해 짜임새가 있고, 청중의 눈높이에 맞을 때), 그 테마는 이 두 가지 속성 중 하나라도 결여된 해설보다 청중들의 생각을 불러일으킬 가능성이 높다. 이 두 가지 속성을 모두 가지고 있는 해설은 청중들의 생각을 불러일으킬 가능성이 높기 때문에, 여러분은 그러한 테마가 생각을 불러일으킬 가능성이 높다고 할 수 있다는 것이다. 강력한 테마란 정의상 생각을 불러일으킬 가능성이 높은 테마인 것이다.

제5장에서 살펴본 바와 같이 어떤 해설 전체가 이 두 가지 속성을 가지고 있을 때, 그것은 청중의 생각을 일으킬 가능성도 높다. 사실 TORE 해설이라는 것은 간단히 말해서 어떤 해설이 생각을 불러일으키는 테마를 기반으로 구성되는 것이고, 재미가 있는 방식으로 시연되는 해설인 것이다.

3 테마를 강력하게 만드는 방법들

      다음은 테마를 이해하기 쉽게 하거나 청중들과 관련이 있게 함으로써 테마가 청중들의 생각을 불러일으키게 하는 가능성을 증가시키기 위한 일곱 가지 방법이다. 이 방법들만이 생각을 불러일으키는 강력한 테마를 만드는 방법은 아니지만, 이 방법들은 세계에서 가장 탁월한 해설사들이 실제로 사용해 본 입증된 방법들이다.

3-1. 비타민 R을 더하기

      1) 보편적 개념 universal concept을 생각하게 하는 테마들은 비타민 R로 가득 차 있다.

와인 테마에서 여러분이 눈치챘을 수 있는 것 중의 하나는 해설사가 포도주와 청중들과의 관련성을 높이기 위해 보편적 개념을 사용했다는 것이다. 제2장에서 보편적 개념이란 인류에게 항상 중요했던 손에 잡히지 않는, 또는 상징적인 것들이라고 했던 것을 기억해 보라. 이러한 것들 중에는 극단적인 감정, 가령 사랑, 증오, 공포, 외로움, 의기양양, 슬픔 등도 있고, 죽음, 고통, 배고픔, 갈증, 불확실한 것 같이 우리가 인생에서 어쩔 수 없이 겪게 되는 것들, 그리고 우주, 미스터리 등과 우리가 매료되는 것들이 포함된다[6].

여러분은 앞의 와인 테마에서 '고통', '피', '우리의 조상'이라는 개념들이 보편적 개념이라는 것을 알 수 있을 것이다. 만일 여러분이 어떤 해설을 보편적 개념으로 마무리한다면, 보편적 개념으로 마무리하지 않는 해설보다 강력해지게 되는 것이다. 이것이 바로 수많은 위대한 연극과 영화, 소설, 시, 노래 가사 등이 보편적 개념을 중심으로 구성되는 이유이다. 보편적 개념은 확실하게 해설을 청중들과 관련이 있게 만들어 준다. 그래서 나는 영어 '관련된Relevant'의 앞 자를 따서 그것을 비타민 R이라고 부르고 싶다.

그림 7-2 | 포도주 한 모금을 마실 때마다 우리 조상들의 피와 고통이 여러분의 일부가 된다.
사진제공: 바바라 햄(Barbara Ham).

2) 은유metaphor나 웃음은 테마를 청중들과 관련 있는 것으로 만든다.

앞의 사례에서 두 번째 테마가 더 강력한 다른 이유는 테마를 은유적인 용어로 표현했기 때문이다. 조상들의 고통이나 피는 손에 잡히지 않는 것이며 포도주처럼 삼킬 수 있는 것이 아니다. 이미 살펴본 바와 같이 은유 또는 웃음을 활용한다는 것은 테마를 청중들의 눈높이에 맞게 하는 여러 방법 중의 하나인데, 그 이유는 은유나 웃음이 해설의 내용을 청중들이 이미 알고 있거나 이해하고 있는 것과 연결시키도록 해주기 때문이다[7]. 여러분은 제2장에서 척 베리Chuck Berry를 로큰롤의 건축가로 묘사한 은유를 사용했던 사례를 기억할지 모르겠다. 사실 척 베리는 아주 훌륭한 기타연주자이자 작곡가였지만 건축가는 아니었다. 그러나 은유적으로 이야기해서 그의 음악 활동은 로큰롤의 청사진을 제시하는 데사실 청사진을 제시하는 것은 건축가들이 하는 일이다 크게 기여했다고 할 수 있다. 베리를 로큰롤의 건축가로 그리는 것은 청중들의 흥미를 더하는데, 그 이유는 보통 건축가라는 것은 음악을 창작하는 데 사용되지 않고 이 해설의 테마와 관련하여 은유적으로 이해 되기 때문이다.

3) 개별적인 언어를 사용하는 것은 테마를 청중들과 관련이 있는 것으로 만든다.

템프라니요tempranillo 포도주에 관한 해설의 테마에서 여러분이 눈치챌 수 있는 것 중의 하나는 그 테마가 개별적이라는 것이다. 그 테마는 청중에게 직접적으로 여러분you이라고 이야기한다. 여러분이라는 말을 사용하는 해설은 대개 청중들의 관심을 끄는데, 그 이유는 대부분의 청중들이 선호하는 이야깃거리는 자신들이기 때문이다. 만일 여러분이 '여러분'은 이라는 개인적 단어를 테마에 집어넣는다면 그 순간 그 테마는 즉시 여러분의 청중들과 대화를 시작하게 한다[8]. 말하자면 여러분이라는 개별적인 용어를 사용하는 것은 청중들을 바로 이야기 속으로 들어오게 한다는 것이다.

고대 마야문명에 관한 다음 두 테마를 비교하여 보라. 어떠한 테마가 더 강력하다고 생각하는가?

만일 여러분이 고대 마야시대에 살았더라면 살아남기 위해서 종종 강한 것보다 똑똑한 게 더 중요했을 것이다.

고대 마야문명에서 살아남으려면 종종 강한 것보다 똑똑한 게 더 중요했다.

많은 사람들이 고대 마야문명에 매료되기 때문에 여러분 중에는 두 테마 모두에서 흥미를 느낄 수 있을 것이다. 그러나 우리는 첫 번째 테마가 여러분을 더 생각하게 만든다고 주장할 수 있는데, 그 이유는 여러분이 그 이야기의 무대 중심에 서게 되기 때문이다. 이것이 바로 '여러분'이라는 용어를 해설에 집어넣어서 하고자 하는 바, 즉 청중을 테마 속으로 끌어들여서 상상하게 하는 것이다[9].

그림 7-3 │ 인신공양은 고대 마야문명의 일부였다. 온두라스
Honduras_의 코판 유적 세계 문화유산 지역 Copan Ruins World Heritage Site .
사진제공: 론 포스(Ron Force).

3-2. 이해하기 쉽게 만들기

4) 비유analogy는 테마를 이해하기 쉽게 만든다.

테마의 견고함은 그것이 청중들과 관련이 있는 것뿐만 아니라 이해하기 쉽다는 것에 기반한다. 종종 적절한 비유는 이해를 돕는 데 결정적인 역할을 한다. 활화산의 내부를 설명하기 원하는 해설사가 있다고 하자. 이 해설사는 100% 사실에 기반해 다음과 같이 해설의 테마를 잡을 수 있다.

활화산은 열과 가스압력을 품고 있다.

그 해설사는 해설의 테마에 대해 좀 더 생각을 하다가 압력밥솥이 열을 발생시킨다는 것과 사이다나 샴페인 병을 흔들 때 생겨나는 것이 가스압력이라는 것을 떠올리게 되고 아래와 같이 테마에 비유를 덧붙일 수 있을 것이다.

활화산의 내부는 압력밥솥이나 흔들어진 샴페인 병과 같다.

5) 짧은 테마는 긴 테마보다 이해하기 쉽다.

테마를 이해하기 쉽게 만드는 분명한 방법 중 하나는 그것을 짧게 만드는 것이다. 그렇다면 짧다는 것은 무슨 뜻일까? 나는 스미소니언 연구원 Smithsonian Institute의 로사 위트보르그Lothar Witteborg가 해준 충고를 좋아하는데, 그는 테마의 문장을 15~20개 단어로 제한할 것을 제안하고 있다[10]. 만약 더 많은 단어가 필요하다면, 테마를 두 문장으로 나눌 필요가 있을 수도 있다. 물론 테마를 한 문장으로 만들어 보는 것이 좋은 훈련이기는 하지만 가장 중요한 것은 여러분의 테마에 하나만의 아이디어를 포함시키는 것이다. 만일 테마가 15~20개 단어로 표현하기에 복잡한 아이디어를 포함하고 있다면, 두 번째 또는 아주 간혹 세 번째 문장을 사용하는 것이 도움이 될 수도 있을 것이다[11].

가능한 하나의 테마를 하나의 문장으로 만드는 것은 좋은 훈련이다. 하지만 가장 중요한 것은 하나의 테마가 하나의 적절한 아이디어를 담고 있어야 한다는 것이다.

6) 테마를 2개의 문장으로 나누는 것도 테마를 이해하기 쉽게 할 수 있다.

나는 여러 해 동안 테마는 한 문장으로 표현되어야 한다고 조언을 해왔다. 실제로 대부분의 테마는 한 문장이면 충분하다[12]. 하지만 내가 제2장에서 언급했던 바와 같이 간혹 해설사들은 하나의 문장으로 표현되기에는 너무 복잡한 아이디어에 대해 청중들과 소통하기를 원하기도 한다. 테마가 간단하기는 하나 다면적이거나, 위테브로그Witteborg의 15~20단어 규칙보다 많은 단어로 어떤 사건의 일련의 본질적인 과정을 암시해야 할 경우처럼 말이다. 어떤 이유에서건 한 문장 규칙으로 제한을 하게 되었을 때 웃기게 들리는 긴 문장을 쓸 수밖에 없게 되고 그 결과 청중의 생각을 불러일으킬 수 있는 희망이 사라지게 되는 경우가 있을 수 있는 것이다. 이러한 상황에서 강력한 문장을 만들기 위해서는 두 번째 문장을 추가하는 것이 필요하다[13].

예를 들어 어떤 여성 해설사가 청중들로 하여금 그녀가 살고 있는 지역의 곤경에 처한 야행성 조류에 대해 생각해 보게 하기를 원한다고 하자. 그 여성 해설사는 그 야행성 조류들의 은밀한 삶이 그 야행성 조류들에 대한 오해가 퍼지게 했다는 것에 대해 우려하고 있었고, 그녀의 청중들이 야행성 조류들에 대한 교육 프로그램에 참여하게끔 하기를 원했다.

그녀는 최초에 그녀의 테마를 아래와 같이 매우 긴 한 문장으로 표현하고자 했다.

대부분의 사람들은 야행성 조류를 볼 기회가 거의 없고, 이는 사람들로 하여금 야행성 조류들에 대한 불합리한 고정관념 같은 것을 가지게 하고, 종종 이러한 오해는 위협적일 수도 있지만, 우리 모두는 야행성 조류를 보호하기 위해 무엇인가를 할 수 있다.

하지만 그녀는 바로 이 테마가 그녀가 전개하고자 하는 전체 아이디어를 포함하고 있긴 하지만 너무 길어서 청중들뿐만 아니라 그녀 자신을 혼란에 빠지게 할 수 있다는 것을 알아챘다. 그 결과 이 해설은 청중들이 해설사로부터 들은 정보를 처리하게 하는 데 실패하게 된다.

테마 문장을 조금 손본 다음 그녀는 긴 하나의 문장을 서로 관련된 2개의 문장으로 나누었고, 결국 그녀가 이야기하고 싶었던 것을 이야기하면서도 청중들이 더 생각해 보고 싶게끔 만들 수 있었다.

우리는 우리가 거의 볼 수 없다는 이유로 우리 주변의 야행성 조류에 대해 잘못된 고정 관념을 가지게 되고 어떤 경우 그 고정관념은 위협적이기도 하다. 다행히도 이러한 상황을 바로잡기 위해 우리가 할 수 있는 것들이 있다.

7) 일상용어를 사용하는 테마는 이해하기 쉽다.
테마를 이해하기 쉽게 만드는 다른 방법 중의 하나는 테마를 이야기할 때 청중들이 사용하는 대화체의 용어를 사용하는 것이다. 테마의 유효성은 청중들이 그것을 수용하느냐의 여부에 달려 있다는 것을 기억하여 보

라. 내가 대화체의 용어를 사용하라고 하는 것은 청중들이 테마의 아이디어를 표현하고자 하는 경우에 사용할 법한 비공식적인 언어를 사용해서 여러분의 테마를 표현해야 한다는 것을 말하는 것이다.

테마에 대한 팁 추가!

여러분에게 영감을 주고 동기를 부여하는 단어들이나 문장들을 사용하여 테마를 시작해 보십시오. 그런 다음에 그 테마가 여러분의 청중들에게도 영감을 주고 동기를 부여하는 효과가 있을 것 같이 표현될 수 있도록 그 테마를 지속적으로 편집해 나가십시오.

많은 해설사들의 경우 교육을 잘 받았고, 1~2개의 분야에서는 전문성이 있기 때문에 전문용어를 사용하거나 해당 분야의 전문가들이 사용하는 문장구조를 사용하는 데 익숙해 있다는 것은 이해가 된다. 하지만 이러한 전문성을 가진 해설사가 비전문가를 대상으로 이야기할 때는 다른 용어나 어조를 사용하는 것이 요구된다. 그렇다고 해서 전문가가 아닌 청중들을 위해서 테마의 수준을 낮추어야 한다고 이야기하는 것은 아니다. 말하자면 테마를 표현하기 위해 다른 방법을 사용해야 한다는 것이다. 존 뮤어John Muir, 앨버트 아인슈타인Albert Einstein, 아이작 아시모프Issac Asimov, 칼 사간Carl Sagan, 알도 레오폴드Aldo Leoplod, 스티브 어윈Steve Irwin, 데이비드 애튼버러David Attenborough와 같은 위대한 과학 해설사들은 어려운 테마를 이야기할 때 일상적인 용어를 사용하는 능력으로 유명하다.

여러분이 철기시대의 역사에 대해 잘 아는 전문가라고 가정해 보자. 그리고 어느 날 이웃 사람들과 고기를 구워 먹다가 한 이웃이 아무 생각 없이 금속보다 중요한 게 있었겠냐고 물어보았다고 하자. 다음 중 어떤 테마가 이 이웃의 질문에 대해 보다 나은 답을 제시해 줄 수 있다고 생각하는가힌트: 만일 여러분이 첫 번째 답이 더 낫다고 생각한다면 여러분은 친구들과 더 많은 바비큐 파티를 해야 할 것이다?

철기시대에 철을 연장이나 무기로 만들게 되면서 농업이나, 신앙, 예술 양식에 있어서도 변화가 일어나게 되었다.

철기시대 사람들은 연장이나 무기를 만드는 데 있어 **훨씬 우수한 물질을 발견하였을** 뿐만 아니라 농사를 짓고 예배하고 예술을 통해 자신을 표현하는 새로운 방식들도 찾아냈다.

종종 초보 해설사들은 강력한 테마를 만들려면 미사여구가 필요하다고 가정하기도 한다. 심지어 몇몇 초보 해설사들은 자신들이 글을 잘 쓰는 사람이 아니기 때문에 강력한 테마를 만들 수 없다고 생각하기도 한다. 하지만 이러한 두 가지 가정은 모두 분명히 진실이 아니다. 그 이유는 무엇보다 평범한 사람들은 일상적인 대화에서 미사여구를 사용하는 경우가 드물기 때문이기도 하고 테마를 미사여구로 치장하는 것은 좋은 문장을 망치게 할 수도 있기 때문이다.

내 개인적인 경험으로도 많은 미사여구가령 형용사나 부사, 전치사구, 종속절 등를 사용하는 것은 대개 테마를 망쳐버리게 하곤 했다. 모든 노련한 테마 중심의 해설사들은 테마에서 사용된 단어들이 얼마나 화려한지가 아니라 테마가 표현하고 있는 아이디어가 얼마나 강력한지가 강한 테마와 약한 테마를 차별화한다고 여러분들께 이야기할 것이다. 일상에서 사용하는 평범한 언어가 화려한 문장보다 강력한 테마에 이르는 지름길인 것이다.

강한 테마를 만드는 것은 그 테마가 표현하고 있는 아이디어이지 테마에 사용된 용어가 화려하기 때문은 아니다.

226

제7장

4   어려운 테마에 흥미를 더하는 방법

강력한 테마가 청중들의 관심을 끌게 하는 가장 중요한 이유는 그것이 청중들이 관심 있는 것에 대해 진술하기 때문이다. '비타민 R'로 가득 찬 테마들이 이러한 특성이 있는데 그 이유는 그러한 테마들은 사람들이 관심을 갖는 것과 연결되어 있기 때문이다. 바로 이점이 테마를 흥미롭게 하는 것이다. 최근 들어 연구자들 사이에 흥미로움interestingness에 대해 많은 관심이 쏠리고 있는데[14], 이러한 연구결과의 일부는 강력한 테마를 원하는 해설사들에게도 적용될 수 있을 것이다.

흥미로움의 가장 기초적인 원리 중 하나는 우리의 관심은 범상치 않은 것들에 끌린다는 것이다. 가령 가장 높은 산이라든지 또는 무엇인가를 처음 성취한 사람처럼 유별난 것 말이다. 때때로 우리는 위험한 것, 움직이는 것, 큰 소리 등을 알아차리게 되는데 그 이유는 그래야 우리 자신이 안전하게 되기 때문이다. 때로 우리는 개를 물어뜯고 있는 사람이나 매우 강력한 대합조개와 같이 우리를 놀라게 하는 것들에 매료되기도 한다. 또한 우리는 미스터리나 전설처럼 불확실한 것들에 끌린다. 우리는 또한 우리 자신의 삶이 투영된 다른 사람들의 이야기처럼 우리가 강조하거나 우리와 직접 관련된 것들에 예외 없이 관심을 갖는다.

해설사들은 많은 경우 청중들의 관심이 해설사들의 관심과 다르다는 것을 명심해야 한다. 물론 우리 해설사들은 누구와도 어느 정도 흥미를 공유할 수 있다. 하지만 우리 해설사들이 해설하는 소재의 깊이와 넓이는 청중들에게 널리 공유되지 않는 편이다. 바로 이것이 우리가 해설하는 대상들과 청중들이 중요하게 생각하는 것이 연결되어 있다는 것을 보여줄 수 있는 방법을 찾는 것이 중요한 이유이다[15].

보편적 개념이 모든 사람들에게 중요하게 생각되어지는 것처럼, 우리 삶에는 대부분의 사람들에게 매우 흥미로운 것으로 생각되어지는 것들이 있다. 나는 이 절의 앞부분에서도 이러한 것들의 일부를 열거한 바 있는데, 다른 사람들, 위험한 것, 움직이는 것, 비범한 것, 우리를 놀라게 하는 것 등등이 그것이다. 따라서 해설사가 이렇게 본질적으로 흥미로운 것들을 테마와 연결시키려고 노력하는 것은 마땅한 것이다.

보통 사람들에게 흥미를 끌기 어려운 것에 초점이 맞추어진 해설을 해야 하는 상황이라면 흥미를 더해야 하는 것은 더더욱 필수요소다. 본질적으로 덜 흥미로울 수밖에 없는 것들 중에는 일상적인 것, 안전한 것, 움직이지 않는 것, 살아 있지 않는 것 등이 있다. 대부분의 해설사들이 종종 직면하게 되는 도전은 중요한 것에 대한 테마를 개발할 필요는 있는데, 그것이 흥미롭지 않을 수 있는 상황이다. 바로 이 상황에 나컨 이론 Knockan Theory 이 도움이 될 수 있을 것이다.

4-1. 창의적으로 연관을 짓기
위한 나컨 이론Knockan Theory

내가 나컨 이론[16]을 만들어 낸 것은 2002년 스코틀랜드 북부의 고지대 울라풀Ullapool 인근의 나컨 크래그 국가자연보호지역Knockan Crag National Nature Reserve을 방문했을 때다. 나컨 크래그 국가자연보호지역은 스코틀랜드에서 가장 중요한 지질 해설 장소로서 19세기 지질학자들에 의해 처음 발견되었다. 이 보호구역의 지층은 사면 활동, 융기와 침하가 일어나서 한때는 아래에 있던 지층이 맨 위로 올라가기도 한 곳이다.

두 가지 점에 있어서 나컨 크래그 국가자연보호지역의 해설은 나에게 강한 인상을 주었다. 첫째는 천성적으로 지반 융기나 침하와 같은 것에 관심이 별로 없는 나에게도 이곳의 지질에 대한 해설은 매우 성공적인 것처럼 보였다. 둘째, 그 해설은 오래된 무생물체이며 운동하지도 않는 지층들에 대한 것이었지만 지층들 자체에 대한 이야기보다는 이 지층들을 발견한 지질학자인 벤 피치Ben Peach와 존 혼John Horne에 관한 이야기를 들려줌으로써 해설에 생명력을 불어넣고 있었다[17].

나컨 크래그에서 연구를 했던 다른 지질학자들처럼 피치와 혼도 지질학의 예측과 달리 오래된 지층이 생성된 지 얼마 되지 않은 지층 위에 있는 것을 발견했다. 하지만 당시만 해도 왜 이러한 현상이 일어났는지에 대한 질문을 한 학자들은 없었다. 하지만 피치와 혼은 사면활동, 융기, 침하와 같은 설명을 제시하였고 이들의 설명은 아직까지도 지구의 운동을 이해하는 데 있어 가장 중요하게 기여한 것 중의 하나로 남아 있다.

내가 나컨 크래그 국가자연보호지역을 방문했을 때 방문자 센터의 전시해설은 피터와 혼이 직면했던 딜레마를 설명하면서 탐방객들을 피터와 혼의 상황에 놓이게 했고, 이들로 하여금 과학적 탐구의 불확실성과 흥분에 빠지게 했다. 이 탐구의 이야기가 결론에 도달해 가면서 탐방객들은 이 두 과학자가 지질학계를 완전히 변화시킨 새로운 이론으로 자신들이 관찰한 것을 설명할 수 있었을 때 경험했던 기쁨을 나눌 수 있게 되었다. 탐방객들이 남긴 후기에 따르면[18] 탐방객들은 이곳에 있었던 지질학적 현상에 대한 분명한 생각과 더불어 이 발견이 매우 중요했다는 생각을 하면서 이곳을 떠난 것으로 나타났다. 그리고 이곳에서의 해설은 이두 과학자가 연구했던 암석에 대한 것만큼이나 이 발견을 해낸 두 사람에 대한 것이기도 했다.

우리가 이 나컨 크래그 국가자연보호지역의 사례에서 얻을 수 있는 교훈은 암석과 같은 본질상 흥미가 덜한 무엇인가에 대해 강력한 테마를 만드는 것은 그것을 사람에 대한 이야기 등 본질적으로 관심이 많은 것과 연결시키는 것이라는 점이다. 다음과 같은 나컨 크래그의 테마는 상대적으로 약한 것이었다.

이 지역에서 오래된 암반이 신생 암반 위에 위치한 것에 대한 초기 지질학자들의 발견은 사면활동, 융기, 침하와 같은 이론에 의해 해결되었다.

그림 7-4 │ 나컨 이론−테마 개발에 있어 창의적인 연관 짓기의 도구

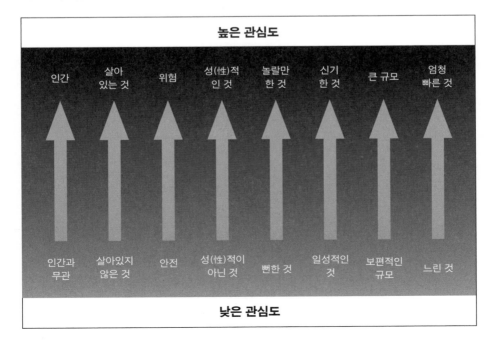

하지만 덜 흥미로운 것에 흥미로운 것을 연결시킨다는 원리를 적용하여 아래와 같은 더 강력한 테마가 탄생했다.

이 지역에서 지질학자 벤 피치와 존 혼이 발견한 것은 호기심과 미스터리, 그리고 궁극적인 승리로 점철된 여정이었다. 이들의 발견 덕분에 지질학은 오래된 암반층이 어떻게 신생 암반층 위에 위치해 있는가에 대해 설명할 수 있게 되었다.

> **본질상 별로 흥미롭지 않은 것을 강력한 테마로 만드는 방법 중의 하나는 그것을 본질상 흥미로운 무엇인가와 연결시키는 것이다.**

물론 이것은 나컨 이론이 작동하는 것을 보여주는 하나의 사례에 불과하다[19]. 〈그림 7-4〉에서 여러분은 많은 다른 가능성 등을 볼 수 있을 것이다. 위로 향해진 각 화살표는 맨 하단의 본질적으로 별로 흥미가 없는 것으로부터 맨 위의 본질적으로 매우 흥미로운 것에 이르는 여러 차원들을 보여주고 있다[20]. 특정 이야깃거리에 대한 테마를 개발하는 상황에 직면하게 된다면 각 화살표의 맨 위에 나와 있는 것들을 살펴보고 이것들이 여러분의 이야깃거리와 어떤 연관성을 제시해 주는지 살펴보기 바란다.

나컨 크래그 국가자연보호지역의 해설사들은 이 그림의 두 번째 차원의 하단에 있는 재미없는 것, 암반을 이 화살표 상의 맨 위에 있는 인간과 연결시켰다. 여러분은 여기에 표시된 다른 것들 중에서 어떠한 추가적인 가능성을 발견하는가[21]? 가령 만일 암반을 위험한 것과 관련된 화살표와 연결시킨다면 어떠한 생각이 드는가?, 암반을 신기한 것이나 놀라운 것, 매우 큰 것과 관련을 지어줄 수는 없을까[22]?

나컨 이론의 적용

나컨 이론은 본질적으로 청중들에게 별로 어필할 수 없는 무엇인가에 대한 흥미를 증진시키는 방법을 알아내는 데 도움이 된다. 이 이론은 본질적으로 흥미로운 것에 흥미롭지 않을 것을 연결시키는 것이 테마를 흥미롭게 하는 방법이라고 이야기한다. 〈그림 7-4〉는 이러한 관련짓기의 가능성들을 보여준다.

이 그림은 9개의 다른 척도를 보여주고 있는데, 여러분은 이것을 나컨 척도(Knockan Scale)라고 불러도 좋다. 각각의 척도는 하나의 이야깃거리가 가질 수 있는 각 차원을 보여주는데, 각각의 차원은 본질적으로 별로 흥미가 없는 것에서부터 본질적으로 매우 흥미로운 것에 이른다. 나컨 이론은 여러분의 이야깃거리를 각각의 스케일의 맨 윗부분과 연결시키는 것에 관한 것이다.

나컨 이론을 이용하기 위해서는 전통가옥에 있는 도자기 접시와 컵과 같은 이야깃거리에서 출발하면 된다. 전통도자기로 된 접시와 컵에 대해 흥미를 느끼는 사람은 많지 않을 것이고, 여러분은 이 9개 척도의 맨 윗부분을 살펴본 후 어떤 창조적 가능성을 찾을 수 있을 것이다. 다시 말해 여러분은 특정한 차원과 여러분의 화젯거리를 연결시켰을 때 그 화젯거리가 청중들에게 어필할 수 있는 가능성을 높여줄 수 있을지에 대해 스스로에게 물어볼 수 있다는 것이다.

예를 들어 인간-비인간 척도를 보는 순간 여러분은 순간적으로 맞아 나는 이 컵과 접시를 사용했던 사람에 대해, 그들이 누구였으며 이름과 나이가 무엇인지에 대해 강조할 수 있다고 생각할 수 있다. 어떤 일화는 없을까에 대해서 생각해 볼 수 있을 것이고, 또 이 접시와 컵을 사용하면서 겪어야했던 흥미롭거나 재미있고 슬픈 사연은 없었을까 등에 대해서도 생각해 볼 수 있을 것이다.

만일 여러분이 위험한 것이나 위험하지 않은 것과 관련된 척도에 이른다면 여러분은 온갖 다양한 창의적인 생각을 할 수도 있을 것이다. 이 도자기는 어떻게 만들었을까? 도자기를 굽고 조각을 하는 과정에서 위험은 없었을까? 이 접시와 컵을 만드는 과정에서 사고는 없었을까? X라는 여성이 Y라는 남성에게 접시를 던지지는 않았을까?

성적인 것과 성적이지 않은 것으로 척도를 이동할 경우 이 컵과 접시와 관련된 로맨틱한 이야기는 없는지에 대해 생각해 볼 수 있다.

이 접시와 컵들은 중국 또는 아주 먼 나라에서 수입되었는가? 이 당시만 하더라도 접시와 컵이 배에 실려 온다는 것이 얼마나 어림없는 이야기인가(놀라운 사실과 잘 알려진 사실 척도)?

이 도자기들은 독특한 측면이 있지 않은가? 이 자기들은 어디에서 누구에 의해 만들어졌는가? 이 접시와 컵들에 대한 역사에는 다른 종류의 자기의 역사와 구별되는 것이 있는가(신기한-일상적인 척도)?

여러분 자신의 이야깃거리를 대입시켜 보고 나컨 척도 중 어떤 것이 창의적인 생각을 유발하는지를 살펴보라.

5 최초의 테마를
작성하는 과정에서
유용한 팁들

〈표 7-1〉에 나와 있는 테마들을 들여다보라. 만일 이러한 테마가 여러분의 테마 초고였다면 여러분은 이들 중 어떠한 것에도 완전히 만족하지 않을 가능성이 높다. 비록 이 테마들은 정확한 사실이고 제대로 된 문장으로 쓰였긴 했지만, 이 테마들은 여러분이 원하는 만큼 청중들에게 생각을 불러일으키지 못할 것이다. 그 이유는 대부분의 경우 이 테마들은 비전문가인 청중들의 눈높이에 맞지 않기 때문이다. 그리고 몇몇의 경우는 이해하기도 쉽지 않을 수도 있다. 이러한 이유들 때문에 〈표 7-1〉의 테마 초고는 더 강력하게 될 수 있는 여지가 있는 것이다. 그렇다면 어디에서부터 시작해야 할까?

5-1. 청중의 눈높이에 맞추는 것과 이해하기 쉽게 하는 데 초점을 맞추어라

첫 번째 단계로 이번 장의 앞부분에서 논의했던 몇 가지 방법을 적용해 볼 수 있을 것이다.

1. 보편적 개념을 중심으로 테마를 감싸기
2. 은유나 웃음을 추가하기
3. 개별적인 언어를 포함시키기
4. 비교를 사용하기
5. 테마를 15자에서 20자 이내로 줄이기
6. 테마를 2~3개의 문장으로 나누기
7. 청중들이 사용하는 대화체를 사용하기

이미 살펴본 바와 같이 이 방법들은 테마의 관련성과 이해도를 높이는 데 유용하다. 〈표 7-1〉의 모든 테마들이 엄청 길지는 않기 때문에 글자를 줄이는 5번 방법이나 문장을 나누는 6번 방법은 이 사례에서는 별로 도움이 되지 않을 수 있다. 하지만 그 밖의 다섯 가지 방법은 고려해 볼 만하다고 할 수 있다.

예를 들어 〈표 7-1〉에 나와 있는 네 번째 테마, 즉 캐나다 앨버타 주의 식물에 관한 테마는 관속식물 vascular plants 이나 선태식물 bryophyte, 지의류 lichen 와 같은 전문용어를 제거하고 평범한 언어로 대체한다면 이해하기 쉬워질 것이다. 설령 여러분이 관속식물이 물관과 체관을 통해서 액체가 흐르게 함으로써 비관속식물보다 더 크게 자랄 수 있게 하는 특성을 가지고 있다는 것을 청중들에게 알리기를 원한다고 할지라도 여러분은 여러분의 테마에서 그것을 자세히 다룰 필요는 없는 것이다. 그리고 선태식물이라는 용어보다는 이끼 moses 라는 용어가 나은 단어일 것이다. 여러분들의 청중이 일상적으로 사용하는 언어를 사용하는 것이 테마를 강화하기 위해 중요하다는 것을 기억하라.

표 7-1 | 강화가 가능한 테마의 초고

칼 린네(Carl Linnaeus)는 현대 독성학의 아버지다.

미국 남북전쟁은 당시의 모든 사람들에게 살아가기 매우 어려운 시기였다.

아부다비에서 아랍 유목민(Bedouin) 라이프스타일은 지난 30년간 급속하게 변화해 왔다.

캐나다 앨버타 주는 1,800종의 관속식물과 선태식물, 지의류 등을 가지고 있다.

마오리 족속의 상당수가 2차 대전에 참전했다.

치즈를 만드는 것은 어렵긴 하지만 해볼 가치가 있다.

갈라파고스 조류의 50%는 텃새이다.

사람들은 호주에 매우 오랜 기간 거주해 왔다.

언어를 단순화하는 것 이외에도 테마를 강화하는 다른 방법들도 있다. 비전문가인 청중들의 눈높이에 맞추기 위해서 여러분은 무엇을 할 수 있다고 생각하는가? 은유를 사용할 수 있는 가능성이 있다고 생각하는가? 예를 들어 앨버타를 아주 고심하여 만든 정원에 비유할 수도 있을까? 또는 앨버타의 식물이 숨기고 있는 비밀은 무엇일까?와 같은 보편적 개념을 포함시킬 수 있지 않을까? 앨버타의 식물들은 인간들이 아직 질문조차 할 수 없는 것들에 대한 답을 가지고 있는 것은 아닐까?

여러분이 이러한 방식으로 생각하는 것을 훈련할수록, 즉 테마를 처음 작성하고 난 후 그것을 강화하는 창의적인 방법을 찾으려고 노력하는 만큼, 테마를 작성하는 것은 쉬워질 것이다. 이전에 이야기했던 바와 같이 이번 장에서 논의된 일곱 가지 방법이 테마를 강화하는 유일한 방법들은 아니다. 하지만 이 일곱 가지 모두는 처음 작성한 테마를 평가하는 데 있어 서로 다른 종류의 안목을 제공해 줄 것이며, 궁극적으로는 청중들의 생각을 불러일으킬 가능성을 높여줄 것이다.

5-2. 테마에 사용하는 동사에 관심을 가지면서
퇴고를 하라

테마의 초고를 강화시킬 수 있는 또 다른 방법은 퇴고를 하는 것이다. 대부분의 재능적인 작가들은 여러분에게 잘 쓰인 글에 있어 핵심적인 요인이 동사의 사용이라고 이야기할 것이다. 모든 테마는 동사를 포함하고 있기 때문에 여러분은 테마에 사용된 동사에 특별한 관심을 기울이면서 퇴고를 해야 할 것이다.

동사는 무엇인가를 하는 것에 대한 말이다. 좋은 작가들은 매력적인 동사란 행동의 질을 돋보이게 하는 것들이라는 것을 안다. 가장 흥미로운 동사는 대개 사람들이 마음의 눈으로도 쉽게 볼 수 있는 행동을 기술하는 것들이다. 말하자면 심상을 창출하는 동사들이 사용하기에 좋은 동사들이라는 것이다. 이러한 점들에 기반하여 여러분들이 테마에서 동사를 제대로 사용할 수 있는 세 가지 팁을 제시하고자 한다.

5-3. 수동태를 사용하는 것을
피하도록 하라

제2장에서 살펴본 바와 같이 능동태로 사용된 동사는 수동태로 사용된 동사보다 더 흥미롭다[23]. 능동태에서 문장

의 주어는 동사의 행동을 실행한다. 말하자면 어떤 사람이나 사물이 무엇인가를 한다는 것이다. 다음은 능동태와 수동태의 예이다.

> 능동태: 그 소년은 볼을 던진다.
> 수동태: 그 볼은 그 소년에 의해 던져졌다.

능동태를 사용하는 것이 어떻게 테마에 도움이 된다는 것을 보기 위해 앞에서 살펴본 철기시대의 예를 살펴보자.

> 철기시대 사람들은 연장과 무기를 만들기 위해 훨씬 나은 물질을 발견하였을 뿐만 아니라 농사를 짓고 예배를 드리고, 예술 작품 속에 자신을 표현하는 새로운 방법들도 발견하였다.

만일 우리가 위의 테마를 수동태로 바꾼다면 위의 테마는 다음과 같이 될 것이다.

> 철기시대 사람들에 의해 연장과 무기를 만드는 훨씬 더 나은 물질이 발견되었을 뿐만 아니라 농사를 짓고 예배를 드리고 예술 속에서 자신을 표현하는 새로운 방법들도 발견되었다.

여러분의 눈과 귀와 여러분이 가지고 있는 상식은 위 두 테마 문장 중에 첫 번째 것이 두 번째 것보다 더 매력적이라는 것을 직감할 것이다. 그 이유는 능동태로 된 첫 번째 테마는 발견하고 찾아내는 행동을 강조하는 반면 수동태로 된 두 번째 테마는 행위 감각을 오히려 둔하게 만들어 버리기 때문이다. 뿐만 아니라 사람들은 대개 수동태로 표현된 것보다 능동태로 표현된 행동을 상상하기가 쉽다. 가령 여러분은 능동태에서 무엇인가를 발견하고 찾는다는 심상을 만들어 낼 수 있다. 하지만 수동태라면 여러분의 마음이 발견되어지고 찾아진 것에 대한 구체적인 심상을 구성하는 것이 쉽겠는가? 이러한 점은 우리를 동사의 사용과 관련된 두 번째 팁으로 안내한다.

5-4. 눈을 감고도 쉽게 시각화되는 동사를 사용하라

사람들이 쉽게 시각화할 수 있는 구체적인 행동을 묘사하는 동사를 중심으로 테마를 만들라는 것이다. 어떤 동사가 시각화를 한다는 것을 이해하려면 여러분은 능동태에서 그 동사를 사용하는 동안 눈을 감고 그것이 실제로 발생하는 것을 쉽게 볼 수 있는지 스스로 판단하여 보라. 아래의 동사들은 서로 다른 두 부류의 동사 군인데 이 두 목록의 동사 중 어느 쪽이 더 마음으로 눈으로 쉽게 볼 수 있는 동사들인가?

A	B
이해했다(understood)	끄덕였다(nodded)
갑자기 움직였다(moved suddenly)	갑자기 기울어졌다(lurched)
조용히 사라졌다(left secretly)	미끄러지듯이 갔다(slithered out)
화를 내며 사려졌다(left angrily)	밖으로 뛰쳐나갔다(stormed out)
울었다(cried)	울부짖었다(wailed)
크게 이야기했다(said loudly)	비명을 질렀다(screamed)
사인을 했다(signed)	잉크로 썼다(inked)
빠르게 삼켰다(swallowed quickly)	꿀꺽 삼켰다(gulped)
달렸다(ran)	전속력으로 달렸다(sprinted)
풀어주었다(release)	줄을 풀어주었다(unleashed)

여러분은 아마도 B열에 있는 동사들이 같은 A열에 있는 동사들에 비해 시각적이라는 것을 알아챘을 것이다. 만일 여러분이 눈을 감고 A열의 동사와 B열의 동사를 각각 이야기해 보면 B열에 있는 동사들이 A열에 있는 동사들보다 더 구체적인 행동의 심상이 떠오르게 한다는 데 동의할 것이다. 테마별로 다를 수는 있지만 여러분의 테마에서 A열의 동사대신 같은 줄에 있는 B열의 동사를 사용한다면 결과적으로 여러분의 테마는 더 강해질 것이다.

가능하다면 '-이다'와 같은 형식동사를 사용하는 것을 피하라. '-이다'라는 동사는 어떤 언어에서나 다양한 용도로 널리 사용되고 있긴 하지만 흥미를 불러일으키는 동사는 아니다[24]. 많은 다른 동사들과 달리 '-이다'는 어떤 행동이나 운동을 기술하지 않는다. 그것은 어떠한 조건이나 상태를 기술할 뿐이다. 이러한 이유 때문에 여러분은 테마를 퇴고할 때 '-이다'와 같은 형식동사 대신에 보다 시각적인 동사를 사용하는 것이 좋다. 대부분의 경우 이는 아주 작은 수정으로도 가능하다.

> **가장 흥미로운 동사는 마음의 눈으로 쉽게 볼 수 있는 행동을 묘사하는 동사들이다.**

예를 들어 '이 성은 500년 되었다.'라는 대신에 '이 성은 500년의 역사에 대해 말해주고 있다.'라고 이야기할 수 있을 것이다. 이 경우 여러분은 '-이다'라는 형식동사 대신에 보다 능동적인 '말한다'는 동사를 사용했고 성을 이야기하는 주체로 만든 것이다표 2-8의 의인화를 참고하라.

6   테마가 아닌 것들

종종 해설사들은 테마와 테마의 기능을 수행하지 못하는 테마처럼 보이는 것들을 혼동한다. 이렇게 테마처럼 보이는 것들 중에는 제목이나 슬로건, 명령문 그리고 질문 등이 있다.

자주 나오는 질문 1: 제목 title이 테마인가?
답: 대부분 아니다.

여러분 모두가 아는 것처럼 테마는 완전한 문장이다. 따라서 어떤 제목이 완전한 문장으로 표현되지 않는다면 그것은 테마가 될 수 없다. 많은 또는 거의 모든 제목들은 완전한 문장이 아니다. 가령 「서부개척사 How The West Was Won?」와 같은 영화의 제목은 완전한 문장이 아니고 그러니만큼 테마가 아닌 것이다. 이 영화의 제목은 영화가 무엇에 관한 것인지에 대해 이야기해 주고 있고 만일 우리가 시간을 들여서 그 영화를 볼 경우 무엇에 대해 알게 될지를 약속해 주고 있다. 다시 말해 영화의 제목은 그 영화의 이야깃거리를 기술하고 있다. 하지만 그것은 그 영화의 테마를 표현하고 있지는 않다는 것이다.

　그러나 테마는 그 이야깃거리만 아니라 청중들이 실제로 해설을 들을 경우에 생각하게 될 전반적인 결론에 대한 것을 표현한다. 만일 어떤 제목이 완전한 문장으로 전체 테마를 진술한다면 제목과 테마가 똑같은 것을 볼 수 있는 상황일 수 있다. 하지만 많은 경우 제목은 테마의 핵심적인 부분테마 중심 제목이나 이야깃거리이야깃거리 중심 제목만을 전달한다[25]. 이 두 경우 모두 테마와 제목을 서로 다른 것으로 간주해야 하는데 그 이유는 이 둘 중 어떠한 것도 실제로 테마를 진술하고 있지는 않기 때문이다. '바다의 강력함은 그것의 연약함을 감추고 있다.'는 테마에 대한 전시 작품과 관련된 아래 세 가지 제목을 비교해 보라.

> 제목 1제목=테마 : 바다의 강력함은 그것의 연약함을 감추고 있다
> 제목 2테마 중심 제목 : 바다–강력하지만 연약한
> 제목 3이야깃거리 중심 제목 : 바다의 강력함

　여러분은 위 세 가지 제목들 중 제목 1만이 테마와 제목이 실제로 일치한다는 것을 알 수 있을 것이다. 제목 2의 경우 해당 전시의 핵심을 청중들에게 효과적으로 전달할 수는 있지만, 그것은 불완전한 2개의 문장으로 되어 있고 감추고 있다는 핵심적인 부분을 놓치고 있다. 따라서 제목 2는 테마가 아닌 것이다. 제목 3은 잠재적 관객들에게 해당 전시가 무엇에 관한 것인지에 대한 것만 단순히 이야기하고 있다.

　종종 테마 중심 제목은 테마의 핵심을 전달하는 그래픽이나 삽화 바로 옆에 한 단어로 사용되는 경우도 있다. 예를 들어 큰 회색 늑대 삽화 오른쪽에 멸종위기라는 단어가 쓰여 있는 전시는 1~2초 사이에 회색 늑대가

멸종위기에 처해 있다는 테마를 전달할 수 있다. 하지만 설령 이 제목이 해당 전시의 테마에 관한 핵심을 효과적으로 전달한다손 치더라도 그것은 테마 자체를 전달하는 것은 아닌 것이다. 이 테마의 핵심은 다음과 같다.

늑대들에 대한 인간의 학대는 늑대를 멸종시키고 있다.

자주 나오는 질문 2: 슬로건은 테마인가?
답: 대부분 아니다.

처음 테마를 써보는 초보 해설사들은 슬로건과 테마의 차이가 무엇인지에 대해 씨름하곤 한다. 이들이 겪는 혼란은 이해가 되는데, 그도 그럴 것이 몇몇 슬로건은 테마인 경우도 있기 때문이다. 잘 알려진 예인 드 비어스De Beers 보석상의 '다이아몬드는 영원하다.'는 슬로건은 테마인 것이다. 이 슬로건은 완전한 문장이고 다이아몬드가 무엇인가에 대해 잘 표현해 주고 있다. 마찬가지로 미국의 흑인 대학 기금United Negro College Fund의 슬로건 즉 '마음을 낭비한다는 것은 끔찍한 일이다A mind is a terrible thing to waste.'도 하나의 테마이고 완전한 문장이다.

하지만 '찐이야The real thing.'와 같은 슬로건은 추가적인 단어가령 '코카콜라는 찐이야.'와 같이가 없이는 테마가 될 수 없으며 '찐이야!'라는 슬로건은 단지 테마의 일부 내용만을 전달한다. '사람들을 연결시키기connecting people'와 같은 노키아Nokia의 슬로건 역시 같은 이유로 테마가 아니다.

> **어떤 슬로건은 테마이기도 하지만 대부분의 슬로건은 테마가 아니다.**

자주 나오는 질문 3: 테마는 명령형으로 표현될 수 있는가?
답: 아니다.

명령문이란 청중들에게 무엇인가를 하라고 이야기하는 특별한 유형의 문장이다. 하지만 테마는 평서문이다. 시나리오 작가인 로버트 매키Robert McKee는[26] 테마를 지배적인 사상이라고 불렀고, 극작가인 라요스 에그리 Lajos Egri 는[27] 테마를 전제premise라고 불렀으며 유명한 우화 작가인 이솝 Aesope은 테마를 이야기가 주는 교훈[28]이라고 불렀다. 시나 산문에서는 매키나 에그리, 이솝이 언급했던 것들이 테마라고 불려왔다. 이것이 아마도 루이스Lewis가 1980년도에 테마라는 용어를 해설 분야에 적용하게 된 배경인 것 같다. 이 모든 경우에서 테마지배적인 사상, 전제, 교훈는 평서문으로 표현되지, 결코 명령문으로 표현되지는 않는다.

이 장에서 줄곧 살펴본 바대로 테마의 가장 중요한 특성은 그것이 무엇인가를 진술하고 있다는 점이다. 다시 말해 테마란 무엇인가에 대한 신념이나 태도를 표현한다는 것이다. 테마는 요구를 하는 것이 아니고 생각을 하게 하는 것이다. 테마란 해설을 통해 청중들이 생각을 해보고 얻게 되기를 바라는 것에 대한 전반적인 결론을 분명하게 해준다. 하지만 명령문은 추론을 하거나 결론을 내리게 하지 않고 사람들에게 무엇을 하라고 한다.

예를 들어, '우리 모두 북극곰의 미래를 위해 싸우자.'는 청중들에게 동기를 부여하는 도발적인 진술이다. 하지만 이것은 테마가 아니고 일종의 명령문인 것이다. 이 문장은 청중들을 동기화시키는데, 그 이유는 그것이 많은 명령문이 그런 것처럼 개인적인 언급모든 명령문의 주어는 여러분, 우리 등과 같은 단어들이다이기 때문이고 싸움이나 생존과 같은 보편적 개념에 둘러싸여 있기 때문이다.

그렇다. 능수능란한 해설사들은 청중들을 동기화하기 위하여 청중들에게 위와 같은 명령을 할 수 있다. 하지만 그렇게 하는 것이 테마를 전개하는 기법은 아닌 것이며 테마 자체도 아닌 것이다. 위 문장과 관련된 실제적인 테마는 아마도 다음과 같이 표현될 것이다. "우리 모두는 북극곰

의 미래를 위해 싸움에 동참할 필요가 있다." 또는 "만일 우리가 함께 싸
운다면 북극곰이 멸종되지 않게 할 수 있다." 그리고 이 테마와 관련된
생각을 청중들에게 불러일으키기 위한 노력의 일환으로, 해설사는 우리
모두 북극곰의 미래를 위해 함께 싸우자는 명령을 내리는 결정을 할 수
도 있는 것이다.

명령문이 테마가 아니라는 것을 알 수 있는 또
하나의 방법은 테마를 작성하는 데 있어 우리에
게 익숙한 '문장 완성하기'를 사용하는 것이다.

나는 나의 청중들이 ＿＿＿＿＿＿＿＿＿＿ [29]을
깨닫게 생각하게, 이해하게, 받아들이게, 알게 하는 것이 매
우 중요하다고 생각한다.

명령문을
사용하는 것이
좋은 커뮤니케이션
기법이긴 하나
명령문은 테마를
표현하지는 않는다.

여러분은 이 문장에 "우리 모두는 북극곰의 미래를 위한 싸움에 동참할
필요가 있다."를 채워 넣을 수 있고, 그것은 그럴듯하게 들린다. 다시 말해,

'나는 나의 청중들이 *"우리 모두가 북극곰의 미래를 위한 싸움에 동참할 필*
*요가 있다."*는 것을 깨닫게 생각하게, 이해하게, 받아들이게, 알게 하는 것이 매우 중
요하다고 생각한다.'라고 할 수 있다는 것이다.

하지만 만일 이 문장을 완성하기 위해 "우리 모두 북극곰의 미래를 위
해 함께 싸우자."를 집어넣는다면 결과는 완전히 다르게 된다.

나는 나의 청중들이 "우리 모두 북극곰의 미래를 위해 함께 싸우자"는
것을 깨닫게 생각하게, 이해하게, 받아들이게, 알게 하는 것이 중요하다고 생각한다.

두 번째 문장의 완성하기는 잘 되지 않는데, 그 이유는 여러분이 완성한 부분이 평서문이 아닌 명령문이기 때문이다. 나아가 설령 그 명령문을 이야기하는 것이 테마를 전개하는 데 사용하는 중요한 기교일지는 모르지만, 그 명령문 자체가 테마는 아닌 것이다.

자주 나오는 질문 4: 테마는 질문의 형태를 띨 수 있는가?
답: 아니다.

문장에는 세 가지 유형, 즉 평서문, 명령문, 의문문이 있다. 우리가 반복적으로 살펴본 바와 같이 테마는 평서문의 형태를 띤다[30].

여러분들은 테마를 정교하게 만드는 것과 실제로 테마를 전개하면서 청중에게 표현하는 것에는 차이가 있다는 것을 분명히 알아야 한다. 명령문의 예에서처럼 좋은 질문을 하는 것은 테마를 전개하고 표현하는 가치 있는 방법일 수 있다. 하지만 테마에 대한 질문을 하는 것과 같은 테마를 전개하는 기법은 별개의 것이다.

만일 여러분이 테마와 테마를 전개하는 기법질문 등이 혼동된다면, 왜 그런 일이 일어났는지 스스로에게 물어보는 것이 도움이 될 수 있다. 여러분이 전달하고 싶은 전반적인 요점에 대해 질문을 한다면 청중들은 여러분이 전하고자 하는 요점과 관련된 생각을 하게 될 것이다. 그리고 만일 그 요점을 완전한 문장으로 스스로에게 말한다면 바로 그 요점이 여러분의 테마인 것이다.

북극곰의 사례에서, 만일 여러분이 여러분의 청중에게 "여러분은 북극곰을 위해 싸울 가치가 있다고 생각하십니까?"라고 질문을 할 계획을 가지고 있다면 그 이유는 여러분이 청중들로부터 "네. 이 놀라운 창조물은 분명 싸울 가치가 있습니다." 또는 "물론 싸울 만한 가치가 있습니다.", "만일 북극곰이 멸종된다면 매우 슬플 것 같아요."라는 대답을 얻어낼 수 있기 때문일 것이다.

이러한 종류의 반응에 대한 여러분의 기대는 여러분의 마음속에 있는 테마, 즉 여러분이 그 질문을 하게끔 한 전반적인 아이디어에서부터 나왔을 것이고, 그것은 아마도 다음과 같은 것일 수도 있다.

> 우리 모두는 북극곰을 멸종에서 구하기 위해 함께 싸울 필요가 있을 것이다. 이러한 싸움은 분명 가치가 있는 것이다.

유능한 해설사들은 직관적으로 질문을 하곤 하는데 그 이유는 이들은 경험을 통해 청중들이 생각을 하게끔 질문을 하는 것은 테마를 전개하는 효과적인 방법임을 알고 있기 때문이다. 하지만 창의적으로 테마를 기획하는 과정에서 테마를 정교하게 하고 스스로에게 테마를 표현해 보는 것과 청중들에게 그 테마를 어떻게 제시할지는 다른 문제임을 염두에 두기 바란다. 이 두 가지는 진정 서로 다른 일이며, 첫 번째 것을 마쳐놓아야 두 번째 것이 가능하게 된다. 초안을 만든 후 여러 차례 퇴고를 거쳐 여러분의 해설 원고나 머릿속에 넣어놓은 그 평서문즉 테마는은 해설의 순간에 청중들에게 생각을 불러일으킬 수 있을 것이라는 바람에서 질문의 형태로 표현될 수도 있는 것이다.

여러분은 생각을 불러일으키는 질문을 통해 그의 학생들을 가르침으로써 유명해진 그리스의 철학자 소크라테스를 기억할 것이다. 오늘날 우리는 그의 교수법을 문답법 The Socratic Method 이라고 한다. 소크라테스는 자신의 학생들에게 질문을 함으로써 학생들이 생각을 하게 하고, 그 결과 어떤 결론에 이르게 하기를 원했다[31]. 유능한 해설사들도 종종 질문을 하는데, 그 이유는 유능한 해설사들은 좋은 질문을 하는 것이 청중을 생각하게 한다는 것을 알고 있기 때문이며, 청중을 생각하게 하는 것이야말로 해설을 하는 목적 자체인 것이다. 명령문의 경우에서 본 바와 같이 여러분은 이제 질문을 하는 것이 중요하고 해설사가 테마를 개발하고 시연하는 과정에서 사용할 수 있는 유용한 기법이긴 하지만 그것이 테마 자체는 아니라는 것을 알 수 있을 것이다.

테마와 질문의 차이를 확실히 알 수 있는 방법 중의 하나는 위에서 사용한 문장 완성하기를 활용해 보는 것이다. 만일 여러분이 질문의 형태로 문장을 완성하려고 한다면 문법적으로 말이 되지 않는 것을 발견하게 될 것이다.

공들여서 만든 테마는 질문에 대한 답을 한다는 점을 상기해 보자. 그 질문은 바로 '그래서 뭐 어떻다는 것이냐?'라는 것이며, 여러분은 또 다른 질문 없이는 어떤 질문에 대해서도 답을 제대로 할 수 없다. 제6장 '테마의 양면성과 청중의 수용'에서 우리는 어떤 해설사가 명령문의 사용이나 좋은 질문을 하는 등의 기법을 사용하면서 테마를 잘 전개해 나간다면 청중들이 그 테마와 관련된 이런저런 생각을 하게 할 가능성이 매우 높다는 것을 살펴본 바 있다[32]. 이것이 바로 성공적인 테마 중심 해설의 전제이자 약속인데, 우리는 제8장에서 이에 대해 좀 더 자세히 살펴볼 것이다.

7 요약 및
다음 장 미리보기

　　이 책 전체에서 나는 해설의 궁극적인 목표는 청중들이 생각
하게 하는 것이고 해설에 대한 자신들의 결론과 교훈을 이끌어 내는 것_해
_{설로부터 자신 스스로의 테마를 추출해 내는 것}이라는 점을 강조했다. 제5장에서 우리
는 테마를 중심으로 한 해설이 짜임새가 있고, 청중의 눈높이에 맞고, 재
미있게 진행된다면 청중들을 생각하게 할 가능성이 높아진다는 것을 알
수 있었다. 이 장에서 나는 이해하기 쉽고 청중들의 눈높이에 맞는 해설
은 그렇지 않은 해설보다 청중들에게 생각을 하게끔 할 가능성이 높아진
다는 것을 살펴보았다. 요컨대 강력한 테마란 생각을 하게끔 하는 테마라
고 할 수 있다.

　우리는 제6장에서 청중들은 하나의 테마를 여러 개의 서로 다른 테마
로 수용할 수 있다는 점을 다룬 바 있다〈표 6-2〉[33]. 해설이 청중을 생각
하게 한 만큼 개인들이 수용한 테마의 수는 더 많아질 것이다. 강력한 테
마로 시작한 해설사는 약한 테마로 시작한 해설사들에 비해 해설을 통해

청중이 생각하게 하는 역할을 더 잘하게 될 것이다.

그렇다면 어떤 생각이라도 하게만 하면 되는 것인가 아니면 특정한 종류의 생각들이 더 중요할 수 있는 것인가? 바로 이 질문이 우리가 제8장에서 살펴보고자 하는 것이다. 해설사로서 우리는 우리가 전달하고자 했던 테마에 대해 청중들이 개인적으로 서로 다르게 수용하게 하는 범위를 어디까지 허용해야 하는가와 관련하여 딜레마에 빠질 수 있다는 것에 대해 다루어 볼 것이다. 말하자면 여러분이 해설을 기획할 때 염두에 두었던 테마와 청중들이 그 해설로부터 유추한 테마가 어느 정도까지 유사해야 하냐는 것이다. 이러한 딜레마는 우리로 하여금 해설의 철학과 해설을 하는 목적에 대해 검토하게 한다.

• **주요용어**

나컨 이론Knockan Theory, 한 문장 규칙one-sentence rule, 생각을 하게 할 가능성provocation likelihood, 강력한 테마strong theme

제8장

테마에 대한
청중의 수용

INTERPRETATION:
MAKING A DIFFERENCE
ON PURPOSE

여러분과 여러분의 친구 세 명이 윌리엄 셰익스피어의 『로미오와 줄리엣Romeo and Juliet』의 테마가 무엇인지에 대하여 토론을 하고 있다고 가정해 보자. 한 발짝 더 나아가, 만일 셰익스피어가 타임머신을 타고 와서 여러분들의 토론을 엿듣고 있다고 상상해 보자. 셰익스피어는 그의 작품이 쓰인 지 400년이 지난 시점에서 자신의 작품에 대해 여러분과 여러분의 친구들이 하는 이야기를 듣는 것에 매우 흥미가 있을 것이고, 다음과 같은 질문을 할 수도 있을 것이다. 이 사람들이 도대체 내 희곡으로부터 무슨 의미를 유추해 낼까? 로미오와 줄리엣에 관한 이야기를 통해 내가 이야기하고자 했던 것을 이들이 어떻게 해석할까?

> 청중들로 하여금 테마와 관련된 생각을 해보게끔 하는 게 해설사의 임무이다. 그렇다면 여러분이 이 임무를 잘 수행했는지 어떻게 알 수 있을까?

우리는 종종 청중들이 우리의 해설에 대해 어떻게 이야기하는지를 경청해야 한다. 물론 청중들이 우리 해설을 좋아했는지에 대해서도 알아야 하고, 이해하기 쉬웠는지, 재미있었는지도 알아야 한다. 하지만 이러한 기본적인 반응들 외에 청중들이 해설을 들으면서 자기 자신과 어떠한 내적인 대화를 했는지[1], 어떠한 메시지를 수용했는지, 어떠한 결론을 내리게 되었고, 어떠한 교훈을 얻었는지, 해설되어지는 사물이나 장소 등에 어떠한 의미를 부여했는지, 즉 해설로부터 청중 한 사람 한 사람이 주관적으로 취한 개인적인 테마들이 무엇인지에 대해서도 알아야 한다[2].

그림 8-1 | 사람들의 이야기를 엿듣고 있는 셰익스피어가 그의 수용범위를 적용해 보고 있다.

모든 청중들이 해설로부터 같은 개별적 테마를 추출했다거나 해설사의 테마를 청중들이 그대로 옮길 수 있는 비율을 가지고 해설의 성공 여부를 평가한다는 것은 비현실적인 일일 것이다. 우리가 이미 살펴본 바와 같이 모든 인간은 정보의 집합에 직면하면 그게 어떤 의미인지에 대한 나름의 결론을 내리는데, 이때 결론들은 서로 다를 수 있다. 심지어 과학자들마저 같은 실험 자료를 분석하였을 때 그것이 의미하는 바가 무엇인지에 대해 다른 결론을 내릴 수도 있는 것이다. 세계 각국의 지도자들은 똑같은 상황을 직시하고 있지만, 현 상태의 개선 방향에 대해 완전히 다른 의견을 가지고 있다. 설령 여러분들이 해설 프로그램을 전개해 가는 과정에서 테마 중심 해설 접근 방식을 충실히 따른다손 치더라도 청중들이 여러분들이 의도했던 테마를 그대로 받아들일지는 다른 문제일 수 있는 것이다.

청중들이 해설로부터 취한 개별적인 테마들은 해설에 대해 각자가 부여한 주관적인 의미라고 할 수 있다. 일부 청중들은 해설사가 의도한 대로 메시지를 완전히 수용하겠지만, 또 다른 청중들은 해설의 요점만 취할 것이고, 어떤 청중들은 해설사가 생각해 보지는 않았지만 충분히 받아들여질 만한 의미를 추출해 낼 수도 있는 것이다. 최악의 경우, 어떤 청중들은 잘못된 생각을 하거나 해설사가 의도했던 교훈과 갈등을 일으킬 만한 생각을 하게 될 수도 있다. 이것이 인간의 의사소통의 특성인 것이다.

극작가인 라호스 에그리 Lajos Egri, 1946는 셰익스피어의 『로미오와 줄리엣』의 테마는 "위대한 사랑은 죽음도 불사한다."라고 이야기한 바 있다. 하지만 『로미오와 줄리엣』이라는 작품을 읽은 남성 토론자 중의 한 명이 "남자는 여자로부터 거리를 두어야 한다. 여자는 남자를 죽일 것이다."라는 교훈을 얻게 되었다고 주장하는 것을 윌리엄 셰익스피어가 엿듣게 될 수 있다는

> 어떤 사람이든 정보의 집합에 직면하면 그것이 의미하는 바가 무엇인지에 대한 결론을 내릴 것이다.

것에 대해 놀라서는 안 된다. 그리고 어떤 여성 토론자가 『로미오와 줄리엣』의 테마를 "사랑을 지키기 위해서 모든 어려움을 감수해야 하는 것은 아니다."라고 이야기를 했다면 셰익스피어는 아마 눈살을 찌푸릴 것이다.

왜 그는 눈살을 찌푸릴까? 토론 참가자 중 그 누구도 자신이 의도했던 정답즉 위대한 사랑은 죽음도 불사한다을 맞히지 못했기 때문일까? 아니면 제안된 2개의 테마가 그저 별로 신통치 않아서였을까? 이보다는 셰익스피어가 보기에 이 두 명이 말한 테마는 자신의 수용범위 안에 근접조차 하지 못했기 때문이었을 것이다.

　만일 『로미오와 줄리엣』 작품에 대한 토론자 중 다른 한 사람이 "인간 사회에서 진정한 사랑은 중요한 것이다."라는 테마를 제안했다면 어땠을까? 비록 그가 의도했던 것과 일치하지는 않더라도 셰익스피어가 이 테마를 이전의 두 테마보다 더 받아들일 여지가 있지 않았을까? 아마도 그럴 것 같다. 적어도 이 세 번째 사람은 셰익스피어가 사랑에 대해 긍정적으로 이야기하려 했다고 결론지었기 때문에 올바른 방향에 있는 것이다. 만일 여러분 스스로가 『로미오와 줄리엣』의 테마를 "사랑에 빠진 사람들은 그것을 지키기 위해서 어떤 것이라도 할 것이다."라고 제안한다면 셰익스피어 반응은 어떨까? 아마도 여러분의 제안은 셰익스피어를 웃게 할 것이다. 왜 그럴까? 여러분 자신을 포함한 위 네 명의 테마는 셰익스피어가 세계 최고의 명작을 저술할 당시에 염두에 두었던 테마를 정확하게 표현하고 있지는 못하지만, 뒤의 2개의 테마는 그가 충분히 받아들일 만한 것이기 때문이다. 윌리엄 셰익스피어가 마지막 2개의 테마에 웃을 수 있는 이유는 이것들이 그의 수용범위 안에 있기 때문이다. 이에 비해 앞의 두 개의 테마는 그의 수용범위 밖에 있었던 것이다.

　물론 우리는 셰익스피어가 위의 토론에 대해 실제로 어떠한 반응을 보일지는 알 수 없다. 하지만 적어도 그는 독자들의 반응이 앞의 두 테마보다는 더 낫기를 바랐을 것 같다. 다행히도 넓은 의미에서 『로미오와 줄리엣』의 테마는 세월이 지나도 널리 받아들여지고 있다. 그의 사후 열여섯 세대에 걸쳐 독자들과 연극 관람객들은 사랑의 능력에 관한 그의 메시지를 받아들여 왔고, 셰익스피어는 자신의 등을 스스로 토닥거릴 수 있었을 것이다. 만일 그렇지 않았다면 셰익스피어는 독자들이 자신의 작품으로 취한 개별적 테마가 그의 수용범위 안에 있을 비율을 높이기 위해 계속해서 그의 작품을 수정하는 작업을 하려 했을 수도 있다. 그리고 이러한 목표를 달성하기 위해서 그는 두 가지를 고려해 볼 수 있을 것이다. 그중 하나는 사랑의 힘을 느끼게 해줄 수 있게 하려는 자신의 노력

> 해설사가 특정한 테마를 전개해 나가는 것과 청중들이 그 테마를 어떻게 수용하는지는 완전히 다른 이슈이다.

에도 불구하고 독자들이 자신들이 유추할 수 있는 결론만을 유추하기 때문에 그는 어쩔 수 없이 그의 수용범위를 조금 넓힐 수밖에 없을 것이다. 또 다른 가능성은 그가 이야기를 전개하는 데 있어 뭔가 잘못이 있었을 수 있고 이 경우 그는 작품을 수정·보완해서 보다 많은 독자들이 그가 전하고자 하는 핵심 메시지를 알게 되게 할 것이다. 청중의 수용범위의 폭에 대해 이야기하면서 살펴보겠지만, 해설사가 자신의 테마에 대한 청중의 개별적인 수용을 어느 정도까지 인정해 줄 수 있는가의 문제는 실제적인 문제이기도 하지만 철학적인 이슈이기도 하다.

여러분 중에는 같은 해설을 들은 사람들이 각기 다른 개인적 테마를 유추해 낸다는 사실을 어떻게 설명할 수 있을지에 대해 의아해하는 분이 있을 수도 있다. 하지만 청중 한 명 한 명은 해설이 진행되는 장소에 자신만의 독특한 지식과 반응체계를 가지고 들어온다. 각 개인들의 지식과 반응체계는 대개 과거 유사한 상황에서 각자가 경험했던 것이나 해설의 소재나 장소에 대한 각자의 배경지식, 해설 상황에서 각자에게 중요한 것, 해설 상황에서 각자가 생각하고 있는 것 등에 따라 달라진다. 많은 연구의 결과는 청중들이 가지고 있는 지식과 반응체계는 해설에서 청중들이 집중해야 할 것과 무시할 것이 무엇이고, 자신들과 관련이 있고 관

심을 가질 만한 것이 무엇이며, 흥미 있는 것과 지루한 것, 유용하거나 유용하지 않은 것 등을 결정하게 해준다[3]. 청중 한 사람 한 사람은 각기 다른 지식과 반응체계를 가지고 해설에 맞닥뜨리기 때문에 청중 한 사람 한 사람은 해설에서 자신들과 관련이 있거나 집중할 만한 것이 서로 다를 수 있다. 그 결과 청중 한 사람 한 사람은 특정한 사물에 대해 서로 다른 정도의 집중을 하게 되고, 이 사실 자체만으로도 청중들이 해설로부터 취하는 개인적 테마가 다르게 되도록 할 수 있는 것이다[4].

하지만 제6장 〈표 6-3〉의 부시 Bucy, 2005 의 연구에서 살펴본 바와 같이 만일 여러분이 청중들의 지식과 반응체계가 다를 것이라고 예상됨에도 불구하고 여러분의 테마를 탄탄하게 전개해 나간다면 청중들이 기울이는 관심의 정도는 다를지라도 이들의 결론은 여러분의 수용범위 안에 있게 될 것이다. 만일 해설사 여러분이 테마를 짜임새 있게 개발하는 데 실패한다면, 청중들이 여러분들의 해설로부터 추출해 내는 개인적 테마는 여러분이 생각하는 것보다 넓어질 수 있다. 하지만 만일 여러분의 테마가 해설의 내용과 해설의 각 부분에서 강조할 것을 이끌어 가게 한다면 청중들이 이끌어 내는 결론은 여러분이 의도했던 수용범위 내에 있게 될 것이다. 그리고 이러한 상황이 발생한다면, 해설사 여러분은 비록 청중들이 해설의 테마가 무엇인지를 정확하게 말할 수는 없더라도 여러분이 전개했던 테마와 어느 정도 일치하는 수준에서 청중들이 의미를 만들어 냈다는 것에 대해 확신할 수 있다.

1 청중의 수용범위를 얼마나 넓게 잡아야 하는가?

모든 복잡한 문제들에 대한 대답들과 마찬가지로 이 질문에 대한 답변 역시 '상황에 따라 다르다.'이다. 특히 그것은 여러분이 해설을 통해 성취하고자 하는 것이 무엇이냐에 달려 있다. 우리가 이미 살펴본 바와 같이 해설을 통해 무엇인가를 성취하고자 한다면, 적어도 해설이 청중을 생각하게 해야 한다. 우리가 해설을 통해 어떤 것을 성취할 수 있는가를 예측할 수 있으려면 우리는 무엇보다 먼저 청중을 생각하게 해야 한다. 뿐만 아니라 여러분의 수용 가능한 범위는 청중들이 여러분의 해설로부터 유추해 내는 개별적 테마의 유형 중 여러분이, 또는 여러분이 속한 기관이 받아들일 수 있는 것들이 어느 정도인지에 달려 있을 것이다. 여러분은 이러한 수용범위를 '안전한 테마의 범위', '적절한 테마의 범위'로 생각할 수 있을 것이다. 여러분이 해설을 통해 성취하고자 하는 것이 무엇인가에 따라 여러분의 수용범위는 아마도 〈그림 8-2〉의 세 가지 가능성 즉, 무한한 영역, 넓은 영역, 제한된 영역 중의 하나에 속하게 될 것이다.

그림 8-2 │ 세 가지 수용범위. 여러분은 여러분이 전개하려고 했던 테마와 청중들이 개인적으로 받아들인 테마 간의 간극을 어느 정도까지 수용할 수 있는가?

1-1. 무제한 수용범위

　　　　　　어떤 경우 여러분의 수용범위는 무제한으로 넓을 수 있다. 여러분은 청중들을 생각하게 하고, 청중들이 해설의 대상이 되는 사물이나 공간에 의미를 부여하게 해서 이와 관련된 어떠한 결론이나 결론과 연관된 시사점이라도 얻게 하는 것이 중요하다고 생각할 수도 있을 것이다. 자연과학적으로 아직 알려지지 않은 가능성에 대해 고찰해 보거나, 역사적 사실에 대해 개인적 의미를 부여하거나, 어려운 사회적 테마를 살펴보는 것이 해설의 목적일 경우 여러분의 수용범위는 제한을 두지 않는 것이 좋다. 이러한 목적을 달성하려 한다면 여러분은 여러분의 해설로부터 유추한 청중들의 개인적 테마가 여러분이 의도한 테마와 아무리 달라도 상관없을 것이다.

　무제한 구역에서 해설사의 테마는 청중들의 의견의 다양성을 인정해

줄 수 있다. 어떠한 이야깃거리에 대해 특정한 하나의 관점을 표현하는 대신 무제한 구역의 테마는 청중들 간의 의견이 얼마나 다른지 간에 청중 한 사람 한 사람이 자신만의 의견을 갖는 것이 중요하다고 본다[5]. 예를 들자면 많은 자연환경해설사나 문화관광해설사들이 하는 것처럼 특정한 사물에 대해 경의를 표하지 않고 그것이 설령 사회적으로 금기라고 하더라도 극단적으로 서로 다른 관점이나 감정을 장려할 수도 있다. 물론 이러한 결정은 전적으로 해설사의 목적에 달려 있다.

제3장에서 살펴본 바와 같이 해설의 가장 중요한 첫 번째 궁극적 목표는 해설사들이 해설을 하는 장소나 사물 개념에 대해 청중들이 생각을 하게 하고 개인적 의미를 발견하게 하는 것이다. 무제한 구역에서 청중들이 어떠한 결론이나 의미를 부여하든 해설사들에게는 별로 중요하지 않다. 우리는 단지 청중들이 충분히 개인적인 생각을 할 수 있도록 내버려 두기를 원할 뿐인 것이다. 무

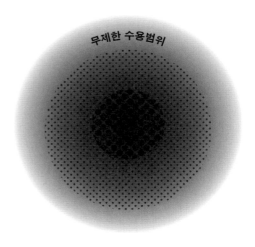

그림 8-3 | 무제한의 수용범위: 해설에 대해 청중들이 어떻게 개인적으로 수용하더라도 허용하는 경우

제한 구역의 경우 해설사의 일은 이야기의 소재topic를 감추는 것이 아니라 드러내는 것이다. 이러한 해설의 철학에서는 무제한의 수용범위가 당연하며 해설사는 테마에 대해 별로 생각하지 않아도 된다. 이 경우 단순히 해설에 대한 청중의 수용에 대해 어느 정도 범위까지 용인할 것인지를 계획하지 않는다는 것이 아니라 수용범위를 계획한다는 것 자체가 적절하지 않은 것이다.

예를 들어 『의미 있는 해설Meaningful Interpretation』에서 랄센Larsen은 청중

이 부여하는 의미를 넓히는 것을 해설의 목적으로 기술한 바 있다.

> 해설은 민주주의를 촉진하기도 한다. 해설은 다양한 의미와 관점을
> 유도하며 허용한다. 해설은 청중들이 해설 자원에 자신의 의미를 부
> 여하게 할 뿐만 아니라 다른 사람들의 관점도 이해하고 인정하게 해
> 준다2003: 73.

해설에 대한 청중의 수용범위를 무제한으로 할 것인지 아닌지는 전적
으로 해설사 자신의 해설 동기와 목적에 달려 있다. 스토리텔링이 이러
한 예 중의 하나이다. 어떤 경우 스토리텔러는 이야기를 통해 어떤 의미
를 전달하고 싶어 하기도 하지만 어떤 경우는 그냥 이야기를 즐기는 것
자체를 원하는 경우도 있다. 스토리텔러인 수잔 스트라우스Susan Strauss
는 모든 이야기가 어떤 메시지나 교훈을 주어야 한다는 생각을 거부하며
『열정적인 사실Passionate Fact』이라는 책에서 다음과 같이 언급한 바 있다.

> 많은 이야기, 특히 동화나 신화는 그것을 통해서 하나의 메시지를 전
> 달해야 한다고 생각하는 사람들에 의해 도살되어 버릴 수 있다. 동화
> 나 신화는 이미지나 결과와 같은 것들을 보여주긴 하지만 도를 가르
> 치지는 않는다1996: 48.

해설사들은 종종 청중들이 가능한 다양한 결론을 내릴 수 있도록 해설
을 설계하는 경우도 있다. 사람들이 자기 스스로의 의견을 가지도록 격려
하기를 원하는 경우나 아주 다양한 관점을 보여주고 싶은 경우가 그 예
이다. 이러한 종류의 테마는 기본적으로 다음과 같이 이야기한다.

> 이것은 우리 사회에서 매우 중요한 이슈이다. 우리 중 누가 이것을 중

요하지 않게 생각하겠는가? 중요한 것은 우리 모두가 그것에 대해 생각하고 있다는 것이다.

경우에 따라 여러분은 논쟁을 유발하기 위해 일부러 의견 불일치를 창출할 수도 있다. 논쟁적 이슈에 대한 해설 프로그램의 테마가 그러한 것들인데, 로이 발렌타인Roy Ballantyne과 데이비드 우젤David Uzzell은 이러한 종류의 해설을 논쟁적인 해설hot interpretation이라고 명명한 바 있다[6]. 팰론Fallon과 크리오큰Kriwoken은 이러한 종류의 감정이 담긴 해설은 탐방객 센터를 찾은 탐방객들로 하여금 질문을 하게 하거나 기존에 자신들이 알고 있는 것에 대해 의문을 제기하도록 한다고 언급한 바 있다.

탐방객들에게 그들이 이미 가지고 있는 것들과 양립할 수 없는 새로운 지식, 태도, 가치 또는 행동이 제시되면 인지적 갈등이 유발된다2003: 48.

그림 8-4 | 박물관 극장과 스토리텔링은 종종 무제한의 수용범위를 가지고 있다.
사진제공: 좌측은 호주 힐 박물관협회(Hill Museum Association), 우측은 미국의 스토리텔러 수잔 스트라우스(Susan Strauss).

스토리텔러들과 박물관 극장Museum Theater[7] 관련자들은 종종 과거와 현재의 난해한 사회적 도덕적 이슈들에 대해 청중들이 깊이 생각해 보게 하려고 이러한 형태의 특별한 기회를 널리 홍보한다[8]. 브라이들Tessa Bridal 은 『박물관 극장 탐구Exploring Museum Theater』에서 이에 대해 다음과 같이 언급한 바 있다.

> 박물관 극장은 갈등과 새로운 것을 캐보는 내용을 통해 성장하게 되며 관객들에게 새롭고 낯선 생각들과 조우하게 함으로써 관객을 일깨우는 데 기여한다. 박물관 극장에서 배우는 연극에서 우리가 가장 사랑하거나 무서워하는 것을 연기할 수 있고, 논란거리들은 위협적이지 않은 방식으로 검토될 수 있고, 관객들은 자신들과 타인들의 삶에 대해 울고 웃을 수 있는 것이다2004: 7.

해설에 대한 청중의 수용을 무제한으로 해놓는 경우 해설에서 청중이 이끌어 낼 수 있는 테마들의 범위는 멀리 어딘가에 있고, 만일 그 범위가 존재하더라도 우리는 그 경계를 알 수 없다.

해설에 대한 청중의 수용을 무제한으로 해놓는 경우 해설에서 청중이 이끌어 낼 수 있는 테마들의 범위는 저 멀리 어딘가에 있고, 만일 그 범위가 존재하더라도 우리는 그 경계를 알 수 없다. 무제한 구역에서는 종종 극단적인 감정이 흥미로운 산물이 되기도 하는데, 그 이유는 극단적인 감정들은 생각을 하게 하고 의미를 강화시키기 때문이다. 다른 유형의 해설들도 청중들에게 감정적 반응을 일으키기 위해 애쓰긴 하지만, 해설사들이 청중들에게 허락한 수용 가능한 의미의 범위에 제한이 없다는 것이야말로 무제한의 수용 구역을 넓은 수용 구역으로부터 구분 짓게 해주는 것이다.

1-2. 넓은 수용범위

하지만 대부분의 경우 해설에 대한 청중의 주관적인 해석을 인정해 주는 데는 일정한 제한이 있다. 많은 해설의 중요한 목적은 청중들을 특정한 장소에 결속시키거나, 특정한 개념이나 아이콘과 같은 것과 깊이 연결시켜 주는 것이다[9]. 이러한 상황에서 청중들로부터 기대되는 반응은 말 그대로 긍정적인 것이다. 비록 해설사들은 해설을 통해 청중들이 자신 스스로의 의미를 만들어 내도 충분히 만족스럽지만 만일 청중들이 만들어 낸 의미들이 우리가 의도했던 관점 근처에 있다면 더 행복할 것이다. 제4장과 제5장에서 살펴본 바와 같이 해설을 통해 청중을 변화시킬 수 있는 정도는 청중들이 우리가 해설하는 것들에 대해 감상하고, 가치를 부여하고, 관심을 기울이는 정도에 의해 결정된다. 따라서 대부분의 문화유산해설은 아마도 넓은 수용 구역을 적용한다고 하겠다.

생각을 불러일으키는 것을 최종적인 목표로 할 경우, 해설의 주된 목적은 청중들이 특별한 것의 현존에 대해 경외감을 가지게 하고 그 속에서 개인적 의미나 진실을 발견하게 하는 것이다. 많은 측면에서 이것이야말로 프리먼 틸든Freeman Tilden, 1957이 『우리 유산의 해설 Interpreting Our Heritage』을 쓸 때 의도했던 바이기도 한 것이다. 틸든은 해설의 가장 중요한 성과는 누군가에게 무엇인가를 가르치는 것이 아

그림 8-5 | 넓은 수용범위: 청중들이 여러분들의 해설로부터 취한 개인적인 테마와 여러분이 의도했던 테마가 철학적 사실적 측면에서 일관되는 한 수용할 수 있다.

니라, 청중들이 자신들이 방문한 특별한 장소에 대해 경이로움을 느낄 수 있도록 하는 것이라는 점을 우리가 이해하기를 원했다. 나는 여행자나 관광객이 주요 청중인 경우 해당 장소에 대해 경이로움을 느낄 수 있도록 하는 것이 해설의 가장 중요한 목적이라고 생각하며, 실제로 탐방객이 경험의 핵심으로서 특정 장소에 대해 의미를 부여하는 것으로써 해설을 바라보는 관점은 오늘날 널리 받아들여지고 있기도 하다[10].

제4장과 제6장 제7장에서 우리는 이 과정에서 강력한 테마의 역할에 대해 검토해 보았을 뿐만 아니라 생각을 불러일으키는 것이 가장 중요한 성과라는 것에 대해서 논의한 바 있다. 탐방객들이 경이로움을 느끼게 하는 것 그 자체가 가치 있는 목표인 것이다. 탐방객들이 어떤 것에 대해 생각하고 경이로움을 느끼는 것은 머릿속에서 의미를 만들어 내는 것이며 이러한 의미들은 특정한 장소나 사물 또는 아이콘에 대해 탐방객들을 연결시켜 준다. 우리 모두는 사람들에게 의미 있는 것들은 중요하다는 것과 특별한 장소에 대한 후원자의 규모는 탐방객들이 해당 장소에서 의미를 만들어 내는 만큼 늘어나는 것을 알고 있다[11]. 뿐만 아니라 우리는 탐방객의 경험이 우리가 그들에게 생각을 불러일으키는 만큼 깊어지고 풍부해진다는 것도 알고 있다[12]. 해설을 이러한 관점에서 바라볼 때 우리는 청중들의 머릿속에 스며들기를 바라는 의미의 범위를 넓게 잡을 수 있다. 청중들이 일정한 안목을 가지고 해설의 의미를 만들어 내는 한 우리는 흡족할 수 있는 것이다.

그림 8-6 │ 대부분의 문화유산 해설은 넓지만 제한된 수용범위를 가지고 있다.

사진제공: 국립공원공단.

　물론 우리의 청중들이 생각을 하고 자신의 결론을 도출했다는 데 대해 우리가 감격하게 되긴 하겠지만, 셰익스피어의 예에서처럼 청중들이 우리의 해설로부터 엉뚱한 결론을 이끌어 내지 않는다면 우리는 더 행복할 것이다. 자유로운 다원주의 사회에 살고 있는 우리는 사상과 표현의 자유를 가진 것에 대해 자부심을 가지고 있긴 하지만, 간혹 해설사들 중에는 선의의 동기에서지만 청중을 통제하려는 경우도 있다. 내가 다른 곳에서 저술한 바와 같이 청중들이 관심이 있는 것에 대해 해설을 하고 있다는 것에 대해 확신을 하고 있는 한, 대부분의 해설사들은 청중들이 산출해 낼 수 있는 의미를 좁게 하는 것을 목표로 하는 데 동의할 수 없을 것이다.

　　우리는 청중들이 생각하게 되고 무엇인가에 대해 알게 됨으로써 다양한 경험을 하게 되기를 원한다. 우리는 청중들이 우리가 소중히 여기는 것을 소중히 여기기를 원한다. 우리는 거의 언제나 청중들이 우리가 해설하는 것이나 장소의 한가운데 있을 때 일정한 방식으로 행동하기를 원한다Ham & Weiler, 2003:1.

의미 만들기라는 해설의 기능에 대해 언급하면서 데이브 랄센Dave Larsen은 해설사들이 청중들이 부여하는 의미에 대해 수용할 수 있는 범위를 넓게 잡더라도, 그것은 대개 어쩔 수 없이 어느 정도는 해설사 또는 어떤 조직의 가치에 얽매이게 됨을 상기시켜 준다.

> **해설은 해설자원에 대해 개인적 의미와 연관, 그리고 관심을 발견하도록 해준다**2003: 73.

케이블Cable과 크누드선Knudson, 씨어발드Theobald도 이와 관련 다음과 같이 언급한 바 있다.

> **어떤 해설사들은 정보에 대한 어떠한 각색도 없이 사실과 이야기, 비유에 관한 커뮤니케이션에 있어 객관적 접근을 사용하려 하지만, 사실 이들의 기본적인 목적은 적어도 탐방객들이 해설사가 인지하고 있는 식으로 사실들에 대해 고려해 보도록 설득하는 것이다**1986: 14.

종종 우리 해설사들은 청중들을 생각하게 하는 데 성공한다면 청중들이 해설을 듣고 무슨 생각을 하더라도 좋다고 생각한다. 하지만 우리가 매우 폭넓은 해석에 열려 있다고 우리 스스로에게 이야기할 때조차 우리는 무의식적으로 우리가 받아들일 수 있는 수용구역을 정한다. 우리 해설사들은 자신의 일을 잘하는 한 청중들이 생각하는 것을 두려워할 필요가 없다고, 무엇이든 받아들일 수 있다고 가정한다. 그러나 우리가 생각하는 것처럼 대부분의 해설사들이 또는 해설사들이 일하는 기관이 언제나 어떠한 가능성에 대해서도 열려 있다고 보기는 어렵다.

〈표 8-1〉은 테마 중심 해설에서 탐방객들이 해설에서 추출해 낸 테마들이 해설사가 청중들이 추출해 내기를 바라는 결론과 언제나 일치하지

않는다는 사례를 보여주고 있다. 나는 스페인, 호주, 미국에서의 개인적 경험에서 이 사례들을 가져오긴 했지만 이러한 사례들은 전 세계 어디에서나 발생할 수 있다. 아마 여러분은 여러분 자신의 경험을 여기에 추가할 수 있을지도 모르겠다. 각각의 해설사들은 저마다의 해설의 목적과 테마를 지각하고 있었지만, 마지막 열에 기술된 청중들의 의견_{청중들이 해설로부터 유추한 개인적 테마}이 실제적인 해설의 성과인 것이다. 각각의 해설사들이 청중들이 유추한 이러한 결론들에 만족해할지 나는 의문스럽다. 설령 각각의 해설사들이 매우 폭넓은 수용범위를 가지고 있다손 치더라도 청중들이 유추해 낸 개인적 테마들은 해설사들이 수용할 수 있는 범위를 벗어나 있는 것들이라고 할 수 있다.

물론 이 사례들은 매우 극단적이고 각각의 해설에서 대부분의 청중들은 수용 가능한 테마들을 유추해 냈을 것이다. 그러나 설령 그 범위가 무엇인지 숙고하지 않았다손 치더라도 해설사들이 청중들이 유추해 낸 해설의 테마 중 받아들일 수 있는 테마에는 제한이 있을 것이다. 몇몇 해설사들은 너무 훌륭해서 청중들이 자신들의 테마를 오해하거나, 거부하고 도덕적으로 반대한다는 것을 인정하지 않으려 할 수도 있다. 하지만 매우 재능있는 해설사들도 무의식적으로라도 수용범위를 가지고 있다.

표 8-1 | 해설사의 수용범위 밖에 있는 테마들의 사례

해설사의 목적	해설 프로그램을 이끌어 가는 테마	청중들이 유추해 낸 테마들
공원 탐방객들에게 흑곰이 사는 지역에서 캠핑을 하는 동안 음식을 저장하는 방식에 매우 유의해야 한다는 점을 설득하는 것.	많은 사람들이 공원에 사는 곰들에 대한 사형선고에 무의식적으로 서명하고 있다는 것을 모르고 있다.	곰이 떠나고 나면 우리는 훨씬 안전할 것이다. 만일 우리가 이 멍청한 음식 저장고에 대해 걱정할 필요가 없다면 캠핑이 훨씬 나아질 것이다.
박물관을 만들려는 생각이 얼마나 훌륭했던가를 탐방객들이 생각해 보게 하는 것.	우리의 이야기를 보존하기 위해 한정된 장소가 필요하다는 생각은 천재적인 발상이다.	박물관은 노인들을 위한 곳이다.
청중들이 현대 사회에서 원주민들의 지혜가 가진 가치를 음미해 보도록 하는 것.	원주민들은 수 세기에 걸쳐 발전해 온 방식으로 땅과 우주에 대해 사고를 한다. 이들의 지혜는 종종 이들로 하여금 다수 인종과 다르게 사물을 보게 한다.	그것은 사람들이 21세기로 접어든 시기에 관한 것이다.

1-3. 좁은 수용범위

　　해설의 목적이 다양한 의견과 논쟁을 불러일으키는 것일 경우 무제한의 수용범위가 답이라는 것에 대해 살펴본 바 있다. 하지만 해설의 목적이 청중들이 해설대상에 대해 어느 정도 개인적인 의미를 부여할 수 있게 하거나 청중들이 해설에서 유추해 내는 의미를 받아들일 수 있는 범위가 해설사의 가치나 해당 조직의 사명에 의해 제한된다면, 일정 정도 제한된 수용범위가 우세하게 될 것이다. 그렇다면 해설사 여러분이 생각하는 테마와 청중들이 해설에서 얻게 된 테마 간에

매우 적은 간극을 원하는 경우, 즉 해설사가 청중들에게 정답을 원하는 경우도 있을 수 있겠는가? 해답은 '가능하다'이다.

박물관, 과학센터, 환경교육센터 등과 같이 특정한 교육적 사명이 있거나 학교의 공식 교육과정을 보완하는 프로그램을 제공하는 경우처럼, 만일 해설이 교육과 합쳐진다면 청중들이 정답을 알게 되었는가의 문제는 해설을 기획하고 개발하는 과정을 지배하는 교육목적과 얽히게 된다. 종종 그러한 해설 프로그램은 분명하고 구체적인 학습 성과를 염두에 두게 되고, 해설에 대해 청중들이 오해가 생기지 않게 하는 데 집중하기도 한다. 이와 관련

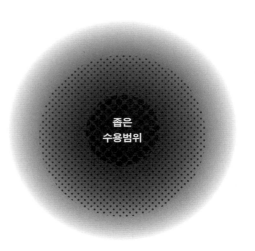

그림 8-7 | 좁은 수용범위. 여러 가지 이유 때문에 여러분은 청중이 여러분의 해설로부터 취한 개인적 테마가 여러분이 의도했던 것에 근접해 있는 것이 바람직하다고 볼 수 있다.

로스 루미스Ross Loomis는 중력이 어떻게 작용하는지에 대한 박물관 방문객들의 오해에 대해 다음과 같이 기술한 바 있다.

> 과학적 원리와 개념에 대한 순진한 생각들은 효과적인 해설에 의해 불식될 수 있다1996: 42.

좁은 수용범위의 해설서비스를 제공하는 사람들도 폭넓은 비판적인 사고를 가치 있게 여길 수 있지만 경우에 따라서 이들은 청중들이 의도된 메시지를 제대로 받아들였는가에 우선적으로 관심이 있을 때도 있다[13]. 자유선택 학습free-choice learning 이론가인 존 폴크John Falk는 캘리포니아 과학산업박물관The California Museum of Science and Industry의 전시 디자인을 찾은

방문객들이 전시를 보고 가지게 된 생각과 이 박물관의 과학자들이 방문객들에게 원했던 생각을 비교함으로써 이를 검증한 바 있다.

그림 8-8 | 해설이 학교 정규교육 프로그램의 일환으로 진행되는 경우 종종 좁은 수용범위가 요구된다.
사진제공: 국립공원공단.

방문객들의 응답에 대해 점수를 매기는 것은 캘리포니아 과학 산업 박물관이 제공한 모범답안과 청중들이 제출한 답안을 비교해서 이루어졌다[1997: 681-682].

　박물관뿐만 아니라 과학센터, 그리고 공원이나 보호구역 같은 아웃도어에서도 청중들이 정답 또한 수용 가능한 해석을 하기를 바라면서 기획되는 프로그램이 편재해 있다[14]. 폭넓은 수용범위에 익숙한 해설사들의 경우 청중들의 생각 중 특정한 생각만 맞다는 것에 대해 불편하게 생각할 수도 있겠지만, 어떤 해설은 일반적인 의미 만들기가 아닌 좁게 제한된 의미 만들기에 관심이 있을 수도 있는 것이다. 앞에서 여러 차례 살펴본 바와 같이 이 두 종류의 성과는 상호 배타적인 것은 아니고 이 둘 중 어느 하나를 선택해야만 하는 것도 아니다. 이에 대해 레니와 존스톤 Rennie and Johnston은 다음과 같이 언급하고 있다.

　박물관 관리자들은 박물관의 의제에 참여하는 방문객들의 학습을 돕기 위한 교안을 마련하겠지만 스스로의 의제를 가지고 오는 방문객들이 박물관에서 만들어 놓은 학습프로그램을 얼마나 받아들일지는 자신들의 선택인 것이다. 방문객들은 각각 다르게 학습을 할 것이며 그 결과가 고유하고 개인적인 학습경험을 하게 될 것이다. 의미는 바로 이러한 경험으로부터 만들어지는 것이다[2004: 56].

상대적인 좁은 의미의 범위만을 받아들일 수 있게 하는 학습프로그램이나 조직의 사명 등이 저변에 깔려 있다는 것이 좁은 수용범위의 특징이라고 할 수 있지만, 관리자들이 받아들이는 범위가 좁다고 해서 탐방객들이 스스로 의미를 부여할 수 있는 가능성을 부인하는 것은 아니다. 다만 특정한 의미를 다른 의미들보다 중요하게 핵심적으로 간주한다는 것뿐이다. 좁은 수용범위의 사례는 특정한 상황에서 청중들이 어떻게 행동해야 하는지에 대해 영향을 미치는 경우에도 작동하게 된다. 나는 이에 대해 다른 곳에서 다음과 같이 주장한 바 있다.

> **우리는 청중을 통제하는 것을 정당화하기 위하여 여러 가지 완곡한 표현을 쓰지만**가령, 해설을 관리수단으로 사용하기, 탐방객 행동을 관리하기 등, **나는 청중을 통제하는 것이 우리의 일인지에 대해 다소 의문이 든다**Ham & Weiler, 2003: 1.

해설학에서는 보호구역 탐방객들이 관리목적에 부합하도록 행동하게 하는 것에 관하여 많은 연구가 있어왔다[15]. 특히 1960~1980년대의 경우 국토관리기관에서 해설을 관리수단으로 사용할 수 있다는 주장은 해설의 필요성을 정당화해 주었다[16].

비록 해설이 탐방객의 행동에 영향을 미칠 수 있다는 것이 아직 과학적으로 충분히 입증되지 않은 것이지만, 개중에는 진실이라고 주장할 만한 경우도 있다. 우리가 제5장에서 살펴본 바와 같이 해설이 탐방객의 행동에 영향을 미치는 데 있어서 성공하는 것은 대부분 설득 커뮤니케이션과 청중의 행동 간의 관계에 관한 전략적 접근의 산물이다[17]. 해설을 탐방객이나 보호구역의 관리수단으로 사용한다는 것은 탐방객들이 잘 설계된 해설 메시지를 통해 짧은 기간 동안이라도 특정한 방식으로 행동하도록 설득될 수 있다는 것을 전제로 한다. 제5장에서 살펴본 바와 같이 설

등 커뮤니케이션에 관한 문헌들은 해설이 청중의 행동에 영향을 미치려면, 먼저 이러한 메시지들이 해설사들이 영향을 미치고자 하는 그 행동에 대한 청중의 믿음에 영향을 미칠 필요가 있다는 것을 보여준다[18]. 해설이 청중들에게 다양한 생각을 불러일으킬 수 있는 것은 사실이지만 청중들이 설득되게 하려면 적어도 이러한 생각들 중 일부가 해설사들이 영향을 미치려고 염두에 둔 행동과 관련된 테마와 일관된 것이어야 한다[19]. 이것은 만일 해설사들이 다른 목적을 염두에 두고 있다면 청중들의 생각 중 해설사들이 수용할 수 있는 것은 더 좁아진다는 것을 의미하기도 한다.

> 해설이 청중들에게 다양한 생각을 불러일으킬 수는 있지만, 청중을 설득시키려면 적어도 이러한 생각들 중 일부가 해설사들이 영향을 미치려고 염두에 둔 행동과 관련된 테마와 일관되어야 한다.

해설사들이 좁은 수용범위를 택하게 되는 마지막 사례는 매우 민감하고 논쟁적인 테마가 해설되어지는 경우이다. 특히 인류가 겪은 힘든 고통이나 청중들이 해설에서 얻어 가게 되는 테마 가운데 어떤 것이 옳은지에 대해 서로 다른 개인이나 조직이 극단적인 견해를 가지고 있는 사건들을 해설할 경우가 이에 해당한다. 우리가 이미 살펴본 바와 같이 종종 해설사들은 이러한 테마들에 대해 넓은 수용범위를 택함으로써 특정한 메시지가 지배적이게 되기보다는 청중들이 스스로의 결론을 내게끔 한다.

하지만 적지 않은 경우 그러한 사회적 고통이나 죄의식이 매우 최근의 일이어서 적어도 공공적인 장소에서 균형 잡힌 해설이 위험하거나 현명하지 않을 수도 있다. 사실 특정한 사회적 사건에 대해 다른 의견을 포용하는 데 수십 년, 경우에 따라서는 수 세기가 흘러야 하는 경우도 있다[20]. 이러한 상황에서는 파벌이 생길 수 있고 각각의 입장을 가진 사람들은 좁은 수용범위를 가지고 각각의 입장을 변호하게 되는 것이며, 서로 다른 수용범위가 정면으로 충돌할 경우, 검열, 실직, 소송, 강력한 대중 봉기, 유혈사태도 생길 수 있는 것이다. 아우슈비츠, 911테러, 원자폭탄, 노예제, 남아공 인종차별, 다이애나 왕비의 죽음, 미국 독립전쟁, 십자군 전쟁, 아돌프 히틀러, 이라크 전쟁 등에 대해서 청중들이 어떠한 테마를 받아들여야 하는지는 오늘날에도 여전히 논란이 많이 되고 있다[21]. 역사학자들이나 종교지도자들, 그리고 나라의 수장들이나 일반 시민들까지도 이러한 이야기의 교훈에 대해서는 극단적인 견해를 가질 수 있고, 그러니만큼 각각의 수용범위는 좁을 수밖에 없는 것이다[22].

2 수용범위를
　　　좁게 했을 경우의
　　　윤리적 문제

　　　어떤 유형의 수용범위를 적용하든 각각은 윤리적인 입장과 결부되어 있다. 무제한의 수용범위의 경우에도 사실은 민주주의의 윤리나 개인의 주권에 관한 믿음이 깔려 있는 것이다. 우리가 이미 살펴본 바와 같이 많은 해설이 넓은 수용범위에 기반하고 있긴 하지만 명시적이든 암시적이든 간에 그것은 일정한 가치 지향에 묶여 있다. 다시 말해 청중들이 어떤 의미들을 만들어 내든 그것들이 자원을 보호하거나 유산을 가치 있게 하는 한 그러한 의미들은 받아들여질 수 있지만, 만일 청중들이 그 반대의 결론을 내린다면 대부분의 해설사들은 서둘러 자신의 해설 프로그램을 바꿀 것이다. 결국 해설사가 테마를 선택하고 어떻게 그것을 전개할 것인가는 그 자체로 윤리적인 문제를 반영한다.

　수용범위가 좁아질수록 다른 유형의 윤리적 문제가 발생한다. 해설사들이 진리를 알고 있다고 주장하거나, 어떤 행위를 하는 것이 맞다는 주장을 하려 할 때는 자신들이 마키아벨리주의자가 될 수 있음을 인식해야 한다[23]. 우리는 때로 해설하는 장소나 사물 또는 청중들의 이해관계는 청중들을 특정한 방식으로 생각하고, 느끼고, 행동하게 설득하는 것에 의해 유지된다는 것에 대해 확신할 것을 요구받는다. 여러분이 속한 조직은 여러분에게 개인적인 주문을 할 수 있고, 이에 대해서는 이견도 불가피해 보인다.

> 해설사가 테마를 선택하고 어떻게 그것을 전개할 것인가는 그 자체로 윤리적인 문제를 반영한다.

  윤리적 문제에 맞닥뜨리게 되면 여러분은 여러분이 속한 조직의 가치와 개인으로 가지고 있는 가치 중 하나를 선택해야 하는 난관에 봉착할 수도 있다. 어떤 해설사들은 자신을 고용하고 있는 기관장이 가지고 있는 가치가 자신이 가지고 있는 가치나 자신이 일하는 조직의 사명과 철학적으로 불일치하는 난처한 처지에 놓이게 된다. 하지만 해설사들은 월급을 받는 소속기관을 대표하도록 되어 있기 때문에 조직의 사명과 철학을 대변하는 것이 해설사들의 윤리적 책무이고, 가능한 한 그렇게 할 수 있다. 해설사가 이를 불쾌하게 여기는 만큼 그 조직에게 있어 해설사는 조직의 관점을 옹호하는 단순한 수단이 되어버리고 마는 것이다. 여러분 중 이러한 상황에 처해본 경험이 있었다면 이 말에 공감할 수 있을 것이다.

  나는 지난 수십 년간 자신이 근무하는 조직의 가치를 대변하는 것에 대해 매우 불편해했던 많은 해설사들을 알고 있다. 그것은 마치 자유로운 개인으로서 자신의 주관과 급여를 받는 직원으로서 자신의 의무가 정면으로 충돌하는 양상과 같은 것이다. 이러한 갈등상황에서 어떻게 해야 하느냐는 질문에 대한 나의 대답은 분명했다. 만일 여러분이 해설사로서 일하는 기관의 가치를 정직하고 열정적으로 대변할 수 없다면, 여러분은 가능한 한 빨리 새 직장을 알아봐야 한다. 다른 누군가의 선전 도구가 되고 싶지는 않다거나, 윤리적으로 잘못되었다고 생각하는 메시지를 전해야 할 때는 더더욱 그렇다.

하지만 반대로 여러분 스스로가 선전을 좋아하는 사람이라면 어떨까? 제2장에서 살펴본 바와 같이 해설은 선전이 되어버리기 십상인데, 해설의 테마가 해설사의 주관적 판단에 기인했을 경우 특히 그렇다. 랄센 Larsen, 2003 이 해설을 빙자한 선전 interpreganda 이라고 불렀던 것은 말 그대로 좁은 수용구역에 속하는데, 그 이유는 해설을 빙자한 선전의 경우 사물에 대해 단 하나의 관점만을 옹호하기 때문이다. 무엇이 최고이고 맞는지에 대한 깊은 신념에 경도되었을 때, 특히 역사나 자연에 대한 것을 해설할 때, 해설사들은 종종 청중들이 무엇을 어떻게 생각해야 하는지에 대해 지나치게 열정적으로 이야기하거나 심지어 청중들의 생각을 완전히 바꾸려 한다. 하지만 그 결과가 좋은 경우는 거의 없다. 최악의 경우, 해설사들은 자신들의 신념을 맹신하고 청중들이 얼마나 지적이고 분별력이 있는지에 대해서는 폄훼하기도 한다. 그 결과는 청중들이 해설을 통해 생각하게 된 테마와 해설사가 의도했던 테마가 다를 수도 있는 일이 생기고, 심지어 다음과 같이 이야기하는 청중도 있을 수 있다.

> 당신의 해설은 무엇인가 잘못된 것 같고, 당신이 나처럼 생각할 때 우리 모두는 좀 더 나아질 것이다.

비록 이러한 사례가 극단적인 것이라손 치더라도 나는 해설사가 선전을 통해 얻는 혜택은 거의 없다고 본다. 실제로 설득 커뮤니케이션 연구에 따르면 해설사가 선전을 한다고 생각될 경우 청중들이 해설사의 입장과 반대되는 자기 입장을 더욱 견고하게 하는 '부메랑 효과'를 유발할 가능성이 높다[24]. 어떤 분야에 대해 강한 신념을 가진 청중들을 대상으로 해설을 할 경우에도 청중들을 생각하게 하는 것을 해설사의 임무라고 생각하는 해설사라면, 청중들이 해설의 대상에 대해 스스로 의미를 만들어 나갈 수 있도록 하는 것이 더 좋은 것이다. 해설사의 입장에서는 이러한 의미들이 자신들과 매우 멀리 던져진 것처럼 보이지만, 청중들로서는 자신들이 부여한 이러한 의미들이야말로 해당 장소나 자원을 관리해야 하겠다고 느끼는 유일한 원천이 된다. 이러한 이유에서 넓은 수용범위가 요구되는 것이다. 〈표 8-2〉는 해설사들이 마키아벨리적이 되지 않도록 신중해야 하는 민감한 테마에 관한 해설사와 청중의 관점을 보여주고 있다.

표 8-2 | 좁은 수용범위에 있어서 윤리적 이슈

한 해설사의 관점

나는 선전을 해설로 여기는 것에 대해 경계한다. 나는 진정 해설사들과 해설을 하는 기관들에게 선택의 여지가 있다는 것을 인정한다. 해설을 하는 기관들은 해설사들을 청중들을 설득해서 어떤 행동을 하게 하고 특정한 관점이나 신념을 갖게 하는 데 이용할 수 있다. 이러한 것이 적절한 순간이나 상황들이 있는데 '곰에게 먹이를 주지 마라.' 등과 같은 규칙을 이야기할 때나 어떤 자원이 급박한 위기에 처해 있을 때 등이 그 예이다. 분명 모든 해설은 청중들로 하여금 특정 자원이 돌볼 만한 가치가 있다고 설득한다. 그러나 특정한 사상이나 관점, 이데올로기를 정당화하기 위해서 청중들을 설득하는 것은 위험한데, 그 이유는 청중들은 대개 특정한 방식으로 사고하라는 이야기를 듣는 것을 싫어하기 때문이다. 누군가에게 생각하는 방식을 강요하는 것은 해설사의 역할이 아닌 것이다. 만일 해설사들이 청중들이 스스로 생각하게 할 수 있다면 해설사들은 훨씬 더 많은 것을 성취할 수 있을 것이다.

-데이비드 랄센, 미국국립공원청(개인적 소통, 2005)

한 청중의 관점

나는 책을 읽는 것을 좋아하는데, 그 이유는 다른 사람들은 책을 싫어하고 책이 위험하다고 생각하기 때문이다. 나는 상상할 수 있는 가장 힘든 책을 선택해야 한다고 믿는다. 나는 이 책을 읽어버려야 한다고 믿는다. 그러고 나서 마음을 결정한다…. 나에게 이 책을 어떻게 해석하고, 어떻게 읽고, 어떻게 이 책의 문학적 의미를 발견하라고 이야기할 수 있는 권위를 가진 사람은 지금도, 그리고 앞으로도 어떤 경우에도 없을 것이라고 믿는다. 나는 이런 방식으로 내 앞에 펼쳐진 진리, 역사, 문학을 바라볼 자유가 있다고 믿는다. 마치 방금 책등이 완전히 헤져버린 책이 내 앞에서 펼쳐져 있는 것처럼 말이다.

-릭 무디(Rick Moody),
『책 읽기의 즐거움과 열정(The Joy and Enthusiasm of Reading)』(2005)

3 여러분의 해설은 성공적인가? 수용범위를 통한 판단

　　여러분은 위 질문이 제3장 '해설의 궁극적인 목표'에서 검토해 보았던 질문이라는 것을 기억할 수 있을 것이다. 해설의 궁극적인 목표가 교육이나 엔터테인먼트가 될 수도 있지만, 청중을 생각하게 하는 것이 해설의 가장 근본적인 목표인 것이다. 우리가 제5장에서 이미 살펴보았지만, 청중들이 스스로 생각을 하게 되었을 때 청중들은 해설사가 원하는 경험, 태도, 생각의 변화가 일어날 가능성이 훨씬 높아진다. 따라서 청중들이 스스로 생각하게 되는 것은 그것이 무엇이든 간에 일정 정도 해설의 성패를 가늠하게 해준다.

　다시 말해 해설의 궁극적인 목표가 청중들을 생각해 보게 하는 것이라면, 청중들이 해설을 통해 어떠한 생각을 하게 되었는지를 아는 것이 해설사들에게 유익할 것이다. 만일 여러분이 해설 전시 작품이나 해설 극연기를 관람하거나, 이동식 해설에 참가한 청중들의 이야기를 엿듣게 되었다면 무슨 이야기를 듣기를 원하는가? 해설 평가자가 청중들과 토론을 하게 하면서 각각의 청중들에게 해설을 듣고 무슨 생각을 하게 되었는지? 또는 지금 무슨 생각을 하고 있는지에 대해 답을 써보라고 한다면 여러분은 청중들이 어떻게 대답하기를 원하는가? 여러분은 이렇듯 청중들의 쓴 답을 읽어보거나 청중들이 하는 말을 경청하는 과정에서 수용 가능한 범위를 발견할 수 있을 것이다.

> **만일 여러분의 중요한 목적이 청중이 생각을 하게 하는 것이면, 여러분들이 실제로 어떠한 생각을 불러일으켰는지를 아는 것이 유익할 것이다.**

해설을 평가하는 좋은 방법 중의 하나는 앞에서 한 질문을 청중들에게 실제로 해본 후 답변을 들어보는 것인데, 이러한 방법은 생각 나열하기Thought Listing라고 불린다. 만일 여러분이 실제로 이 방법을 사용하여 청중들이 이야기하는 것을 들어본다면 여러분은 미소 짓지 못할 때보다는[25] 미소 짓게 될 때가 더 많을 텐데 그 이유는 청중들이 이야기하는 것 대부분은 여러분들의 수용범위 안에 있을 것이기 때문이다. 하지만 만일 그 반대의 상황이 벌어진다면, 그것은 여러분의 해설 방식을 재검토하고 어떻게 더 잘 해설을 할 수 있을지에 대해 자문해 보는 데 도움이 될 것이다. 이렇듯 수용범위를 적용해 보는 것은 여러분의 해설이 얼마나 성공적이었는가에 대해 알려줄 뿐만 아니라 여러분의 해설을 어떻게 향상시킬 것인가에 대해서도 알게 해준다[26]. 나는 〈표 8-3〉에서 생각 나열하기를 수행하는 간단한 방법들에 대해 열거하였다. 여러분은 제10장과 부록 2에서 실제로 수행 가능한 생각 나열하기의 구체적인 사례를 발견할 수 있을 것이다.

표 8-3 | 생각 나열하기를 수행하는 방법

생각 나열하기 Thought Listing : 생각하게 하는 사람으로서 해설사의 직무를 얼마나 잘 수행했는가를 알 수 있는 빠른 방법

생각나열법은 청중들에게 해설을 청취한 직후 무엇을 생각하게 되었는가에 대해 질문을 했을 때 가장 잘 수행될 수 있다. 여러분이 생각 나열하기를 하는 목적에 따라 청중의 생각을 분석한다는 것이 복잡할 수도 있지만, 만일 청중의 생각을 이끌어 내는 이유가 이러한 생각들이 여러분의 수용범위 안에 있는지를 알기 위한 것이라면 분석은 매우 단순할 수 있다.

여러분은 청중들의 생각을 분류해서 계수할 수 있기 때문에 생각나열법은 여러분에게 두 가지를 이야기해 줄 수 있다. 첫째는 생각의 수, 즉 여러분들이 일으킨 생각의 양이고, 둘째는 그 생각이 어떤 것에 대한 것이냐(즉 이러한 생각의 유형과 이러한 생각들이 여러분의 수용범위 안에 있느냐)는 것이다.

물론 생각의 수를 계산하는 데 있어 일정한 규칙이 필요하다. 다시 말해 하나의 생각은 어떻게 구성되는지, 그리고 하나의 생각은 언제 끝나고 새로운 생각은 언제 시작되는지 등과 같은 것을 정해야 한다는 것이다. 해설에 관한 학술적인 연구에서 이러한 작업은 매우 복잡할 수도 있다[27]. 하지만 해설 프로그램의 성과를 즉각적으로 알아보기 위한 비공식적 평가를 수행할 경우에 여러분은 단순히 듣고 있는 것에 대해 정리를 하면 된다.

예를 들어 만일 어떤 청중이 무엇인가에 대해 말한 것이 여러분의 수용범위 안에 있다면, 그 사람이 무슨 생각을 하고 있는지에 대해 완전한 문장으로 쓰고 나서, 그 생각을 수용범위 안에 들어온 것으로 계산하면 된다. 마찬가지로 청중이 이야기한 것이 여러분의 수용범위 밖에 있다면, 그것을 여러분의 수용범위 밖에 있는 것으로 계산하면 되는 것이다. 여러분의 수용범위 안이나 밖에 속한 새로운 생각들이 나올 때마다 계속해서 생각들을 듣거나 읽어나가면 되는 것이다.

경우에 따라서 여러분의 청중들 중에는 자신의 생각에 대해 상당 시간 이야기하는 사람이 있을 수도 있다. 이러한 경우들에서는 하나의 문장으로는 깔끔하게 정리할 수 없는 많은 생각들이 포함될 수 있기 때문에 문단을 작성해야 될지도 모른다. 공식적인 연구에서 이러한 상황은 생각의 숫자나 수용범위 안과 밖을 계산하는 것을 복잡하게 만든다. 하지만 만일 여기서 제시된 체계적인 방법즉 수용범위 안에 있는 것의 숫자와 수용범위 밖에 있는 것의 숫자를 계산한다면 여러분들은 여러분들의 해설이 불러일으킨 생각의 수뿐만 아니라 그러한 것들이 수용범위 안에 있는지 여부를 쉽게 알 수 있을 것이다. 비록 학술논문으로 이를 출판하기는 쉽지 않겠지만 이러한 평가는 여러분의 해설을 의미 있게 향상시켜 줄 수 있을 것이다.

4 요약 및
다음 장 미리보기

우리는 이 장에서 해설 프로그램의 디자인과 개발에서뿐만 아니라 해설의 성공과 실패를 평가하는 데 있어 수용범위의 개념이 기여할 수 있는 실제적인 시사점들에 대해 살펴보았다. 여러분들의 해설 목적에 따라 청중들의 생각에 대한 여러분의 수용범위는 무제한이 될 수도 있고, 약간의 제한만을 두는 정도로 넓을 수도 있으며, 어떤 경우에는 이보다 더 제한적일 수 있으며 경우에 따라 도덕적으로 민감한 것이 될 수도 있다.

여러분의 해설에서 이 세 수용범위의 유형 중 어떠한 수용범위가 적용되든 간에 여러분들은 수용범위를 적용해 봄으로써 언제나 해설사로서의 가장 기본적인 업무, 즉 청중들의 생각을 불러일으키는 것에 있어 여러분이 성공했는지의 여부를 알 수 있게 될 것이다. 이를 위해 여러분은 단지 여러분의 해설의 결과로서 청중들이 무슨 생각을 했는지에 대해 듣고, 적을 수 있는 시간을 가지기만 하면 된다. 여러분들이 각각의 생각을 듣거나 읽어가면서 여러분은 거의 본능적으로 각각의 생각들이 수용범위 안에 있는지 밖에 있는지를 가늠할 수 있을 것이다. 만일 어떤 생각이 여러분의 수용범위 안에 있다면 여러분은 그 생각을 수용범위 안에 있는 것으로 기록하면 된다. 하지만 어떤 생각이 여러분의 수용범위 밖에 있다면 그것은 수용범위 밖에 있는 것으로 계산하면 되는 것이다.

다음 두 장에서는 해설의 테마를 전개해 가는 두 방법, 즉 '순차적 테마 개발'과 '비순차적 테마 개발'에 대해 다룰 것이다. 제9장에서는 해설사가 청중들이 수용하는 정보의 순서를 통제할 수 있는 상황에서 적용할 수 있는 순차적 테마 개발에 대해 살펴볼 것이다. 제10장에서는 해설사가 아닌 청중이 정보의 순서를 결정하는 상황에서는 테마 개발전략이 어떻게 바뀌는지에 대해 살펴볼 것이다. 이 두 장에서 우리는 어떻게 하면 강력한 테마를 개발하여 청중들의 생각이 해설사의 수용범위 안에 있게 할 수 있는지를 집중적으로 조명해 볼 것이다.

- **주요용어**

  개별적인 테마 personal theme , **생각 나열하기** thought listing , **수용범위** zone of tolerance

제9장

순차적
테마 개발

INTERPRETATION:
MAKING A DIFFERENCE
ON PURPOSE

커뮤니케이션에 있어서 테마를 개발한다는 것은 뼈대에 살을 붙이는 것이며 커뮤니케이션을 실속 있게 만드는 작업이다. 다시 말해 해설사들은 테마를 개발하는 과정에서 신중히 선택된 사실들과 관점, 보편적 개념들, 손에 잡히는 것과 잡히지 않는 것의 연결, 일화, 비유, 사례, 은유 등과 같은 테마의 색깔color을 낼 수 있는 것들을 전면에 내세워서 테마가 청중들에게 공감될 수 있도록 만드는 것이다[1].

여러분이 테마를 개발하는 유일한 목적은 청중들의 생각을 불러일으키고, 그 생각들이 여러분의 수용범위 안에 있게 하는 것이라는 점을 유념해야 한다. 이는 또한 우리가 약한 테마들보다 강력한 테마가 중요하다는 것과[ㅜ] 테마를 진술하는 방식이 이해하기 쉬워야 한다는 것을[ㅇ], 해설

> **여러분이 해설의 순서를 정할 수 있다면 여러분은 해설의 테마 개발을 위한 많은 창의적인 대안들을 가진 셈이다.**

이 청중들의 눈높이에 맞아야 하며R 재미있어야 한다는 것을 강조한 이유이기도 하다. 말하자면 청중을 생각하게 할 가능성을 높이는 해설을 위해서는 티오알이TORE 접근이 필요하다는 것이다.

제8장에서 우리는 해설이 청중들로 하여금 수용범위 안에 들어 있는 생각을 많이 불러일으킬수록 더 성공적이고 효과적인 해설이라는 점을 살펴보았다. 청중들이 하게 된 생각들 중 어떤 생각은 여러분들이 기대하거나 불러일으키려 했던 것도 있지만 어떤 경우는 여러분이 전혀 기대하지 않았던 생각들도 있을 것이다. 하지만 여러분이 기대하지 않았던 생각을 청중들이 했다손 치더라도 여러분이 그 생각을 받아들일 수 있다면 이러한 생각 역시 여러분의 수용범위 안에 있는 것이다. 이 장에서는 순차적 테마 개발의 실제적 방법들에 대해 살펴봄으로써 보다 많은 청중들의 생각이 여러분의 수용범위 안에 들어올 수 있도록 할 것이다.

그림 9-1 | 국립공원야생생물보전원의 순차적 테마 개발의 사례.
사진제공: 국립공원공단.

순차적 테마 개발

1 순차적 테마 개발의 개념

테마 중심 해설사들은 두 가지 종류 커뮤니케이션 상황에 직면할 수 있는데, 각각의 상황은 테마 개발과 관련하여 서로 다른 접근을 요구한다. 나는 이 두 가지 접근을 각각 순차적 커뮤니케이션과 비순차적 테마 개발이라고 부를 것이다. 순차적 커뮤니케이션은 청중들이 수용하는 정보를 해설사가 통제할 수 있는 상황에서 발생한다. 거의 모든 대면해설은 순차적인데, 그 이유는 청중들은 해설사가 말하거나 보여주기 전까지 무엇인가에 대해 듣거나 볼 수 없기 때문이다. 말하자면 해설사 여러분이 해설의 순서를 정한다는 것이다[2]. 하지만 비순차적 해설전시 작품이나 웹페이지, 표지판과 같은 비대면 해설의 경우에서는 청중들이 관심을 가지려는 정보의 순서를 정한다[3]. 비록 이 두 커뮤니케이션 모두에서 청중들이 해설의 테마를 생각하게 될 수는 있지만, 정보의 순서를 통제할 수 있는 순차적 커뮤니케이션이 비순차적 해설에 비해 테마를 전달하는 점에 있어 더욱 창의적인 대안을 제공한다. 이번 장에서는 순차적 해설이 갖는 장점을 집중적으로 다루어 보고자 한다.

2 순차적 커뮤니케이션 기법

순차적 해설에서는 전체를 서론, 본론, 결론으로 나눌 수 있는 큰 이점이 있다[4]. 이와 관련해서 나는 종종 좋은 거점해설과 이동식 해설은 구성이 잘 되어 있다고 이야기하곤 했다. 말하자면 해설을 구성하는 각각의 부분은 테마를 발전시키는 것에 있어 서로 다른 역할을 한다는 것이고, 각각의 부분들이 역할을 잘해낸다면 테마 개발이 훨씬 잘될 수 있다는 것이다. 〈표 9-1〉은 테마 개발에 있어 서론, 본론, 결론의 목적을 요약해 놓은 것이다.

2-1. 서론

순차적 해설에 있어 서론, 본론, 결론의 중요성은 비슷하지만, 대개 서론이 가장 복잡하다. 그 이유는 서론이 다른 부분들보다 해야 할 것이 많기 때문이다. 여러분의 서론은 호기심을 유발하고 통제할 수 없는 청중의 관심을 끄는 필수적인 일 이외에도 세 가지 다른 것을 해야 한다. 첫째는 청중들이 해설의 테마를 향할 수 있도록 해야 한다[5]. 다시 말해 여러분은 해설의 도입부터 청중들이 테마와 관련된 생각을 시작할 수 있도록 해야 한다는 것이다.

뿐만 아니라 여러분은 서론에서 청중들이 해설이 어떻게 구성될지에 대해 알 수 있게 함으로써 청중들이 큰 노력 없이도 해설을 쉽게 이해할 수 있도록 해줄 수 있다. 예를 들어 여러분은 해설의 전반적인 구조를 보여줄 수 있도록 청중들에게 해설 테마를 일반적으로 표현해서 제공해 줄 수 있을 것이다.

표 9-1 | 순차적 테마 해설의 구조

서론	이후에 나올 것들에 대해 관심과 호기심을 불러일으키기. 청중들이 해설의 테마와 구조에 대해 적응하게 하기. 해설의 결론을 위한 준비를 하기. 다시 말해 청중들이 일찌감치 생각을 자극하는 결론을 준비하게 하기.
본론	테마를 강조하기. 사실, 그림과 표, 스토리, 일화, 비유, 사례 등을 통해 테마의 핵심적인 측면을 끄집어내는 것을 돕기. 다시 말해 여러분의 테마를 눈높이에 맞고 짜임새 있고 재미있게 구체화하기.
결론	테마를 보강하고 테마와 관련된 생각을 불러일으키기. 본문에서 이야기했던 논점을 요약하고 보다 큰 그림 상에서 테마가 의미하는 바가 무엇인지(가령 우리가 집으로 돌아갔을 때 테마가 우리 모두에게 어떠한 의미가 있는지)를 제안하기 또는 결론을 테마를 강화하기 위한 씨 뿌리기로 사용하기.

북극곰은 여러 가지 재능을 가지고 있지만, 이들은 특히 높은 수준의 성과를 내기 위해 두 가지의 특별한 기술, 즉 사랑하는 기술과 죽이는 기술을 연마한다.

또는 여러분은 아래와 같이 해설의 구조를 보다 구체적으로 드러내 보여줄 수 있다.

> 오늘의 해설 프로그램에서 우리는 A 지점에서 시작해서 B 지점까지 걸어갈 것인데 B 지점에서 우리는 엄청난 것을 목격하게 될 것이다.

여러분이 서론에서 해야 할 것들을 어떻게 수행하든 간에 중요한 것은 여러분들의 서론이 해설의 방향에 대해 청중의 머릿속에 그림을 그려주어야 한다는 것이다. 그렇게 하는 것은 청중들이 처음부터 해설이 어떻게 진행될지를 알게 됨으로써 해설에 쉽게 집중할 수 있도록 해준다. 이것은 청중들이 해설을 잘 이해할 수 있도록 해주기도 한다제2장의 짜임새에 관한 논의를 상기해 보라.

마지막으로 테마 중심 해설의 초반부에서 해야 하는 가장 중요한 것 중의 하나는 청중들에게 결론에서 어떠한 생각을 하게 될지에 대해 준비하게 하는 것이다. 말하자면 여러분은 해설의 초반부터 결론을 확실히 염두에 두어야 한다는 것이다. 이는 대개 결론에서 말하거나 보여주거나 행위를 할 것에 대해 서론에서 일정 정도 말하고, 보여주고, 행위를 하는 것을 통해 가능하다. 가령 여러분은 서론에서 기억할 만한 문장이나 핵심적인 구절에 관해 이야기하고, 그것들에 대해 강조하면서 결론을 맺을 수 있고, 서론에 기억에 남을 만한 이미지를 보여준 후 결론에서 그것을 다시 보여줄 수 있다. 그리고 만일 여러분의 테마가 강력할 경우즉 청중들에게 생각을 불러일으킬 가능성이 높다면, 그것을 서론에서 이야기한 후 결론에서는 그것을 다시 이야기함으로써 서론과 결론이 조화를 이루게 할 수 있다[6]. 우리는 잠시 후 이것이 어떻게 작동하는지에 대해 검토해 볼 것이다.

2-2. 본론

순차적 해설의 본론은 단 하나의 중요한 목적을 가지고 있는데, 그것은 테마에 살을 붙이는 것이다. 이 본론이야말로 해설의 색깔이 드러나는 부분이다. 여러분들이 테마에 생명을 불어넣고 테마의 당위성을 입증하기 위해 주의 깊게 선택한 각종 사실, 보편적 개념, 사례들, 비교, 비유, 일화 등이 나타나는 곳이 바로 본론이라는 말이다[7]. 순차적 해설에 있어 대개 본론이 가장 큰 부분을 차지하고 있어서 청중에게 생각을 불러일으키는 여러분의 목적을 달성하느냐의 여부를 결정하는 데 있어 본론은 많은 영향을 미친다.

본론을 구성하는 것은 커뮤니케이터로서 여러분이 직면하는 가장 큰 난관일 것이다. 그도 그럴 것이 여러분은 본론에서 테마 저변에 놓여 있는, 손에 잡히는 사실들에 대해 해설해야 하면서도 이를 통해 청중들에게 호기심을 불러일으키고 생각을 하게 해야 하기 때문이다. 많은 저술이[8] 이 문제에 대해 좋은 조언을 해왔지만, 이들은 대부분 손에 잡히는 것과 손에 잡히지 않는 의미를 연결하는 방법을 창안해 낸 데이비드 랄센David Larsen, 2003의 선구적인 방식을 따르고 있다. 비록 해설에 있어 본론만이 손에 잡히는 것과 손에 잡히지 않는 것을 연결하는 유일한 부분은 아니지만[9], 좋은 해설이라면 본론에서 손에 잡히는 사실을 손에 잡히지 않는 의미와 연결하는 것은 불가피한 일인 것이다.

2-2-1. 손에 잡히는 것과 손에 잡히지 않는 것의 연결

랄센Larsen에 따르면 사물은 두 종류, 즉 손에 잡히는 것과 손에 잡히지 않는 것으로 분류된다. 손에 잡히는 것들의 의미는 감각을 통해, 즉 보고, 듣고, 냄새 맡고, 만져보고, 먹어보는 것을 통해 우리에게 다가온다. 예를 들어 여러분은 눈을 사용하여 산의 크기와 형태를 알 수 있고, 귀를 사용하여 어떤 음악이 재즈 음악인지 클래식 음악인지를 확증할 수 있으며,

손의 감각을 이용하여 어떤 바위의 표면이 매끈한지 꺼칠꺼칠한지를 알 수 있고, 미각을 이용하여 생선을 먹고 있는지 과일을 먹고 있는지를 알 수 있는 것이다. 해설사들이 언급하는 손에 잡히는 것들은 대개 해설하는 데 있어 과학적, 문화적, 역사적으로 중요한 것들과 관련이 있다[10]. 여러분은 이러한 종류의 손에 잡히는 의미들은 청중들이 감각기관을 이용하여 여러분이 이야기하는 것들이 가령 피카소가 이 그림을 그렸다든지, 여기서 큰 위대한 전투가 벌어졌다든지, 이 나무가 유칼립티스나무가 아니고 단풍나무라든지 등 진실인지를 객관적으로 평가하기 때문에 객관적인 의미들이라고 간주할 수 있다.

하지만 여러분이 손에 잡히지 않는 의미들의 세계에 진입하게 되었을 때 사정은 완전히 변하게 된다. 무엇보다 손에 잡히지 않는 의미는 객관적인 것이 없다. 손에 잡히지 않는 의미들은 모두 주관적이고, 분명하지 않고, 논리보다는 은유나 주관에 기반하는 경향이 있다. 이러한 것들은 감각기관을 통해서는 감지될 수 없는 것들이다. 말하자면 여러분은 손에 잡히지 않는 의미들의 타당성을 객관적으로 평가할 수 없다는 것이며 그것들은 인간의 마음속에서 주관적으로 창조되고 상상된다는 것이다. 이러한 것이 바로 손에 잡히지 않는 의미들을 해설에 있어 매우 강력한 요소로 작용하게 한다.

손에 잡히지 않는 의미들은 주관적이고, 분명하지 않고, 은유나 주관에 기반한다.

옛 전쟁터를 찾은 세 명의 방문자가 있다고 생각해 보자. 그리고 이 중 첫 번째 방문자는 양심의 가책을 느끼고, 두 번째 방문자는 자부심을 느끼고, 세 번째 방문자는 분노를 느꼈다고 치자. 이 세 방문자가 느낀 것들, 즉 양심의 가책이나 자부심, 분노는 모두 손에 잡히지 않는 것들이다. 하지만 이 세 방문자에게 있어 이러한 감정들은 그 전쟁터와 관련해서 이들이 영구히 부여한 의미들인 것이다. 마찬가지로 어떤 숲 방문자는 숲의 향기를 손에 잡히지 않는 것들, 가령 깨끗하고, 고요하고, 순수한 것들과 연관시킬 수도 있고, 또 따른 숲 방문자는 숲의 향기를 좋은 적포도주와 연결할 수도 있으며, 어떤 방문자는 숲의 아름다움에 감동해서 숲을 보호하는 것의 긴박성을 느낄 수도 있는데 이 세 방문자가 느낀 것들은 모두 손에 잡히지 않는 것이다.

앞의 사례에서 살펴본 바와 같이 손에 잡히지 않는 의미는 상징주의, 즉 사물이 청중에게 무엇을 보여주는가에 관한 것이다. 이러한 이유로 손에 잡히지 않는 의미들에서는 종종 감정들을 〈표 2-4〉에서 제시한 보편적 개념들가령 악, 선, 고통, 연민, 사랑, 증오, 공포, 기쁨 등과 연결한다[11]. 여러분이 손에 잡히는 것을 손에 잡히지 않는 것과 연

> **손에 잡히지 않는 의미는 상징주의, 즉 무엇인가가 청중에게 의미하는 바에 대한 것이다.**

결하고자 할 때 여러분은 손에 잡히는 것이 무엇을 의미하는지를 청중에게 제안하는 것이기도 하며, 그것이 무엇을 상징하는지에 대해서도 제안하는 셈인 것이다. 다시 말해 손에 잡히는 것이 과학과 역사에 있어 어떠한 의미가 있는지 뿐만 아니라 인간의 정신과 인류에게 어떤 의미가 있는지를 제안하는 것이기도 한 셈이다[12]. 이러한 이유로 여러분이 손에 잡히는 것과 손에 잡히지 않는 것을 성공적으로 연결했을 때 청중들은 자연스럽게 그것에 대해 생각하게 되어 있다.

랄센Larsen은 이에 대해 다음과 같이 이야기하고 있다.

> 해설자원은 손에 잡히는 사물, 장소, 사람, 사건들뿐만 아니라 이 각각에 부여된 손에 잡히지 않는 의미들로 이루어져 있다. 이 중 하나를 무

시하는 것은 이 두 가지를 다 갖추었을 때 가질 수 있는 능력을 함부로 써버리는 셈이 된다.

모든 성공적인 해설은 손에 잡히는 자원을 손에 잡히지 않는 의미와 연결한다. 효과적인 해설이란 손에 잡히는 것을 손에 잡히지 않는 것에 연결하는 것에 관한 것이다. 손에 잡히는 것과 손에 잡히지 않는 것은 공존하는 것이다2003: 92.

브로추와 메리만Brochu & Merriman도 이에 대해 다음과 같이 언급한 바 있다.

해설이란 눈에 보이는 실들을 눈에 보이지 않는 실들과 엮어서 짜는 것이다. 그 결과로 만들어진 옷감이 결국 여러분의 청중이 느끼고 만질 수 있는 이야기가 되는 것이다. 그 이야기는 사실과 생각, 의미, 그리고 보편적인 감정, 즉 손에 잡히는 것과 손에 잡히지 않는 것의 조합이다2008: 48.

예를 들어 알래스카의 해설사가 기후변화에 관한 해설의 본론에서 다음과 같이 언급한 것을 참고해 보라.

만일 지구가 실제로 더 뜨거워지고 있다면 조만간 지구상에 사는 사람들은 삶의 방식을 엄청나게 바꾸어야 하게 될 것이다. 하지만 이 일이 일어나게 하지 않을 수도 있다.

이 해설사는 제2장의 〈표 2-8〉의 인위적으로 만들어진 상황이라는 기법을 사용한 것이다. 그녀가 만든 시나리오는 100년 후를 가정하고 있고, 따뜻한 겨울날 에스키모 가족이 나눈 이야기를 중심으로 구성되어 있다[13]. 이 에스키모 가족 간의 대화를 이어가면서 이 해설사는 현재의 기후변화에 대한 과학적 설명과 함께 사냥감을 찾는 것, 곤충을 퇴치하는 것, 피부암에 걸리는 것과 같이 이 가족이 앞으로 처할 수 있는 새로운 도전들_{손에 잡히는 것}에 대한 이 가족의 반응에 대해 언급하고 있다. 그리고 이러한 어려움들이 이들에게 의미하는 것, 즉 두려움과 분노, 당황 등은 손에 잡히지 않는 것이다. 위와 같은 방식으로 이 여성 해설사는 희망, 승리, 기쁨이라는 손에 잡히지 않는 것들을 세계 여러 나라의 정부들이 온실가스의 배출량을 줄이게 되었을 때의 실제적인_{손에 잡히는} 효과와 연결하면서 결론을 지었다.

이와 같은 맥락에서 나는 미국의 자유의 종The Liberty Bell이 도전의 상징으로, 베를린 장벽이 폭정을 표현해 주는 것으로, 새무리가 날아가는 것을 행복에 비유하는 것을 본 바 있다. 이렇듯 손에 잡히는 것과 손에 잡히지는 않는 것을 연결하는 것은 순차적 해설에 흥미를 더해줄 뿐만 아니라, 청중을 생각하게 함으로써 궁극적인 목표를 달성할 수 있도록 해준다.

2-3. 결론

순차적 해설의 결론 부분은 단 하나의 목표를 가지고 있는데, 그것은 테마를 강화하는 것이다. 어떤 해설사들은 결론 부분을 해설에 있어 왕관의 보석과 같은 것으로 간주하는데, 그 이유는 결론은 앞에 나왔던 모든 것들을 갈무리하는 데 결정적인 역할을 하기 때문이다. 곧 살펴보겠지만 해설사들에게는 결론 부분에서 고려해야 할 것이 매우 많다.

그림 9-2 | 미국인들에게 있어 보편적 개념으로서 저항이나 자유는 '자유의 종'이라는 아이콘에 구현되어 있다. 미국 독립 국가 역사 공원.
사진제공: 미국 국립공원청 밀러(R. Miller).

결론은 여러 형태를 띨 수 있지만, 그것이 성취하고자 하는 바는 똑같은데 청중들이 해설의 테마와 관련된 생각을 하게 할 수 있도록 하는 것이다. 여러분들은 대개 효과적으로 결론을 맺었을 때는 그것을 인지할 수 있는데, 그 이유는 청중들이 손뼉을 치며 해설이 좋았음을 보여준다든지, 질문을 한다든지, 좀 더 이야기를 나누고 싶어서 남아 있다든지 할 것이기 때문이다. 그리고 만일 여러분이 팁tip을 주고받는 문화권에 있다면 청중들에게 생각하게 만든 결론의 대가로 금전적 보상을 받을 가능성이 높다.

이 장의 앞부분에서 나는 좀 더 강력한 결론을 맺기 위하여 서론에서 청중들을 준비시키는 것이 좋다는 것에 대해 언급한 바 있다. 이를 이루기 위한 여러 가지 방법들즉 서론과 결론에서 핵심 구절을 반복하기, 테마와 관련하여 과거에 있었던 사건에 대해 언급하기, 어떤 이야깃거리에 대해 반절만 이야기하기, 결론과 연관된 일화 언급하기 등도 논의하였다. 여러분들은 또한 서론과 결론에서 테마를 2번 언급하는 것이 서론의 내용을 결론에서 활용하는 방법이라는 것에 대해서도 살펴보았다.

청중들이 이런 식의 해설기획 즉 서론과 결론이 서로 연결된 거점 해설이나 이동식 해설에 잘 반응하는 것처럼 보이는 이유는 심리학자들이[14] 이야기하는 프라그난쯔Pargnanz의 법칙과도 관련이 있다. 프라그난쯔는 독일어로 '전체', '완전함', 또는 '통일성'을 의미한다. 심리학자들은 사람들은 완전한 세계를 원한다고 믿는데 그러한 세계라야 질서도 있고, 예측할 수 있기 때문이다. 순차적 해설에서는 청중들이 모든 것이 순조롭게 진행되었다고 인식되었을 때 또는 교육심리학자들이 종결closure이라는 것이 되었을 때 완전한 해설이 되는 것이다. 여러분이 서론에서 기억할 만한 생각이나 시나리오를 이야기하고 나서 결론에서 그것을 다시 한번 이야기하는 것은 여러분이 해온 이야기를 다시 처음으로 되돌리는 것이 될 수 있고, 그렇게 했을 때 여러분의 해설은 완성되고 온전한 것이 되는 것이다. 이를 통해 여러분들은 청중들에게 완전한 이야기를 들었다는 것과 더 이상의 이야기가 없음을 재확인시켜 줄 수 있다. 방금 막 좋은 해설을 들은 청중들은 좋은 책이나 영화, 연극을 보았을 때 느끼는 것과 같은 종지부를 찍는 경험 또는 프라그난쯔를 경험하게 되는 것이다.

테마 중심 해설 전략이라는 큰 그림 속에서 보았을 때, 여러분이 해설의 서론과 본론을 잘 마쳐야 하는 이유는 결론에서 해설을 잘 마무리하기 위한 것이다. 나는 지금까지 서론 부분에서 청중들의 관심을 불러일으키면서 테마를 잘 도입해 놓은 후 본론에서 그것을 잘 전개해 나갔으면서도, 어떤 이유에선지 결론을 제대로 짓지 못하고 갑자기 볼품없이 끝나는 해설을 꽤 많이 보아왔다. 청중들로서는 결론이 없는 해설이야말로 당황스러운 것이다. 이것은 마치 해설사가 갑작스럽게 기력이 다해버린 꼴이며, 지금까지 이야기해 온 것을 어떻게 갈무리할지를 모르는 것과 같은 것이다. 무슨 이유에서든 청중들로서는 이러한 일이 발생하면 속은 것이나 다름없는

> 여러분이 서론에서 기억할 만한 생각이나 시나리오를 이야기하고 나서 결론에서 그것을 다시 한번 이야기하는 것은 여러분이 해온 이야기들을 다시 처음으로 되돌리는 것이 될 수 있다.

꼴이 되는 것이다. 청중들은 무엇인가를 생각하게 하는 결론에 거의 다 왔다고 생각했지만 그러지 못한 채 끝이 나고 만 것이다.

결론이 굳이 길고 자세할 필요는 없다. 몇십 초에서 2~3분 정도만 있으면 된다. 하지만 청중들에게 생각을 불러일으키기 위해서 반드시 결론은 제시되어야 한다. 제2장에서 언급된 짜임새도 있고, 청중의 눈높이도 맞고, 재미도 있는데 테마가 없는 해설ORE은 인포테인먼트라고 했던 것을 상기하여 보라. 순차적 해설의 경우 결론 부분에서 테마를 강조하는 것 없이 끝난다면 그 결과는 인포테인먼트가 될 것이고, 그 결과 해설 전체

와 관련된 중요한 아이디어를 강조할 수 있는 절호의 기회를 잃어버리고 말게 되는 것이다.

결론의 목적은 테마를 다시 한번 강조하는 것이지만, 결론에서 테마를 다시 한번 강조하는 방법에는 여러 가지가 있다. 다음에서는 결론을 잘 맺는 가장 성공적인 세 가지 성공적인 방식즉 요점을 되풀이하기, 해설된 것에 기반해 추론하게 하기, 테마를 강화하기 위해 제안하기에 대해 논의할 것이다.

2-3-1. 요점을 되풀이하기 Recapitulation

요점을 되풀이하기 위해서 여러분은 본론에서 발전시켰던 요점을 청중들에게 상기시키는 것으로 결론을 시작하면 된다. 말하자면 여러분은 결론에서 청중들이 생각해 보기를 원하는 핵심적인 것들을 요약한다는 것이다. 그러는 과정에서 여러분은 청중들이 여러분의 해설의 의미가 무엇인지에 대해 청중들이 생각하게 되기를 바라는 것이다. 예를 들어 호주의 대보초 해협 The Great Barrier Reef 스노클링 이동식 해설 후에 여성 해설사는 그녀의 청중들에게 이동식 해설과정에서 관찰한 해양 생물들이 천적으로부터 자신들을 보호하기 위해 사용하는 다양한 방법들에 대해 아래와 같이 상기시킬 수 있다[15].

> 우리는 위장함으로써 그리고 무리를 지어 이동함으로써 자신을 보호하는 어류들을 보았고, 포식자들을 혼동시키기 위해 꼬리 근처에 가짜 눈을 달고 다니는 어류도 보았으며, 사시가 있는 생물이나 딱딱한 껍데기가 있는 생물들도 보았습니다.

이러한 내용들을 요약하면서 그 해설사는 이 모든 것들을 다음과 같이 이 해설의 테마와 연결할 수 있다.

대보초 해협의 야생동물은 아주 다양하고 재미있고 효과적인 방법으로 생존해 나가는 것을 쉽게 관찰할 수 있다.

2-3-2. 해설된 것을 기반으로 추론하기 Extrapolation

해설된 것을 기반으로 추론을 하는 형태의 결론에서는 청중들에게 테마를 초월하는 생각을 불러일으키려고 한다. 이러한 형태의 결론에서는 더 큰 그림 속에서 '이것은 무엇을 의미하는 것일까?' 또는 '그러면 어쩌자는 것인가?'와 같은 질문을 하게 된다. 예를 들어 호주의 대보초 해협 스노클링 해설 투어를 마친 해설사는 청중들에게 다음과 같은 질문을 함으로써 대보초 해협의 야생동식물과 관련된 해설의 테마를 넘어서는 것에 대해 추론하게 할 수 있다.

여러분들이 집으로 돌아가게 되면 정원을 둘러보기 바란다. 생존을 위한 투쟁이 매일 여러분의 눈앞에서 펼쳐진다는 것을 확실히 발견할 수 있을 것이다. 조류와 포유류, 곤충 등 온갖 자기 나름의 삶을 살아가고 있고 인간을 포함한 다른 천적들로부터 온갖 영리한 방법으로 자신을 보호하려고 노력하고 있다. 자연은 호주의 대보초 해협과 같은 명소에서뿐만 아니라 어디에나 있는 것을 인식하게 되었을 때 우리는 가장 평범한 장소조차 매혹적이면서도 중요한 장소라는 것을 알게 된다.

2-3-3. 테마를 강화하기 위해 제안하기

테마를 강화하기 위해 제안을 하는 것은 해설사 여러분이 취할 수 있는 또 다른 결론의 형태이다[16]. 이렇게 결론을 짓는 목적은 청중들이 해설을 듣고 나서 하루 이틀 내에 경험할 수 있는 것들과 테마를 연관시킴으로써 테마를 다시 한번 강조하는 것이다[17]. 다시 말해 여러분은 청중들에게 다음에 특정한 것을 보고 들었을 때 여러분의 해설 테마를 기억하도록 제안함으로써 테마를 강화한다는 것이다. 만일 여러분이 이를 잘 수행한다면 이러한 방법은 청중들이 일상으로 돌아간 상황에서 여러분의 해설 테마를 다시 한번 강화시켜 줄 것이다. 물론 여러분의 해설의 테마를 청중들이 익숙한 상황과 연결하는 것은 독특한 방식으로 테마를 강화시켜 준다.

여러분이 결론에서 어떤 제안을 하는 목적은 여러분의 테마를 청중들이 가까운 장래에 경험하는 것과 연결함으로써 여러분의 테마를 다시 한번 강조하기 위한 것이다.

결론에서 제안하는 방법이 잘 통하기 위해서는 두 가지가 필요하다. 무엇보다 여러분은 무엇을 제안할지에 대해 여러분이 가진 상식을 잘 활용해야 한다. 말하자면 여러분의 해설 테마와 실제적으로 연결시킬 무엇인가가 있어야 한다는 것이다. 가령 여러분이 1746년 영국의 스코틀랜드에서 벌어진 컬로든 전투Battle of Culloden[18]에 대해 해설하면서, 청중들에게 서로 적군이 되어 싸워야 했던 아버지와 아들, 형제들, 사촌들의 비극을 기억하게 하고 싶다면 여러분은 아래와 같은 제안을 할 수 있을 것이다.

다음에 여러분이 가족들과 저녁 식사를 할 때 식탁 맞은편에 있는 가족 구성원과 사투를 벌인다고 상상해 보십시오. 그리고 그 가족 구성원 이외의 다른 가족들을 쳐다보면서 이들이 이 사투를 지켜보고 있다고 상상해 보십시오.

이와 마찬가지로 여러분이 전기 사용량을 줄이는 것을 강조하는 해설을 한다면 여러분은 해설의 테마를 다음에 냉장고 문을 열 때와 연결할 수 있을 것이다. 또 만일 여러분이 포도주 양조장 해설 투어를 마치려 한다면 여러분은 포도와 관련된 제안을 할 수 있을 것이다. 하지만 특정한 제안의 효과는 비단 그 제안이 여러분의 해설 테마와 얼마나 잘 어울리는가에 의해서만 결정되는 것이 아니라 그 특정 제안을 어떻게 청중들의 기억에 남게 테마와 연결하였는가에 더 영향을 받는다.

그림 9-3 | 미국 국립 수도 공원의 링컨 기념관The Lincoln Memorial. National Captial Parks.
사진제공: 폴 카푸토(Paul Caputo).

여러분의 제안이 잘 작동하는 데 필요한 두 번째 것은 여러분의 청중들을 준비시켜서 그 제안을 받아들일 준비가 되어 있도록 하는 것이다. 만일 청중들이 테마와 관련된 생각에 집중할 준비가 되어 있지 않다면 여러분의 제안은 청중들에게 진부하게 들릴 것이고 나중에 이들이 제안을 기억해야 할 때 기억하지 못하는 일이 생길 것이다.

하지만 여러분이 청중들에게 여러분의 해설 테마와 관련된 생각을 하게 하는 데 성공했다면 여러분의 제안은 여러분의 테마와 의미 있게 관련이 지어질 것이고, 그 결과는 청중들에게 인상적으로 남을 것이다. 내가 그동안 보아왔던 해설 중 테마를 강화하기 위해 제안을 하는 방법을 가장 능숙하게 사용한 해설은 워싱턴 DC 포드 극장의 에이브러햄 링컨 Abraham Lincoln에 대한 해설이었다. 〈그림 9-3〉 참조.

3 순차적 테마 개발 테크닉

순차적 테마 개발에서는 해설사가 해설의 순서를 정할 수 있어서 해설 내용의 순서를 정하기 어려운 때와 달리 커뮤니케이션 방법상의 몇 가지 이점을 누릴 수 있다. 예를 들어 우리는 서론과 본론 결론 각각이 하는 역할의 중요성에 대해 살펴보았다. 순차적 테마 개발에서는 어떤 내용으로 해설을 시작하고, 그다음에 무엇이 나오고, 결론을 어떻게 맺을까를 청중이 아닌 여러분이 결정하기 때문에 여러분은 목적의식을 가지고 해설의 순서를 정할 수 있는 것이다. 청중이 해설의 순서를 정한다면 청중들이 어떻게 시작해서 어떻게 끝낼지를 정하기 때문에 여러분은 여러분의 해설을 서론과 본론 결론의 관점에서 생각할 수 없는 것이다[19].

우리가 이미 검토했던 또 다른 순차적 해설의 기법은 프라그난쯔 Pragnanz 법칙을 활용하는 것이다. 여러분이 해설의 도입 부분을 결론 부분과 연결되게 디자인할 때 프라그난쯔 법칙은 작동하게 된다. 여러분이 해설을 어떻게 시작해서 어떻게 마칠지를 결정하지 않는다면 청중들에게 의식적으로 프라그난쯔를 경험하게 하는 것은 불가능한 일이다.

　이러한 방법 이외에도 순차적 해설의 테마를 개발하는 세 가지 다른 방법도 이용할 수 있다. 전환transition과 전조foreshadowing, 그리고 청중에게 정신노동을 부과하기가 그것인데 이 중 정신노동을 부과하는 것은 주로 이동식 해설에 도움이 된다.

3-1. 전환-모든 것을
쉽게 만들기

　　　　　　　　하나의 주요 아이디어를 끝맺고 다른 아이디어를 새롭게 시작하는 것은 해설의 소재를 변화시키는 것이기 때문에 서로 다른 아이디어에 관한 이야기 사이에는 전환을 포함할 수 있다. 그렇다고 이 전환이 복잡할 필요는 없다. 사실 최고의 전환은 간단하고 단순하다. 전환의 목적은 청중들에게 한 소재에 관한 이야기가 끝나고 또 다른 소재에 관한 이야기가 시작되는 것을 알려주는 것이다.

　가장 간단하면서도 분명한 전환은 청중들에게 다음과 같이 이야기하는 것이다.

　　오케이, 우리는 A에 관한 이야기를 마쳤고, 이제 B에 관해 이야기해 보려고 한다.

　해설의 맥락에 따라 여러분은 다음과 같이 더 정교한 전환이 필요할 수도 있다.

　　분명 찰스 다윈Charles Darwin은 그의 시대를 넘어서는 생각을 했다. 하지만 그는 그러한 생각을 한 유일한 사람은 아니었다. 여러분 중에는 들어본 바 없는 분도 있겠지만, 앨프레드 월리스Alfred Wallace도 같은 생각을 했다.

위의 전환은 해설사가 청중들에게 찰스 다윈에 관한 이야기를 마친다는 것을 보여준다. 동시에 그 해설사가 앨프레드 월리스에 관한 이야기를 시작할 뿐만 아니라 앨프레드 월리스가 어떻게 시대를 넘어선 생각을 했는지에 대해 집중할 것임을 보여주고 있다[20]. 이러한 식으로 청중들은 여러분이 하는 해설의 다음 부분에 대해 준비하게 된다.

전환의 목적은 여러분이 하나의 아이디어에 관한 이야기를 마치고 다른 이야기를 시작한다는 것을 보여주는 것이다.

어떻게 전환을 표현할지, 언제 전환할지를 신중히 생각해 보는 것도 중요하다. 전환이라는 것은 간단한 진술이지만 청중들이 여러분의 생각을 이해하는 데 소모되는 노력을 줄이는 것에 그 목적이 있다. 전환이 있으면 해설은 쉬워진다. 많은 해설사들은 전환에 할애되는 내용을 암기하는데, 그 이유는 그렇게 하는 것이 이어지는 나머지 해설을 기억하기 좋게 해주기 때문이다. 다시 말해 해설의 각 부분별로 주요 아이디어와 함께 전환을 기억하는 것이 해설 전체를 하나의 이야기로 기억하는 것보다 훨씬 쉽다는 것이다. 이는 큰 하나의 이야기 대신 작은 일련의 이야기를 전환점들과 함께 만들어 가는 것이라고 할 수 있다. 만일 여러분이 이야기하고자 하는 것을 기억하는 것에 어려움을 겪는다면 여러분의 이야기 핵심 포인트 사이에 미리 준비된 전환점을 마련해 놓는 것이 좋다. 이렇게 할 때 여러분이 해설 전체를 기억하는 것이 쉬워질 가능성은 훨씬 커진다.

표 9-2 | 제안을 통해 마지막 부분에서 테마를 강화하기

1센트의 제안

워싱턴 DC에 위치한 포드 박물관에서 근무하는 미국국립공원청 소속 해설사 조 게리(Joe Gary)의 해설은 순차적 해설의 결론에서 제안을 하는 것이 어떻게 테마를 강화시킬 수 있는가를 아주 잘 보여준다. 포트 극장은 미국의 16대 대통령인 아브라함 링컨이 1865년 4월 14일 암살된 사건을 극화해서 보여주는 곳이다. 잘 알다시피 링컨은 노예제를 두고 미국의 남부와 북부가 4년간 피비린내 나는 전투를 벌인 시기의 대통령이었다. 북부가 전쟁에서 승리하였을 때, 많은 북부 사람들은 남부 사람들을 처벌하기를 원했지만, 링컨은 나라의 상처를 치유하는 차원에서 남부 사람들을 용서하고 사면을 해주었다. 비록 링컨은 남부를 재건하기 전에 죽었지만, 그가 가졌던 철학의 위력은 널리 퍼졌고, 오늘날 그는 미국에서 노예제를 철폐하고 미합중국을 살린 위인으로 추앙받고 있다.

이에 대한 조 게리의 해설의 테마는 다음과 같다.

아브라함 링컨은 당대의 완벽한 대통령이었는데 그 이유는 그가 모든 미국인을 위한 대통령이었기 때문이다. 만일 다른 사람이 그 당시의 대통령이었다면 오늘날 미국은 전혀 다른 나라가 되어 있을 수도 있다.

조 게리는 자신의 해설 테마를 발전시켜 나가면서 아브라함 링컨에 대한 세 가지 핵심 포인트를 끄집어냈다: (1) 북부 사람이든 남부 사람이든 상관없이 그는 대통령으로서 역할을 했다. (2) 흑인이든 백인이든 상관없이 그는 대통령이었다. (3) 부자이든 가난한 자이든 그는 대통령이었다.

20분간의 해설을 마친 후 조 게리는 다음과 같이 그의 테마로 돌아간다.

신사 숙녀 여러분, 여러분이 아브라함 링컨에 대해 무엇을 더 알고 생각하는지 모르겠지만, 역사적 사실 하나는 분명합니다. 그는 모든 미국인의 대통령이었고, 만일 그 당시 다른 사람이 미국의 대통령이었다면 오늘날 미국은 완전히 다른 나라가 되어 있을 수도 있습니다.

그는 잠시 해설을 멈춘 후 다음 내용을 추가했다.

내가 이 이야기를 하지 않아도 여러분은 이미 그 사실을 알고 있습니다. 여러분의 주머니 속에 그 증거도 가지고 있습니다. 주머니 속에서 1센트 자리를 꺼내서 들여다보기 바랍니다. 그 동전에는 아브라함 링컨의 이야기가 담겨 있는데, 한 면은 아브라함 링컨의 흉상이 있고 다른 한 면에는 워싱턴 DC에 있는 아브라함 링컨 기념관이 있습니다. 1센트는 모든 사람이 이용할 수 있는 화폐입니다. 여러분이 흑인이든 백인이든, 어떤 유색인종이든 상관없이 1센트는 가질 수 있는 것입니다. 세상에서 가장 가난한 사람도 1센트는 가질 수 있는 것입니다. 그렇기 때문에 여러분도 1센트를 가지고 있는 것이구요. 워싱턴 DC에서 남은 일정 즐거운 시간 되시기 바랍니다.

조 게리의 해설을 들은 사람들 중의 많은 사람들이 1센트 동전을 볼 때마다 그의 해설의 테마를 기억할 것은 의심의 여지가 없다. 미국에서는 1센트짜리 동전은 여전히 링컨 기념 1센트라고 불린다.

3-2. 복선 깔기 Foreshadowing :
호기심을 불러일으키기

해설에서 복선을 깐다는 것은 청중들에게 다음에 어떤 이야기가 나올지에 대해 힌트를 주는 것이고, 이러한 과정은 청중들에게 다음에 무엇이 나올지에 대해 궁금증을 불러일으킨다[21]. 다시 말해 몇몇 주요한 세부사항들을 이야기하지 않은 채 남겨둠으로써 다음에 무엇이 나올지에 관하여 완전한 설명을 않는다는 것이다. 이러한 방식으로 복선을 까는 것은 불확실성을 만들어 내고 문제를 해결할 필요성을 야기한다. 이런 의미에서 복선 깔기는 이야기의 순서를 가지고 청중을 놀리는 것 같은 것이라고도 볼 수도 있다.

순차적 커뮤니케이션의 가장 큰 이점 중의 하나는 해설사는 다음에 무엇이 나올지 알지만, 청중은 모른다는 것이다. 가령 여러분은 해설의 다음 부분에 무엇이 나올지를 미리 알지만, 청중은 무슨 이야기가 나오는지를 기다려야만 알 수 있다는 것이다. 마찬가지로 여러분들은 여러분이 안내하는 청중들이 다음 공간에서 무엇을 보게 될지 알지만, 방문객들은 알지 못한다. 뿐만 아니라 여러분은 이동식 자연환경해설에서 다음 지점에 무엇이 있는지를, 이 산책로의 모퉁이를 지나면 무슨 장면이 갑자기 나타날지를 안다. 복선을 깔기 위해서 여러분은 청중들에게 여러분의 해설의 나머지 부분에 대해 충분한 정보를 줌으로써 이것의 이점을 활용할 수 있다.

> **복선 깔기는 불확실성을 창출하며 이를 해결하기 위한 필요를 만들어 낸다. 여러분은 복선 깔기를 순차적으로 청중을 성가시게 하는 것이라고 생각할 수 있다.**

복선을 까는 방법은 여러 가지가 있는데, 나는 〈표 9-3〉에서 보편적인 방법 몇 가지에 대해 기술하였다.

표 9-3 | 네 가지 유형의 복선 깔기

복선 깔기 유형	사례
순전한 호기심	여러분은 존슨 씨 일가가 매우 종교적이었다는 것을 볼 수 있다. 하지만 이것도 이들이 가끔씩 약간 악마 같은 재미를 즐기는 것을 막지는 못했다. 여러분은 2층에 올라가면 내가 무슨 이야기를 하는지를 알게 될 것이다.
기준에 대한 예외	엘니뇨가 있는 해에 새들에게 좋은 점은 더 멀리 날아갈 수 있다는 것은 분명하다. 하지만 항상 그런 것은 아니다. 내일 우리가 페르난디나 섬을 방문했을 때 날지 못하는 새들에게는 어떠한 일이 일어날지에 대해 생생한 사례를 볼 수 있을 것이다.
비교	만일 여러분이 이 꽃을 매우 아름답다고 생각한다면, 카메라를 치우지 마시기 바랍니다. 제가 여러분들을 위해 최고의 것은 다음 지점에 아껴두었고, 다음 지점은 여기서 20분 거리에 있습니다.
미스터리를 해결하기/ 질문에 답변하기	올빼미들은 인간이 할 수 있는 것 이상으로 뼈나 깃털을 소화시킬 수 없습니다. 그렇다면 올빼미들은 밤에 사냥에 성공한 후 이 문제를 어떻게 해결할까요? 다음 지점에서 여러분은 이 질문의 답을 알게 될 것이고 그것은 아마도 여러분이 생각하는 것과 다른 방법일 것입니다.

3-3. 정신적인 일 부과하기:
정신을 집중하게 하기

내가 이 방법을 정신적인 일을 "부과하는 것"[22]이라고 부르는 이유는 이 방법이 청중들이 무엇인가를 하게 하고 생각을 하게 하기 때문인데, 이는 대개 이동식 해설에 있어 멈추어서 해설을 듣는 지점에서 이루어진다[23]. 이 방법은 단지 복선을 까는 것처럼 무엇이 다음에 나올지에 대해 힌트를 주는 것뿐만 아니라 청중들에게 특정한 문제들을 풀도록 요구하는데, 청중들은 문제 해결을 위해서 관찰을 하고 테마와 관련된 생각을 해보아야 한다. 예를 들어 숲 탐방로에서 이동하면서 해설을 하는 해설사의 경우 탐방로 상의 특정한 지점에서 다음과 같이 이야기를 하면서 해당 지점에서의 그의 해설을 마무리할 수 있다.

더 이상 질문이 없으시면 이제 탐방로를 따라 올라가겠습니다. 탐방로를 따라 걸으시면서 특히 왼쪽을 주목해 주시기 바랍니다. 탐방로의 왼쪽 숲의 풍경은 3번 중요한 변화가 있을 것입니다. 어떠한 변화가 일어나는지를 감지하실 수 있다면 다음번 지점에 도착했을 때 이에 대해 같이 이야기해 볼 것입니다.

이러한 정신적 일을 하게 된다면 즉 왼쪽 숲을 관찰하고 해설사가 언급한 변화가 무엇인지를 파악하게 하는 것 청중들은 이 과제를 수행하면서 테마와 관련된 생각을 하게 된다[24]. 테마와 관련된 생각을 하게 하는 것이 해설의 전부라고 해도 과언이 아니기 때문에 이러한 방법을 사용하는 것은 청중들에게 즐거움을 더해 줄 뿐만 아니라 좋은 해설의 전략이 되기도 한다.

> **정신적인 일을 부과하기 위해서 여러분은 청중들에게 문제 풀기를 하게 할 수 있다.**

4 순차적 테마 개발의 세 가지 모델

       만일 여러분이 테마 중심 해설에 관련하여 누군가를 훈련시켜 본 바가 있었다면 아마도 다음과 같은 질문을 받아본 바가 있을 것이다.

     제가 거점해설을 하거나 이동식 해설을 할 때 청중들에게 테마를 이 야기해야 하나요?

  해설사가 청중들에게 해설의 테마가 무엇인가를 분명하게 이야기해야 하는지에 대해서는 의견이 분분하긴 하지만, 만일 그렇다면 해설사들은 해설이 진행되는 동안 어느 대목에선가 해설의 테마가 무엇인지를 청중 들에게 알려주어야 한다. 어떤 사람들은 해설을 시작하자마자 해설의 테 마가 무엇인지를 언급해야 한다고 주장하지만, 어떤 사람들은 마지막에 해설의 테마를 이야기해야 한다고 강변한다. 또 다른 사람들은 어떤 이야 기의 초반과 마지막 모두에서 테마를 이야기하는 것이 청중들이 해설을

더 잘 기억하게 한다는 쏜다이크Thorndyke, 1977의 연구를 인용하기도 한다
[25]. 뿐만 아니라 어떤 해설사들은 여러분에게 해설의 테마를 이야기할 필
요가 없다고 할 것이다[26]. 그렇다면 이러한 여러 가지 주장 중 과연 무엇
이 옳은 것인가?

 내 경험으로는 이 모든 주장들이 각각 장점이 있다. 그리고 이 네 가지
주장 중 세 가지의 주장에 해당하는 아주 훌륭한 해설을 지켜본 바 있다.
해설사들은 저마다의 스타일이 다르기 때문에 이 세 접근 방식에 대한
선호도가 다를 수 있다. 따라서 어떠한 모델이 최고이거나 더 나은지에
대해 이견이 있는 것은 놀라울 것이 없다.

표 9-4 | 순차적 테마 개발의 세 가지 모델

	서론	본론	결론
샌드위치 모델	테마 진술	테마에 살을 붙이기	테마 진술
발현적 모델	테마에 대한 오리엔테이션	테마에 살을 붙이기	테마 진술
암시적 모델	테마에 대한 오리엔테이션	테마에 살을 붙이기	테마를 강화하면서도 명시적으로 이야기하지는 않음

 해설의 초반부에만 청중들에게 해설의 테마를 이야기하는 것은 프라그
난쯔의 법칙에 위배되기 때문에 좀 어색할 수 있다는 데 대해 대부분의 독
자들은 동의할 것이지만, 나머지 세 가지 가능성들은즉 처음과 마지막에서 테마를
이야기하는 것, 마지막에서만 언급하는 것, 언급하지 않는 것 비단 해설에서뿐만 아니라 다양
한 유형의 커뮤니케이션에서 모두 널리 그리고 효과적으로 사용되고 있다.

각각은 서로 다른 모델이긴 하지만 이 세 모델은 언제 어디에서 공식적으로 청중들에게 테마가 이야기되느냐에 있어서만 차이가 있는 것인데, 나는 이 세 모델을 각각 샌드위치 모델Sandwich Model, 발현적 모델Emergent Model, 그리고 암시적 모델Implicit Model 이라고 칭할 것이다.

〈표 9-4〉는 각각의 모델이 어느 대목에서 테마를 명시적으로 표명하는지를 보여준다. 발현적 모델이나 암시적 모델의 경우 서론에서 테마가 분명하게 이야기되지는 않더라도 청중들이 테마가 무엇인지를 알 수 있도록 오리엔테이션은 해주어야 한다는 것을 유념해야 한다. 뿐만 아니라 세 가지 모델 모두에서 본론의 목적은 테마에 살을 붙여 생명을 불어넣는다는 것임도 명심해야 한다. 마지막으로 이 세 모델은 테마를 명시적으로 표현할지 말지, 어디에서 언급할지가 다르다는 점도 인지하기 바란다. 그럼 이제부터 이 세 가지 모델이 각각 어떻게 작동하는지를 보다 구체적으로 살펴보자.

4-1. 샌드위치 모델

샌드위치 모델에서 여러분은 여러분의 테마를 서론과 결론에서 두 번 이야기한다. 샌드위치라는 용어는 본론, 즉 샌드위치 속에 들어가는 것이 서론과 결론의 중간에 있는 데서 유래한 것이다[27]. 여러분은 앞서서 이 모델에는 프라그난쯔 법칙이 붙박이로 들어가게 된다고 언급한 것을 기억할 것이다. 여러분의 테마가 강력하다면, 그 테마가 불러일으키는 생각 때문에 청중들의 기억 속에 깊게 남게 될 것이다. 그리고 청중들이 결론에서 테마에 대해 두 번째 듣게 될 때, 청중들은 자신들이 그 테마를 서론에서도 들었다는 것을 기억할 것이다. 청중들이 서론과 결론의 테마를 연결하게 된다면, 청중들이 들었던 것은 청중들의 마음속에 순환하게 되고, 이제 해설이 끝날 때가 되었음을 직감하게 된다. 이 시점에서 온전한 결말, 즉 프라그난쯔가 발생하는 것이다.

샌드위치 모델은 프라그난쯔를 내포하고 있다.

나의 전작인 『환경 해설 Ham, 1992』에서는 샌드위치 모델에 대해서만 다루었다. 그 당시 나는 초보 해설사들에게 샌드위치 모델이 좋다고 생각했는데 그 이유는 그 모델이 서론에서 청중들에게 무엇에 대해 이야기할지에 대해 알려주고 나서, 본론에서 그것에 대해 이야기하고, 결론에서는 이야기했던 것에 대해 다시 한번 언급하라는 익숙하고도 상식적인 충고를 따르고 있었기 때문이다. 당시에 나는 청중들은 스토리의 테마가 서론과 결론에서 2번 이야기될 때 청중들은 스토리와 관련된 사실들을 더 잘 기억하는 경향이 있다는 쏜다이크 Thorndyke, 1977 의 실험에 매우 큰 영향을 받고 있었다. 당시는 사실을 기억하게 하기보다는 청중을 생각하게 하는 것이 중요하다는 연구들이 막 쏟아져 나오기 시작하던 시기이다. 최근 들어서는 청중을 생각하는 것이 해설의 최고 목적이라고 한 샌드위치 모델 이외의 두 모델, 즉 발현적 모델이나 암시적 모델도 충분히 좋은 결과를 만들어 낼 수 있다는 것이 분명해졌다.

4-2. 발현적 모델

만일 여러분이 발현적 모델을 따른다면 여러분은 여러분의 테마를 결론에서 한 번만 이야기하면 된다. 그리고 여러분이 해설을 잘해나간다면 점차 테마가 드러나게 되고 결론에 가서는 분명하게 나타나게 될 것이다. 이런 식으로 테마를 발전시키는 모델에서 여러분의 테마는 마치 농담에서 꼭 들어야 하는 대목처럼 작동한다. 따지고 보면 농담이란 발현적 모델을 따르고 있는 짧은 이야기인 것이다. 여러분이 마지막으로 누군가에게 농담을 했을 때를 생각해 보라. 여러분은 농담을 듣는 사람이 꼭 들어야 할 대목을 준비할 수 있도록 첫 문장을 시작했을 것이고, 농담을 해나가는 동안에 농담에서 핵심이 되는 대목이 효과를 거둘 수 있도록 관련된 정보를 조금씩 더해갔을 것이다. 하지만 여러분은 마지막까지 농담의 핵심 대목을 이야기하지는 않았을 것이다.

재미있는 농담의 핵심적인 대목처럼 해설의 마지막 부분에서만 해설의 테마가 제시되었을 때 청중의 생각을 불러일으킬 수 있는데 그 이유는 제시된 테마가 그 앞에 제시된 모든 것에 관한 지혜를 보여주기 때문이다. 여러분은 해설의 서론에서 해설의 테마가 무엇이 될 것인지를 청중들을 준비시킬 수 있는 중요한 진술을 하고

농담은 발현적 테마 모델로 이어지는 짧은 이야기인 것이다.

나서 본론에 가서 그 진술이 가지는 의미를 청중들이 충분히 이해할 수 있도록 추가적인 정보를 제공하면 되는 것이다.

4-3. 암시적 모델

암시적 모델에서 여러분들은 해설의 테마를 실제로 이야기하지 않는데, 이것은 암시적 모델을 샌드위치 모델이나 발현적 모델과 구별 짓게 하는 특징이다. 테마를 중심으로 하는 어떤 종류의 커뮤니케이션에서 그렇듯이 여러분은 암시적 모델을 기획하고 준비할 때도 청중들의 생각을 불러일으키는 강력한 테마를 만드는 것에서부터 시작해야 한다. 그리고 나서 그 테마가 해설을 창의적으로 기획하게 해야 하고 무엇을 포함시키고 강조할지, 무엇을 빼고 강조하지 않을지를 결정하도록 해야 한다. 결국, 준비단계에 있어서 암시적 모델은 다른 두

모델들과 별반 다를 것이 없다는 것이다.

말하자면 테마를 이야기하지 않는다는 것이 해설을 기획하고 준비하는 단계에서 테마를 염두에 두지 않는다는 것은 아니라는 것이고, 해설을 진행해 가면서 테마가 드러나도록 노력하지 않는다는 것도 아니라는 것이다. 단지 여러분은 여러분의 테마를 청중들과 말로 공유하지 않는 것뿐인 것이다.

여러분이 무엇인가를 표현하는 종류의 커뮤니케이션을 생각해 본다면 암시적으로 테마를 개발하는 모델이 가장 보편적이라고 할 수 있다. 위대한 영화나, 연극, 시, 노래 가사나 예술 작품은 청중들에게 작품의 테마가 무엇인지 명시적으로 이야기하지 않는다. 제8장에서 살펴본 바와 같이 윌리엄 셰익스피어는 로미오와 줄리엣의 어느 대목에서도 사랑의 힘에 대해 주인공들 사이의 대화나 다른 언급을 한 바가 없다[28]. 하지만 수 세기 동안 로미오와 줄리엣의 독자들이나 로미오와 줄리엣 연극을 본 사람들은 사랑의 힘이 관련된 개인적 테마를 그 작품으로부터 추출해 냈던 것이다. 만일 셰익스피어가 지금 살아 있어서 그의 독자들이 그의 작품에서 추출해 낸 개인적 테마에 대해 이야기한다면[29], 그는 독자들이 이야기하는 테마의 대부분이 그의 허용범위 안에 있다고 느낄 것이다. 셰익스피어는 분명 위대한 사랑은 죽음도 불사한다는 강력한 테마를 가지고 그의 작품을 발전시켜 나갔던 것이다. 이게 바로 여러분이 암시적 모델을 따랐을 경우 여러분의 접근 방식인 것이다. 여러분은 테마를 분명하게 언급하지는 않지만 여러분이 해설과정에서 여러분의 테마가 잘 나타날 수 있게 한다면 여러분의 해설이 여러분의 테마와 일관된 청중의 생각을 불러일으키게 하는 것이다. 비록 상대적으로 소수의 청중의 생각들만이 여러분이 염두에 두었던 테마와 정확하게 일치하겠지만 말이다.

다른 두 모델과 마찬가지로 여러분은 암시적 모델에서도 서론에서 청중들이 여러분의 테마가 무엇인지 알아챌 수 있도록 하긴 하는데, 다른 두 모델에 비해서는 덜 직접적인 방식으로 한다. 다시 말해 여러분은 서론에서 청중들이 해설의 테마가 무엇인지를 짐작할 수 있게 함으로써 청중들을 여러분이 가고자 하는 방향으로 인도해 갈 수 있지만 암시적 모델에서는 그 길이 매우 넓고 관대하다는 것이다. 이러한 이유로 여러분들은 종종 암시적 모델은 특성상 매우 구체적인 테마보다는 일반적이고 포괄적이며 때론 철학적인 테마들에 더 잘 어울린다는 것을 발견하곤 할 것이다.

> 창의적으로
> 무엇인가를 표현하는
> 커뮤니케이션에서는
> 암시적 모델이
> 세 모델 중 가장
> 보편적으로
> 활용된다.

여러분들은 암시적 모델에 따라 거점해설 또는 이동식 해설을 할 경우 본능적으로 청중들이 해설의 진행되는 과정이나 진행되고 나서 할 수 있는 생각의 범위를 넓게 하게 된다. 말하자면 자연스럽게 여러분의 수용범위가 다른 두 모델보다 커진다는 것이다. 암시적 모델과 넓은 수용범위는 종종 손에 손을 맞잡고 간다. 만일 이러한 생각이 사실처럼 들리지 않는다면 여러분은 이쯤에서 제8장의 무제한의 수용범위와 넓은 수용범위를 다시 한번 검토해 보면 좋다.

일부 해설사들은 해설의 테마를 청중들에게 말할 필요가 전혀 없다고 생각하기도 한다. 이는 샌드위치 모델이나 발현적 모델이 사용되어서는 안 된다는 이야기와 마찬가지이기도 하다. 이러한 생각을 하는 사람들은 해설의 과정에서 테마가 잘 드러나게만 한다면 청중들은 이를 분명히 알아차릴 것이고, 그 결과 모든 사람들이 비슷한 생각을 하게 되고, 해설로부터 거의 동일한

> 암시적 모델과
> 넓은 수용범위는
> 종종 함께 간다.

교훈을 유추해 낼 것이라고 느낀다. 하지만 나는 이러한 주장의 근거가 희박하다고 생각한다.

실제로 로미오와 줄리엣조차 많은 사람들에 의해 서로 다르게 해석되고 있다. 분명하게도 모든 사람이 로미오와 줄리엣을 읽거나 관람하고 사랑은 죽음도 불사한다는 생각을 하는 것은 아닐 것이며, 몇몇 사람들은 잘못된 생각을 가령 여자들은 남자들을 죽게 만들기 때문에 남자는 여자를 멀리해야 한다 같은 한다. 제6장에서 살펴본 바와 같이 어떤 테마가 잘 전개되어서 예술적으로 표현되었을 경우, 청중들의 마음속에는 여러 가지 테마가 생겨날 수 있다. 또한 우리는 청중들의 머릿속에 있는 이러한 개인적 테마들이 꼭 해설사가 발전시키고자 했던 테마와 모두 일치하는 것은 아니라는 것에 대해 언급한 바 있다〈표 6-3〉과 부록 2를 참고할 것.

하지만 여러분이 청중들에게 불러일으킨 생각들 중에 충분한 수가 여러분들의 수용범위 안에 있다면, 여러분은 해설에서 가장 기본적인 성공을 거둔 것이다[30]. 비록 여러분이 암시적 모델에서 여러분의 테마를 분명히 이야기하지 않았지만, 여러분이 테마를 아주 잘 전개한 결과 청중들을 앉혀놓고 여러분들의 거점해설이나 이동식 해설을 통해 어떠한 생각을 하게 되었는지를 물었을 때 청중들이 나열한 생각들이 대부분 여러분들의 수용범위 안에 있게 될 것이다.

4-4. 어떤 모델이 최고인가?

이 세 모델 중 그 어떤 모델도 다른 모델들보다 본질적으로 더 낫고 효과적이거나 창의적인 것이 아니라는 점을 인식하는 것이 중요하다. 그리고 이 세 모델들 중 어떤 것도 본질적으로 적용이 더 어렵거나 복잡한 것도 아니다. 이 세 모델은 단지 서로 다를 뿐

이고 순차적 테마 개발을 시작할 때 모두 이용
가능한 것들이다. 나는 개인적으로 이 세 모델
을 10여 차례 이상 활용해 보았고, 세 모델 모두
뛰어난 해설사들뿐만 아니라 스토리텔러와 소
설가, 영화작가, 시인, 작곡가들에게 효과적으로

세 모델의 성공 또는 실패 확률은 비슷하다.

사용되는 것을 보아왔다. 내 관찰의 결과 이 세 모델은 모두 성공할 확률
이나 실패할 확률이 비슷하고, 세 모델을 구별 짓는 것은 결국 해설사의
커뮤니케이션 스타일밖에 없다.

4-4-1. 어떤 모델을 사용하는 것이 좋을지 어떻게 알까? 2-3-1 규칙

이 세 가지 모델을 매우 여러 차례 활용하면서 나는 해설 준비단계에
서 어떤 것을 실제로 활용하게 될지를 거의 모른다는 점을 발견하게 되
었다[31]. 결국 나는 역순이 낫다는 결론에 이르게 되었다. 이 세 모델 중 어
느 모델을 따를지를 미리 정하기보다는, 내가 거점이나 이동식 해설의 서
론, 본론, 결론의 각 부분에서 무슨 이야기를 할지를 정리해 가는 과정에
서 어떤 모델이 좋을지가 드러나게 된다는 것이다. 나는 이 과정을 2-3-
1 규칙이라고 부른다.

만일 우리가 순차적 해설의 각 부분을 발표 순서대로 번호를 매긴다면
서론이 1, 본론이 2, 결론이 3이 될 것이다. 2-3-1 규칙은 이 세 부분을
생각하고, 기획하고 준비하는 순서를 이야기하고 있는 것이다. 다시 말해
여러분은 먼저 본론을 설계하고 나서 결론을 내리고, 서론을 준비하는 것
으로 마무리해야 한다는 것이다2-3-1.

테마 중심의 해설에서 테마를 발전시켜 나가는 데 있어 서론, 본론, 결
론의 목적이 다르다는 점을 상기해 보자. 서론의 목적은 청중들로 하여금
결론을 준비하게 만드는 것-즉 생각을 하게끔 하는 결론을 위한 준비를

시키는 것-이다. 이 과정에서 여러분은 결론이 어떤 모양을 띨지 알지도 못한 상태에서 서론에서 결론을 위한 준비를 한다는 것이 현실적으로 가능한가라는 질문을 할 수 있다. 마찬가지로 본론을 구체적으로 어떻게 구성할지를 알기 전까지 서론에서 어떻게 본론을 소개할 수 있겠는가? 이 두 가지 이유 때문에 나는 여러분이 본론과 결론을 잘 마무리 지어놓고 나서 서론을 준비할 것을 권장한다.

2-3-1의 규칙을 적용하는 과정에서 여러분에게 적절한 테마 개발 모델이 드러나게 될 것이다. 본론의 구체적인 개요여러 아이디어의 흐름과 색깔뿐만 아니라 전환이나 복선 깔기를 할 곳, 눈에 보이는 것과 눈에 보이지 않는 것을 연결할 곳, 일화, 사례, 비교 등을 언급할 곳 등를 준비하는 것에서 시작하라. 이러한 과정은 본론의 구체적인 그림을 창출해 낼 것이고, 여러분을 결론 직전의 전환에 이르게 할 것이다.

> **2-3-1의 규칙을 적용하는 과정에서 여러분에게 적절한 테마 개발 모델이 드러나게 될 것이다.**

결론을 준비할 무렵이면 여러분은 이 세 가지 테마 개발 모델 중 어떤 모델을 따를지에 대한 감이 오기 시작할 것이다. 결론을 어떻게 맺을까를 곰곰이 생각하다가 불현듯 해설의 테마를 명확하게 하는 창의적인 직감이 떠오른다면, 여러분은 암시적 모델보다는 샌드위치 모델이나 발현적 모델을 따르는 게 낫다는 생각을 할 수 있다. 왜냐하면 샌드위치 모델이나 발현적 모델의 경우 결론에서 청중들에게 테마를 분명히 이야기하기 때문이다. 결론에서 여러분이 가지고 있는 테마의 핵심을 분명히 표현할 수 있다면 암시적 모델은 제거할 수 있는 것이다[32]. 하지만 이 단계까지 왔더라도 여전히 샌드위치 모델이 좋을지 발현적 모델이 좋을지는 결정되지 않은 상태이다.

이러한 과정을 거쳐 여러분은 2-3-1 규칙의 마지막 단계, 즉 서론을 준비하는 단계에 이르게 된다. 이 단계에 이르면 여러분은 본론과 결론이 어떻게 진행될지에 대해 알고 있는 이점을 누릴 수 있게 된다. 여러분이 서론을 기획하는 과정에서는 테마를 진술할 수도 있고, 그렇지 않을 수도 있다. 서론을 다 준비했는데도 불구하고 테마를 진술할 필요성을 못 느낀다면 여러분은 발현적 과정의 테마 개발을 따르고 있는 것이다. 하지만 여러분이 서론에서 테마를 분명하게 말하고 싶고, 말할 수 있다면 여러분은 샌드위치 모델을 따르고 있는 것이다.

모든 창의적인 커뮤니케이션에서와 마찬가지로 좋은 생각이 싹트기 위해서는 노력과 시간이 필요하다. 2-3-1 규칙의 가장 큰 가치는 다른 방식들보다 좋은 해설을 보다 빠르게 기획할 수 있도록 해주는 데 있다고 할 수 있다[33].

5 테마의 패키지화

나는 이번 장을 통상적인 해설기획의 관행상 일부 사람들에게는 매우 혁신적으로 보이는 것들을 언급하면서 마무리하고자 한다. 어떤 해설사들에게는 내가 이 절에서 제안하는 내용이 매우 창의적인 생각으로 간주될 수도 있을 것이다. 이 절에서 다루고자 하는 이슈는 해설의 테마를 포장하는 것이니 이를 테마의 포장이라고 부르도록 하자.

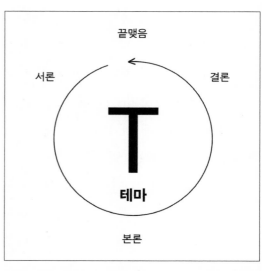

그림 9-4 | 테마 포장의 구성요소: 서론, 본론, 결론과 결말을 통한 강력한 테마 개발.

테마의 포장이란 해설사가 테마를 발전시켜 나가는 개념적인 그릇을 의미한다. 순차적 커뮤니케이션에 있어서 여러분은 서론, 본론, 결론이라는 매우 친숙한 부분이 있을 때 테마가 포장되어 있다는 것을 알아채게 된다. 그리고 이 세 부분은 하나의 강력테마를 발전시키기 위해 기획되었다는 것이 테마가 포장된 두 번째 특성이다. 테마의 포장에 있어 세 번째 중요한 특징은 해설의 테마를 다시 한번 강조하고 결말을 지으면서 끝이 난다는 것이다. 다시 말해 지금까지 우리가 이야기한 테마 개발의 과정을 충실히 따를 때 테마는 저절로 포장이 되는 것이다. 테마의 포장에 필요한 세 가지를 염두에 둔다면, 여러분은 테마를 포장한다는 것이 〈그림 9-4〉와 같이 강력한 테마를 중심으로 그려진 타원과 같다고 생각할 수 있을 것이다. 〈그림 9-4〉에서 타원은 서론에서 시작해서 결론을 지으면서 결말에 이르게 된다.

통상적인 순차적 거점해설이나 이동식 해설에서는 하나의 테마 포장만 하게 된다. 예를 들어 어떤 해설사가 20분간 거점해설을 하게 될 경우에는 하나의 테마만 있으면 된다. 한 시간짜리 이동식 해설에서도 하나의 테마만 있으면 된다. 하나의 해설마다 하나의 테마 포장을 하는 형식은 오랜 시간을 통해 검증되어 왔고, 많은 해설사들이 여전히 잘 활용하고 있다. 그리고 이것이 〈그림 9-4〉에서 묘사된 것이다.

하지만 어떤 해설사들은 하나의 해설에 하나의 테마를 포장하는 접근방식과는 다른, 보다 창의적인 테마 포장방식을 고려하기도 한다. 이들은 하나의 해설이 하나 이상의 테마 포장으로 구성될 수 있는 상황이 있는 경우를 좋아하기도 한다. 예를 들어 이들은 20분간의 거점해설에서 5분 동안 간단하게 테마와 서론, 본론, 결론이 포함된 해설을 하고 나서, 15분 동안 서론, 본론, 결론을 보다 자세히 해설을 하고 결론을 맺는 2개의 테마 포장은 안 될 이유가 있냐고 묻는다. 한발 더 나아가서 어떤 이들은 5분짜리 해설과 15분짜리 해설이 꼭 서로 관련이 있을 필요가 있느냐고 묻기도 한다. 다시 말해 2개의 완전히 다른 테마를 다룰 수는 없느냐는 것이다.

마찬가지 맥락에서 하나의 이동식 해설에서 여러 개의 테마 포장을 함으로써 여러 개의 테마가 소개되고 결말이 지어지는 것은 잘못된 것인가 하는 질문도 가능하며, 이동식 해설에서 멈추어 서는 각 지점마다 새로운 테마를 포장할 수는 없는 것인가 하는 생각을 할 수도 있는 것이다.

관행적으로 보았을 때 해설사 여러분은 하나의 순차적 해설에서 하나의 테마 포장을 하게 된다.

이러한 질문들에 대한 나의 답변은 '안 될 이유가 없다.'이다. 하나의 해설에 하나의 테마를 포장하는 것은 여러 면에서 입증된 접근 방식이지만 그 방식만이 해설의 핵심적 성과, 즉 생각을 불러일으키는 것은 아닐 수 있는 것이다. 다른 방식으로 테마를 포장하는 방식에 대한 고민은 해설사들로 하여금 지난 50년간 새로운 전기·전자통신 기술이 발달함에 따라 조성된 특별한 환경에 맞는 새로운 창의적인 테마 포장 기술을 발전시키도록 하였다.

하나의 해설에서 하나의 테마 포장을 했을 때만이 청중들이 생각을 불러일으키는 것은 아니다.

해설을 테마를 중심으로 패키지화하는 방법은 여러 가지가 있겠지만, 나는 〈그림 9-4〉, 〈그림 9-5〉, 〈그림 9-6〉에서 세 가지 간단한 방법의 윤곽을 제시하였는데, 전통적인 하나의 포장과 연속적인 포장, 그리고 중첩된 테마 포장이 그것이다.

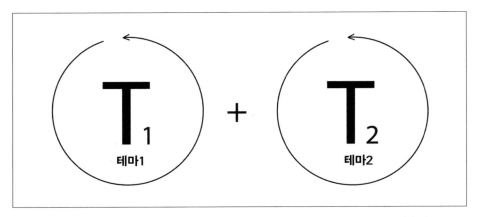

그림 9-5 | 연속 패키지 형식: 2개 또는 그 이상의 테마가 독립적으로 개발되고 각각은 독립적인 서론, 본론, 결론, 결말이 있음.

전통적인 하나의 테마 포장은 〈그림 9-4〉에서 보는 바와 같이 하나의 해설에서 하나의 테마를 포장하는 방식이다. 이 방식에서 해설사들은 서론과 본론, 결론을 통해 하나의 강력한 테마를 발전시키고 결말을 짓는다.

연속적인 테마 포장의 경우 해설사들은 2개 또는 그 이상의 연속적인 테마를 개발하게 되는데 각각의 테마는 서론, 본론, 결론이 따로 있을 뿐만 아니라 별도의 결말을 맺는다. 이 각각의 테마들은 서로 연관이 되어 있을 수도 있고 그렇지 않을 수도 있으나 이 경우 해설사들은 이 각각의 테마를 전체를 아우르는 테마와 연결하려고 하지 않는다. 말하자면 각각의 테마 포장은 독립적으로 존재하며, 테마적인 면에서 서로 독립적이다. 다시 말해 연속적 테마 포장에서 각각의 테마는 전체를 아우르는 테마의 하위 테마가 아니라는 것이다[34]. 연속적 테마 포장의 예로는 역사적 건축물에 대한 이동식 해설에서 해설사들이 건물 내부의 각 방을 들르면서 각각 서로 다른 테마 포장을 하고 전체를 아우르려는 시도를 하지 않는 경우를 들 수 있다. 이 이동식 해설의 경우 여러 개의 짧지만 서로 연관되지 않는 해설들로 구성이 되는 셈인 것이다.

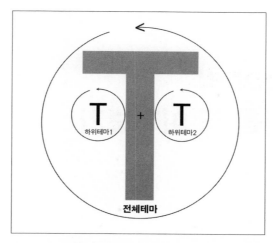

그림 9-6 | 중첩적 테마 패키지: 2개 또는 그 이상의 테마가
전체를 아우르는 테마의 일부분으로써 개발.

　　중첩된 해설 포장은 연속적 해설 포장과 같은 방식으로 조직되지만 각
각의 테마를 전체를 아우르는 테마와 묶는다는 면에서 연속적 해설 포장
과 다르다. 이러한 방식으로 각각의 작은 테마 포장은 전체를 아우르는
테마 포장의 하위 테마 포장이 되는 것이다. 말하자면 각각의 작은 테마
포장이 합쳐져서 큰 하나의 테마 포장이 된다는 것이다. 이 테마 포장방
식에서 여러분들은 전체를 아우르는 테마 포장 속에 작은 테마 포장들이
둥지를 틀도록 한다. 중첩된 해설 포장의 좋은 예로는 일정한 루트를 4시
간 동안 오르면서 하는 이동식 해설에서 테마를 포장하는 경우를 들 수
있다. 이 해설의 과정에서 여러분은 작은 하위 단위를 테마들을 개발해
나가고 결론적으로 모든 하위 테마를 아우르는 테마를 강조하게 된다. 마
찬가지로 야간 해설 프로그램의 경우도 세 개의 서로 연관된 작은 해설
들각각 서론과 본론 결론과 결말이 있는로 나누고 나서 마지막에 이 하위 테마들을
아우르는 전체적인 결론으로 이어질 수 있는 것이다. 이외에도 여러 가지
형태의 중첩된 해설이 얼마든지 가능하기는 하나 중첩된 해설에서 하위
테마의 수는 4개 이하인 것이 좋다제2장의 마법의 수 4를 상기해 보라.

순차적 테마 개발

6 요약 및 다음 장 미리보기

우리는 이 장에서는 순차적 테마 개발에 있어서 테마를 개발한다는 것이 무엇보다 서론, 본론, 결론을 제대로 잘 개발한다는 의미라는 것에 대해 살펴보았다좋은 거점해설과 이동식 해설에는 좋은 서론과 본론 결론이 있는 것이다. 우리는 해설에 있어 서론, 본론, 결론이 각각의 목적을 달성하는 방법은 다양하다는 것에 대해서도 살펴보았다.

청중들과 얼굴을 마주 보고 하는 해설에 있어서 해설사들은 해설의 청중들에게 해설의 테마를 분명하게 이야기해야 할지 말지, 만일 해야 한다면 테마를 어느 부분에서 이야기할지를 결정해야 한다. 우리는 이와 관련해서 세 가지 테마 개발 모델, 즉 샌드위치 모델, 발현적 모델, 임시적 모델에 대해 살펴보았고, 해설사가 이 셋 중 어떤 모델을 따르느냐에 따라 그 대답은 달라질 수 있다는 것에 대해서도 검토해 보았다. 이 세 모델 모두 훌륭한 결과를 가져올 수 있기 때문에, 이 중 어떠한 테마 개발 모델을 사용할지는 해설사 여러분들의 개인적인 선호나 스타일에 달려 있다고 할 수 있다.

  마지막으로 우리는 테마 개발과 관련된 보다 창의적인 방식에 대해서도 살펴보았다. 전통적으로 하나의 해설에서는 하나의 테마만을 포장하였다. 하지만 우리는 하나의 해설에서 몇 개의 테마 포장이 있을 수 있다는 것에 대해서도 살펴보았다. 대안적 테마 포장에는 연속적 테마 포장과 중첩된 테마 포장 등이 있다.

  마지막 장인 제10장에서 우리는 이 장에서 논의된 방법과는 다른 비순차적 해설 상황에서 테마를 개발하는 것에 대해 살펴볼 것이다. 청중들이 어떠한 정보를 먼저 취득할지를 결정할 수 있는 상황에서는 순차적 테마 개발과 다르면서도 간단한 테마 개발 방법이 요구된다.

• **주요용어**

결말 closure, 테마 개발 develop a theme, 발현적 테마 모델 emergent theme model, 외삽 extrapolation, 복선 깔기 foreshadowing, 암시적 테마 모델 implicit theme model, 손에 잡히지 않는 의미 intangible meaning, 정신적 노동 mental task, 중첩적 테마 포장 nested package format, 비순차적 커뮤니케이션 non-sequential communication, 하나의 테마 포장 one package format, 프라그난쯔 Pragnanz, 요점을 되풀이하기 recapitulation, 샌드위치 테마 모델 sandwich theme model, 순차적 커뮤니케이션 sequential communication, 연속적 테마 포장 senquential theme package, 제안 suggestion, 손에 잡히는 의미 tangible meaning, 테마 포장 thematic package, 전환 transition.

제10장

비순차적
테마 개발

INTERPRETATION:
MAKING A DIFFERENCE
ON PURPOSE

제9장에서 여러분은 해설사가 청중들이 정보를 수신하는 순서를 정할 수 있을 때 활용할 수 있는 여러 가지 창의적인 테마 개발 방법과 테크닉이 있다는 것에 대해 살펴보았다. 이러한 것들 중에는 서론과 본론, 결론을 전략적으로 활용하는 능력, 프라그난쯔를 기획하는 것, 전환을 하는 것, 복선을 깔거나 이동식 해설의 중간에 정신적인 일을 부여하는 것과 같은 순차적 테마 개발의 기술들이 포함된다. 우리는 또한 순차적으로 테마를 전개시켜 가는 방법에는 세 가지 다른 모델, 즉 샌드위치 모델, 발현적 모델, 암시적 모델이 존재하는 것에 대해서도 알아보았다. 순차적 커뮤니케이션에서 이 세 가지 모델을 모두 활용할 수 있는 이유는 언제 시작을 하고, 다음에 무엇이 오고, 어디

> **청중들이 정보를 취득하는 순서를 마음대로 정할 수 있을 때 여러분은 청중들에게 생각을 불러일으킬 수 있는 빠른 방법을 필요로 하게 된다.**

에서 결말을 지을 것인가를 결정하는 것이 바로 여러분 해설사들이기 때문이다. 하지만 이 장에서는 이러한 기법들이 통하지 않는 상황에서의 테마 개발에 대해 다룬다.

1   비순차적 테마 개발의 개념

       탐방객 센터의 전시해설과 같은 비순차적 테마 개발에서 청중들은 무엇에 관심을 가질지, 그리고 어떤 순서로 전시된 해설 작품을 둘러볼지를 스스로 정한다. 어떤 사람이 시작하는 지점에서 다른 사람은 끝을 낼 수 있고, 제삼자는 아예 거기에 가지 않을 수도 있다. 이것이 바로 전시 작품이나 브로슈어, 홈페이지, 또는 비순차적 오디오 해설 등에서 여러분이 직면하는 도전인 것이다[1]. 스마트폰 앱이나 길가의 전시 작품, 무인안내기 Kiosk 등도 비순차적인 것은 마찬가지다. 이러한 해설 장치나 해설 매체를 기획함에 있어 해설사는 사전에 탐방객들이 어떤 정보에 어떤 순서로 관심을 가질지 알 수가 없는 것이다.

  청중들이 정보를 취득하는 순서를 마음대로 정할 수 있는 상황에서 여러분은 해설의 서론, 본론, 결론을 생각할 수 없는데 그 이유는 전시 작품을 어디에서부터 둘러보기 시작해서 어디에서 끝을 낼지는 여러분의 결정이 아니고 청중의 결정이기 때문이다. 여러분은 또한 비순차적 테마 개발에서 청중들을 위한 프라그난쯔나 결말과 같은 것을 준비할 수도 없는데, 그도 그럴 것이 청중들이 비순차적 해설 장치를 이용하거나 해설 매체를 관람할 경우 어디에서 시작해서 어디에서 끝을 낼지는 개인별로 다를 수 있기 때문이다. 뿐만 아니라 이러한 상황에서는 해설되고 있는 내용의 주요 요점 간의 전환을 기획하거나, 다음에 무엇이 나올지

> **한 탐방객이 시작하는 곳에서 또 다른 탐방객은 끝을 낼 수 있고 제3의 탐방객은 아예 거기에 가지 않을 수도 있다.**

복선을 깔거나, 하나의 지점에서 다음 지점으로 이동하는 과정에서 무엇인가를 하거나 생각하게 하는 것 역시 실효가 없다. 비순차적 커뮤니케이션에 있어서 시작과 끝, 다음과 같은 것은 매우 모호하고, 경우에 따라서는 무의미하기까지 하다.

이러한 점은 비순차적 테마 개발에 관해 중요한 무엇인가를 여러분에게 이야기해 주고 있는데, 그것은 바로 비순차적 테마 개발의 경우 제9장에서 다룬 순차적 테마 개발과 다른 접근 방식이 요구된다는 것이다. 그 전략이 무엇이고, 왜 그러한 전략이 필요한 것인가가 바로 이장에서 초점을 맞추고자 하는 바이다.

2   시간 제약과 테마 개발

비순차적 해설에서 테마를 개발하는 데 있어 매우 실제적인 한계는 해설 전시 작품으로 청중과 커뮤니케이션할 수 있는 시간이 항상 변한다는 것이다. 다시 말해 해설 장치나 매체를 통한 해설에 청중들이 얼마의 시간이 사용할지가 분명하지 않다는 것이다. 그 이유는 탐방객 한 명 한 명이 여러분이 만들어 놓은 해설 전시 작품을 관람하는 데 얼마나 많은 시간을 투자할지를 미리 예측하는 것은 거의 불가능하기 때문이다[2].

예를 들어 세 사람이 박물관의 전시 작품을 관람하러 들렀다고 가정해 보자. 첫 번째 사람은 여러분의 전시 작품에 완전히 몰입하여 모든 글들을 읽고 모든 전시에 담긴 모든 아이디어들을 섭렵하려 할 것이다나는 이러한 부류의 사람들을 공부하는 사람들이라고 부를 것이다. 두 번째 사람은 같은 전시 작품을 선택적으로만 둘러볼 것이다. 어떤 부분은 숙독할 것이고 경우에 따라서는 여기저기에 멈추어 서서 이것저것 조금씩 읽어볼 것이다나는 이들을 띄엄띄엄 읽어보는 사람이라고 부를 것이다. 세 번째 사람은 여러분의 전시를 대충 보고 전시 작품 중 매우 큰 사진이나 삽화, 입체적이거나 움직이는 것 등 두드러진 부분들만 찾아가서 제목 정도만 읽어볼 것이다^{나는 이런 부류의 사람을 대충 훑어보는 사람[3]이라고 부를 것이다}. 이렇게 재빨리 훑어보는 사람들은 전시해설 공간의 어떤 부분을 훑어보는 데도 최대 5~6초 이상을 투자하지 않을 것이다[4].

문제는 이러한 상황에서 여러분이 전시 작품의 테마 개발을 위해 어떠한 접근 방식을 취해야 할 것인가이다. 다시 말해, 전시 작품의 테마를 개발함으로써 청중들에게 테마와 관련된 생각을 불러일으키는 것이 여러분의 목적이라면 여러분은 어떤 유형의 청중에게 생각을 불러일으켜야 할 것인가? 이것은 여러분의 전시 작품 관람객 중 누가 가장 중요한 관람객인가를 묻는 질문이기도 하다. 여러분은 여러분의 전시 작품을 열심히 공부하는 사람들만 챙기면 될 것인가? 아니면 여러분의 전시 작품을 관람하는 모든 사람들을 고려해야 할 것인가? 이것은 매우 중요한 질문이다.

그림 10-1 │ 시간의 제약—공부하려는 사람들studies과 띄엄띄엄 읽는 사람들browsers, 대충 훑어보는 사람들 streakers은 비순차적 테마 개발에 있어 동등하게 중요한 청중이다.

만일 여러분이 내가 아는 대부분의 해설사들과 같다면 전시 작품의 테마에 영향을 받는 사람이 오로지 전시 작품을 공부하듯 관람하는 사람들^{즉 모든 전시 작품을 섭렵하는 사람들}뿐이라면 여러분은 이에 대해 만족하지 못할 것이다. 그도 그럴 것이 직관적으로도 전시 작품을 공부하듯 관람하는 사람들의 수는 적고, 이 경우 여러분의 전시 작품이 매우 제한적인 관람객들에게만 관람되었다는 것을 의미하기 때문이다. 뿐만 아니라 전시 작품을 공부하듯 관람하는 사람들은 이미 전시 작품에 대해 더 많이 알고 있을 수 있고, 그것의 보존에 더욱 신경을 쓰고 있을 수도 있는데, 여러분의 해설 작품이 이러한 부류의 사람들에게만 눈길을 끌었다면 결국 여러분의 전시 작품은 여러분들이 관심을 끌고 싶어 했던 다수의 사람들을 놓쳐버리고 만 셈이 되어버린 것이다〈그림 10-2〉 참조[5]. 전시 작품이 어떤 부류의 사람들의 관심을 끌었든 간에 여러분들은 아마도 다음과 같이 생각할 것이다.

존 포크와 린 다이어킹(John Falk & Lynn Dierking, 1992)의 연구는 비순차적 테마 개발에 있어 왜 대충 훑어보고 가는 사람들이 중요한 관람객인가를 보여주고 있다. 대충 훑어보고 가는 사람들만이 유일한 관람객은 아니지만, 어떤 전시에서는 특정 전시 작품을 1초에서 6초 이내로 관람하는 사람들이 대부분인 경우가 종종 있다.

아래의 도표는 박물관 관람객들이 박물관의 여러 전시 작품 중 각각을 들여다보는데 소요하는 시간을 보여주고 있다. 포크와 다이어킹(Falk & Dierking)이 지적하듯이 관람객들의 다수는 대충 훑어보고 가든지 아니면 자세히 읽어보든지 둘 중의 하나이다. 도표가 보여주고 있듯이 가장 많은 관람객들은 전시 작품을 그냥 지나치고 내용을 전혀 읽지 않으며, 그다음으로 많은 집단은 전시 작품을 읽는 데 0초에서 18초 이내의 시간을 들인다. 마지막으로 일군의 사람들은 특정 전시 작품을 관람하는 데 40초에서 1분여를 투자한다.

하지만 이 그래프가 확실히 보여주는 것은 대다수의 사람들은 특정 전시 작품을 관람하는 데 1초에서 6초 이내의 시간을 사용한다는 것이다. 바로 이 사람들이 대충 훑어보고 가는 사람들, 즉 전시 작품의 제목과 전시 작품 디자인 중 특이한 부분만을 읽는 사람들인 것이다. 여러분들은 박물관이나 탐방안내센터 관람객 중 이러한 부류의 사람들의 규모가 상당하다는 것을 알 수 있을 것이다.

전시 작품 제목과 디자인이 조화를 이루어 청중들의 생각을 불러일으킬 수 있도록 메시지를 전달한다면 여러분들의 전시 작품은 대충 훑어보고 지나가는 관람객들에게도 어느 정도의 목표를 달성하게 된 것이다. 물론 보다 많은 시간을 투자하는 관람객들은 테마와 관련된 더 많은 생각을 할 수 있을 것이다. 결국 제목을 통해 해당 전시 작품의 테마를 전달하는 것이 다수의 관람객들에게 전시 작품의 테마를 전달하는 가장 최선의 방법이라고 할 수 있다.

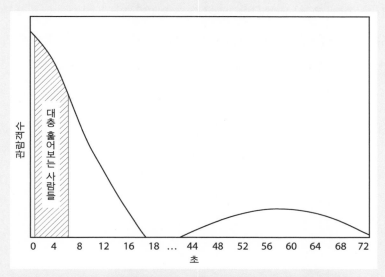

그림 10-2 | 비순차적 커뮤니케이션에서는 대충 훑어보는 사람들이 주류인 경우가 많다.
사진제공: 포크와 다이어킹(Falk & Dierking, 1992)[6].

나는 중요한 무엇인가를 이야기하고 있는 강력한 테마를 가지고 있고, 대충 훑어보는 사람들조차도 나의 전시 작품을 보고 무엇인가를 생각하기를 원한다. 나의 전시 작품을 관람하는 데 얼마나 많은 시간을 투자하는지와 상관없이 모든 관람객은 나의 관람객인 것이다.

이것은 모든 형식의 비순차적 테마 개발에서 내가 가정하는 바이기도 하다. 즉 성공적인 비순차적 테마 개발이 되려면 관람객들이 정보를 처리하는 데 들이는 시간에 상관없이 어떤 청중에게든지 생각을 불러일으키는 것을 목표로 해야 한다는 것이다[7]. 독일의 한 국립공원 탐방안내센터 관람객 428명을 대상으로 이루어진 연구는 이러한 관점이 얼마나 중요한 것인가를 보여주고 있다. 이 연구의 결과는 17%의 관람객들이 탐방안내센터의 각 전시 작품을 둘러보는 데 6초 미만을 사용했으며, 25% 정도가 10초 미만을 사용했음을 보여주고 있다[8]. 만일 어떤 전시 작품이 이러한 유형의 방문객들에게 메시지를 전달하거나 생각을 불러일으키지 못한다면 그것은 분명 청중의 상당 부분을 놓친 셈이 된 것이다.

3 비순차적 테마
개발전략

만일 대충 훑어보는 관람객들을 포함하여 여러분의 전시 작품이 모든 종류의 관람객들에게 메시지를 전달하고 생각을 불러일으키게 하려면 무엇보다 여러분의 테마 개발전략은 시간의 제약과 맞서야 한다. 다시 말해 여러분은 1초에서 6초 이내에 여러분의 전시 작품이 청중들에게 생각을 불러일으킬 수 있는 방법을 알아내야 한다는 것이다. 바로 이 대목에서 전시 작품의 제목이 중요한 역할을 하게 된다.

관람객들은 어떤 전시 작품이나 포스터를 마주치게 되었을 때 본능적으로 제목을 보게 되는데 그 이유는 그 제목이 이 전시 작품이 무엇에 관한 것인지에 대한 단서를 제공해 줄 것이라고 가정하기 때문이다[9]. 다시 말해 관람객들은 직관적으로 제목이 전시 작품이나 포스터가 무엇에 대한 이야기인지를 보여줄 것이라는 것을 알고, 자신들의 관심 여부에 따라 해당 전시 작품을 관람하는 데 시간을 보낼지 말지를 결정한다는 것이다. 이러한 원리를 알고 전시 작품 및 포스터 디자이너들은 대개 전시 작품에서 가장 중요한 단어들이 제목에 잘 표현되어 있는지를 확인한다[10].

대부분의 관람객들은 제목을 읽어보는 시간만큼 전시 작품의 디자인 중 주목을 끄는 가장 두드러진 것 하나가령 큰 규모의 배경화면, 흥미로운 사진이나 생생한 삽화, 입체감이 있는 것이나 움직이는 것, 특별한 조명으로 비추어진 것 등를 살피는 데 시간을 들일 것이다. 그리고 관람객들은 해당 전시 작품의 제목과 이 디자인적 요소를 함께 보게 되었을 때 당연히 이 둘 사이의 관계에 대해 생각해 보게 될 것이다. 그리고 이 둘 사이의 관계는 종종 어떤 인상이나 생각 또는 추론 등으로 이어지게 된다. 바로 이 순간에 매우 짧은 시간 동안 해당 전시 작품을 훑어보는 관람객들조차도 전시 작품의 테마와 관련된 생각을 해볼 수 있게 되는 것이다.

> 만일 여러분이 전시 작품을 대충 훑어보고 가는 관람객들에게 생각을 불러일으키려 한다면 이들이 전시 작품의 관람에 별로 시간을 할애하지 않는다는 점을 고려해야 한다.

그림 10-3 | 테마 제목이 청중들이 테마의 핵심을 생각하게 해볼 수 있도록 잘 정해져 있다.
사진제공: 호주의 기업 샤논 컴퍼니(Shannon Company)와 워크 세이프 빅토리아(Worksafe Victoria).

다시 말해 전시 작품의 제목과 디자인의 특징적인 요소가 관람객들에게 통합적으로 인식되면서, 각각의 요소가 다른 요소에 의미를 더해주게 되고 관람객은 전체 전시 작품의 아이디어, 즉 자신이 추출해 낸 테마를 유추하게 된다. 바로 이것이 샤논 컴퍼니Shannon Company가 작업장 안전을 위해 제작한 포스터의 효과라고 할 수 있다〈그림 10-3〉. 포스터의 배경 사진 또는 제목은 각각 단독으로는 관람객들에게 분명하고 완전한 메시지를 전달할 수 없지만 두 요소가 함께 고려되었을 때 포스터의 메시지는 분명해지고 테마의 정곡을 찌를 수 있는 것이다.

결국 제목과 눈에 띄는 디자인적인 요소의 결합이야말로 해설사들이 비순차적 커뮤니케이션 테마 개발을 위한 가장 중요한 전략인 셈이다. 만일 제목과 두드러진 디자인 요소가 조화를 이루어 특정 전시 작품의 테마가 대충 전시 작품을 훑어보는 사람에게까지 테마와 관련된 생각을 불러일으켰다면, 여러분은 여러분이 전시 작품을 통해 이루고자 하는 바- 즉 모든 유형의 관람객들에게 테마와 관련된 생각을 불러일으키는 것-를 확실하게 성취한 것이다. 테마 중심의 해설에 있어 테마의 제목이라는 것은 설령 언어적인 요소가 전시 작품의 의미의 대부분을 차지한다손 치더라도 항상 언어적인 것과 시각적인 것의 결합을 일컫는 것이다[11].

테마 중심 해설의 원리로 보았을 때 결국 비순차적 테마 개발의 전략이란 관람객들에게 테마의 핵심에 대한 생각을 불러일으킬 수 있도록 전시 작품의 제목과 디자인적인 요소를 결합하는 것이라고 할 수 있다. 이러한 방식을 통해서 전시 작품의 관람에 몇 초 정도만을 할애하는 관람객들에게조차 테마와 관련된 생각에 잠기게 할 수 있는 것이다. 〈표 10-1〉은 순차적 테마 개발과 비순차적 테마 개발의 차이를 요약해서 보여주고 있다.

표 10-1 | 순차적 테마 개발과 비순차적 테마 개발 비교

순차적 테마 개발	비순차적 테마 개발
– 전략적인 서론, 본론, 결론 – 시작과 결말을 조화롭게 하기 – 전환 – 복선 깔기 – 머리를 써야 하는 과제를 부과하기 – 샌드위치 모델, 발현 모델, 암시 모델 적용 적용 가능한 사례: 거점해설, 이동식 해설, 순차적 셀프 가이드(self-guide) 해설, 멀티미디어 프로그램, 소설, 연극, 영화, 노래 가사 등	– 관람객들에게 전시 작품의 테마의 핵심을 잘 전달하고 전시 작품의 관련된 생각을 불러일으킬 수 있도록 테마의 제목과 디자인적인 요소를 잘 결합하는 것 적용 가능한 사례: 전시 작품, 안내판, 길가의 전시 작품, 브로슈어, 홈페이지, 스마트폰앱, 비순차적 셀프 가이드(self-guide) 투어 등

4 테마 제목과 이야깃거리 제목의 차이

테마를 보여주는 제목이 어떤 형태를 띠어야 하는가를 이해하는 방법 중의 하나는 그것을 이야기 소재topic를 보여주는 제목과 비교해 보는 것이다. 테마를 보여주는 제목은 전시 작품이 전달하고자 하는 테마의 핵심을 전달하지만, 해설 작품의 이야기 소재를 보여주는 제목은 단순히 어떤 전시 작품이나 홈페이지 안내판이 무엇에 관한 것인가만을 보여준다. 비순차적 테마 개발에서 있어 테마 제목과 이야기 소재의 제목을 구별하는 것이 매우 중요한데, 그 이유는 어떤 전시 작품을 관람하는 데 6초에서 10초 정도만을 투자하는 관람객들에게 있어서는 테마 제목만이 생각을 불러일으키게 할 수 있기 때문이다.

그림 〈표 10-2〉에서 볼 수 있는 것과 같이 심지어 시각 디자인적인 요소가 없는 경우라도 테마를 보여주는 제목은 빠른 속도로 청중들의 생각을 불러일으키게 할 수 있다. 하지만 이야기 소재를 보여주는 제목은 전시되고 있는 것이 소재가 무엇인지만을 보여준다. 결과적으로 전시 작품

> **테마의 제목은 글자가 대부분의 의미를 전달하는 경우에라도 언어와 시각적인 요소의 결합으로 이루어진다.**

의 제목이 테마를 보여주지 못하고 단지 전시의 소재만을 보여줄 경우, 몇 초 정도만을 쏠 의지가 있는 대충 훑어보는 사람들보다 많은 시간을 투자해서 내용을 읽어보아야 해당 전시 작품의 테마가 무엇인지에 대해 감을 잡을 수 있는 것이다.

표 10-2 | 테마 제목과 이야기 소재의 비교

테마를 보여주는 제목은 청중들에게 전시 작품 전체를 관통하는 생각을 불러일으킨다.

대부분의 관람객들은 다른 것들을 읽기 전에 전시 작품의 제목을 먼저 읽어본다. 사실은 관람객 중 대다수가 제목만 읽어본다고 해도 과언이 아니다. 바로 이러한 이유 때문에 대충 훑어보고 가는 관람객들에게까지 전시 작품의 테마를 전달하고자 한다면 전시 작품의 제목을 잘 정하는 것이 가장 중요한 것이다. 아래는 전시 작품의 테마를 보여주는 제목과 전시 작품의 소재를 보여주는 제목의 목록들이다. 하나는 많은 탐방센터에서 관행적으로 사용되고 있는 전시해설 작품의 소재를 보여주는 제목이고 다른 하나는 테마의 제목들이다. 테마를 보여주는 오른쪽의 제목들은 제목만 보더라도 전시해설 작품이 어떠한 아이디어를 전달하고자 하는지를 알 수 있다. 왼쪽 제목도 그렇다고 할 수 있을까?

이야기 소재 제목	테마의 제목
유명한 작가	스타인백(Steinbeck)-은유의 거장
리호아(Rioja) 와인	우리 조상들로부터 물려받은 귀족 포도-템프라니요(tempranillo)
이 공원의 조류	여러분은 이 공원에서 100,000만 마리 새의 심장소리에 휩싸이게 된다
열대우림	열대우림-약사들이 쇼핑하러 가는 곳
수질오염	우리는 공룡들이 마시던 물을 오염시키고 있다
해양	해양-강력하면서도 연약한 것

테마는 문장으로 구성되기 때문에 어떤 해설사들은 테마의 제목이 문장의 형태로 되어야 한다고 생각할 수도 있다. 하지만 항상 그런 것은 아니다. 실제로 한두 단어나 세 단어가 강력하고 적절한 시각적인 요소와 더불어 전시 작품의 아이디어를 관람객들에게 강력하게 전달할 수 있다.

이런 것이 어떻게 가능한지를 확인하려면 〈그림 10-4〉의 A와 B를 비교해 보면 된다. 이 두 그림에는 특기할 만한 것이 몇 개 있다. 무엇보다 이 두 전시 작품은 제목 이외의 모든 것이 똑같다는 것을 알 수 있을 것이다. 다음으로 두 전시 작품 모두 북극곰에 대한 것임도 알 수 있을 것이다. 마지막으로 여러분은 디지털 포스터 A는 북극곰에 대한 이야기 소재 제목을 가지고 있는 반면, 디지털 포스터 B는 북극곰과 관련된 테마 제목을 가지고 있음을 알아챌 수 있을 것이다.

만일 여러분들이 전시 작품을 대충 훑어보고 가는 관람객이고 디지털 포스터 A 앞에 1~2초 정도 서 있다고 가정해 본다면 여러분이 볼 수 있는 것은 전시 작품의 제목과 북극곰 사진과 같은 시각적인 요소일 것이다. 그럼 이제 디지털 포스터 A의 관찰을 중지하고 스스로에게 다음과 같이 물어보라. 이 북극곰에 관한 전시 작품을 한 번 보고 나서 무슨 생각을 하고 있는가? 전시 작품의 제목과 그림 사이에 어떠한 관련성을 발견할 수 있는가? 무엇을 추론할 수 있을까? 이 전시 작품은 무슨 이야기를 하고 있는 것인가[12]?

A
이야기 소재 제목

B
테마 제목

여러분의 답변은 아마 별로 답할 게 없다는 것일 가능성이 높다. 그 이유는 디지털 포스터 A는 단지 전시의 소재에 대해서만 이야기하고 있을 뿐이기 때문이다. 여러분이 북극곰에 대한 이 디지털 포스터에서 어떤 테마건 유추해 내려면 여러분들은 전시 작품에 적힌 글들을 좀 더 자세히 읽어보아야 할 것이다. 북극곰이 이 근처에 혼자 산다는 메시지인가? 아니면 북극곰은 사냥하는 모든 동물들을 먹는다는 이야기인가? 혹시 북극곰은 사냥을 위해서 유빙이 필요하다는 것인가? 디지털 포스터 A의 경우 제목만 가지고는 전시 작품이 이야기하고자 하는 것이 무엇인가를 가늠하기가 어려운 것이다.

그렇다면 이제 디지털 포스터 B를 슬쩍 한번 쳐다보고 같은 질문을 스스로에게 해보기 바란다. 디지털 포스터 B를 슬쩍 보고 나서 나는 무슨 생각을 하고 있는가? 그 결과는 디지털 포스터 A를 잠깐 본 것과 차이가 있을 것인데, 그 이유는 디지털 포스터 B의 제목은 여러분을 생각하게 만들기 때문이다. 앞에서 논의한 바와 같이 여러분은 세 가지를 동시에 한 셈인데, 여러분은 북극곰의 사진을 보았고 '굿바이?Goodbye?'라는 제목을 보았다. 그리고 나서 이 두 가지를 합쳐서 하나의 전체적인 아이디어를 창출하였다. 즉 디지털 포스터 B로부터 테마를 추출해 냈다는 것이다. 대부분의 사람들이 이 전시 작품을 통해 추출해 낸 테마는 북극곰의 상황이 좋지 않아 보인다는 것이다. 말하자면 북극곰이 멸종위기에 처해 있다는 것이다. 몇몇 관람객들은 전시 작품 테마의 제목에 찍혀 있는 물음표를 보고 북극곰들에게 여전히 희망이 있다는 것으로 해석하기도 하고 어떤 관람객들은 그 희망을 넘어 행동을 촉구하기도 한다. 어떤 관람객들은 '굿바이'라는 문구가 익명의 내레이터가 이야기하는 것이라고 생각할 수도 있고, 어떤 사람은 이게 진짜 굿바이라고 북극곰들이 묻는 거냐고 할 수도 있을 것이다. 이 모든 생각의 과정들은 순식간에 일어나는 것이고, 바로 이것이 좋은 제목과 시각적 디자인이 결합된 전시 작품의 테마 제목이 성취할 수 있는 것이다.

5 탐방객들의 생각을 불러일으키는 좋은 테마 제목 만들기

내가 대부분의 관람객들이 디지털 포스터 B를 보고 생각하는 것들이 아마도 위에 언급한 것들이라고 자신 있게 이야기할 수 있는 이유는 내가 실제로 사람들에게 그 질문을 해본 바가 있기 때문이다. 다시 말해 나는 이 전시 작품 B를 가지고 제8장의 〈표 8-3〉에서 언급한 바 있는 생각 나열하기 연습을 실제로 해본 바 있다는 것이다. 실제로 나는 광범위한 사람들이 〈그림 10-4〉의 디지털 포스터를 보고 나서 어떠한 생각을 하게 되었는지를 알기 원했다.

내가 이 포스터를 통해 전달하고자 하는 테마는 아래와 같았다.

오늘날 살아 있는 사람들 중 마지막 북극곰이 죽었다는 소식을 들을 수 있는 사람들이 있을 수도 있다.

그래픽 디자인을 하는 아내와 함께 나는 이 테마를 가지고 가장 단순한 포스터 디자인-즉 순식간에 이해가 되는 제목만 있는 디자인-의 개념을 잡았다. 그러고 나서 북극곰 사진과 물음표와 함께 '굿바이?'라는 한 단어를 사용하여 포스터를 완성하였다. 이 포스터를 기획하는 데는 2분 정도 걸렸고, 완성하는 데는 10분 정도 소요되었다. 이 디자인은 매우 졸속으로 이루어졌고 시간을 들인다면 개선의 여지가 있는 것이었지만, 내가 테스트해 보고 싶었던 것은 단지 포스터의 제목뿐이었다. 그리고 포스터가 전하는 메시지가 감정적인 것이든 정보적인 것이든 그건 크게 상관없었다. 나는 단순히 포스터 상의 테마 제목을 보고 관람객들이 무슨 생각을 하게 되는지를 알기 원했을 뿐이다.

나는 1시간 후에 이 포스터 디자인을 7개 나라의[13] 일흔두 명의 사람들에게 이메일로 보냈고, 그들에게 포스터 디자인을 보고 아래 문장을 완성해 달라고 요청했다.

내가 이 이미지로부터 얻은 가장 중요한 것은＿＿＿＿＿＿＿이다.

세 사람을 제외한 모든 사람들이 응답을 해주었고, 이들의 대답은 부록 2에 기술되어 있다. 테마 중심 해설의 관점에서 보았을 때 이들의 대답과 관련하여 가장 중요한 것은 이들의 대답은 거의 모두 나의 수용범위 안에 있었다는 점이다. 다시 말해 응답자의 대부분은 내가 개발하고자 했던 테마와 일치하는 대답을 해주었다는 것이다. 비록 단 한 사람만이 내가 생각했던 것과 아주 똑같은 대답을 해주었지만 말이다[14].

그림 10-5 | 일흔두 명을 대상으로 생각 나열하기를 해본 테마만 있는 디자인.
사진제공: 내셔널지오그래픽의 스캇 키시(Scott Kish).

　아주 일부의 생각은 내가 불러일으키고자 했던 것들이 아니었는데, 가령 10번 응답자의 경우 북극곰이 관람객들에게 작별인사를 하고 있다고 했고, 26번 응답자는 북극곰을 구하기 위한 싸움을 포기했다고 했으며, 62번 응답자는 우리는 북극곰을 두려워하지 말아야 한다고 대답했다. 만일 이러한 대답들이 주류를 이루었다면 나는 디지털 포스터 디자인을 다시 살펴보면서 무엇을 고쳐야 응답자들의 생각이 나의 수용범위 안에 더 들어오게 할 수 있을까 하고 자문해 보았을 것이다.

　사람들의 생각 중 어떤 것들은 기대하지 않았던 것들이기도 했다. 가령 나는 '굿바이Goodbye?'라는 제목을 붙일 때 익명의 사람이 이야기하는 것처럼 보이기를 원했다[15]. 하지만 몇몇의 응답자들이 북극곰이 굿바이라고 인사하는 것 같다는 이야기를 했을 때 나는 그러기를 기대했던 것은 아니었음에도 이 포스터가 몇몇 응답자들에게 감정적 영향을 주었다는 것을 알게 되어 기뻤다. 이러한 응답은 나의 수용범위 안에 있었다. 한 응답자는 나에게 원래 북극곰 사진을 어미 북극곰과 아기 북극곰 사진으로 교체한다면 응답자들의 심금을 울릴 수도 있다고 제안했고 나는 이 제안을 좋게 받아들였다[16].

전반적으로 보았을 때 내가 제작한 포스터의 방향성은 옳았지만, 여전히 개선의 여지는 있었다. 이러한 종류의 응답을 받아보는 것이 생각 나열하기의 목적이기도 한 것이다. 이것의 결과는 여러분들에게 여러분의 전시 작품이 얼마나 많은 생각을 불러일으켰는지, 그리고 구체적으로 어떠한 생각을 일으켰는지를 알게 해준다. 이러한 통찰력을 가진다면 무엇을 개선해야 하는지가 보다 분명해질 수 있다.

생각 나열하기는 여러분의 전시 작품을 향상시킬 수 있는 통찰력을 제공해 줄 것이다.

6   요약

이 책의 마지막 장인 이 장에서 우리는 비순차적 해설 전시 작품을 제작하기 위해 테마를 개발하는 과정에서 직면할 수 있는 특별한 문제들에 대해 논의하여 보았다. 관람객들이 받아들이는 정보의 순서를 여러분들이 통제할 수 없을 때 여러분은 순차적 테마 개발에서 사용할 수 있는 여러 가지 방법들을 사용할 수 없다는 것에 대해서도 살펴보았다.

비순차적 커뮤니케이션에서는 해설사가 아닌 청중이 정보의 흐름을 결정한다. 이것은 비순차적 커뮤니케이션에서는 관람객들마다 정보를 취득하는 순서가 다를 수 있다는 것을 의미하기도 한다. 우리는 또한 비순차적 커뮤니케이션의 관람객들은 시연된 정보를 처리하는 데 서로 다른 분량의 시간을 투자한다는 것에 대해서도 살펴보았다. 실제적으로 대부분의 상황에서 상당수의 사람들은 각각의 전시 작품에 몇 초 정도만을 사용한다. 어떤 전시 작품이건 대충 훑어보는 사람들에게까지 생각을 불러일으키게 할 수 있어야 한다는 전제하에서는 테마의 제목이 비순차적 테마 개발전략의 요체가 된다.

이 장에서는 전시 작품이나 포스터, 웹사이트, 그리고 스마트폰 앱과 같은 유형의 전시 작품에서 테마를 개발하는 방법에 대해 강조했다. 하지만 우리는 아트 디자인이나 기획에 대해서는 제대로 다루지 못했다. 이에 대해서는 카프토, 루이스와 브로츄Caputo, Lewis, & Brochu, 2008가 지은 『디자인을 통한 해설Interpretation by Design』, 그로스와 짐머만, 부흐홀즈Gross, Zimmermann, & Buchholz, 2006의 『안내판, 트레일, 그리고 길가 전시Signs, Trails, and Wayside Exhibits』, 그리고 모스카도, 발렌타인, 휴즈Moscardo, Ballantyne and Hughes, 2007의 『해설 안내판 디자인Designing Interpretive Signs』을 읽어보기 바란다.

> • **주요용어**
>
> 대충 훑어보는 사람streakers, 띄엄띄엄 읽는 사람browser, 공부하는 사람studier, 테마 제목 them title, 이야기 소재 제목topic title

부 록

1

TORE 해설 원리의
기반이 되는
두 이론 요약

정교화 가능성 모델 Elaboration Likelihood Model; ELM

핵심 주장: 우리가 특정한 메시지에 대해 더 생각하면 할수록, 이는 우리의 태도와 행동에 영향을 미칠 것이다. 하지만 메시지에 대해 덜 생각하게 된다면 정보 원천의 신뢰성 등과 같은 다른 요인들이 더 중요해진다. 중심경로−즉 청중이 어떤 주장을 접했을 때 그 주장에 근거가 있는지, 그 주장이 논리적인지를 꼼꼼히 따져본 후 평가를 하는 경우−를 통한 설득은 정교화 가능성이 높을 때, 즉 청중들이 동기화되어 있을 뿐만 아니라 메시지에 포함된 주장을 이해할 수 있을 때 가능하다. 중심경로를 통한 설득의 결과는 오래간다. 주변경로−설득을 하고자 하는 사람의 외모나 관련 자료가 그럴듯해 보이는지를 보고 대강 판단하는 경우−를 통한 설득은 청중이 메시지를 들을 준비가 되어 있지 않거나 들어도 이해하기 어렵고 커뮤니케이션의 다른 측면에 신경을 쓸 때 발생한다. 주변 경로를 통한 설득도 매우 효과적이긴 하지만 그것은 오래가지 못하는 경우가 많다. 어떤 경로를 통해서든 청중들의 마음속에 해설의 대상에 대해 긍정적인 마음이 많이 생겨날수록 메시지의 효과는 더 강력하고 그것이 태도에 미치는 영향도 클 것이다.

핵심 변수들

정교화라는 것은 메시지에 대해 생각해 보고 그것을 처리하는 과정이다. 여기서 처리라는 과정은 두 가지의 결과, 즉 그 주장에 동조하게 하거나 그 주장에 반대하게 하는 결과를 낳는다. 여러분은 이러한 결과들을 여러분의 수용범위 안에 있거나 밖에 있는 생각들로 간주할 수도 있다.

태도라는 것은 무엇인가에 대한 우리의 평가나 감정이 긍정적이거나 부정적인 것을 일컫는 것이다.

메시지의 길이는 메시지를 들은 사람의 마음에서 발생한 호의적인 주장들의 숫자에 의해 결정된다. 찬성의 수보다 반대의 수의 비율이 큰 경우 메시지는 더 강력한 것이다.

메시지의 관련성은 청중들이 메시지를 처리할 준비가 되어 있는 정도에 달려 있다. 우리가 중요시하는 것은 또한 우리의 눈높이에 맞는 것이다. 정보 처리의 용이성은 다른 무엇보다 용어의 적절성이나 메시지가 얼마나 잘 조직되었는가에 의해 결정된다.

적용: 어떤 청중이건 그 구성은 다양하다. 어떤 사람들은 테마와 관련된 많은 지식을 가지고 있을 수 있고 특정한 메시지를 자신들과 관련이 있는 것으로 간주한다. 하지만 다른 종류의 사람들은 지식도 없고 특정한 메시지가 본인과 별로 관련이 없다고 생각할 수 있다. 정교화 가능성 모델에 따르면 전자의 집단은 매우 높은 정교화 가능성이 있는 반면 두 번째 집단은 낮은 정교화 가능성이 있다. 설득은 중심경로와 주변경로 모두를 통해 가능하지만 만일 여러분이 중심경로를 통해 전달하고자 하는 강력한 메시지가 있으면서 청중들에게 주변적 단서(가령 정보 원천의 신뢰성이나 매력적인 프레젠테이션 등)만을 제공한다면 중심경로를 통한 설득은 제대로 일어나지 않을 것이다. 제5장에서 우리는 설득을 위한 중심경로를 '생각을 불러일으키는 경로' 또는 '강력한 경로'라고 기술한 바 있고, 설득을 위한 주변 경로를 '신속한 경로', '약한 경로'라고 기술한 바 있다. 우리는 또한 생각을 불러일으킬 가능성이 정교화 가능성을 의미하는 것이라고 한 바도 있다.

정교화 가능성 모델

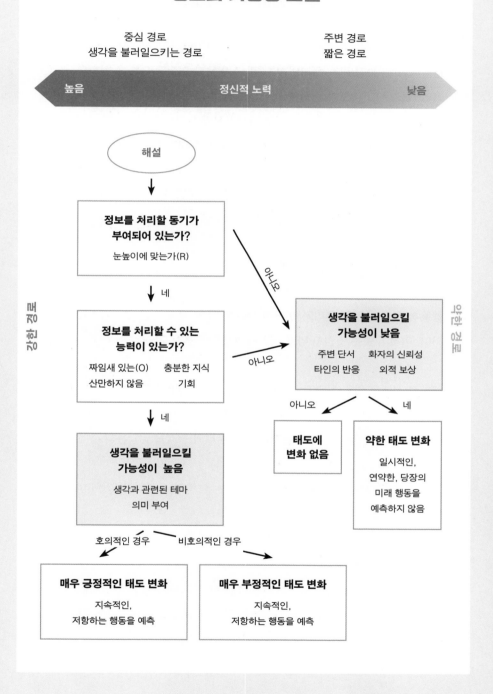

중심 경로
생각을 불러일으키는 경로

주변 경로
짧은 경로

높음   정신적 노력   낮음

해설

**정보를 처리할 동기가
부여되어 있는가?**

눈높이에 맞는가(R)

아니오

네

**정보를 처리할 수 있는
능력이 있는가?**

짜임새 있는(O)   충분한 지식
산만하지 않음   기회

아니오

네

**생각을 불러일으킬
가능성이 높음**

생각과 관련된 테마
의미 부여

**생각을 불러일으킬
가능성이 낮음**

주변 단서   화자의 신뢰성
타인의 반응   외적 보상

아니오

네

**태도에
변화 없음**

약한 태도 변화

일시적인,
연약한, 당장의
미래 행동을
예측하지 않음

호의적인 경우

비호의적인 경우

매우 긍정적인 태도 변화

지속적인,
저항하는 행동을 예측

매우 부정적인 태도 변화

지속적인,
저항하는 행동을 예측

강한 정보

약한 정보

합리적 행동 이론 Reasoned Action Theory

핵심 주장: 인간의 행동은 합리적이고, 우리가 어떤 행동에 대해 가지고 있는 믿음에 의해 결정된다. 우리의 믿음은 그 믿음과 일관된 태도를 형성한다. 우리의 태도는 그 태도와 일괄된 행동을 유발한다. 우리의 행동 의도는 그 의도와 일관된 실제적 행동을 일으킨다. 마찬가지로 사회적 규범에 대한 우리의 의식이나 어떤 행동을 수행할 수 있는 능력 또한 우리가 의도한 행동을 하는 데 영향을 미친다. 현재의 합리적 행동 모델(Fishbein & Ajen, 2010)은 계획행동이론 (Ajzen, 1985, 1991)이 확장된 것이고, 계획행동이론은 합리적 행동이론(Fishbein and Ajen, 1975)이 확장된 것임을 알아두면 좋다.

핵심 변수: 세 가지 유형의 신념

행동적 신념은 만일 우리가 주어진 행동을 했을 때 어떠한 결과가 나타날 것이며, 이것이 좋은 것인지 나쁜 것인지에 대한 믿음을 가리킨다.

태도적 신념은 만일 우리가 특정한 행동을 취했을 때 중요한 타자(가령 가족이나 가까운 친구들)들이 그것에 대해 어떻게 생각할지, 그리고 대부분의 다른 사람들이 그 행동을 할 것인지 말 것인지에 대한 우리의 생각을 일컫는다.

통제 신념은 우리가 그 행동을 취할 수 있는 능력이나 기회가 있는지에 대한 인식을 일컫는 것이다.

적용: 모든 테마는 무엇인가에 대한 신념을 표현한다. 테마 중심 커뮤니케이션에서 바람직한 행동을 지지하는 생각을 청중들의 마음속에 싹트게 한다는 것은 그 사람이 그 신념과 일관된 행동을 하게 하도록 고무시키는 것이라고 할 수 있다. 바람직한 행동들은 우리가 사람들에게 해야 하거나 하지 말아야 하는 행동일 수 있다.

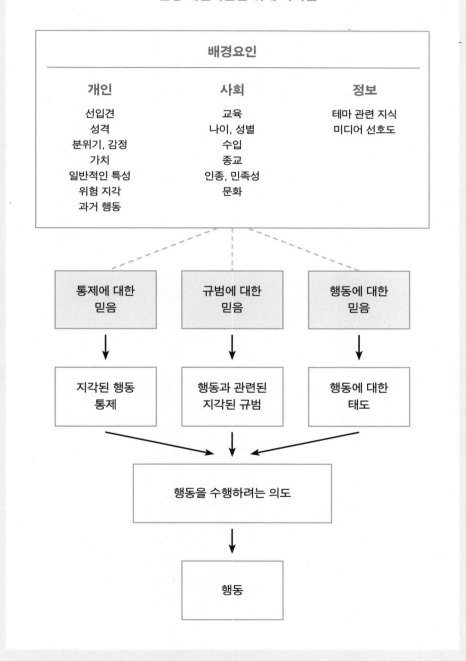

합리적 행동 모델

* 현장 해설사들을 위해 축약됨

배경요인

개인	사회	정보
선입견	교육	테마 관련 지식
성격	나이, 성별	미디어 선호도
분위기, 감정	수입	
가치	종교	
일반적인 특성	인종, 민족성	
위험 지각	문화	
과거 행동		

통제에 대한 믿음 → 지각된 행동 통제

규범에 대한 믿음 → 행동과 관련된 지각된 규범

행동에 대한 믿음 → 행동에 대한 태도

행동을 수행하려는 의도

행동

테마 제목만 있는
포스터에 대한
생각 나열하기의 결과

굿바이?

내가 염두에 둔 전시 작품의 테마는 다음과 같다.

현재 살아 있는 사람들 중에는
마지막 야생 북극곰이 죽었다는 슬픈 소식을
들을 수 있는 사람들도 있을 것이다.

응답자 일련번호	표현되어진 생각들 내가 북극곰 포스터를 보고 든 생각은…	수용범위 내	수용범위 외
1	북극곰이 기후변화 때문에 고통을 겪고 있다−머지않은 장래에 북극곰이 멸종할 것 같다.	✕	
	북극곰은 인간의 생태계에 미친 영향 때문에 종 다양성을 크게 잃게 되는 매우 강력한 상징적 동물이다. 세계환경기금(WWF) 티셔츠에 쓰여 있는 것처럼 멸종은 영원한 것이다.	✕	
2	북극과 기후변화의 미래는 북극곰의 발바닥 밑에서 녹고 있는 빙하에 달려 있을 것이다.	✕	
3	북극곰이 '내가 얼음 위에 서 있어.'라고 생각하고 있다.	✕	
4	북극곰한테 잘 가라고 인사하는 것처럼 보인다. 지구 온난화 때문에 북극곰의 사냥터인 얼음이 사라지고 있다.	✕	
	북극곰이 굿바이라고 인사를 하면서 생선에 대해 감사를 하고 있다.	✕	
	북극곰들이 헤어지고 있고, 그중 하나가 서로 다시 볼 수 있을지 의아해하고 있다.	✕	
5	우리는 북극곰들이 우리 주위에서 영원히 사라지지 않을까에 대해 질문하고 있다. '굿바이?'라는 것은 북극곰이 사라지지 않을 것인가를 묻는 것이다.	✕	
6	내가 살아 있는 동안 북극곰이 멸종할지도 모르겠다.	✕	
7	북극곰이 지구 온난화에 따라 얼음이 녹으면서 서식지를 잃고 멸종위기에 처해 있다.	✕	
8	기후변화 때문에 북극곰이 곧 멸종될 것 같다.	✕	
9	북극곰의 임박한 운명으로 인해 나는 슬픔에 압도되어 있다.	✕	

테마 제목만 있는 포스터에 대한 생각 나열하기의 결과

10	내가 알래스카를 떠나는 상황에서 북극곰이 나에게 잘 가라고 인사하는 것 같다.		×
	만일 다른 곳이었다면 나는 이 포스터를 곰 조심하라는 경고로 이해했을 것이다.		×
	호주에서는 북극곰을 활용한 기후변화에 관한 세계환경기금의 텔레비전 광고가 되고 있기 때문에 나는 이 포스터가 북극곰이 사라지고 있다는 것을 나에게 이야기하는 것이라고 생각한다.	×	
11	우리는 지구를 통제하지 못하게 되고 있고 매우 불확실한 미래에 직면해 있다.	×	
12	북극곰은 멸종의 위기에 직면해 있고 나는 아마도 더 이상 야생의 북극곰을 보기 어렵게 될 것 같다.	×	
	나는 이 포스터를 보고 별 감흥이 들지 않는다. 이 포스터는 나의 마음을 별로 움직이지 않는다.		×
13	이미 너무 늦어버렸고 나는 이제 북극곰 없는 세상에 익숙해져야 한다. 굿바이.	×	
	이것은 우리에게 생각을 해보게 하는 어느 장소의 출구 표지판일 수 있다. 알래스카 크루즈나 동물원 여행에서의 출구 표지판처럼 말이다.		×
14	우리는 행동할 필요가 있다!	×	
15	인류는 너무 쉽게 그리고 자주 인간의 행동이 자연이나 다른 생물 종에 미치는 영향을 무시하거나 과소평가한다.	×	
16	우리는 북극곰의 멸종을 피할 수 있다.	×	
17	지구 온난화에 따라 북극곰은 멸종될 수 있다.	×	
18	불쌍한 북극곰의 세계는 자신의 발아래에서 얼음이 녹는 것처럼 부서지기 일보 직전이고, 북극곰은 이제 더 이상 갈 곳이 없다. 그러고 보니 우리도 마찬가지다.	×	

번호	내용		
19	이것이 사실일까 봐 나는 매우 고통스럽지만, 우리가 할 수 있는 무언가가 있을 것이다.	×	
20	누가 이야기하는지, 그리고 굿바이라는 말을 누가 한 것인지, 들리는 것인지, 속삭여지는 것인지 불분명하다.	×	
21	북극곰의 환경이 위험에 처해 있다.	×	
22	북극곰이 북극의 빙하가 녹는 문제에 직면해 있으며 나는 지구 온난화를 막기 위해 내가 무엇을 할 수 있는지를 면밀히 살펴보아야 한다.	×	
23	누군가가 환경보존에 대한 메시지를 전달하려고 한다.		×
24	북극곰이 위기에 처한 것이 틀림없다.	×	
25	기후변화가 북극곰에게 좋지 않은 영향을 미치고 있고, 이들이 멸종위기에 처해 있다.	×	
26	우리는 북극곰을 지키기 위한 싸움을 포기했고, 북극곰의 생존을 둘러싼 이슈에서 멀어져 있다.		×
27	북극곰이 사라질 것 같은데 내가 만일 제대로 모르고 있다면 그 이유를 알아야 할 것 같다.	×	
28	북극곰은 서식지가 파괴되면서 사라질 것이다.	×	
29	나는 북극곰이 무슨 생각을 하는지를 알고 싶다.		×
30	나는 이 포스터를 보는 게 슬프다.	×	
31	나는 슬프고 북극곰을 위해 싸워야 한다.	×	
32	지구 온난화가 북극곰을 멸종위기로 몰아넣고 있다.	×	
33	인류는 매우 교만한 동물이다.	×	
33	이러한 일은 지금 살아 있는 사람들에 의해 시작되지 않았다. 그러나 이를 목도하고 있는 우리는 후속세대들에게 교훈을 전해야 한다.	×	

34	북극곰이 인류에게 자신들의 서식지가 남아 있을 수 있도록 노력하고 있는지 묻고 있다. 북극곰이 굿바이 라고 물어봐야 할지 말지를 묻는 것 같다.	×	
	북극곰의 운명은 인간의 손에 달려 있다. 북극곰은 인간들의 결정에 따라 운명이 갈릴 것이다.	×	
35	북극곰의 서식환경이 양보되고 있는 것처럼 북극곰도 설 자리를 잃어가고 있다.	×	
36	북극곰은 우리에게 자신들의 서식지가 사라지고 있다고 이야기하고 있다.	×	
37	지구 온난화의 영향으로 북극곰은 매우 얇은 얼음 위에 있고 멸종위기에 처해 있다.	×	
38	지구 온난화가 북극곰의 서식지에 영향을 미치고 있고, 우리가 무엇인가를 하지 않는다면 북극곰은 위기에 처하게 될 것이다.	×	
39	북극곰의 멸종이 다가오고 있다.	×	
40	우리가 알고 있는 바와 같이 무엇인가가 변하지 않는다면 북극곰은 사라질 것이다. 하지만 북극곰이 사라질 것 같지는 않다.	×	
41	야생동물에게 슬픈 일이 벌어지고 있고 나는 그것에 대해 생각하고 싶지 않다.	×	
	야생동물에게 슬픈 일이 벌어지고 있고 나는 이에 대해 무엇인가를 해야 할 필요가 있다.	×	
42	지구 온난화 때문에 북극곰이 곧 멸종할 것이다.	×	
43	북극곰을 더 이상 보지 못한다는 것은 말로 형용할 수 없는 슬픔이다.	×	
44	북극곰을 위한 자연환경이 사라짐에 따라 북극곰이 위기에 처해 있으며, 북극곰의 서식지가 보존되지 못한다면 북극곰은 멸종의 위기에 처하게 될 것이다.	×	

45	이 북극곰이 아마도 지구상 마지막 북극곰일지도 모르겠다.	✕
46	우리는 북극곰이 멸종위기에 처해 있다는 것을 알고 있다. 우리에게는 북극곰의 서식지가 사라지지 않을 수 있도록 할 시간이 아직 남아 있는 것인가?	✕
47	우리가 가까운 장래에 무엇인가를 하지 않는다면 북극곰은 사라지게 될 것이다.	✕
48	인류가 지금 지구에 하고 있는 일을 멈추지 않는다면 이 엄청난 동물은 영원히 사라질 것이다.	✕
49	북극곰이 우리를 떠나보내는 것에 대해 슬퍼하는 만큼 우리가 그것이 떠나가는 것을 보면서 슬퍼할 것이다.	✕
50	북극곰은 우리가 북극곰에게 이제 떠나야 할 때라고 이야기하는지 궁금해하고 있다.	✕
51	북극곰이 위기에 처해 있다.	✕
52	북극곰이 인류에게 지구 온난화와 얼음이 녹는 것에 대해 무엇인가 해줄 것을 요구하고 있다.	✕
53	우리는 북극곰을 구하기 위해 많은 시간을 가지고 있지 않다.	✕
54	북극곰은 아마도 곧 멸종할 것이다.	✕
55	인간에 의해 야기된 지구 온난화와 서식지 파괴로 북극곰은 곧 멸종할 것이다.	✕
56	곧 특단의 조치를 취하지 않는다면 이 엄청난 동물은 사라질 것이고, 내 아이들은 책에서밖에 이 동물을 볼 수 없을 것이다.	✕
57	북극곰이 위기에 처해 있다.	✕
58	꼭 이렇게 되지 않아도 된다. 우리는 북극곰을 구하기 위해 아직 무엇인가를 할 수 있다.	✕

59	우리가 함께 행동하지 않는다면 북극곰은 곧 멸종될 것이다.	✕	
	우리는 매우 멍청하고 교만한 종자다.	✕	
60	북극곰이 멸종위기에 처해 있다.	✕	
61	어떤 동물들이 얼음 위에 있다.	✕	
62	우리는 곰을 두려워하지 말아야 한다.		✕
63	인간은 모든 생물 중에 가장 멍청한 종이 되어버렸다.	✕	
64	우리의 도움이 없다면 북극곰은 가까운 장래에 멸종될 것이다.	✕	
65	지구 온난화가 북극곰의 멸종을 가져올 것이다.	✕	
66	북극곰의 미래가 의문이다.	✕	
67	북극곰이 우리에게 도움을 요청하고 있다.	✕	
68	인류는 또 다른 생명을 지워버리고 있다.	✕	
69	우리는 북극곰을 잃어버리기 직전에 있다.	✕	

통제 가능한 청중과
통제 불가능한
청중 개념의 기원

통제 가능한 청중과 통제 불가능한 청중에 대한 개념의 기원- 내가 이러한 생각을 어떻게 하게 되었는지, 그리고 통제가 가능하다는 것과 가능하지 않다는 것의 의미는 무엇인지에 대한 이야기

출처: Ham, Sam(2005). Captive and Non captive Audiences.
A Story about How I arrived at the Idea and What I meant by It.
Journal of Spanish Association for Heritage Interpretation 13(August): 2-4

내가 통제 가능한 청중(captive audience)과 통제 불가능한 청중(non captive audience) 이란 용어를 처음 생각하게 된 것은 1971년 미국 워싱턴 주립대학(Washington State University) 학생으로서 해설에 대한 과목을 수강할 때였다. 이 수업의 첫 번째 과제는 해설이 다른 유형의 정보전달과 다른 점이 무엇인가에 대한 보고서를 쓰는 것이었다. 나는 비록 젊은 대학생이긴 했지만, 이 과제가 잘못되었다고 생각했다. 그 이유는 나는 해설이 커뮤니케이션으로서 특별하거나 다른 것이 있다고 생각하지 않았기 때문이다. 나는 인간의 마음은 다 똑같다고 생각했는데, 우리가 집에 가거나, 공원에 가거나, 학교에 가거나, 슈퍼마켓에 가거나, 영화관에 가거나, 박물관에 가거나, 해변에 가거나, 사람의 심리는 크게 변하지 않는다고 생각했던 것이다. 말하자면 어딜 가나 인간의 마음은 같지 않겠냐고 생각했던 것이다. 따라서 이런 마음을 가진 사람들과 커뮤니케이션하는 것은 어떤 장소에서든 마찬가지 아니겠냐는 것이 나의 생각이었다. 해설사는 언론인, 광고인, 마케터, 극작가, 영화 프로듀서, 시인, 소설가, 교사, 세일즈맨, 변호사, 정치인, 목사, 작사가 등과 마찬가지로 특정한 목적의식을 가지고 커뮤니케이션을 하는 사람들로서, 같은 청중들을 대면하게 된다는 것이다. 말하자면 해설사들의 해설을 듣는 청중들이 다른 종류의 목적을 가진 커뮤니케이션과 성별, 연령, 사회계층 등에서 특별한 차이점이 있거나 하지는 않는다는 것이다. 당시 나는 해설이 이러한 종류의 커뮤니케이션 중 하나라고 생각했다.

하지만 나는 해설사로서 해설에는 내가 아직 알지 못하는 뭔가 차이점도 있을 거라는 것을 알고는 있었다. 해설사들은 누구나 해설에 뭔가 특별한 것이 있다는 것을 알고 있다. 그래서 나는 수업을 듣는 과정에서 이에 대한 답을 찾았고 결국 심리학에서 그 답을 발견했다. 나는 심리학 문헌에서 거의 30년 동안 해설에 대한 나의 이해의 길잡이 역할을 해주었던 것을 발견했다. 내가 알게 된 것은 해설의 특별한 점이 청중이나 커뮤니케이션의 유형에 있지 않다는 것이었다. 해설이 다른 유형의 커뮤니케이션과 다른 점은 청중들이 해설을 어떻게 바라보느냐는 점이었다. 즉 청중들의 마음 상태가 해설을 다른 종류의 정보전달과 구분 짓게 해준다는 것이다. 해설은 주로 사람들이 재미를 위해서 방문하는 곳(즉 공원, 박물관, 동물원, 식물원, 수족관, 테마파크 등)에서 발생한다. 배우면서 즐기는 것이 목적이라는 것이 해설을 다른 종류의 커뮤니케이션과 구별되게 해주는 것이다. 이러한 깨달음은 나로 하여금 이에 대해 더 깊이 있게 파고들게 만들었다.

'해설은 가르치는 것이 아니라 일깨우는 것'이라는 틸든(Tilden)의 경구를 염두에 두고 그가 정의한 해설이 단순히 사실적 정보를 전달하는 것이 아니라는 점을 생각하면서 나는 결국 이 과제를 수행하는 과정에서 알고자 했던 것을 발견하게 되었다. 틸든은 강의와 해설은 다르다는 것을 매우 강조했는데, 그 이유는 그가 사람들이 해설을 강의로 간주하는 것에 대해 두려워했기 때문이다. 그는 탐방객들은 교실에서의 강의와 같은 해설에 잘 반응하지 않는다는 것을 알고 있었는데 그 이유는 교실 강의와 같은 해설은 공원의 탐방객들에게는 맞지 않다고 생각했기 때문이다. 말하자면 탐방객들은 공원을 강의실로 보지 않고 놀이터로 바라보고 있다는 것이다. 틸든의 이러한 관점을 이해하게 된 후 나는 해설과 다른 종류의 커뮤니케이션과의 차이점은 청중의 유형이나 커뮤니케이션의 유형에 있지 않고 해설을 듣기 위해 온 사람들의 심리적 상태에서 차이가 있다는 것을 알게 되었다.

나는 이에 대해 더욱 깊이 고민하는 과정에서 한 여성이 매우 다양한 커뮤니케이션 환경에 놓이게 되는 것을 상상해 보았다. 나는 한 사람의 여성이 하루 동안에 대학교에서 수업을 듣고, 집에서 잡지를 읽고, 법원의 배심원으로서 참여하고, 세일즈맨을 만나고, 자동차를 타고 가면서 라디오를 듣고, 저녁에 동네의 공원에서 진행되는 해설 프로그램에 참여할 수 있다는 것을 금방 생각할 수 있었다. 이 여성이 어떤 상황에 있든 같은 사람이고, 이 사람의 성정도 같다는 것을 부인할 수는 없을 것이다. 하지만 커뮤니케이션 환경은 확실히 매우 달랐다. 말하자면 커뮤니케이션의 맥락(즉 강의실, 법원, 집, 차 안, 공원)이 달랐다는 것이다. 그리고 그 여성과 커뮤니케이션을 하는 사람의 목적(학업성취, 즐거움, 제품의 구입, 기소할지 말지에 대한 투표, 해설사에게는 무엇인가를 일깨우는 것)도 달랐다. 마지막으로 커뮤니케이션 규칙도 달랐다(선생님과 학생은 일정한 방식으로 상호작용하는 것이 기대된다. 법률가들은 주장을 하고 증거를 제시하는 데 있어 엄격한 규칙을 따라야 한다. 노래나 잡지를 만드는 사람들은 청중을 직접 대면할 수 없다. 해설사들은 공원에 대해 무엇인가를 일깨워 주는 한 다양한 커뮤니케이션을 수용할 의향이 있는 비공식적 즐거움을 추구하는 청중들과 대면하게 된다).

나는 이 다양한 커뮤니케이션의 규칙, 성과, 맥락에 대해 고민을 더 해보았고 이 여성이 각각의 역할을 수행하는 상황을 다음과 같이 두 가지로 구분을 할 수 있었다.

비슷한 상황   배심원, 집에서 책을 읽는 사람,
                     자동차를 운전하는 사람, 공원 탐방객

다른 상황   학생

　처음 이렇게 분류를 했을 때 나는 내가 어떠한 기준을 사용했는지조차도 알 수 없었고, 내가 이러한 간단한 결론에 도달하기 위해 얼마나 많은 노력을 했는지 어안이 벙벙할 정도였지만 이 보고서가 확실히 좋은 점수를 받을 수 있을 것 같았다. 그 여성이 비슷한 상황이라고 묶인 상황에서 역할을 수행할 때 그녀는 점수나 자격 같은 것에 대해 걱정할 필요가 없었다. 심지어 그녀는 커뮤니케이션을 무시하거나 딴생각을 해도 처벌을 받지 않았다. 비슷한 것으로 묶여 있는 상황에서 그녀는 해당 커뮤니케이션 상황에 집중할지 말지를 스스로의 자유의지로 결정할 수 있었다. 그리고 그녀가 집중을 하는 것에 대한 보상은 내재적인 것이다. 하지만 만일 그녀가 교실에서 집중하지 않는다면 그녀는 처벌을 받을 수 있고, 집중한다면 보상을 받을 것이다. 이 시점이 되니 외재적 보상과 내재적 보상이 내 생각의 축으로 작용했다. 그렇다면 다음 단계는 무엇이었을까?

　당시에 나는 학생으로서 상과 벌은 일종의 교도소와 같은 것이라는 것을 알았다. 우리는 학점이나 학업성취도 평가와 같은 외재적 보상 시스템에 사로잡혀 있었다. 하지만 우리가 보상이나 처벌에 대해 걱정할 필요가 없을 경우 우리가 어떤 커뮤니케이션에 참여할지 말지는 커뮤니케이션 자체가 가지고 있는 내재적 만족에 달려 있었다. 어떤 시점에서 우리는 통제 되었고 또 다른 시점에서 우리는 통제가 되지 않았다. 이것은 매우 심리적인 것이었다. 보상이나 처벌 자체가 사

람들을 주목하게 만드는 것은 아니었다. 사람들이 그 보상의 처벌 체계를 이해하고 받아들임으로써 스스로 마치 교도소처럼 그 안에 갇히게 되는 것이었다. 나는 좋은 녀석이었지만 학점에는 별로 구애를 받지 않는 친구를 생각해 보았다. 70년대 미국의 대학은 다소 혁명적인 분위기에 휩싸여 있었으며, 그 친구는 수업내용이 주는 내재적 즐거움 때문에 수업을 들었으며 F를 맞아도 별로 신경 쓰지 않았다. 나는 내 보고서를 제출하고 나서 며칠 후에 그의 옆에 앉게 되었는데, 그와 나는 비록 같은 선생님께 같은 수업을 듣고 있었지만, 그는 통제되지 않는 청중이었고 나는 통제되고 있는 청중이라는 것을 알 수 있었다. 좋은 학점과 추천서를 받고, 좋은 학생이라는 칭찬을 받는 것과 같이 내가 추구하는 외재적 보상에 대해 그는 관심이 없었다. 그는 선생님으로부터 받는 평가와 상관없이 수업이 전달해 주는 새로운 정보에 자극되었기 때문에 강의실에 앉아 있었던 것이다. 우리 둘은 모두 학기 말에 좋은 점수를 받았고 우리 모두는 해설사로서 경력을 쌓아가게 되었다.

내가 알아내고자 했던 것은 결국 물리적 환경이 아니고 심리적인 것이었다. 청중들이 커뮤니케이션 환경을 바라보는 시각이 해설을 다른 종류의 커뮤니케이션과 구별 짓게 해주었다. 커뮤니케이션을 하는 사람은 반드시 청중의 마음 상태를 알아야 하고 커뮤니케이션 환경을 바라보는 청중의 마음에 따라 그의 접근 방식을 조정해야 한다. 우리가 청중에게 무엇인가를 생각하게 하려면 우리는 부지런히 청중의 관심을 끌고 유지시켜야 하는 것이다.

내가 보고서를 작성하기 시작한 밤에 나는 통제 가능한 청중 그리고 통제 가능하지 않은 청중이라는 용어를 처음 쓰기 시작했다. 그 이후 나는 지금까지도 이 단어를 자주 사용하게 되었다. 나는 1983

년 인지심리학과 해설에 관한 학술 논문에서 이 두 용어의 개념에 대해 간략히 기술한 바 있지만, 1992년 『환경 해설(Environmental Interpretation)』이라는 책을 저술하기 이전까지 해설사들을 훈련시키는 데 이 용어들을 공식적으로 도입하지 않았다. 하지만 『환경 해설』을 출판한 이후 이 두 용어가 엄청난 혼란을 야기하게 되는 것에 놀랐다. 이 두 용어와 관련해 해설사들이 범하는 가장 큰 오류는 통제되는 사람들과 통제되지 않는 사람들이 따로 있다는 생각이다. 하지만 통제되는 사람들과 통제되지 않는 사람들이 따로 있는 것은 아니다. 오히려 내가 앞에서 이야기한 바와 같이 같은 사람이 하루에 서로 다른 유형의 청중이 될 수 있는 것이다.

해설사들이 범하는 두 번째 오류는 통제되는 것과 통제되지 않는 것을 장소의 차이에 기인하는 것으로 보는 것이다. 하지만 분명 통제되는 장소와 통제되지 않는 장소가 따로 있는 것은 아니다. 내가 앞에서 이야기했던 여학생은 저녁시간에 공원 방문객으로서 해설 프로그램에 참여한 후 다음 날 그녀의 생물학 수업시간에 동일한 장소에 올 수도 있다. 이 경우 이 여성은 동일한 장소에서 전날 저녁에는 통제가 되지 않았다가 그다음 날에는 통제가 되었던 것이다. 옆에 앉아서 같은 수업을 들은 나와 내 친구 중 한 명은 통제가 되지 않았고 다른 한 명은 통제가 되었던 것처럼 말이다. 마지막으로 해설사들은 공원에서 해설을 듣는 청중들만 통제할 수 없는 것이라는 가정을 하는 우를 범하지 말아야 한다. 이것은 사실이 아닌 것이다. 우리를 무시할 수 있는 청중이면 그 누구라도 통제하기 힘든 청중인 것이다. 교실 밖의 청중 또는 학점이나 자격증 취득 등을 위해 자신이 공부했다는 것을 증명할 책임이 있는 상황에 놓인 사람들이 아닌 경우 모두 이러한 종류의 청중에 해당한다. 이러한 의미에서 모든 위대한 소설가나 기자, 작곡가, 광고인 등은 다 해설사와 같은 처지에 있는 사람이라고 할 수 있다. 이들은 다만 대부분의 문화유산해설사와 다른 맥락에서 일하는 사람들이라고 할 수 있다.

　이 글을 마치면서 나는 여러분들에게 비밀 하나를 이야기해 주고자 한다. 나로서는 비밀이긴 하지만 여러분 중 많은 사람들은 별로 놀라지 않을지도 모르겠다. 모든 청중은-심지어 교실에서 시험을 준비하는 학생까지도-태생적으로 완전히 통제할 수 없다. 우리의 두뇌는 가능한 한 가장 즐겁게 해주는 것을 좇도록 프로그램되어 있고, 일생의 매순간마다 지칠 줄 모르고 즐거움을 추구한다. 그렇기 때문에 지루한 수업을 듣는 학생의 입장에서 집중을 한다는 것이 여간 어려운 것이 아닌 것이다. 이들은 자신들의 두뇌가 시키는 것을 극복해야 하는 것이다. 그들의 머릿속에서 전쟁이 일어난다면 학생들은 수업시간에 딴생각을 하게 되기도 한다는 것이다. 그러므로 나의 동료 교육자 여러분들에게 나는 다음과 같은 조언을 해주고 싶다. 비록 여러분의 학생들이 통제할 수 있는 청중이라고 하더라도 여러분이 매일 매일 여러분의 학생들을 통제할 수 없는 청중처럼 대해준다면 여러분들은 여러분들의 학생을 더 잘 가르칠 수 있을 것이고, 여러분들의 학생은 여러분들을 영원히 사랑할 것이다. 여러분들의 학생들이 여러분에게 배우고 싶도록 노력해 보기 바란다. 마치 국립공원 해설 프로그램에 참여할 탐방객을 대하듯이 말이다. 나는 지구상에 존재하는 최고의 해설사 중 일부는 수업과 학생들을 이런 식으로 바라보는 교사들이라고 생각한다.

주요용어집

주요용어는 각 장의 말미에도
진하게 표시되어 있다.

비유(Analogy): 관심의 대상이 되는 것과 청중이 이미 알고 있는 것 사이의 유사점을 보여주는 방법.

태도(Attitude): 한 사람의 무엇인가(something)에 대한 긍정적이거나 부정적인 평가(예를 들어 좋다 또는 나쁘다, 바람직하다 또는 바람직하지 않다 등). 여기서 "무엇인가(something)"는 태도의 대상으로 불린다.

태도의 대상(Attitude Object): 한 사람이 태도를 가질 수 있는 사물이나, 사람, 장소 또는 개념. 사람들은 무엇인가를 하거나 하지 않는 것에 대한 태도를 가지고 있기 때문에 특정한 행동 역시 태도의 대상이 될 수 있다.

청중 측면의 테마(Audience Side of Theme): 해설사가 잘 개발한 테마가 청중의 머릿속에 미친 영향. 결과적인 테마라고도 불릴 수 있다.

믿음(Belief): 특정한 것이 특정한 속성 또는 성격을 가지고 있다는 한 사람의 인식. 합리적 행동이론에 **행위에 대한 믿음은(behavior belief)** 특정 행동이 어떠한 결과를 가져올 것인지, 그리고 그 결과가 좋거나 바람직한 것인지에 대한 특정인의 인식이다. **규범에 대한 믿음은(normative belief)** (1) 중요한 타자(가족, 친한 친구 등)가 특정 행위를 허락할 것인지 아닌지에 대한 특정인의 인식이고, (2) 특정인의 준거집단(reference group)이-즉, 특정인이 어떤 특정 행위를 하는 데 있어 기준으로 삼는 집단이-그러한 행위를 어느 정도 할지에 대한 인식이며. (3) 그 특정인이 중요한 타자의 바람에 얼마나 순응하려 하는가에 대한 인식이다. **통제에 대한 믿음은(control belief)** 특정인이 특정한 행동을 수행하는 것을 쉽게 하거나 어렵게 하는 환경이나 요인들이 존재하는지, 그리고 각각의 요인들이 그 행동을 하는 것을 얼마나 더 쉽고 어렵게 하는지에 대한 인식이다.

띄엄띄엄 읽는 사람(Browsers): 비순차적 해설에서 전시 작품을 6초에서 2~30초 이내로 보는 관람객 집단.

통제 가능한 청중(Captive Audience): 어렵거나 재미가 없어도 특정 프레젠테이션에 집중해야 할 의무감을 가진 청중.

결말(Closure): 순차적 프레젠테이션이 마지막 지점에 이르러서 더 이상 말할 것이 남아 있지 않다고 청중들이 의식하는 지점. "프라그난쯔(Pragnanz)" 부분을 참고하면 좋다.

대조(Contrast): 여러분이 이야기하는 것과 그것과 쉽게 연결시킬 수 있는 무엇인가 사이의 유사점이나 차이점을 비교하는 방법.

크리에이츠(CREATES): Ward & Wilkinson(2006)이 해설사들이 핵심적인 메시지의 요소들을 기억하기 쉽게 하기 위해 만든 머리글자의 조합이다. 각각의 머리글자는 연결하는(Connects), 청중의 눈높이에 맞는(Relevant), 재미있는(Enjoyable), 적절한(Appropriate), 테마가 있는(Thematic), 마음을 끄는(Engaging), 구조화된(Structured)을 의미한다.

테마를 개발하기(Develop a Theme): 테마를 지지할 수 있는 정보를 프레젠테이션함으로써 테마에 살을 붙이고 테마를 구체화해 나가는 것.

차이(Difference): TORE 요소를 갖춘 해설은 다음과 같은 세 가지 차이를 만들어 낼 수 있다고 주장되고 있다. (1) 청중의 경험 향상 (2) 특정한 것에 대한 긍정적인 태도의 창출 (3) 청중의 행동에 영향을 미침.

에듀테인먼트(Edutainment): 엔터테인먼트적 요소가 있는 교육, 또는 교육적인 요소가 있는 엔터테인먼트. 엔터테인먼트(Entertainment)와 인포테인먼트(Infotainment)를 참고하면 좋다.

정교화(Elaboration): 노력이 요구되는 생각을 일컫는다. 심리학 용어로서 일상적인 어휘로는 곰곰이 생각하기(pondering), 사색하기(contemplating), 숙고하기(deliberating), 의심해 보기(wondering) 등이 있다.

발현적 테마 모델(Emergent Theme Model): 순차적 테마 전개 모델의 하나로 커뮤니케이터는 결론 부분에서만 테마를 명확하게 이야기한다.

최종 목표(Endgame): 어떤 과정이나 사건이 성공적인 결론에 이르렀을 때의 사물의 조건이나 상태를 기술하기 위해 사용되는 용어.

재미있는(Enjoyable): 해설의 품질 중 하나로 청중들을 즐겁게 해주어서 청중들이 해설에 참여하게 하고 정보를 처리하도록 하는 것.

엔터테인먼트(Entertainment): 짜임새 있고, 청중의 눈높이에 맞고, 재미있는 정보. 청중의 관심을 강력하게 끄는 정보, 즉 청중을 매혹시키는 것. 에듀테인먼트(Edutainment)와 인포테인먼트(Infotainment)와 비교해 보라.

EROT 해설(EROT Framework): 샘 햄(Ham, 1992)이 해설사들이 청중의 관심을 사로잡고 테마를 잘 전달하기 위해 갖추어야 할 해설의 요소들을 잘 기억할 수 있도록 만든 머리글자의 조합. 각각의 글자들은 재미있고(Enjoyable), 청중의 눈높이에 맞고(Relevant), 짜임새 있고(Organized), 테마가 있는(Thematic)을 의미한다.

에로틱(EROTIC): 로스 등(Ross et al., 2003)이 원격 교육자들이 좋은 원격 교육프로그램이 갖추어야 할 품질들을 잘 기억할 수 있도록 개발한 글자들의 조합.

사례(Example): 해설사가 이야기하는 사물이나 사람을 대표할 수 있는 무엇인가나 어떤 사람을 빠르게 언급하는 방법.

추론(Extrapolation): 청중들이 테마를 넘어서는 생각을 하게 하도록 하거나 좀 더 큰 그림 속에서 테마를 이해할 수 있도록 하는 결론의 유형.

암시하기(Foreshadowing): 순차적 해설의 방법 중 하나로 커뮤니케이터가 다음에 무엇이 이야기될지에 대해 힌트를 주는 것. 암시는 종종 호기심을 유발하거나 다음에 무엇이 나올지를 기대하기 위해 사용된다.

전체적인 테마(Global Theme): 어떤 해설의 전체를 포괄하는 테마. 하위 테마는 전체적인 테마의 일부분을 중심으로 전개해 나가는 테마라고 할 수 있다. 결국 해설의 여러 하위 테마들이 합쳐져서 전체를 포괄하는 테마가 되는 것이다.

암시적 테마 모델(Implicit Theme Model): 순차적 테마 개발의 하나로서 암시적 테마 모델에서 커뮤니케이터는 테마를 온전히 전개해 나가지만 청중들에게 그것을 명시적으로 언급하지는 않는다.

인포테인먼트(Infotainment): 엔터테인먼트적인 요소가 있는 정보 또는 정보적인 요소가 있는 엔터테인먼트. 인포테인먼트는 생각을 불러일으키게 할 수는 있으나 테마가 결여되어 있다. 인포테인먼트라는 말은 가벼운 뉴스를 일컫는 용어에서 유래했다. 에듀테인먼트(Edutainment)와 생각을 불러일으킬 가능성(Provocation likelihood)을 함께 읽어보라.

손에 잡히지 않는 의미(Intangible Meaning): 감각기관을 이용해서 객관적으로 입증할 수 없는 어떤 속성. 손에 잡히지 않는 의미는 상징적이다. 손에 잡히지 않는 의미는 특정인에게 무엇인가가 의미하는 바를 가리킨다. 그리고 손에 잡히지 않는 의미는 논리보다는 은유나 주관성에 의존한다.

의도적인 측면의 테마(Intention Side of Theme): 커뮤니케이터가 무엇을 포함시키고, 무엇을 배제하고, 무엇을 강조하고, 무엇을 강조하지 않을 것인지 등 해설의 내용과 그 초점을 결정하기 위해 이용하는 테마를 일컫는다. 해설사 측면의 테마라고도 부른다.

인터테인먼트(Intertainment): 미국 국립공원청 소속 해설 레인저 밥 로니(Bob Roney)가 만든 용어로 탐방객들을 즐겁게 해주는 것이 주된 목적인 해설을 일컫는다. 랄센(Larsen, 2003)을 참고하라.

해설(Interpretation): 청중들을 생각하게 함으로써 개인적 의미를 발견하게 하고 사물, 장소, 사람, 개념 등에 대해 개인적 관련을 맺게 하는 것이 임무인 커뮤니케이션이다.

해설사(Interpreters): 이 책에서 제시된 접근 방식을 따라 대면 또는 비대면 커뮤니케이션을 하는 모든 유형의 사람. 해설사에는 강연자, 작가, 디자이너, 예술가, 공원, 동물원, 역사유적지, 여행사, 크루즈 회사, 과학센터, 식물원, 숲, 수족관, 포도주 양조장, 맥주 양조장, 테마파크, 생산 공장의 직원들이 포함될 뿐만 아니라 가이드, 여행 안내자, 도슨트, 스토리텔러, 작곡자, 뮤지션, 드라마작가, 배우, 공연자 등이 모두 포함된다.

해설사 측면의 테마(Interpreter's Side of Theme): 커뮤니케이터가 무엇을 포함시키고 무엇을 배제하고 무엇을 강조하고 무엇을 강조하지 않을 것인지 등 해설의 내용과 그 초점을 결정하기 위해 이용하는 테마를 일컫는다. 의도적인 측면의 테마라고도 한다.

해설적인 접근(Interpretive Approach): 정보를 테마가 있고(Thematic), 청중의 눈높이에 맞고 (Relevant), 짜임새 있고(Organized), 재미있게(Enjoyable) 전달하려 애쓰는 커뮤니케이션 방법.

해설 행위(Interpretive Encounter): 대면이든 비대면이든 해설적인 접근에 따라 커뮤니케이션을 하는 모든 행위.

해설 작품(Interpretive Product): 마무리된 해설 프로그램과 해설 전시.

나컨 이론(Knockan Theory): 청중들에게 본질상 별로 흥미가 없을 것 같은 이야깃거리에 재미를 더하는 방법을 설명하는 이론. 나컨 이론에서는 청중들에게 별로 흥미가 없는 이야깃거리를 본질적으로 보다 흥미로운 것과 연결시키라고 제안한다.

낙인찍기(Labeling): 청중들이 속해 있거나 속해 있지 않은 사회적 집단의 맥락에서 새로운 정보를 청중들에게 제공하는 커뮤니케이션 방법.

마법의 수 4(Magic Number 4): 코완(Cowan, 2001)의 연구에 따르면 대부분의 사람들에게 있어서 큰 부담 없이 한꺼번에 소화할 수 있는 새로운 아이디어의 최대 숫자는 4개이다.

의미 있는(Meaningful): 청중들에게는 자기가 이미 알고 있는 연관된 정보라야 의미가 있는 것이다.

정신적 일(Mental Task): 순차적 커뮤니케이션 방법 중 하나로 커뮤니케이터가 청중들에게 무엇인가를 하거나 생각해 보도록 하는 것을 일컫는다. 대개 이동식 해설에서 방문하게 되는 지점들 사이에서 부과된다.

은유(Metaphor): 매우 다른 무엇인가를 기술하기 위해 사용되는 단어나 구를 일컫는다.

증첩된 패키지 포맷(Nested Package Format): 순차적 커뮤니케이션의 하나로 이 포맷에서는 전체를 아우르는 테마 아래에 여러 테마들이 각각 독자적인 서론, 본론, 결론을 가지고 전개된다. 각각의 세부 테마의 전개가 완료될 뿐만 아니라 전체를 아우르는 테마가 완료되면 결말에 이르게 된다.

통제할 수 없는 청중(Non-Captive Audience): 어떤 해설이 재미가 있어야만 자발적으로 해설에 집중하는 청중.

비순차적 커뮤니케이션(Non-Sequential Communication): 청중들이 집중해야 할 정보의 순서를 정하게 되어 있는 커뮤니케이션. 전시, 웹사이트, 안내판 등 비대면 해설 대부분이 비순차적 커뮤니케이션이다.

하나의 패키지 포맷(One-Package Format): 순차적 커뮤니케이션의 일종으로 이 포맷에서는 커뮤니케이터가 서론, 본론, 결론을 거쳐 강한 하나의 테마를 개발해서 결말에 이른다. 이것이 우리가 익숙해 있는 가장 일반적인 테마 중심 해설 포맷이다.

한 문장 규칙(One-Sentence Rule): 모든 테마는 하나의 문장으로 표현되어야 한다는 가이드라인이다. 한 문장 규칙을 따르는 것은 좋은 생각이나, 항상 그런 것은 아닐 수 있다.

짜임새가 있는(Organized): 정보는 청중들이 이해하기 쉽게 제시되었을 때 짜임새가 있다. 4개 또는 그 이하의 아이디어로 정보를 제시할 때 짜임새가 있어진다고 이야기되고 있다.

개별적인(Personal): 정보는 청중들이 소중히 여기는 것과 관련이 있게 될 때 개별적이 된다. 어떤 것이 청중들에게 더 관심이 있을수록, 해당 정보는 더욱 개별적인 것이 된다.

개별적인 테마(Personal Themes): 어떤 해설 행위에 노출됨으로써 특정인이 만들어 낸 의미. 동의어로는 생각들, 이야기의 교훈, 결론, 추론, 인상, 메시지, 아이디어, 주요 논점 등이 있다. 강력하게 잘 전개된 테마는 청중의 마음속에 다양한 개별적 테마를 심어줄 수 있다.

포우트리(POETRY): 브로츄와 메리만(Brochu & Merriman, 2008, 2011)이 해설사들이 전문적인 해설의 요소를 기억하기 좋도록 고안해 낸 글자의 조합. 각각의 글자는 순서대로 목적이 잇는(Purposeful), 짜임새 있는(Organized), 재미있는(Enjoyable), 테마가 있는(Thematic), 청중의 눈높이에 맞는(Relevant), 그리고 해설사 여러분(You)이다.

프라그난쯔(Pragnanz): 순차적 커뮤니케이션의 말미에서 청중들에게 앞서 듣거나 이야기한 것을 상기시킴으로써 청중들이 이제 해설이 완전히 끝났다고 느끼게 되는 결말 방법.

호환성의 원리(Principle of Compatibility): 커뮤니케이션을 통해 특정인의 특정 사물에 대한 태도를 바꾸려면 먼저 그 사람의 해당 사물에 대한 믿음을 바꾸어야 한다는 것을 이야기하는 사회심리학의 원리. 태도의 대상(Objects of attitude)이라는 용어도 살펴보기 바란다.

생각을 불러일으키기(Provocation): 해설되어지는 것에 대해 어떤 사람이 개별적인 생각을 하게 되는 것을 일컫는다. 이것은 또한 높은 정교화 가능성을 의미하기도 한다.

생각을 불러일으킬 가능성(Provocation Likelihood): 해설이 청중의 생각을 불러일으킬 확률을 지칭한다. 또한 어떤 테마가 생각을 불러일으킬 확률을 의미하기도 한다. 테마가 짜임새가 있고 청중의 눈높이에 맞는다면 생각을 불러일으킬 가능성은 높아진다.

생각을 불러일으키는 경로(Provocation Path): 청중들로 하여금 노력이 들어가는 생각을 해보게 함으로써 태도에 영향을 미칠 수 있는 경로(정교화 가능성 모델에서는 설득을 위한 중심경로라고 불리며 휴리스틱-체계(heuristic system) 모델에서는 체계 과정이라고 불린다).

짧은 경로(Quick Path): 청중들에게 상대적으로 적게 생각을 해보게 하고 태도에 영향을 미치는 경로. "약한 경로(weak path)"와 같다(정교화 가능성 모델에서 주변경로라고 불리며 휴리스틱-체계 처리 모델에서는 휴리스틱 과정이라고 불린다.)

요점을 되풀이하기(Recapitulation): 본론에서 언급된 핵심 포인트들을 결론에서 요약하는 것.

청중의 눈높이에 맞는(Relevant): 우리가 이미 중요하게 생각하는 무엇인가와 정보를 연결시켰을 때 갖게 되는 품질. 청중의 눈높이에 맞는 정보는 의미가 있을 뿐 아니라 개별적이기도 하다.

결과적 측면의 테마(Result Side of Theme): 커뮤니케이터가 잘 전개한 테마가 청중의 생각속에 미칠 수 있는 영향. 청중 측면의 테마라고도 불린다.

샌드위치 테마 모델(Sandwich Theme Model): 순차적 테마 개발 모델에서 커뮤니케이터가 서론과 결론에서 테마를 분명히 언급하는 모델. 샌드위치 모델을 이용하여 개발된 순차적 프레젠테이션은 붙박이 "프라그난쯔(Pragnanz)"를 가지고 있는 셈이다.

자기 언급(Self-Referencing): 커뮤니케이션 방법의 일종으로 새로운 정보가 청중들에게 제공되는 동시에 청중들이 그 새로운 정보와 관련된 스스로의 경험에 대해 생각해 볼 수 있도록 질문을 받게 하는 것.

순차적 커뮤니케이션(Sequential Communication): 커뮤니케이터가 청중의 정보를 수신하는순서를 결정하는 모든 프레젠테이션. 거의 모든 대면해설은 순차적이다.

연속적 패키지 포맷(Serial Package Format): 순차적 프레젠테이션의 일종으로 연속적 패키지 포맷에서 해설사는 2개 또는 3개의 연속적 테마를 전개해 나가며, 각각의 테마는 서론과 본론결론이 있고 결말도 있다. 테마 간에는 서로 관련이 있을 수도 있지만 그렇지 않을 수도 있고 어떤경우이든 해설사는 이 테마를 묶어 전체를 아우르는 테마로 만들려고 하지 않는다.

직유(Simile): ~와 같은 또는 마치와 같은 단어를 사용하여 두 사물을 비교하는 방법.

대충 훑어보고 가는 사람(Streakers): 비순차적 해설 작품을 읽거나 보는 데 6초 미만을 투자하는 사람들을 일컬음.

강력한 경로(Strong Path): 청중들이 노력하여 생각을 하게 함으로써 태도에 영향을 미치는 경로. 생각을 불러일으키는 경로라고도 부른다(정교화 가능성 모델에서는 설득을 위한 중심경로라고 부르고 휴리스틱-체계 처리 모델에서는 체계 과정이라고 부른다).

강력한 테마(Strong Theme): 짜임새 있고 청중의 눈높이에 맞는 테마를 일컫는다. 강력한 테마는 생각을 불러일으킬 가능성이 높다.

공부하는 사람들(Studiers): 비순차적 해설 작품을 보는 데 적어도 30초 이상을 사용하는 관람집단을 말한다.

하위테마(Subtheme): 전체를 아우르는 테마의 일부분. 하위주제는 하위 이야깃거리(subtopic)와 다르다는 것을 유념하라. 모든 테마처럼 하위 테마도 완전한 평서문으로 표현된다.

제안(Suggestion): 청중들이 프레젠테이션을 들은 후 하루 이틀 이내에 경험하게 될 것과 테마를 연결시킴으로써 테마를 강화하는 식의 결론.

손에 잡히는 의미(Tangible Meaning) : 오감을 통해 객관적으로 입증될 수 있는 무언가의 속성. 해설사들이 부여하는 손에 잡히는 의미는 이들이 해설하는 무엇인가가 과학적 문화적 또는 역사적으로 갖는 중요성과 관련이 있다. 다시 말해 특정한 것이 관심의 대상이 되어야 하는 이유와 관련이 있다는 것이다.

테마패키지(Thematic Package) : 순차적 커뮤니케이션에서 해설사가 테마를 전개해 나가는 개념의 컨테이너. 모든 테마의 패키지는 서론, 본론, 결론과 결말을 포함한다.

테마(Theme) : 해설사들에게 있어 테마는 자신이 전개하고자 하는 아이디어이다. 동의어로는 메시지, 핵심 포인트, 이야기의 교훈 등이 있다. 청중들에게 있어 테마란 해설을 듣고 나서 들게 된 생각들이라고 할 수 있다. 다시 말해 테마란 해설사의 해설 행위에서 추출한 개인적 교훈이자 전반적인 인상이고, 결론이자 추론이라고 할 수 있다. "개인적 테마(Personal Theme)"를 참고하라.

테마 제목(Theme Title) : 비순차적 커뮤니케이션에서 제목과 다른 눈에 띄는 디자인 요소는 테마의 핵심을 빠르게 전달함으로써 청중의 생각을 불러일으킨다. 아주 잘 만들어진 테마의 제목은 수 초 내에 이러한 일을 달성하기도 한다.

생각 나열하기(Thought Listing) : 해설 작품이 청중들에게 생각을 불러일으킨 정도를 평가하기 위한 방법. 이러한 생각들이 여러분들의 수용범위 안에 있는 수가 많으면 많을수록 여러분의 해설은 더 성공적인 것이다. "수용범위(Zone of Tolerance)"도 참고하라.

이야깃거리(Topic) : 해설의 소재.

이야깃거리 제목(Topic Title) : 전시나 웹사이트 브로슈어 같은 비순차적 프레젠테이션에서 소재를 전달하기 위한 제목.

TORE 모델(TORE Model) : 샘 햄(Ham, 2007)이 개발한 테마 중심 커뮤니케이션 모델. TORE라는 글자의 조합은 청중들의 관심을 끌어서 설득력 있게 메시지를 전달하기 위해 해설이 갖추어야 할 네 가지 품질을 일컫는다. 이 글자들은 순서대로 테마가 있고(Thematic), 짜임새가 있고(Organized), 청중의 눈높이에 맞고(Relevant), 재미있고(Enjoyable)이다.

TORE 품질(TORE Quality) : (1) 강력한 테마를 가지고 있고 (2) 짜임새가 있어서 이해하기 쉽고, (3) 청중의 눈높이에 맞고, (4) 재미있는 해설. 오직 TORE 품질을 가진 해설만이 의도적으로 (전략적으로) 해설사들이 원하는 세 가지 변화(즉 경험의 질을 향상시키고, 태도에 영향을 주고, 행동에 영향을 주는 것)를 유발할 수 있다.

전환(Transition) : 순차적 프레젠테이션에 있어서 연결을 시켜주는 것. 전환은 청중들로 하여금 언제 프레젠테이션의 초점이 변하는지를 알려준다. 전환은 순차적 프레젠테이션에서 중요하지만 특히 서론과 본론으로 넘어갈 때 그리고 본론에서 결론으로 넘어갈 때 중요하다.

보편적 개념(Universal Concept): 어느 시대 어느 사회에서나 인류에게 중요시되어 왔던 상징적이고 손에 잡히지 않는 개념들. 보편적 개념에는 극단적인 감정, 가령 사랑, 증오, 두려움, 슬픔, 격앙됨 등이 포함되고 생로병사, 고통과 배고픔 등과 같은 것들, 그리고 불확실성이나 우주, 미스터리, 서스펜스와 같은 것에 대한 인간의 열정 등과 같은 것이 포함된다.

약한 경로(Weak Path): 청중들로 하여금 상대적으로 적게 생각을 하면서 태도에 영향을 주는 경로. 빠른 경로와 같은 것이다. 정교화 가능성 모델에서는 설득을 위한 주변경로라고 불리고, 휴리스틱-체계 처리 모형에서는 체계 처리라고 불린다.

수용범위(Zone of Tolerance): 해설사가 해설 작품을 통해 청중들의 생각을 불러일으킨 것이 수용 가능한 영역 안에 있는지를 판단하게 해주는 주관적인 영역. 커뮤니케이터의 수용범위 안에 있는 생각들은 커뮤니케이터가 전개하고자 했던 테마와 일관성이 있는 것으로 고려된다. '생각 나열하기(Thought Listing)'도 참고하여 보라.

미주

1   우리는 주로 맥락, 청중, 결과라는 세 가지를 전략적 커뮤니케이션의 유형을 구분 짓는 데 사용한다. 예를 들어 해설, 강의, 세일즈, 홍보, 정치 캠페인, 법정 논쟁은 모두 일종의 전략적인 커뮤니케이션인데 이들 각각은 그것이 행해지는 환경, 염두에 두고 있는 청중, 그리고 의사소통의 결과라는 측면에서 매우 상이하다.

2   2007년 유엔환경보호기구(UN Environmental Protection Agency)자금 지원을 받아 미국해설사협회(National Association for Interpretation) 주도로 획기적인 프로젝트가 진행되었는데 이 프로젝트에서는 다양한 해설사협회의 대표들, 연방정부 기관들과 해설사 고용기관들이 모여 해설 현장에서 사용할 수 있는 해설의 정의를 채택하였다. 미국해설사협회가 주도한 이 해설 개념정의 프로젝트를 통해 해설에 대한 이러한 개념정의가 이루어졌다.

3   알파벳을 가르치거나, 알파벳을 가지고 낱말을 만드는 것, 곱셈표 외우기, 음의 지수(negative exponent)가 무엇을 의미하는지, 역사적으로 중요한 날에 무슨 일이 일어났는지, 속도나 표면의 면적을 계산하기 등이 이러한 예에 해당한다. 개별적인 지식들을 청중들에게 가르쳐야 하는 특별한 이유들이 없는 한 해설사들은 이러한 종류의 학습결과에는 거의 관심이 없다. 하지만 공식적인 학교 교육에서는 이러한 사실들을 가르치는 것이 고차원적인 학습을 준비하는 데 있어 필요하다고 본다.

4   나는 1982년에 발간한 나의 저서 『환경 해설(Enviromental Interpretation)』과 1983년 논문(Ham, 1983)에서 이러한 연구들에 대해 검토한 바 있다. 또한 2002년 논문에서(Ham, 2002b) 인지심리학 분야의 연구를 박물관 해설에 적용해 본 바 있다. 테마 중심 해설에 관한 연구들을 잘 정리해 놓은 문헌으로는 Tarlton & Ward(2006), Ward & Wilkinson(2006) 등이 있으며, 이 책의 제2장을 참고하기 바란다.

1   나는 '이야기가 주는 교훈(moral of the story)'이라는 용어를 옳거나 틀린, 또는 좋거나 나쁜 것과 같은 의미로 사용하기보다는 시사점이나 도출된 결론, 추출된 원리 또는 알게 된 교훈과 같은 일반적인 의미로 사용하고 있다.

2   제9장의 순차적 테마 개발에서 우리는 적어도 테마를 전개해 가는 세 가지 방식에 대해 살펴볼 것이다. 이 세 방식 중의 하나는 말로든 글로든 테마에 대해 청중들에게 직접적으로 이야기하지 않는 것이다.

3   내가 '수용범위(Zone of Tolerance)'라고 명명한 이 개념은 이 장에서 다루어지는 것보다 자세한 논의가 필요하다. 제8장에서 논의하겠지만 수용범위라는 개념은 청중들이 앵무새처럼 여러분의 해설 테마를 되뇔 수 없다고 본다. 하지만 만일 여러분이 테마를 잘 개발해서 해설한 후 청중들과 여러분의 해설에 대해 이야기를 나누게 되었을 때 여러분이 그들로부터 듣는 이야기는 여러분을 실망시키기 보다는 즐겁게 할 확률이 크다.

4   해설 분야에서 Bitgood & Patterson(1993)은 이것이 어떻게 작동하는지를 설명하기 위해 박물관 방문객들을 대상으로 집중하는 것에 대한 "비용-편익" 모델을 개발한 바 있다.

5   아이러니하게도 30년 후 밀러는 자신의 자전적 글에서(Miller, 1989) 7 더하기 빼기 2는 대강의 추정이었으며 이것이 정설로 받아들여지는 것을 의도하지 않았다고 밝힌 바 있다. 이를 인지하지 못한 채 많은 심리학자들은 오랫동안 마법의 수 7은 너무 많다고 밀러를 비판해 왔다. 밀러의 마법의 수 7이 틀렸다는 것을 입증하는 데 중요한 역할을 했던 넬슨 코완(Nelson Cowan)은-비록 다른 사람들은 그것을 읽어볼 수 없었지만-밀러의 마법의 수 7은 농담(tongue in cheek)이었을 것이라고 주장하였다(Cowan, 2005). 심리학의 역사에서 매우 흥미롭고 기괴한 일이었던 것을 제쳐놓고서라도 이 이야기는 우리 연구자들도 유머 감각을 가질 수 있다는 교훈을 주고 있다.

6   선행연구들은 처리하기 쉽고 눈높이에 맞는 것이야말로 청중들의 생각을 자극하게 하는 가능성을 높이는 것으로 해설에 있어 꼭 필요한 2개의 별과 같은 것이라는 것을 보여주고 있다. 대부분의 이러한 연구들은 설득에 있어 정교화 가능성 모델(ELM) 또는 휴레스틱 체계 과정 모델(HSM)에 초점을 맞추어 왔다. 예를 들어 Chaiken(1980), Petty & Cacioppo(1986), Petty et al.(1983), Petty et al.(1992), Petty et al.(2003)를 참고하라. 나는 이 연구 중 몇 개를

해설의 맥락에서 검토한 바 있다(Ham, 2007; 2009a).

7 해설을 보다 의미 있게 만드는 여러 가지 방법들을 모아 놓은 Scherbaum(2008)을 참고하라.

8 위대한 이야기들(Staruss, 1996), 위대한 연극(Egri, 1946), 그리고 위대한 영화(McKee, 1997)는 대개 보편적 개념에 기반하고 있다. 위대한 노래와 시에서도 이는 마찬가지다.

9 이 부분에 대해 흥미가 있다면 보편적 개념에 대한 관심이 인류의 발전에 왜 중요한 역할을 했는지를 사려 깊게 다루고 있는 탈도나(Tardona, 2005)를 참고하라. 맨하트(Manhart, 2005)는 진화심리학의 관점에서 인간에 관한 일에 의미를 부여하는 뇌의 필요와 능력에 관해 보완적인 설명을 제공하고 있다. 간단하게 말해서 보편적 개념은 인류로 하여금 생존하는 데 도움이 될 수 있게 세상을 이해하도록 해준다는 것이다.

10 https://www.youtube.com/watch?v=HBb9DoziY7M 참조.

11 많은 사람들은 밥 말리(Bob Marley)의 유명한 레게송인 버펄로 솔져에 대해 알고 있다. 미국 역사와 미국 국립공원에 있어 버펄로 솔져의 위상에 대해 좀 더 알고 싶다면 http://en. Wikipedia. Org/wiki/Buffalo_Soldier를 찾아보라. 쉘튼 존슨의 뛰어난 해설은 텔레비전의 아이콘인 「오프라 윈프리 쇼」와 유명한 영화제작자 켄 번스(Ken Burns), 그리고 미국 대통령 버락 오바마에 의해 널리 인정받은 바 있다.

12 역자 주. 미국의 들소부대(Buffalo Soliders)는 남북전쟁이 끝난 1866년에 처음 창설된 흑인들과 일부 인디언들로 구성된 기병 및 보병 연대를 통칭하는 것으로서 미국 인디언 전쟁(1867~1897년대)과 미국 스페인 전쟁(1898~1918)에 참전한 바 있다. 이들 중 일부는 미국 국립공원청이 창설되기 이전인 1899년, 1903년, 1904년 요세미티(Yosemite), 세쿼이아(Sequoia), 킹스 캐넌(Kings Canyon) 국립공원 등지에서 레인저로 활동했다. 이들 부대의 이름이 왜 들소부대인지에 대해서는 이 부대에 소속되어 참전했던 군인들 중 샤이엔족 인디언들의 종족명이 들소(Buffalo)를 의미한다고 해서 이런 부대를 통칭해서 들소부대라고 했다는 설 등 몇 가지 설이 있다. 들소 부대원들의 수는 인디언 전쟁에 참전한 보병의 12% 기병의 20%를 차지했으나 이 전쟁의 무공훈장 수상자 중 유색인종은 4%에 불과했고 때때로 백인들로부터 공격을 받는 등 유색인종 군인들은 많은 차별을 받았다. 미국의 유색인종 부대는 소위 미 연방정부의 인종 분리 정책(segregation policy)에 따라 1948년까지 지속되다가 한국전쟁 과정에서 사라지게 되었다. 보다 자세한 내용은 https://www.youtube.com/watch?v=-oB2-HF1AOo과 https://en.wikipedia.org/wiki/Buffalo_Soldier를 참고하라.

13 Barney(2006)와 Symons & Johnson 1997)의 저작을 참고하라.

14 미국의 홀로코스트 박물관이나 폴란드의 아우슈비츠를 방문해 본 경험이 있는 사람이라면 이 두 장소가 모두 본능적으로 즐거움을 주기는 하지만 미소를 자아내지는 않는다는 것을 증명해 줄 것이다.

15 좋은 연사는 연설노트를 읽지 않는다. 사실 대부분의 해설사들은 해설노트를 전혀 사용하지 않는다. 해설사들은 노트를 참고하는 것은 공식적이고 학술적인 분위기를 창출한 뿐만 아니라 청중들로 하여금 해설사가 자신이 해설하고 있는 바에 대해 제대로 알고 있는지에 대해 궁금하게 할 수도 있다.

16 예를 들어, Ames, Franco & Frye(1997), Bitgood(2000), Dierking et al., Falk & Dierking(2000), Moscardo(1996), Moscardo et al.(2007), Serrell(1999), Shiner & Shafer(1975), Washburne & Wagar(1972)를 참고하라.

17 이것은 Ham & Shew(1971)의 초기 연구의 주요 발견이었다. 즐거움을 주는 해설의 다른 특징들에 대해서는 Brochu & Merriman(2012), Field & Lente(2000), Pastorelli(2003); Regnier et al.(1994), Ward & Wilkinson(2006) 등에 기술되어 있다.

18 Captuto et al.(2008), Moscardo(1996b), Ballantyne & Hughes(2007) 등을 참고하라. 미국의 국립공원에서 탐방객의 관심을 끌고 유지시키기 위해 다양한 표지판 메시지가 어떠한 능력을 보였는지를 비교한 Hall et al.(2010)의 연구도 읽어보라. Moscardo(1999a)는 해설의 맥락에서 청중의 주의를 끄는 방법에 대해 잘 요약된 정보를 제공하고 있다.

1 제1장에서 언급했던 바와 같이 내가 해설사를 지칭할 때는 대면이든 비대면이든 상관없이 해설을 하는 사람들 모두를 일컫는다. 이 중에는 작가나, 디자이너, 예술가들도 있고, 공원이나, 동물원, 박물관, 역사적 장소, 과학센터, 정원, 숲, 수족관, 포도주 양조장, 맥주 양조장, 테마파크, 생산시설 등에서 일하는 종업원이나 자원봉사자들도 있으며, 가이드, 원정 대장, 도슨트, 스토리텔러, 작곡가, 드라마작가, 디렉터, 연기자 등도 있다.

2 마찬가지로 나는 해설 작품을 대면뿐만 아니라 비대면 해설 작품을 통칭하는 의미로 사용할 것이다.

3 수가 많지는 않지만 해설사의 유형 중에는 경찰 같은 해설사, 비난자로서의 해설사(청중들의 생각과 행동에 대해 비난을 하고 창피를 주는 해설사), 설교자로서 해설사(청중들에게 자신의 신앙을 주입시키려는 해설사), 백과사전적 해설사(교사로서의 해설사의 특수 유형으로서 중요한 사실 뿐만 아니라 온갖 잡다한 사실에 대해 초점을 맞추는 해설사) 등도 있다.

4 해설을 이런 식으로 바라보는 것이 제1장에서 내가 해설을 정의한 것과 어느 정도 유사한지 주목하여 보라. 이것은 해설에 대한 구성주의자(constructionist) 관점이다. 구성주의자들은 커뮤니케이터(해설사든, 선생이든 아니면 법원의 법률가이든)는 지식을 다른 사람들의 머릿속에 집어넣지는 않는다고 본다. 오히려 이들의 역할은 학습자(박물관 방문객이나 학생 또는 배심원 등)들이 스스로 생각할 수 있도록 자극하는 것이다. 말하자면 구성주의 관점에서는 학습자들이 스스로 생각하는 과정에서 이 사람들은 자신 스스로의 지식을 만들어 나가게 된다고 주장한다. 분명 틸든은 구성주의라는 용어가 학계에서 사용되기 훨씬 이전에 이미 구성주의자였다. 그는 해설사들이 청중을 생각하게 할 수 있다면, 이들은 사물에 개인적 의미를 부여할 수 있게 된다고 믿었는데 틸든은 이러한 것들을 '개별적 진리들'이라고 명명했다. 오늘날의 해설에 있어 우리는 이를 종종 '의미 만들기(meaning making)'라고 부른다. Moscardo(1999b)는 Langer(1989)의 '마음 챙김(mindfulness)' 이론에 입각해 이를 '마음 챙김'이라고 부르기도 했다.

5 Powell et al.(2012)은 미국 국립공원들에서 일어나는 대면해설에 대해 연구한 결과 해설사들의 중요한 목적이 공원 방문객들의 지식을 넓히는 것이 된다면 이는 방문객들의 경험과 공원 감상에 부정적인 영향을 미친다는 것을 발견한 바 있다.

6 인포테인먼트(정보+엔터테인먼트)는 원래 가벼운 뉴스를 의미하는 텔레비전 용어로 사용되었다. 에듀테인먼트(교육+엔터테인먼트)는 컴퓨터 게임이나 과학센터, 테마파크 등에서 더욱 인기가 있다. 그것은 종종 하이테크 미디어나 기술 장치를 사용하는 것을 의미하기도 하였다.

7 자세한 내용은 다음 역서를 참조하라. 맥루한(저) · 김진홍(역). 2001. 『미디어는 마사지다』, 커뮤니케이션북스.

8 예를 들어 Bitgood(1988), Falk et al.(1985), Moscardo(1996), Serrell(1977)을 살펴보라.

9 정교화 가능성 모델은 사람들은 대개 자신들을 생각하게 하는 해설을 잘 기억하게 된다는 것을 보여주고 있다. 하지만 해설사가 청중들로 하여금 기억하기 원하는 것과 청중들이 실제로 생각하는 것 사이에 차이가 있는 경우 이러한 원리는 작동하지 않는다. 사람들을 생각하게 할 가능성이 높은 메시지는 사람들을 생각하게 할 가능성이 낮은 메시지에 비해 청중들로 하여금 적은 양의 정보를 기억하게 한다는 Cacioppo & Petty(1989)의 연구결과를 살펴보자. 이러한 결과가 나온 이유는 아마도 사람들은 정보를 전달하는 사람이 정보를 수용하는 사람들에게 억지로 기억하기를 원하는 것들에 대해 생각하기보다는 자신들에게 전해진 정보가 스스로에게 개인적 의미가 있는가에 대해 더 많이 생각하기 때문이라고 할 수 있다. 만일 청중들이 실제로 생각했던 것들에 대해 시험을 보았다면 청중들은 훨씬 많은 것을 기억했을지 모른다. Bucy(2005)와 Rand(2010)가 진행한 아웃도어 해설 전시와 셀프 가이드 트레일에서 진행한 연구에서도 청중들이 기억하는 정보의 분량과 이들이 새롭게 생각하게 된 생각들의 수 사이에는 어떠한 유의미한 관계도 형성되지 않았다. 청중들이 사실적 정보를 적게 기억할 때 오히려 의미 만들기는 잘 발생하였고, 청중들이 사실적 정보를 많이 기억할 때 의미 만들기는 잘 일어나지 않았다.

10 만일 이러한 연구에 대해 좀 더 알고 싶다면 나의 연구(Ham, 2007, 2009a)를 참조하라. 제5장에서도 우리는 일정 범위의 인간 행동을 변화시키는 데 해설이 성공적으로 활용되어 온 것에 대해 살펴볼 것이다.

11 Moscardo(1996; 1996b)는 해설을 통해 생각을 하게 하는 원리를 개발한 최초의 연구자이다. 그녀의 책 *Managing Visitors Mindful*은 실제 해설사들과 해설 연구자들에게 도움이 될 만한 유일한 참고문헌이라고 생각한다.

12 Ham(2008)과 Powell & Ham(2008)의 연구를 참고하라.

13 Griffin(2000)은 이에 관한 참고 문헌(Petty et al. 1992; 2004, Petty & Cacioppo, 1986)을 잘 검토해 놓은 바 있다. Moscardo(1996, 199b)와 Ham(2007; 2009a)은 이러한 연구들이 어떻게 해설에 대한 연구에 적용될 수 있는 지에 대해 논의한 바 있다.

14 Fazio(1995), Fazio & Towles-Shwen(1999), Petty et al.(2004)을 참고하라.

15 Brown et al.(2010), Ham & Ham(2010), Ham et al.(2008), Hughes et al.(2009)을 참고하라.

4장 ───

1 해설이 이러한 유형의 성과를 창출할 수 있다고 주장하는 것과 커뮤니케이션 연구에서 증거를 가지고 이것을 실제로 보여주는 것은 완전히 다른 문제이다. 적절한 이론과 데이터로 이를 입증하는 연구들이 충분히 이루어지지 않는 한 이러한 주장은 그저 주장일 뿐일 수 있다.

2 이것은 해설 분야의 다른 이슈에도 적용된다. 예를 들어 한 연구자가 테마가 이것저것을 할 수 있다거나 없다고 주장한다면 여러분은 먼저 테마라는 것이 해당 연구자에게 무엇을 의미하는지, 그리고 그 테마라는 것이 강력한 테마를 의미하는 것인지 약한 테마를 의미하는 것인지? 만일 그렇다면 어떻게 테마가 강한지 약한지를 분별할 수 있는지? 등에 대해 물어보아야 한다. 물론 우리는 또한 테마가 이런저런 것을 할 수 있다고 생각하는 논리적 근거가 무엇인지에 대해서도 물어보아야만 한다. 만일 어떤 연구자가 이러한 질문을 받을 것을 예상하지 못하고 이 질문에 대한 답변을 미리 준비하지 못한다면 여러분은 해당 연구자가 연구 설계를 제대로 하지 않았고, 이 연구로부터 도출한 결론은 이론적으로도 강력하지 못하고 연구 과정에서 문제가 있을 수 있다고 상당 부분 확신할 수 있을 것이다.

3 이에 관한 토론이 해설에 관한 블로그에서 진행되고 있다.

4 이에 관한 논의를 잘 이해하기 원한다면 제2장에서 좋은 해설이 갖추어야 할 네 가지 품질을 뒷받침해 주는 논거를 기억할 필요가 있다. 만일 여러분이 이러한 논거가 무엇인지 분명하게 기억나지 않는다면 제2장을 한 번 더 읽어보기를 권하는 바이다.

5장 ───

1 이러한 생각은 해설의 역사만큼이나 오래된 것으로, 공원관리나 관광학 분야의 사회과학자들은 좋은 해설이 탐방객의 경험에 긍정적인 영향을 미친다고 오랫동안 주장해 왔다. 다음 문헌을 참고하라. Armstrong & Weiler(2002), Arnould & Price(1993), Beck & Cable(1998), Brochu & Merriman(2012), Cameron & Gatewood(2000), Cohen(1985), Geva & Goldman(1991); Ham(2001, 2002a, 2008; 2009b), Ham et al.(2005), Ham & Weiler(2002), Powell & Ham(2008), Ward & Wilkinson(2006), Weiler & Ham(2001; 2002).

2 탐방객들이 얼마나 즐거운 경험을 했느냐는 또한 이들이 지역보존기금에 기부금을 내는 액수와도 긍정적인 연관이 있었다.

3 이들의 경험과 관련된 해설적 요소에는 방문객 센터의 전시나 설명, 안내지도, 방문객 센터, 안내 브로슈어, 해설사의 설명 등이 있었다. 또 이들의 경험과 관련된 비해설적 요소에는 탐방로의 품질, 화장실, 낚시 구역, 주차장, 캠핑장, 수영장 등이 있었다. 탐방객의 전반적인 경험의 질에 있어서 해설적 요소가 비해설적 요소에 비해 약 2배 정도 중요하다는 것이 발견되었다.

4 Fennell(2004)의 연구는 관광객들은 상징적인 것으로 기념품을 사고 이는 나중에 이들의 경험을 다시 생각나게 해주며 의미 만들기를 다시 한번 유발한다는 것을 보여주고 있다.

5 예를 들어 O'Mahony et al.(2006)의 연구는 포도주 양조장 방문의 교육적 효과가 5개월 후의 와인 구매로 이어졌다는 것을 밝혔다.

6   의미기억은 실제로 경험해 보지 못한 지식적인 기억을 의미하기도 한다. 만일 여러분이 일화기억과 의미기억 간의 상호작용이나 차이점에 대한 연구에 관심이 있다면 다음 문헌을 참고하라. Baars and Franklin(2003), Baddeley(2001), Baddeley et al.(2001), Craik & Tulving(1975), Franklin et al .(2005), Tulving(1972, 1983, 2001).

7   예를 들어 Arnould & Price(1993), Knapp(2003), Knapp & Benton(2005), and Knapp & Yang(2002)을 참조하라.

8   예를 들어 DeMares & Kryka(1998), Smith(2004), Smith et al.,(2011)을 참고하라.

9   예를 들어 McManus(1993), Medved(2000), Medved & Oatley(2000), Spock(2000), Stevenson(1991)을 살펴보라.

10 Cameron & Gatewood(2002, 2003)의 연구와 Gatewood & Cameron(2000)의 연구를 참고하라.

11 Numen이란 단어는 라틴어에서 유래한 것으로 다신교에서 신들의 손짓을 의미한다. Cameron & Gatewood는 이 단어를 우리가 매우 의미 있는 어떤 존재 앞에 섰을 때 느끼는 경외감 같은 것과 연결시켰다.

12 내가 다른 곳(Ham, 2007, 2009a)에서 자세히 다룬 바 있지만, 정교화 가능성 모델에 관한 지난 30년간의 연구는 어떤 커뮤니케이션이 생각을 하게끔 한다면 이는 태도에 영향을 미친다는 것에 대해 일관된 연구결과를 보여주고 있다. 이 연구의 결과들은 어떤 해설이 더 많은 생각을 불러일으킬수록 이것이 태도에 미치는 영향은 더 강력하고 오래간다는 것을 보여주고 있다. 만일 여러분이 연구에 그리 관심이 많지 않다면 정교화 가능성 모델에 대해 가볍게 잘 정리해 놓은 Griffin(2002)을 읽어보라. Petty & Cacioppo(1986)은 정교화 가능성 모델의 기원이라고 할 수 있지만 정교화 가능성 모델을 활용한 연구들을 잘 정리해 놓은 연구들에는 Petty et al.(1992), Petty et al.(2004) 등이 있다.

13 제2장에서 청중이 생각을 하게 하려면 해설이 짜임새가 있어야 하며 청중의 눈높이에 맞아야 한다고 했던 것을 상기하여 보라. 어떤 해설이 테마, 짜임새, 눈높이, 재미가 있다면 이 두 조건은 충족된 것이고, 정교화 가능성 모델에 따르면 청중에게 생각을 하게 할 가능성이 있는 것이다.

14 예를 들어 Peart(1984)의 연구에 따르면 야생동식물 관리에 관한 전시 작품을 관람한 탐방객들은 그렇지 않은 탐방객들에게 비해 방문과 관련된 지식을 물어보는 테스트에서 2배 가까이 높은 점수를 받았지만 이것이 이들의 야생동식물에 대한 태도에 유의미한 영향을 미치지는 않은 것으로 나타났다. Absher et al.(1997)의 연구에서도 곤충에 관한 해설 프로그램에 참가한 사람들은 이 프로그램에 참가하지 않은 사람들에 비해 곤충에 관한 지식 테스트에서 2배 가까운 점수를 나타냈지만, 높은 점수를 받은 것이 태도의 변화에 미친 영향은 미미했다는 것을 발견했다. Morgan et al.(2003)의 연구는 해설사가 동반한 카누 여행은 해당 지역의 자연과 역사에 관한 탐방객들의 지식을 147% 증가시켰지만, 이것이 이들의 태도에 미친 영향은 거의 없었다는 것을 보여준다.

15 지식의 증가와 태도 변화 간의 약한 관계만 존재한다는 것을 보여주는 또 다른 연구들에는 다음과 같은 것이 있다. Cable et al.(1987), Doering et al.(1999), Knapp & Barrie(1998), Lee & Balchin(1995), Orams(1997), Pettus(1976), Tubb(2003), Wiles & Hall(2005).

16 태도의 대상이 행동이라는 것을 고려할 때 이는 매우 중요하다. 이번 장의 마지막 부분에서 살펴보겠지만 우리는 '자연'이나 '환경'에 대한 일반적인 태도가 특정한 형태의 자연이나 환경과 관련된 행동에 강한 상관관계가 있다는 것을 기대하기 어렵다. 특정한 행동에 대한 사람들의 태도에 영향을 미치기 위해서 우리는 일반적인 자연이나 환경에 대한 생각을 불러일으킬 것이 아니라 사람들이 참여하게 되는 특정 행동의 결과가 미칠 결과에 관련된 생각을 불러일으켜야 한다. 왜 일반적인 태도가 특정한 행동의 좋은 예측변수가 되지 못하는가에 대해서는 Ajzen(2005) 그리고 Fishbein & Ajzen(2010)의 연구를 살펴보라. Heberlein(2012) 역시 일반적인 태도라는 경로로 행동에 영향을 준다는 것의 어려움에 대해 논의하고 있다.

17 이는 '천장 효과(ceiling effect)'라고 불린다. 만일 어떤 사람이 특정한 것에 대해 매우 강력한 태도를 형성한다면 TORE를 모두 갖춘 해설이라도 그 태도를 강화시킬 가능성은 거의 없다는 것이다.

18 일례로 Beaumont(2001)의 연구를 살펴보라. Storksdieck et al.(2005)은 태도란 것은 대향 커뮤니케이션에 취

약하기 때문에 이미 생각이 바뀐 사람들을 대상으로 커뮤니케이션을 하는 것은 바뀐 태도를 지속적으로 강화하고 확인시켜 줌으로써 중장기적으로 기여를 한다고 주장한다. Bixler(2001) 역시 이와 비슷한 주장을 한다. 지질관광에 관한 연구에서 Stokes et al.(2003)도 이미 생각이 바뀐 청중들이 생태관광객이나 문화 관광객의 다수를 차지하고 있다고 언급한 바 있다.

19 커뮤니케이션 심리학에서는 이러한 신념들을 '두드러진 신념(salient beliefs)' 때로는 '접근 가능한 신념(accessible belief)'이라고 부른다. 관련 연구들은 커뮤니케이션이 특정 사물에 대한 두드러진 신념에 영향을 주지 않는 한 그 사람의 해당 사물에 대한 태도에 영향을 줄 가능성은 없다고 본다. 예를 들어 Fishbein & Ajzen(2010)과 Ajzen & Fishbein(2005)을 살펴보라. Ham(2007, 2009a) 그리고 Ham & Krumpe(1996)의 연구는 해설과 관련된 예들을 보여주고 있다.

20 호환성의 원리를 지지하는 증거는 너무 강력해서 이것은 심리학의 법칙으로까지 거명되고 있다(Ajzen, 2005). Ham(2009a)과 St. Johns et al.(2010)은 해설과 보존 교육의 맥락에서 이 원리에 대해 논의하고 있다.

21 여러분은 정교화 가능성 모델에 대한 앞의 논의를 기억할지 모르겠다. 정교화 가능성 모델에서 이는 중심경로를 통한 설득이라고 불린다. 경우에 따라서는 이것은 '체계적 정보 처리'라고 불린다. Chaiken(1980)과 Petty & Cacioppo(1986)를 참고하라. 정교화나 체계적 정보 처리는 노력이 필요한 생각을 지칭하는 심리학적 용어이다. 해설에서 우리는 이것을 의미 만들기라고 부른다. 틸든(Tilden)이 생각을 불러일으키는 것(provocation)이라는 말을 했을 때, 그는 요즘 심리학자들이 이야기하는 높은 정교화 가능성을 의미하는 것이었다고 할 수 있다. 이에 대해서는 Rand(2010)를 읽어보라.

22 Holland et al.(2002)에 따르면 어떤 행동에 대한 강력한 태도는 그 행동을 유발할 수 있지만 약한 태도는 별 영향을 미치지 못한다. 정교화 가능성 모델에 대한 연구들을 기반으로 우리는 많은 생각을 하게 하는 해설은 행동에 영향을 줄 가능성이 높다고 기대할 수 있다. Petty et al.(2004), Petty et al.(1983) 등도 참고하라.

23 정교화 가능성 모델에서 이것은 약한 경로를 통한 설득이라고 불린다(Perry & Cacioppo, 1986). 휴리스틱-체계적 모델(Heuristic-Systemic Processing Model)에서 이것은 휴리스틱 과정이라고 명명된다(Chicken, 1980). 이 두 과정에서 청중은 최소한의 생각만 하게 된다.

24 제7장에서 짜임새가 있고 청중의 눈높이에 맞는 해설을 청중을 생각하게 할 가능성이 높은 해설이라고 정의할 것이다.

25 정교화 가능성 모델에 대한 연구 중 이와 관련된 연구로 Perry & Cacioppo(1986), Petty et al.(1992)을 참고하라. 규범은 종종 설득력을 위한 짧은 경로로 사용되어져 왔다. 규범을 통한 설득에 관한 연구로는 Cialdini et al.(1991), Hall & Roggenbuck(2002), Reno et al.(1993), Starkey(2009)를 읽어보라. 보호구역이나 생태관광 상황에서 진행된 연구로는 Ham et al.(2008)의 연구를 들여다보라.

26 이와 관련된 연구로는 Brown et al.(2010), Ham et al.(2008), Hughes et al.(2009)이 있다.

27 나는 이러한 생각에 대해 Ham(2007)과 Ham(2009a)에서 보다 자세히 논의한 바 있다.

28 곰이 출현하는 지역에서 음식을 잘 보관하는 것과 관련된 연구로 Lackey & Ham(2003, 2004)의 연구가 있다. 야생동물 먹이 주기를 못하게 하는 것과 국립공원 탐방객들로 하여금 다른 탐방객들이 버린 쓰레기를 회수해 오게 하는 것에 대한 연구로는 Brown et al.(2010), Ham et al.(2008), Hughes et al.(2009)의 연구가 있다. 관광객들에게 지역환경보존기금에 기부금을 내게 하는 것과 관련된 연구로 Ham(2004), Ham & Ham(2010), Powell & Ham(2008)이 있다.

29 규범적 접근은 로버트 시알디니(Robert Cialdini)에 의해 주창되었다. 특히 Cialdini(1996)과 Cialdini et al.(1991)을 살펴보라. 이 두 유형의 규범은 각각 '기술적(descriptive) 규범' - 대부분의 사람들이 보통 그렇게 한다는 식으로 설득을 하는 것-과 '명령적인(injunctive) 규범'-사회적으로 바람직하고 허락되는 것이 무엇인지에 어필하는 것-이라 불린다.

30 Heberlein(2012)은 규범적 메시지가 친환경 행동에 미치는 영향의 가능성을 잘 요약해 주고 있다. 관련 연구들은 기술적 규범과 명령적 규범 모두 공공장소에서 쓰레기를 버리는 것을 줄이는 데(경우에 따라서는 매우 크게) 성공했다는 것을 보고하고 있다. Cialdini(1996), Cialdini et al.(1991), Reno et al.(1993) 등을 읽어보라. Winter(2006)의

연구는 부정적으로 기술된 규범적 메시지가 메시지를 전한 다음 짧은 기간 동안 기대된 행동이 일어나게 하는 데 효과적이었다는 것을 보여주고 있기도 하다. 그리고 Starkey(2009)의 연구는 명령적인 규범적 메시지가 국립휴양림 캠프장에서 캠핑을 하는 사람들로 하여금 쓰레기의 양을 줄이게 하는 데 효과적이었다는 것을 보여준 바 있다.

31 이것은 해설사들이 단순히 어떤 신념들에 대해 생각을 하고 나서 그 신념을 대상으로 해설을 함으로써 그 신념과 관련된 행동에 영향을 줄 수 있다고 희망할 수는 없다는 것을 의미한다(이에 관한 자세한 논의는 Ajzen, 1992; Curtis et al., 2010을 참고하라). 다시 말해 해당 신념들은 Fishbein& Ajzen(2010)이 제시한 간단한 연구 절차를 통해 분명히 확인될 필요가 있다는 것이다. Ham et al.(2009)은 보호구역과 생태관광 상황에서 이러한 종류의 연구를 진행하는 것에 대한 지침을 제공하고 있다. Fishbein & Ajzen(2010)은 합리적 행동이론의 가장 최신판이다. Ajzen(2005), Ajzen & Fishbein(2005), Fishbein & Manfredo(1992), Fishbein & Yzer(2003)도 합리적 행동이론을 이해하는 데 도움이 될 것이다.

32 Fishbein & Ajzen(2010)은 이러한 연구들에 대해 잘 요약해 주고 있다.

33 여러분들은 다음 문헌에서 왜 이것이 발생하는지에 대한 설명을 발견할 수 있을 것이다. Ajzen(2005), Ajzen & Fishbein(2005), Bamberg(2003), Fazio(1986), Fishbein & Ajzen(1974, 2010), Weigel(1983), Weigel & Newman(1976).

34 여러분은 아마도 이것을 '호환성의 원리'로 인식할 수 있을 것이다. 합리적 행동이론은 생각을 하게 하는 경로를 통해 설득이 발생한다는 것을 가정하고 있기 때문에 이러한 접근을 통한 영향은 빠른 경로를 추구했던 청중들에 비해 더 강력하고 오래갈 가능성이 높다고 가정할 수 있다. 약한 태도는 행동에 영향을 주지 못하지만 강한 태도는 행동에 영향을 준다는 Holland et al.(2002)의 연구를 상기하여 보라.

35 이에 관한 연구들은 Fishbein & Ajzen(2010), Ajzen & Fishbein(2005)에 잘 요약되어 있다.

36 Ham(2004)은 갈라파고스보전기금에 기부금을 내는 것에 대한 해설 캠페인을 벌였고 그 결과 기부금을 3배 이상 더 유치했다. 내셔널 지오그래픽의 해양 캠페인을 설계하기 위하여 유사한 과정을 활용했던 Ham & Ham(2010)과 TORE 요소를 갖춘 해설과 갈라파고스보전기금에 기부할 의사 간의 관계를 탐구한 Powell & Ham(2008)의 연구도 읽어보라.

37 Ham et al.(2008), Hughes et al.(2009)의 연구를 참고하라. 국립 피크닉 공원 지역의 해설 간판은 야생조류에게 먹이를 주는 것을 금지하는 것에 대한 신념을 설득하는 것을 목표로 했다.

38 Brown et al.(2010)과 Ham et al.(2008)을 참고하라. 이 연구는 등산로에 버려진 쓰레기를 가지고 오는 것에 대한 신념에 대해 연구했다. 두 가지 해설 안내판 중 어떤 것이 등산객이 쓰레기를 가져오도록 하는 데 더 설득력이 있는지가 검증되었다. 두 안내판 모두 쓰레기를 주워 오게 하는 데 효과적인 것으로 입증되었다.

39 Cutis(2008)의 연구는 차를 이용하는 대신 국립공원이 제공하는 셔틀버스를 이용하는 것에 대한 해설 안내판을 설치하여 보다 많은 탐방객들이 셔틀버스를 이용하도록 하는 데 성공했다는 것을 보여주고 있다. 차를 이용해서 온 탐방객들 중 절반 이상이 그가 설치한 해설 안내판을 보고 자가용 대신 셔틀버스를 이용했다는 것을 발견했다.

40 Hughes et al.(2009)의 연구를 참고하라. 이 연구는 한 동네 공원에서 반려견에 목줄을 채우도록 하는 안내판의 효과에 대해 연구했고, 안내판이 설치되지 않았을 때는 60% 산책자들만이 자신의 반려견에게 목줄을 채운 반면 안내판이 설치된 이후 80%의 산책자들이 자신의 반려견에게 목줄을 채우고 산책을 했다.

41 Fishbein & Ajzen(2010)은 기존의 합리적 행동이론에 결여되어 있었던 규범적 영향(기술적 규범)을 합리적 행동이론에 포함시키는 데 있어 Cialdini의 연구와 Rivis & Sheeran(2002)에 크게 의존하고 있다. 이에 관한 자세한 설명은 Fishbein & Ajzen(2010)을 살펴보고, 해설과 생태관광을 연결시킨 실제적 사례를 살펴보려면 Ham & Ham(2010)을 읽어보라.

42 본문을 보다 간명하게 하기 위해 나는 해설이 다양한 행동에 영향을 미쳤던 것을 보여준 다른 연구들에 대해 자세하게 언급하지 않았다. 다음의 연구들은 이러한 연구들 중 일부이다. Bass et al.(1989), Bitgood et al.(1988), Goulding(2001), Gramann(2000), Hockett & Hall(2007), Schulhof(1990), Sevens & Hall(1997), Vander et

al.(1987), Winder & Roggenbuck(2001, 2003), Ham & Weiler(2006).

43 이 캠페인이 시작된 1997년 한 해 동안 린드발트여행사의 고객들이 갈라파고스보존기금에 기부한 금액은 미화 81,000달러이다. 1998년 이 회사의 요청을 받고 이 해설 프로그램이 TORE 요소를 잘 갖출 수 있도록 새롭게 디자인을 한 결과 그다음 해의 기부금 모금액은 이전 해보다 3.7배 증가한 300,000달러로 늘어났다. 지금 이 책을 쓰는 시점에서 이 해설 프로그램은 총 6,000,000달러의 기부금을 모금하게 했다.

44 이 책의 이후 부분에서도 살펴보겠지만 해설사가 해설에 성공하기 위해서는 해설의 상황과 청중의 특성에 잘 어울리는 해설 방법을 선택해야 한다. 적절한 테마가 있다손 치더라도 청중의 관심을 놓치거나 청중들이 해당 세팅에서 선호하는 정보취득 방식을 위배했을 경우 그 테마는 적절하지 않은 것이 되어버릴 수도 있다. Petty & Cacioppo(1986)의 정교화 가능성 모델에 대한 연구는 청중들에게 생각을 불러일으키기 위해서는 메시지를 처리하려는 청중의 동기와 능력이 있어야 한다는 것을 설득력 있게 보여준다.

45 박스 c가 생각을 불러일으키는 것이 해설이 탐방객의 경험의 질을 향상시키는 역할을 하는 것과 관련하여 가장 자주 인용된다. 이에 대해서는 Ham(2002a), Pearce & Moscardo(1998), Tourism Tasmania(2003) 등을 참고하라.

46 이러한 소위 주변적(또는 휴레스틱적) 효과들 역시 잘 연구되어 있다. 몇몇 심리학자들이(가령 Griffin, 2000; Kahneman, 2011)은 우리가 특정한 사물에 대해 가지고 있는 태도는 상대적으로 적은 정보와 생각에 기반하고 있다고 믿는다.

47 혹자는 흥미로운 사실들의 조합이라면 테마가 없더라도 생각을 불러일으킬 수 있다고 주장할지 모르겠다. 그리고 그것이 혹시 맞을지도 모르겠다. 하지만 해설사의 테마야말로 생각을 불러일으키는 데 있어서 핵심이다. 테마라는 초점이 없다면 청중들이 해설을 통해 얻게 되는 의미란 산만해지고 심지어 임의적일 수밖에 없게 될 것이다. 특정한 장소나 사물 개념에 대한 청중의 태도에 영향을 주기 위해서는 그것들 자체가 청중들의 생각의 중심이 되어야 한다(Ajzen & Fishbein, 2005; Petty & Cacioppo, 1986).

48 영어에서 Poof는 어떤 것이 갑자기 사라지거나 나타나는 것을 의미한다. 그것은 놀람의 의미를 지니고 있다. 이 이론은 해설은 반드시 논리적 설명을 무시해 버리는 마술과 같은 성과를 창출할 수 있어야 한다고 주장한다.

49 물론 그 해설사는 짧은 경로를 통해 청중들 중 일부를 설득했을 수도 있다. 하지만 이 경우 역시 해설을 기획하는 단계에서 특정한 행동에 초점을 맞추었을 것이다. 뿐만 아니라 설령 짧은 경로를 통한 설득이 이루어졌다손 치더라도 그것은 오래가지 않을 것이며 청중들이 집에 돌아갔을 때쯤이면 사라져 버릴 것이다. 따라서 오랜 기간에 걸쳐 청중들의 행동에 영향을 미치기 위해서 해설은 특정한 행동을 가능하게 하는 신념을 목표로 해야 하며 해설사의 커뮤니케이션은 그 청중들이 그 신념들과 관련된 생각을 충분히 할 수 있도록 하는 데 성공해야 한다.

50 Shuman & Ham(1997)은 환경교육에 몸담고 있는 사람들 중에는 종종 자신이 환경교육에 종사하게 되는 데 영향을 미친 중요한 사건이 있었던 사람들이 있다는 것을 발견한 바 있다. Smith et al.(2011)은 야생동식물이나 생태계에 대한 특별한 경험이 종종 사람들이 직업을 선택하는 데 영향을 미친다는 것을 보여주고 있다. 이와 비슷한 발견은 DeMares & Kryka(1998)의 연구에서도 이루어졌다. 이러한 연구결과들이 제시하고 있듯이 어떤 것이 오래가기 위해서는 특별한 경험을 필요로 하는 것이다. 분명 모든 야생동식물이나 생태계에 대한 경험이 평범한 사람들에게 강력하게 다가오는 것은 아니다. 하지만 전능한 해설사 이론 주창자들은 모든 해설은 모든 참가자들의 삶에 강력한 의미와 정서적 사건으로 다가갈 수 있다고 가정한다. 비록 이러한 주장이 대부분의 연구자들에게 이상하게 들릴지 모르지만 어떤 연구자는 해설이 장기적인 행동 변화를 창출하지 못했다는 이유로 많은 전통적인 형태의 해설을 비판해 왔다. 이러한 주장은 의심스러운 것으로 간주되어야 한다. 설령 해설이 청중들 중 일부에서는 중요한 정서적 사건으로서의 가능성을 가지고 있다손 치더라도 해설은 대개 짧은 시간 동안 진행되기 때문에 강력한 수준의 영향을 미치는 것은 기대하기 어렵다. 따라서 해설이 장기적으로 행동에 영향을 미치는 능력이 없다고 비판하는 것은 다소 유아적인 발상인 것이다. 다시 말해 지금까지 알려진 이론 중에는 왜 해설이 청중의 장기적 행동에 영향을 미쳐야 하는지를 설명할 수 있는 이론이 없고, 종종 그 반대의 주장도 있어왔지만, 최근까지는 어떤 연구도 해설이 장기적으로 청중의 행동에 영향을 미친다는 것을 엄격하게 진행한 바가 없다.

51 설득 커뮤니케이션에서 '수면효과(Sleeper Effect)'는 청중의 머릿속에서 정보 원천이 모호해지면서 신뢰성이 낮은 정보가 시간이 지나면서 설득력을 더해가는 것을 일컫는다. 역설적이게도 관련 연구들은 어떤 커뮤니케이션이 처음에 청중들에게 매우 신뢰할 만한 것으로 간주되었다면 그것의 설득력은 즉시 나타날 것이며 이후 다시 강화

되지 않는 한 시간이 지남에 따라 사라진다는 것을 보여주고 있다. 수면효과에 대해 좀 더 알고 싶다면 Kumkale & Albarracin(2002)을 읽어보도록 하라.

52 정보 원천을 잊어먹는 것은 약 50년 전 출판되었던 설득 커뮤니케이션 초기 연구들(Hoveland et al., 1953; Hoveland & Weiss, 1951)에서 가장 일관되게 발견되는 것이었다.

6장

1 Lonie(1998:13)는 모든 사람들을 만족시킬 수 있는 해설의 보편적 정의를 발견한다는 것은 불가능하다고 결론지은 바 있다.

2 해설 마스터 플랜을 세우는 과정에서 테마의 위계를 생각해 보는 것은 유용할 수 있을 것이다. 하지만 그러한 테마의 위계가 청중의 머릿속에서도 재현될 수 있다는 주장은 여태껏 없었다.

3 나는 이 용어들을 굳이 구분하지 않으려 한다. 청중의 생각을 불러일으키는 것이 궁극적인 목표인 경우 이들은 결국 같은 것을 의미하기 때문이다. 테마란 그것이 작든 크든, 그리고 제한적이든지 포괄적이든 간에 하나의 의미(meaning)인 것이다. 테마가 청중들의 눈높이에 맞는 한 여러분이 그것을 무엇으로 부르든 그것은 큰 상관이 없다.

4 이 나라들에는 아르헨티나, 호주, 벨리즈, 브라질, 캐나다, 칠레, 중국, 코스타리카, 덴마크, 도미니카 공화국, 에콰도르, 이집트, 엘살바도르, 핀란드, 독일, 과테말라, 온두라스, 인도네시아, 일본, 라트비아, 말레이시아, 멕시코, 네덜란드, 뉴질랜드, 니카라과, 노르웨이, 파나마, 파푸아 뉴기니, 싱가포르, 스페인, 스웨덴, 대만, 영국, 우루과이, 미국, 베네수엘라, 베트남 등이 있다.

5 해설의 양면성은 제5장에서 이미 논의된 바 있다. 〈그림 5-2〉를 참고하라.

6 나는 제3장에서 생각을 불러일으키는 것이 궁극적 목적인 것에 대해 이야기할 때 이러한 연구들을 제시한 바 있다.

7 의도의 측면에서의 테마에 대한 좋은 연구는 다음 저술들을 참고하라. Brochu(2012), Brochu & Merriman(2012), Field & Lente(2000), Gross & Zimmerman(2002), Ham(1992), Kohl(2004), Larsen(2003), Moscardo(1996b), Moscardo et al.(2007), Pastorelli(2003), Regnier et al.(1994), Ward & Wilkinson(2006).

8 이러한 경로들은 〈그림 5-2〉에 잘 나타나 있다.

9 비록 이야기의 교훈이라는 것이 옳고 그름이나 좋거나 나쁜 것 같은 판단을 시사하기는 하지만, 나는 여기에서 이를 배운 교훈, 시사점, 도출된 결론, 추출된 원리 등의 의미로 사용한다.

10 여러분은 제8장 청중의 수용범위에서 이러한 종류의 대화가 일종의 '생각 나열하기 방법(thought listing method)'이라는 것을 알게 될 것이다.

11 항상 그런 것은 아니다. 제9장에서 우리는 하나의 테마 규칙에 관한 몇 가지 창의적인 대안을 고려해 볼 것이다.

12 이번 장 이후에 우리는 이러한 문장들을 '개별적 테마'라고 지칭할 것이다. 많은 개별적 테마를 불러일으키는 것은 그러한 테마들이 해설사가 이야기하고자 하는 것과 충돌하지 않는 한 대개 좋은 신호이다. 해설이 사람들에게 잘못된 정보를 제공하거나 청중들의 결론이 해설사가 염두에 둔 테마와 어느 정도 도덕적으로 갈등이 되지 않는 한 그렇다. 그러나 경우에 따라서 해설사들은 부정확한 정보나 자신들이 의도했던 것과 반대되는 것들에도 행복해할 수도 있다. 그것은 해설사들의 주관적인 수용범위에 따라 다를 수 있는데, 이에 대해서 제8장에서 자세히 다룰 것이다.

13 여러분은 이에 대한 또 다른 자세한 사례를 제10장과 부록 2에서 찾아볼 수 있을 것이다. 여러분의 테마가 강력하고 청중들에게 잘 전달되었다면 여러분은 해설을 통해 청중들에게 여러분이 의도했던 것이 생각들을 불러일으켰다는 것을 발견할 수 있을 것이다. 여러분의 목표는 테마를 청중들에게 교육하는 것이 아니라는 것을 명심하라. 오히려 여러분의 목표는 여러분의 테마와 관련하여 청중들이 자기 자신의 생각을 해보도록 하는 것이다.

14 Manhart(2005)의 흥미로운 논문은 인간들이 신화와 이야기를 창조하는 근본적인 이유는 우리 주변의 사물을 설

명하기 위해 세상에 질서를 부여하려는 뇌생물학적 필요 때문이라고 주장한다.

15 Tilden은 정교화 가능성 모델이나 정보 처리에 대한 연구에서 이것이 밝혀지기 30여 년 전에 이미 이러한 관계를 이해하고 있었던 것 같다. 제5장과 Ham(2009a) 태도에 미치는 두 가지 경로에 대한 논의를 참고하라. 또한 청중의 수용범위에 대한 제8장의 논의에서 개별적 테마들에 대한 논의를 읽어보라.

7장

1 고통과 피를 그의 테마에 포함시킴으로써 그 젊은 해설사는 프랑코 총통(Francisco Franco)의 36년간의 독재 시기 동안(1939~1975) 일어난 바스크(Basque) 지역 주민에 대한 박해에 대해 언급하고 있는 것이다. 그 포도는 템프라니요라고 발음되며, '일찍'이라는 의미가 있는데 그 이유는 템프라니요 품종이 다른 품종의 포도들보다 몇 주 전에 무르익기 때문이다. 매우 고품질의 와인을 생산할 수 있도록 해주기 때문에 템프라니요 포도는 스페인 포도의 귀족으로 알려져 있다.

2 좋은 테마의 또 다른 특성은 현시점에서도 진실해야 한다는 것이다. 해설의 가장 중요한 윤리적 기초 중의 하나는 지적 진실성이고, 흥미를 더하기 위해 사실을 조작해서는 안 된다. 다행히도 해설사들은 진실과 흥미 중 하나를 택할 필요는 없다. 숙련된 해설사는 과학, 자연, 인간성에 대해 가장 난해한 진실들을 밝힐 수 있다.

3 John Kohl(2004)의 저술은 테마 작성에 대한 다양한 접근 방식들을 잘 검토해 주고 있다.

4 이것이 정교화 가능성 모델의 기본 원리이다. 정교화 가능성 모델에서 강력한 메시지는 이에 동의하는 생각을 창출해 내는 반면 약한 메시지는 해당 메시지를 부동의 하게 한다. 말하자면 메시지의 강력함은 그 결과에 의해서 결정되기 때문에 그것이 청중들에게 전달되기 이전에는 그 강력함을 알 수 없는 것이다. 하지만 이러한 사실을 안다 하더라도 커뮤니케이터가 자신이 강력한 메시지를 가지고 있는지를 사전에 알게 하는 데 별 도움이 되지는 못한다.

5 내가 제2장에서 설명했던 것처럼 짜임새와 청중의 눈높이에 맞는 것은 청중의 생각을 불러일으킬 가능성을 높이기 위해 해설이 꼭 갖추어야 하는 두 특성이다. 쉽게 이야기해서 청중들이 해설을 소화하기 쉽고 청중들의 관심사와 연결되었을 때 이러한 특성을 갖추지 못한 해설에 비해 청중들을 생각하게 할 가능성이 훨씬 커진다는 것이다. 마찬가지로 테마가 이 두 특성을 가지고 있을 때 청중들의 생각을 불러일으킬 가능성은 높아진다는 것이다.

6 여러분은 보편적 개념의 다양한 사례들을 〈표 2-4〉에서 찾아볼 수 있다. '피'라는 것은 이미 〈표 2-4〉에 언급되어 있다. 여러분은 '고통'이나 '조상'도 이 표에 포함시킬 수 있을 것이다. 여러분은 또한 〈표 2-5〉에 나와 있는 해설사 쉘튼 존슨(Shelton Johnson)의 이야기를 읽어볼 수도 있을 것이다. 쉘튼의 요세미티 공원 흑인 기병 연대(Buffalo Soldiers)에 대한 해설은 해설사가 보편적 개념을 어떻게 강력하게 사용할 수 있는지를 보여주는 훌륭한 예이다.

7 〈표 2-1〉을 참고하라.

8 나는 종종 '우리(we)'라는 단어를 집어넣는 것이 테마를 보다 개별적인 것이 되게 할 수 있냐는 질문을 받는데 이에 대한 나의 대답은 '그렇지 않다.'이다. 이것은 테마에서 '우리'라는 용어를 사용하는 것이 좋은 생각이 아니라는 것이 아니라 '우리'라는 단어를 이야기하는 것이 테마를 개별화하지는 못한다는 것이다. 그 이유는 '우리'라는 단어는 청중과의 개인적 대화를 유발하지 못하기 때문이다. 나는 해설사들이 종종 정치적인 이유 때문에(특히 별로 바람직하지 않은 인간사에 대해 이야기할 때) '여러분(you)' 대신 '우리'라는 단어를 쓰는 것을 관찰해 왔다. 다시 말해 '우리'라는 단어는 해설사를 포함한 청중 모두를 의미하는 것이고 그것은 보다 친절하게 들릴 수 있고 청중들에게 잘못을 돌리지 않는 것처럼 보일 수 있다는 것이다. 하지만 '여러분 또는 선생님(you)'이라는 단어는 어떤 언어에서나 매우 특별한 단어인데 그 이유는 그 단어가 특정한 사람이나 사람들과의 커뮤니케이션을 하게 해주기 때문이다. 많은 언어의 경우 '여러분(you)'이라는 단어는 여러 가지 형태를 띠기도 하는데, 이 중 어떤 것은 다른 것보다 덜 공식적이며, 그러한 형태를 사용했을 때 여러분이 이야기하는 사람이나 상황에 적합하지 않을 수 있고 경우에 따라서는 듣는 사람들에게 실례를 범하는 경우가 생길 수도 있다. 마찬가지로 상대방의 눈을 쳐다보면서 여러분이라는 단어를 사용하면 개인적 커뮤니케이션을 하는 데 금상첨화일 것이다. 요컨대 상황에 따라서는 '우리'라는 용어가 사용될 수도 있다. 하지만 '여러분'이라는 단어가 훨씬 개별적인 대화를 가능하게 한다.

9 제2장에서 암시하기, 자기 언급, 낙인찍기에 대해 논의한 것을 기억해 보라. 해설이 직접적으로 '당신 또는 여러분'

을 언급할 때, 우리는 집중하지 않을 수 없는 것이다. 심지어 다른 것들이 우리의 신경을 분산시킨다고 해도 말이다.

10 Wittenborg(1981)를 참고하라. Wittenborg의 초점은 해설 전시 작품의 문장을 작성하는 데 있지만, 나는 그의 제안이 테마를 작성하는 것을 포함한 모든 종류의 글쓰기에 적용될 수 있다고 생각한다.

11 나는 20개 단어가 절대치 같은 것이라고 이야기하는 것은 아니다. 다만 테마의 길이를 그 정도로 하는 것이 합리적인 목표라는 것이다. 나는 30 또는 40 단어로 되어 있으면서 괜찮은 테마를 본 바도 있지만 강력하고 생각을 불러일으킬 만한 테마는 간략한 문장형태로 표현되는 것이 훨씬 일반적인 것이라고 생각한다.

12 한 문장 원칙을 처음으로 추천한 사람은 빌 루이스(Lewis, 1980)이다. 나는 이를 좋은 충고라고 생각했고(Ham, 1992), 오늘날도 그 생각에는 변함이 없다. 하지만 지난 30여 년 동안 꼭 필요하지 않은데도 불구하고 테마를 하나의 문장으로 만들려고 애쓰는 많은 초보 해설사들을 많이 만나왔다. 그리고 이러한 경우 중 대부분은 문장 자체가 목적이 되어서 테마를 통해서 어떻게 강력한 아이디어를 전달할 수 있을 것인가에 대한 걱정보다는 문법이나 마침표 등이 매몰되는 경우가 많았다. 그 결과 훌륭한 테마가 재미없고 이해하기 힘든 표현이 되어버리곤 한다. 나는 이러한 해설사들에게 테마를 2개의 연관된 문장으로 나누어 보라고 이야기하고, 그 결과 갑자기 테마가 강력해지게 되기도 한다. 한 문장으로 된 테마와 두 문장으로 된 테마의 차이는 분명했다. 요컨대 나는 여전히 가능한 한 한 문장으로 테마를 만들어 볼 것을 추천한다. 하지만 여러분이 한 문장으로 테마를 만드는 것이 테마의 강력함을 훼손할 경우 여러분은 테마를 강력하게 하기 위해서 테마를 2개 또는 3개의 문장으로 나누는 것에 부담을 갖지 말기를 바란다.

13 어떤 해설사들은 문장의 중간에 세미콜론(;)을 사용하여 두 문장이 연관되어 있음을 보여주기도 한다. 하지만 하나 이상의 문장으로 테마를 만들 경우 마침표를 사용할지 세미콜론을 사용할지 등 여러분 스스로 결정해야 하며 설령 몇 개의 문장으로 테마를 작성하더라도 그것이 하나의 전체적인 아이디어를 표현해야 한다는 것을 명심하기 바란다.

14 흥미로움(interestingness)에 대해 관심이 있다면 Schank(1979)와 Frick(1992)를 참고하기 바란다.

15 틸든(Tilden, 1957)은 이를 '탐방객의 가장 큰 관심'이라고 명명했다. 그는 그의 첫 번째 해설 원리에서 이를 다음과 같이 요약했다: 해설이 청중의 성격이나 경험과 관련성이 없다면 그것은 효과가 없을 것이다(p.11).

16 나컨 크래그는 내가 이 생각을 하게 된 최초의 장소이며 그러니만큼 이 이론의 명칭을 부여받을 만하다. 나는 나컨 크래그 국가자연보호구역에서 나컨 크래그에 대한 해설을 하는 데 도움을 주었을 뿐만 아니라 제1회 스코틀랜드 국가 해설 학술대회에서 내가 처음 나컨 이론에 대해 발표할 때 내 발표 자료를 만드는 것을 도와주기도 한 제임스 카터(James Carter)에게 큰 감사의 마음을 전한다.

17 만일 나컨 크래그 국가자연보호구역과 어떻게 피치와 혼의 발견이 지질학을 변화시켰는지에 대해 보다 자세히 알고 싶다면 먼저 https://en.wikipedia.org/wiki/Knockan_Crag을 읽어보라.

18 Forrest(2006)을 참고하라.

19 Moscardo et al.(2007)은 나컨 이론이 해설 표지판 디자인에도 적용될 수 있다는 것을 보여 준 바 있다.

20 흔치 않겠지만 해설사 중에는 이 척도 중 1~2개에 대해 동의하지 않는 경우도 있을 것이다. 나는 이 척도를 수년 동안 사람들을 관찰한 것에 기반하여 개발하였지만, 이 척도들은 현실 세계를 100% 반영하지는 못한다. 예를 들어 어떤 사람들은 느린 것이 빠른 것보다 매력적이라고 생각할 수 있고 어떤 사람들은 성적인 이야기를 했을 때 당황할 수도 있다. 다른 모든 것들과 마찬가지로 해설에 있어 여기서 제시된 척도는 어떤 사람에게는 정확한 것이지만 다른 사람에게는 그렇지 않을 수 있는 것이다. 나컨 척도는 모든 사람에게 관심이 있는 것을 적어놓은 것이 아니다. 나는 나컨 척도를 청중에 대해서는 잘 알고 있지만 테마 개발에 어려움을 겪을 수 있는 해설사들을 위한 도구로써 제공하는 것일 뿐이다. 그러니만큼 만일 여러분 중에 이 척도 중 어떤 것이라도 바꾸고자 한다면 여러분이 바꾼 것이 여러분의 개별적인 관심이 아니라 청중의 관심이 있는 것을 기반으로 한 것인지를 확실히 해두어야 한다. 여러분의 관심과 청중의 관심은 다를 수 있다는 것을 명심하길 바란다.

21 다른 방식의 창조적 사고에 대해 알기 원한다면 Oech's(1990)의 고전 *A Whack on the Side of the Head: How You Can be More Creative*를 읽어보기 바란다. 창의성의 기원과 기능에 대해 읽어볼 만한 책 중에는 Csikzentmihalyi(1996)의 *Creativity-Flow and the Psychology of Discover and Invention*도 있다.

22 분별력 있는 독자들이라면 내가 바위들과 성적인 것을 연관시키려는 것이 아니라는 것과 그러한 연관이 다른 것에서 가능하다는 의미도 아니라는 것도 눈치챘을 것이다. 물론 이는 신기한 것과 일상적인 것, 고대와 중세, 빨리 움직이는 것과 천천히 움직이는 것 등에서도 마찬가지다.

23 이것은 매우 오래되고 여전히 받아들일 만한 생각이다. Rudolf Flesch는 그의 고전 Art of Readable Writing에서 이를 처음 주장하였다. 만일 여러분이 마이크로 소프트를 사용한다면 문법을 체크하는 것 중의 하나가 얼마나 많은 문장이 수동태로 쓰여졌는지를 알아보는 것이라는 것을 알 것이다. 여러분의 문서에 수동태가 많을수록 여러분의 글은 심심해진다. 다행히도 이 장의 문장 중에는 7%만 수동태로 되어 있다.

24 많은 테마의 초고는 '-이다(to be)' 형태를 포함하고 있다. 이것은 꼭 나쁜 것은 아닌데 그 이유는 그것이 해당 문장을 위한 최고의 동사일 수 있기 때문이다. 하지만 종종 '-이다(to be)'가 테마의 초고가 되는 것은 해설사의 머릿속에 그것이 쉽게 떠오르기 때문이기도 하다. 그 해설사는 생각을 별로 하지 않고도 그 동사를 능동태나 시각적인 동사로 대체할 수 있을 것이다.

25 제10장 비순차적 테마 개발에서 우리는 테마를 보여주는 제목과 이야깃거리의 제목에 대해 좀 더 자세히 살펴볼 것이다.

26 McKee(1997). *Story: Substance, Structure, Style, and the Principles of Screen Writing*을 참고하라.

27 Egri(1945)의 연극 대본 개발에 대한 고전 *The Art of Dramatic Writing: Its Basic in the Creative Interpretation of Human Motives*를 참고하라.

28 이솝은 수많은 교훈이 담긴 우화를 지어낸 작가였다. '손에 있는 한 마리 새는 숲에 있는 두 마리 새만큼의 가치가 있다.', '사람은 그가 사귀는 친구를 보면 알 수 있다.', '어떤 사람의 고기는 다른 사람에게는 독일 수 있다.'와 같은 테마는 이솝 우화가 주는 가장 기억에 남는 교훈들이다.

29 여러분은 빈칸에 주어와 술어가 포함된 독립된 절을 넣어서 문장을 완성해야 한다. 테마는 언제나 완전한 평서문으로 표현된다.

30 어떤 문법 전문가는 네 번째 문장의 형태로 마지막이 느낌표로 끝나는 감탄문을 추가하기도 한다. 하지만 감탄문은 다른 세 종류의 유형의 문장 유형의 변형에 불과하다. 가령 '배가 가라앉는다!'는 평서문적 감탄문인 데 비해 '여기서 나가세요!'는 명령문적인 감탄문인 것이다. 그리고 '여러분은 도대체 왜 그렇게 생각하는가?!'는 의문문적 감탄문인 것이다.

31 소크라테스의 방법은 오늘날 소위 구성주의자(constructivist)적인 교육의 기원이었다고 할 수 있다. 구성주의적 관점에서 교사는 학생들의 머리에 지식을 입력하지 않는다. 오히려 학생들은 스스로 생각을 하고 발견하는 과정을 통해 자신의 지식을 구성해 나가는 것이다. 이것이 여러분들에게 해설은 가르침이 아니라 생각을 하게 하는 것이라고 한 틸든(Tilden, 1957)의 주장을 생각나게 했다면 여러분은 소크라테스적 관점과 틸든의 관점에 연관성을 만들어 낸 셈이다. 제3장에서 강조한 바와 같이 틸든은 그가 『우리 유산의 해설』을 쓸 때 구성주의자처럼 사고했다. 하지만 소크라테스야말로 구성주의를 주장한 최초의 선생이었던 것이다.

32 테마와 관련된 생각을 불러일으키기 위해서 좋은 질문을 하는 것의 중요성은 여러 연구에서 논증된 바 있다. 해설사들이 읽어볼 만한 논문 중에는 Fosnot(2005), *Constructive Revisited*와 Petty et al.(1981)의 *The Use of Rhetorical Questions in Persuasion*이 있다. 물론 소크라테스는 좋은 질문의 가치를 2천 년 전에 알고 있었다.

33 제8장에서 우리는 개별적 테마를 해설에서 개인이 취한 주관적 의미라고 공식적으로 정의할 것이다.

8장

1 유명한 사회심리학자인 미드(Mead, 1934)는 '생각(thinking)'을 사람들이 자기 자신의 머릿속에서 자신과 대화하는 것에 다름 아니라고 특징지은 바 있다.

2 제6장에서 잘 개발된 하나의 테마는 청중의 머릿속에 여러 가지 개별적 테마를 부여할 수 있다고 했던 것을 상기해 보라.

3 예를 들어 Anderson & Pitchert(1978), Crocker(1984), Fiske & Taylor(1991), Kardash et al.(1988), Lampinen et al.(2001), Smith-Jackson & Hall(2002), Tuckey & Brewer(2003), Werner et al.(1998) 등을 읽어보라.

4 '눈 멂(blindness)'에 대한 논의에서 Carpa(2006)는 해설사들도 선험적 도식 같은 것(Shema)에 사로잡힐 수 있다는 점을 상기시킨다.

5 이렇게 수용범위를 넓게 하는 것이 해설사가 테마를 가지는 것의 가치를 부정하는 것이라고 생각해서는 안 된다. 해설사에게는 해설의 내용과 강조점을 이끌어 갈 수 있고 청중에게 생각을 불러일으키기 위한 초점을 제공하기 위한 테마가 필요한 것이다. 무제한 구역의 테마는 넓은 수용범위와 좁은 수용범위의 그것들과 비교해서 매우 다른 성격을 가지는데 그 이유는 그러한 테마들은 특정한 이야깃거리에 대해 가치가 포함된 결론을 내리거나 특정한 태도를 표현하지 않기 때문이다. 예를 들어 "X는 우리 역사에 있어서 당시에 결정적인 역할을 하는 데 있어 완벽한 사람이었다."와 같은 테마 대신에 무제한 구역을 가진 해설사는 "X의 삶은 우리 모두에게 지울 수 없는 흔적을 남겼다. 여러분이 그를 존경하든 또는 그가 한 것들 때문에 그를 혐오하든, 우리는 그의 영향이 좋든 싫든 광범위했다는 것을 인정해야 한다."고 할 수 있는 것이다. 여러분은 아마 각각의 경우 테마를 선택하는 것 자체가 수용범위의 폭을 반영하는 것이라는 것도 알게 될 것이다.

6 Ballantyne & Uzzell(1999); Uzzell & Ballantyne(1998)을 살펴보라.

7 역자 주: 우리나라에는 박물관에 극장이 있는 경우가 거의 없지만 미국의 경우 박물관이나 동물원, 수족관, 역사유적지 등에서 전문배우들이 해당 공간과 관련이 있는 테마를 가지고 공연을 하는 경우가 많이 있다.

8 예를 들어 Bridal(2004), Hughes(1998), Strauss(1996)를 읽어보라.

9 아이콘에 대한 생각은 Goldman et al.(2001)에 의해 처음 소개되었다. Larsen(2003)을 참고하라.

10 이러한 전제는 파인과 길모어(Pine and Gilmore, 1997)의 『체험경제(The Experience Economy)』에 시사되어 있다. 그리고 해설과 관련된 다음의 문헌들에서도 발견된다. Carter(1997), Ham(2002a), Ham et al.,(2005), Larsen(2003), Moscardo(1996b), Moscardo et al.(2007), Tourism Tasmania(2003), Ward & Wilkinson(2006), Woods & Moscardo(2003) 등을 참고하라.

11 이러한 철학은 국립공원이나 역사유적지와 같은 공공장소에 대한 해설의 버팀목이 될 뿐만 아니라 앞서 나가는 여행사의 비즈니스에서도 발견된다. 예를 들어 뉴욕의 여행사인 린드발트여행사(Lindbald Expedition)는 그 회사의 비전에 이러한 철학을 다음과 같이 담고 있다. "궁극적으로 지구의 특별한 장소를 구하는 것이 여행자들의 신념과 열정이 될 것이다." 다음 홈페이지를 참고하라. http://www.expeditions.com

12 호주의 태즈매니아 관광청(Tourism Tasmania, 2003)은 이런 생각을 공식 운영과정으로 채택한 바 있다.

13 예를 들어 Falk & Storksdieck(2005)과 Savage & James(2001)를 읽어보라.

14 예를 들어 Hughes & Morrison-Saunders(2002), Knapp & Barrie(1998), Morgan et al.(1997)을 읽어보라.

15 보다 자세한 내용은 Absher & Bright(2004), Gramann(2000), Knudson et al.(1995), Roggenbuck(1992)을 읽어보라.

16 Brown & Hunt(1969), Cable et al.(1986), Griest(1981), Hopper & Weiss(1991), Marler(1972), Oliver et al.,(1985), Sharpe & Gensler(1978), Roggenbuck & Ham(1986) 등을 참고하라.

17 이러한 식의 접근에 대해 검토해 놓은 Manfredo(1992)를 살펴보라.

18 특정한 행동에 대한 신념이 사람들이 그 행동을 할 것인가 말 것인가에 큰 영향을 준다는 것에 대해서는 심리학과 해설연구에서 잘 발달되어 있고 널리 적용되고 있다. 다음 문헌이 그 예들이다. Absher & Bright(2004), Ajzen(1991), Ajzen & Driver(1992), Ajzen & Fishbein(1980, 2005), Ballantyne & Packer(2005), Cable, et al.(1986), Curtis et al.(2006), Fishbein & Ajzen(1975), Fishbein & Manfredo(1992), Hall &

Roggenbuck(2002), Ham & Krumpe(1996), Lacke & Ham(2003), Manning(2003), Roggenbuck(1992), Vander Stoep & Gramann(1987), Ward & Roggenbuck(2003).

19 테마는 신념을 표현한다. Ham & Krumpe(1996)을 읽어보라.

20 이러한 사례는 많이 있다. Ballantyne & Uzzell(1999), Batten(2005), Frost(2005)는 호주 원주민과 호주와 뉴질랜드의 중국인들의 역사에 대해 진지한 논의를 한 바 있다. Blizzard & Ellis(2006)는 미국 사회에 여전히 남아 있는 노예제의 고통과 그것을 정확하게 해설하는 것에 대한 중요성에 대해 논의하고 있다. Blackburn(2004)은 첫 번째 원자탄 사용을 어떻게 해설해야 하는 것인가에 대한 뜨거운 논쟁을 사례로 서로 다른 의미들이 충돌할 수 있는 사례를 분석하고 있다. Simon(2003), Reidy & Riley(2002)는 누가 원주민의 문화나 신성한 장소를 해설해야 하고 어떻게 그것들이 해설되어야 하는가에 대해 질문을 하고 있다.

21 Alvord(2000), Harwit(1996), Curry(2002), Roxborough(2004) 등을 읽어보라.

22 Goulding(2000, 2001)은 문화유산을 조작하고 왜곡해서 관광산업에 팔아먹는 사례에 대해 연구한 바 있다. Goulding & Domic(2008)은 크로아티아와 같은 다민족 사회에서 하나의 문화유산을 해설하는 과정에서 발생하는 심각한 윤리적 도전에 대해 분석하고 있다.

23 마키아벨리(Machiavelli)는 이탈리아의 철학자로서 목적이 맞다고 생각하면 수단과 방법을 가리지 말라는 신념을 주창한 사람으로 잘못 알려져 있다. 오늘날 마키아벨리주의자는 자신에게 중요한 것을 성취하기 위해 타인을 이용하는 방법을 아는 사람을 일컫는 용어로 사용되곤 한다.

24 예를 들어 Griffin(2000), Hovland et al.,(1943), Petty et al.(1981)을 읽어보라.

25 내가 '이마를 찌푸리는'이 아니고 '웃지 않는'이라고 이야기한 점을 주목해 보라. 나는 여러분의 수용범위 밖에 있는 생각들이 꼭 공격적이거나 반대할 수 있는 것이라고 이야기 하고 있는 것은 아니다. 여러분은 단지 그러한 생각들이 여러분이 불러일으키고자 했던 생각의 유형들과 일관된다고 느껴지지 않을 뿐인 것이다. 종종 그러한 생각들은 여러분들의 이마를 찌푸리게 할 수도 있지만 어떤 경우 여러분은 눈이 휘둥그레져서 어떻게 내 해설을 듣고 이런 생각을 할 수 있을까 하고 놀라기도 한다. 어떤 생각에 대한 여러분들의 반응이 어떻든 만일 그것이 여러분을 웃게 하는 것이 아니라면 그것은 여러분의 수용범위 밖에 있는 것이다.

26 나는 여기서 해설의 성공 여부는 청중들이 여러분의 해설을 듣고 든 생각들이 얼마나 여러분들의 수용범위 안에 있느냐를 가지고 측정할 수 있다고 제안한다. 그런 비율이 최소 어느 정도의 비율이 되어야 하는가는 여러분의 해설 철학과 해설의 목적에 달려 있는 것이다. 하지만 다음과 같은 것이 어느 정도의 기초적인 잣대가 될 수는 있을 것이다. "청중들이 해설을 듣고 든 생각들이 여러분의 수용범위 안에 있는 비율이 높으면 높을수록 여러분의 해설은 더 효과적이거나 성공적인 것이다." 연구 목적에 따라, 보다 체계적인 해설에 대한 평가에서 이 비율은 다른 성공의 지표들(가령 즐거움, 몰입도, 새롭게 알게 된 지식의 정도) 등과 함께 더 큰 의미의 성공을 평가하기 위해 사용될 수 있을 것이다. 하지만 연구자가 아닌 현장 해설사들에게는 여기서 기술된 생각 나열하기를 적용하는 것만으로도 해설을 향상시키기 위한 결정을 하는 데 있어 충분한 통찰력을 제공해 줄 것이다.

27 만일 이러한 생각들에 대해 좀 더 깊이 있는 연구를 하고 싶다면 여러분은 NVivo라는 소프트웨어를 사용해 볼 수 있을 것이다. Bazeley(2007), Bucy(2005), Rand(2010)를 참고하라.

9장

1 나는 전면(forefront)을 강조하고 싶은데 그 이유는 이러한 테마의 색깔이 테마의 배경이 되어왔기 때문이다. 사실 테마의 색깔을 내는 것은 언제나 여러분의 생각의 중심이 되어왔다. 테마의 색깔은 여러분이 테마를 만들어 가면서 사용했던 온갖 정보나 창의적인 아이디어로 구성된다. 강력한 테마를 작성하기 위해서 여러분은 무엇보다 테마와 관련된 정보를 수집하고 테마를 효과적으로 전달하기 위해 다양한 테크닉들을 생각해 보아야 한다는 것을 이해하는 것은 어렵지 않을 것이다. 실제로 여러분은 테마를 완성했을 때쯤이면 너무나 많은 정보를 처리하여 테마를 이야기하기 위한 무엇인가를 찾는 것이 더 이상 어려운 일이 되지 않을 것이다. 루이스(Lewis, 1980:38)가 약속한 바와 같이 여러분이 테마를 염두에 두게 된 이상 다른 모든 것들은 제자리를 찾아가게 될 것이다. 나는 TORE 요소를 갖춘 해설을 준비하는 데

있어 75%는 테마 자체를 만들어 나가는 과정이라고 평가하고 싶다. 보다 자세한 논의는 제7장을 참고하라.

2   영화나, 소설, 시, 연극, 노래 등도 모두 순차적인데 그 이유는 작가나 작곡자가 내용의 순서를 결정하기 때문이다. 고래관찰(whale watching)이나 탐조(birdwatching) 등과 같이 여행을 하면서 안내를 하는 가이드들의 경우 때때로 자신들의 안내가 순차적이냐고 질문하곤 한다. 이러한 가이드들은 자신들의 가이드 도중 언제 어떤 것들과 마주칠지 확실하게 알 수 없고 이것은 이들의 해설의 순차적 성격을 어렵게 만든다. 그럼에도 불구하고 이러한 가이드들의 경우 비록 그 순서는 정확하게 알 수는 없지만 대개 자신들의 여정에서 어떠한 종류의 새나 고래를 만나게 될지 그 범위는 알고 있을 것이다. 이러한 사전 지식은 관광객들에게 어떤 종류의 조류나 고래를 관찰할 수 있을지에 대한 오리엔테이션과 더불어 호기심을 불러일으킬 수 있는 해설의 서론을 잘 준비하고 프레젠테이션하는 데 있어 필요한 것이다. 다시 말해 이러한 상황에서 해설의 본론과 결론은 부분적으로 해당 여행팀이 실제로 본 것들에 달려 있겠지만, 여전히 이 해설은 전체적으로 순차적이라고 할 수 있는데 그 이유는 가이드가 서론 부분에서 여행팀이 여행 일정 중에 일반적으로 만나게 될 고래나 새들에 대해 강조할 수 있기 때문이다. 어떤 사람들은 청중들이 질문의 순서를 정하기 때문에 Q&A가 비순차적이 아니냐고 질문하기도 한다. 물론 Q&A에서 질문의 순서는 청중이 정하기는 하지만 각각의 질문에 대해 어떻게 대답을 할 것인가는 해설사가 결정하는 것이다. 따라서 해설사의 입장에서 보면 Q&A도 순차적 커뮤니케이션의 한 형태인 것이다.

3   비순차적 커뮤니케이션에서는 청중들이 자신이 취득하는 정보의 순서를 통제한다. 비순차적 커뮤니케이션 매체에는 웹사이트나 스마트폰 앱, 방문객 센터나 탐방로 상의 해설 전시 작품이나 안내판 등이 포함된다. 제10장에서 나는 비순차적 커뮤니케이션을 위한 테마 개발전략을 제시하였다. 나는 비순차적 테마 개발전략을 테마 제목 붙이기라고 명명했는데, 이는 하나 또는 그 이상의 중요한 디자인적 요소와 테마 제목을 연결하여 짧은 시간 동안 해당 매체를 보는 사람에게도 테마의 핵심을 전달하는 것이다.

4   나는 순차적 해설을 잘하려면 꼭 서론, 본론, 결론을 별도로 준비하는 것이 필요하냐는 질문을 받아왔다. 나는 이러한 질문을 받을 때 그렇게 하는 것이 꼭 최고의 방법이 아닐 수도 있지만 혹시 더 좋은 방법이 있다면 이를 따를 의사가 있다고 답한다. 구두발표를 세 부분으로 나누는 것은 21세기 동안 커뮤니케이션 전문가들로부터 지지를 받아왔다. 이 세 부분은 기원전 350년 아리스토텔레스의 시학(Poetics)에서도 발견된다. 하지만 해설에 있어 서론, 본론, 결론은 아리스토텔레스가 의도했던 시작, 중간, 마지막에 상응하는 것은 아니다. TORE 모델에서 각 부분은 테마를 전개해 나가는 데 있어 고유한 목적을 가지고 있다.

5   구체적으로 청중들이 어떻게 여러분의 테마를 이해하게 할 수 있을지는 여러분이 어떠한 테마 개발 모델을 채택하느냐에 따라 다를 수 있다. 대부분의 경우 여러분은 여러분의 테마를 서론 부분에서 언급할 수 있다(이 장의 이후에 나오는 샌드위치 모델을 참고하라). 하지만 때때로 여러분은 서론 부분에서 여러분의 테마에 대해 힌트를 주거나 청중들이 여러분의 해설의 나머지 부분의 윤곽을 알 수 있을 정도로 두루뭉술하게 테마를 소개할 수도 있다.

6   만일 여러분의 테마가 약하다면, 이러한 방법은 잘 작동하지 않을 수도 있다. 여러분의 테마를 서론과 결론에서 언급하는 방법도 있는데, 이 장의 후반부에서 논의하게 될 샌드위치 모델이 그것이다. 만일 여러분의 테마가 약하다면, 이러한 방법은 잘 작동하지 않을 수도 있다. 여러분의 테마를 서론과 결론에서 언급하는 방법도 있는데, 이 장의 후반부에서 논의하게 될 샌드위치 모델이 그것이다.

7   『의미 있는 해설 하기(Conducting Meaningful Interpretation)』라는 책에서 Ward & Wilkinson(2006)은 테마 중심해설에서 본론을 제시하는 두 가지 접근 방식을 대조시키고 있다. 이들은 이 두 접근법을 각각 '테마/하위 테마 스타일', '이야기식(narrative) 스타일'이라고 부른다. 테마/하위 테마 스타일에서 전반적인 테마와 하위 테마를 전개해 나가는 것은 분명하게 눈에 띈다. 이야기식 스타일 역시 테마 또는 하위 테마를 전개해 가지만 어떤 게 테마고 어떤 것이 하위 테마인지는 다소 모호하고 암시적이다. Ward & Wilkinson의 테마/하위 테마 모델이 이 장의 후반부에서 다룰 샌드위치 테마 개발 모델과 같은 것이라고 한다면 이야기식 스타일은 결론에서 테마를 이야기하느냐 마느냐에 따라 발현적 모델이나 암시적 모델과 같은 것이라고 할 수 있다. 〈표 9-1〉은 샌드위치 모델, 발현적 모델, 암시적 모델이 서로 어떻게 다른지를 보여주고 있다.

8   다음의 저술에는 이에 대한 실제적인 조언들이 포함되어 있다. Brochu & Merriman(2012), Field & Lente(2000), Pastorelli(2003), Ward & Wilkinson(2006).

9   훌륭한 해설은 종종 손에 잡히지 않는 의미를 중심으로 진행된다. 1960년대 흑인 인권운동의 대부였던 마틴 루서

킹(Martin Luther King) 목사의 불멸의 연설 'I Have a Dream'이 그 좋은 예라고 할 수 있다. 경우에 따라 해설사들은 손에 잡히는 것을 손에 잡히지 않는 추상적인 개념들과 연관시키면서 해설을 시작할 수 있고, 모든 손에 잡히는 것이 손에 잡히지 않는 의미와 연결되는 결론에 이르기까지 손에 잡히는 것에만 초점을 맞출 수도 있다. 마찬가지로 제7장 "모든 테마가 동등한 것이 아니다."에서 살펴본 바와 같이 어떠한 테마든 보편적 개념을 연상시키면 손에 잡히는 것을 손에 잡히지 않는 것에 연결시키는 것이 된다.

10 랄센(Larsen, 2003)과 그의 동료들은 이러한 손에 잡히는 것들을 '아이콘들(icons)'이라고 언급한 바 있다. 이에 관한 자세한 사항은 Goldman et al.,(2001)이 쓴 글 「Clikcing the Icon」을 읽어보라.

11 제2장과 제7장에서 보편적 개념이 강력하고 청중의 생각을 불러일으킬 만한 테마를 만들어 가는 데 있어 가지는 가치에 대해 논의한 것을 상기해 보라. 여러분은 보편적 개념은 인류에게 매우 중요한 손에 보이지 않는 무엇이며 그 개념들이 불러일으키는 의미는 주관적이면서도 상징적이라는 것을 알 수 있을 것이다.

12 보다 생생한 사례를 알기 원한다면 〈표 2-5〉에서 쉘튼 존슨(Shelton Johnson)이 하는 이야기를 살펴보라.

13 이 가족의 이야기는 일종의 이야기식 스타일 본론이다. 자세한 내용은 Ward & Wilkinson(2006: 77-78)을 살펴보라.

14 프라그난쯔 법칙은 1900년대 초기 독일의 게스탈트(Gestalt) 심리학에서 유래하였다. 오늘날 이 법칙은 시각 예술이나 수사학 등 다양한 분야에 적용되고 있다. 게스탈트 심리학은 인간의 생각이나 행동을 우리가 사물 전체와 사물의 체계를 어떻게 인식하느냐는 측면에서 설명한다.

15 나는 호주 퀸즈랜드 대학(University of Queensland)의 로이 발렌타인(Roy Ballantyne) 교수가 이러한 아이디어를 준 것에 대해 감사한다. 나는 1999년 로이 발렌타이 교수 등과 함께 여행 가이드(Tour Guiding)라는 비디오 훈련 프로그램을 제작하는 과정에서 그녀로부터 이러한 아이디어를 얻을 수 있었다.

16 내가 이것을 일종의 제안이라고 부르는 이유는 이것이 마치 최면을 거는(hypnotic) 제안처럼 작동하기 때문이다.

17 나는 24시간에서 48시간을 적절한 시간이라고 생각했는데, 그 이유는 단지 그러한 제안이 해설을 마치고 나서 시간이 흐르면서 망각과 새로운 정보의 취득 등으로 희석되어 갈 것이기 때문이다.

18 역자 주. 컬로든 전투는 1746년 4월 16일에 자코바이트 반란 시에 Scotland의 하이랜드 인버네스의 컬로든 습지에서 자코바이트 군과 Great Britain 왕국 군 사이에서 벌어진 최후의 전투이다. 이 전투에서 자코바이트 측이 완패하고, 브리튼 섬에서 자코바이트 운동은 거의 진압되었으며, 조직적인 저항은 끝을 맺었다. 또한 전투 종료 후 영국 정부군 총사령관 컴벌랜드 공작 윌리엄 오거스터스가 자코바이트의 패잔병에게 가한 학살은 후세 오랫동안 스코틀랜드의 반 잉글랜드 감정에 그림자를 드리웠다. 자세한 내용은 https://ko.wikipedia.org/wiki/ 컬로든_전투를 참조하라.

19 예를 들어 방문객 센터 전시 작품, 안내판, 브로슈어나 웹사이트나 스마트폰 앱을 이용하는 사람들이 모두 이러한 예에 포함된다. 제10장에서 우리는 비순차적 커뮤니케이션에 있어 테마 개발전략에 대해 살펴볼 것이다.

20 알프레드 월리스(Alfred Wallace)는 1858년 자신의 독자적인 자연 선택과 진화에 관한 이론을 개발했다. 월리스가 경쟁 이론을 내놓은 것을 인지하고 나서 다윈(Darwin)은 1859년 『종의 기원(Origin of Species)』을 서둘러 출판했다.

21 허먼 멜빌(Herman Melvilkle)은 그의 고전 『모비 딕(Moby Dick)』에서 계속되는 징조를 통해 독자들에게 에이허브(Ahab) 선장의 운명에 대한 힌트를 줌으로써 전조(foreshadowing)라는 것이 무엇인가를 제대로 보여준 바 있다. 고전을 읽는 것을 별로 좋아하지 않는 독자라면 다 빈치 코드(The Da Vinci Code)와 천사와 악마(Angels and Demons)의 저자 댄 브라운(Dan Brown)을 오늘날 작품에 전조를 제대로 사용할 줄 아는 작가로 간주할 수 있을 것이다. 이 책들의 거의 모든 장들은 어떤 나쁜 놈이 로버트 랭던(Robert Landon) 교수에 대한 음모를 꾸미는 예감이 드는 것으로 끝난다.

22 여기서 부과하는 것에 따옴표를 한 이유는 여러분의 청중이 통제되지 않을 수 있다는 것을 상기시키기 위해서다. 만일 이들이 참여하기를 원치 않는다면 할지 말지는 이들의 선택에 달린 것이다.

23 그 이유는 여러분의 청중이 부과된 정신적인 일을 수행하기 위해서는 여러분들의 목소리를 포함한 방해요소로부터의 자유와 시간이 필요하기 때문이다. 사람들이 이동식 해설의 방문 지점 사이를 걷는 시간은 자연스럽게 이러한 기회를 제공한다. 여러분은 이러한 방법을 거점에서도 사용할 수 있지만, 거점해설의 경우 청중들이 자신들의 몫을 하는 동안 여러분은 이야기하는 것을 멈추어야 한다. 어떤 것이든 가능은 하나 이것은 논리적으로 복잡할 수 있다.

24 물론 이것은 해설사가 이러한 변화를 그의 테마와 연결시킬 계획을 하고 있다는 것을 전제로 한다.

25 Thorndyke(1977)의 실험에 대해 논의한 Ham(1992: 39-40)을 참고하라. 그는 만일 청중들이 사실적 정보를 기억하는 능력에 관심을 가지고 있다면 여러분이 테마를 발표하기 가장 좋은 곳은 발표의 초반이고 그다음이 결론이라는 것을 발견했다. 그는 또한 테마가 진술되어지지 않은 발표에서 사실들을 기억하는 것이란 어떠한 사실들을 순서 없이 뒤죽박죽 발표하는 것을 이해하는 것과 다를 것이 없다는 것도 발견하였다. 쏜다이크의 연구에 기반하여 나는 『환경 해설(Environmental Interpretation)』 40페이지에서 순차적 커뮤니케이션에서는 초반에 청중들에게 테마를 이야기하고 결론 부분에서 이를 한 번 더 강조할 것을 권고한 바 있다. 이것이 샌드위치 테마 개발 모델로 알려지게 된 것이다. 그러나 20년이 지난 지금 사정이 상당히 변했다. 우리는 이제 적지 않은 연구결과를 통해 가르치지 말고 생각을 하게 하라는 틸든(Tilden)의 충고가 타당하다는 것을 알게 되었고, 생각을 하게 하는 것과 사실적인 것들을 기억하게 하는 것은 상당히 다를 수 있다는 것을 알게 되었다. 뿐만 아니라 몇몇 연구들은 생각을 하게 할 가능성이 높은 것이 사실을 기억하게 한다는 것이 아니고 그 반대도 아니라는 것을 보여주고 있다. 여전히 샌드위치 모델은 테마를 개발하는 매우 좋은 모델이지만 해설사의 최종적인 목표가 사실을 기억하게 하는 것이 아니라 생각을 하게 하는 것이라면 샌드위치 모델이 꼭 유일한 최고의 모델일 필요는 없는 것이다.

26 이러한 해설사들은 여러분이 테마를 잘 전개해 나갔다면 여러분이 청중들에게 여러분의 테마를 분명하게 언급하지 않아도 된다고 주장한다. 말하자면 이런 경우 청중들은 자동적으로 테마가 무엇인지 알게 된다는 것이다. 나는 이러한 관점을 인정할 뿐만 아니라 테마를 분명하게 언급하는 것이 반드시 필요하지 않을 수 있다는 데도 동의하지만 나는 이러한 해설사들의 설명(즉 테마가 저절로 명확해질 것이다)에는 동의할 수 없다. 나는 이번 장의 뒷부분에서 암시적 테마 개발 모델에서 이에 대해 보다 자세히 설명할 것이다.

27 내가(Sam Ham) 이 모델을 샌드위치 모델이라고 하도 이야기를 하니까 사람들 중에는 이 모델을 햄 샌드위치 모델(Ham Sandwich Model)이라고 부르는 사람까지 있다. 유머러스한 이야기이긴 하지만 말이다.

28 로미오와 줄리엣과 다르게 '사랑의 힘(The Power of Love, 1985)'이라는 음반에서 미국의 팝 록큰롤 밴드인 휴이 루이스 앤 더 뉴스(Huey Lewis and the News)는 "사랑의 힘은 신기한 것이다; 사람을 울게도 하고 웃게도 하니 말이다."라는 주제를 노래한 바 있다.

29 어떤 의미에서 셰익스피어는 자신의 독자들과 생각 나열하기 연습을 하고 있다고 할 수 있다. 만일 독자들에게 든 생각의 대부분이 셰익스피어의 수용범위 안에 있다면 그는 자신이 테마를 잘 개발한 것에 대해 스스로 등을 두드려 줄 수 있을 것이다. 생각 나열하기의 절차에 대해서는 제8장 〈표 8-3〉을 참고하라.

30 내가 "가장 기초적"이라고 한 이유는 여러분이 다른 목표들(가령 특별한 종류의 태도를 촉진하거나 특정한 종류의 행동에 영향을 주는 것 등)을 염두에 둘 수 있기 때문이다. 그러한 경우 보다 포괄적인 평가를 하려면 그러한 목표들이 충족되었는지에 대해서 추가적인 검토를 해야 할 것이다. 하지만 이러한 추가적인 성과를 위해서 우리는 대개 생각을 불러일으키는 목표를 먼저 달성해야 한다. 하지만 주변적인(짧은) 경로를 통한 설득이 일어나는 경우는 예외라고 할 수 있다. 자세한 내용은 제5장의 '태도에 영향을 미치는 두 경로'를 참고하라.

31 내가 이 세 모델 가운데 하나를 선택하게 되었을 때조차 때때로 나는 무의식적으로 다른 모델로 빠져들어 가게 되는 경우를 발견하곤 한다. 강력한 테마와 마찬가지로 이 세 모델은 해설 프로그램의 내용과 전달에 있어 좀 더 나은 결정을 하기 위한 도구에 불과한 것이다. 이 모델들은 우리의 선택을 옥죄는 수갑이라기보다는 우리의 창의적인 생각을 촉발시키는 열쇠와 같은 것이라고 할 수 있다. 다시 말해 여러분은 테마 개발 모델 자체를 선택하는 것을 목적으로 삼아서는 안 된다는 것이다.

32 다른 한편으로 만일 여러분들이 결론 준비를 마쳤고 여러분의 테마를 이야기하지 않게 되었다면, 여러분은 자연스럽게 그 특정한 해설을 위해 암시적 모델을 택하게 된 셈이 된다.

33 여러분이 2-3-1 과정을 진행하는 동안 여러분은 자연스럽게 여러분의 테마를 반복적으로 언급하는 자신을 발견

하게 될 것이다. 결국 해설의 내용과 강조점, 방법을 정하는 것은 여러분인 것이다. 하지만 이러한 과정의 어느 시점에 선가 여러분의 테마를 향상시킬 수 있는 방법이 생각나게 될 수 있을 것이다. 그리고 이러한 생각이 들었을 때 여러분의 첫 반응은 "안 돼! 인제 와서 테마를 바꾼다면 내가 지금까지 생각한 다른 모든 것을 바꾸어야 될지도 몰라."일 수도 있을 것이다. 하지만 실제로 이런 일은 발생하지 않는다. 여러분의 해설이 완전히 다른 방향으로 가기보다 대개는 기존의 테마를 일부 수정하는 정도에 그칠 것이다. 따라서 이러한 일이 벌어지면 테마를 수정하는 것에 머뭇거리지 말기 바란다. 여러분의 테마가 목적 자체는 아니라는 것을 기억하라. 테마는 여러분의 창의적인 생각을 옥죄기 위해 고안된 감옥과 같은 것이 아니다. 오히려 테마의 목적은 여러분의 창의성을 촉발시키고 여러분이 좋은 결정을 할 수 있도록 돕는 것이다. 2-3-1 과정이 여러분의 테마를 강화시킬 수 있다면 그게 더 나은 것이다.

34 이것이 순차적 테마 포장과 중첩적 해설 포장의 유일한 차이이다. 중첩적으로 해설을 포장하는 경우 해설사는 개별 테마를 연결하지 않으며 전체를 아우르는 테마 내에서 이들을 서로 묶는다. 요컨대 개별적 테마 포장에 개발된 테마들을 전체를 아우르는 테마의 하위 테마로 만든다는 것이다.

10장

1 비순차적 오디오 투어는 큰 박물관과 역사유적지에서 점점 보편화 되고 있다. 비순차적 오디오 투어가 비순차적인 이유는 탐방객들이 오디오 장치를 가지고 다니며 원하는 시간과 장소에서 사전에 녹음된 메시지를 작동시키기 때문이다. 내가 지금까지 본 최고의 비순차적 오디오 투어는 스페인 마드리드에 있는 프라도 박물관(Prado Museum)과 스코틀랜드의 에든버러 성(Edinburgh Castle), 미국의 앨커트레즈(Alcatraz) 섬 등의 비디오 투어이다. 이러한 투어들이 비순차적이라는 것은 맞지만 미리 녹음된 메시지가 작가나 프로듀서가 각각의 해설을 일정한 순서를 가지고 설명하고 있다는 점에서 순차적이라는 점도 유념하기 바란다.

2 순차적 커뮤니케이션에서는 해설사들이 테마를 전개해 가는 데 필요한 시간을 결정한다. 그 이유는 해설사들이 주어진 시간 안에 청중을 집중시킬 수 있도록 대면 커뮤니케이션을 통해 청중의 관심을 지속시킬 수 있는 다양한 방법을 사용하기 때문이다.

3 대충 훑어보는 사람(streakers)이라는 단어는 미국의 컨트리음악 가수인 레이 스티븐스(Ray Stevens)가 1974년에 발매한 히트 싱글 "The Streak"에서 가져왔다.

4 대충 훑어보는 사람, 띄엄띄엄 읽는 사람, 공부하는 사람을 사람들의 유형으로 생각하지 않는 것이 중요하다. 여러분들은 아마 어떤 박물관이나 방문자 센터에서는 대충 훑어보는 사람이 되고, 다른 곳에서는 띄엄띄엄 읽는 사람이 되며, 여러분이 좀 알고 있거나 매우 관심이 있는 것을 전시하는 곳에서는 공부하는 사람이 되어본 경험을 가지고 있을 것이다.

5 3-30-3 규칙에(해설 전시 작품은 3초를 보는 청중, 30초를 보는 청중, 3분을 보는 청중을 위해 디자인되어야 한다) 익숙한 독자들은 〈그림 10-2〉의 그래프로부터 다음과 같은 재미있는 결론을 도출할 수 있을 것이다. 첫째 3초 관람객들은 내가 대충 훑어보는 사람이라고 부르는 사람들의 범주에 속한다. 내 생각으로는 3-30-3 규칙은 테마를 가능한 빨리 전달해야 한다는 것을 강조하는 것처럼 보인다. 그러나 〈그림 10-2〉에서 일부 사람들은 전시 작품을 관람하는 데 약 30초 정도를 사용하고 전시 작품을 관람하는 데 3분을 사용하는 관람객들은 거의 존재하지 않는다는 것도 알 수 있다. 이 말은 사람들이 해설 전시 작품을 관람하는 데 30초나 3분을 쓰지 않을 것이라는 게 아니고, 그 정도의 시간을 투자하는 사람이 매우 드물다는 이야기이다. 예를 들어 〈그림 10-2〉의 그래프는 가장 흥미가 있는 독자들조차 평균 관람 시간이 1분 정도라는 것과 72초 정도를 투자하는 사람은 거의 없다는 것도 보여준다. 따라서 3-30-3 규칙은 첫 번째가 3이기 때문에 〈그림 10-2〉의 그래프 상에 나타난 실제 청중의 관람 시간과 일치하지는 않을 수도 있다. 이러한 불일치에도 불구하고 나는 3-30-3 규칙을 좋아해 왔는데 그 이유는 이 규칙이 전시 디자이너나 작가들이 대충 훑어보는 사람들의 중요성을 과대평가하거나 평가절하하지 않도록 해주기 때문이다.

6 나는 〈그림 10-2〉의 그래프에서 띄엄띄엄 읽는 사람(browsers)과 공부하는 사람(studiers)이 그래프 상 어디에서 시작해서 어디에서 끝나는지를 표시하지 않았다. 여기에는 두 가지 이유가 있다. 첫째는 누구도 전시 작품 관람자들 중에 띄엄띄엄 읽는 사람과 공부하는 사람이 얼마나 되는지를 경험적으로 알고 있지 못한다. 이 두 무리의 집단은 전시 작품을 관람하는 데 있어 대충 훑어보는 사람들(1초에서 6초 정도 전시 작품을 보는 사람들)보다 많은 시간을 사용하는 사람들로서 내가 주관적으로 창안한 용어들이다. 두 번째 이유는 이 그래프 상에서 어디쯤이 띄엄띄엄 읽는 사람이

고 공부하는 사람인지는 별로 문제가 되지 않는다. 우리가 가장 신경 써야 하는 사람들은 대충 훑어보고 가는 사람들이다. 만일 여러분이 가장 짧은 시간 동안 전시 작품을 관람하는 사람들에게 테마를 전달할 수 있다면 나머지 사람들에게 테마를 전달하는 것은 좀 더 복잡한 테마라 하더라도 이미 보장된 거나 마찬가지인 셈이다. 비순차적 테마 개발이란 결국 테마의 핵심을 매우 빠르게 청중에게 전달하여서 청중들에게 테마와 관련된 생각을 불러일으키는 것이다. 만일 여러분이 이에 성공한다면 여러분의 테마는 대충 훑어보고 가는 사람, 띄엄띄엄 읽는 사람, 공부하는 사람 누구든 상관없이 모든 관람객들에게 생각을 불러일으킬 수 있을 것이다. 물론 여러분이 대부분의 전문가들이 제안하는 것처럼 해설 전시 작품을 일정한 계층구조를 가지고 디자인하였다면 띄엄띄엄 읽는 사람이나 공부하는 사람들은 보다 풍부하게, 그리고 맥락이 있게 테마를 받아들일 것이라는 것에 대해 상당히 확신할 수 있을 것이다. 전시 작품의 계층구조 설계 (hierarchical design)에 대해서는 Caputo et al.(2008), Gross et al.(2006), Mocardo et al.(2007)을 참고하라.

7   심지어 순차적 해설에서조차도 모든 청중들이 모든 것에 동일한 관심을 가지고 집중해서 듣지 않는다는 것을 우리는 알고 있다. 하지만 해설사들은 모든 정보를 처음부터 끝까지 적극적으로 수용하는 소수의 청중뿐만 아니라 모든 청중들에게 생각을 불러일으킬 수 있을 것이라는 기대를 가지고 해설을 설계한다.

8   Ruschkowski et al(2012)의 연구는 이 연구보다 20년 전에 진행된 〈그림 10-2〉에 나타난 Falk & Dierking(1992)의 연구와 거의 같은 결과를 보여주고 있다. 말하자면 대충 훑어보고 가는 사람이 비순차적 커뮤니케이션 상황에서는 가장 많고 중요한 청중이라는 것이다. Ruschkowski et al.(2012)의 연구는 2012년 7월 북부 독일의 하르츠 국립공원의 톨프하우스(Torfhaus) 방문객 센터에서 진행되었다.

9   유명한 교육 심리학자인 데이비드 오스벨(David Ausubel, 1960)은 반세기 전 이러한 효과를 '선행 조직자 (advanced organizer)'라고 명명한 바 있다.

10   Moscardo et al.(2007)은 『해설 전시・안내 디자인(Designing Interpretive Signs)』에서 제목은 큰 것이 낫다고 조언한 바 있다. 전시 안내물 디자인에서 제목이 다른 글씨보다 작은 경우는 거의 없다. 그리고 그러한 예외적인 상황에서도 제목의 색깔이나 입체감 같은 글자의 다른 시각적인 효소가 강화되어서 관람객들의 눈이 먼저 제목을 향할 수 있도록 할 것이다.

11   어떤 경우에는 '살충제의 살상(Pesticides Kill)', '우리의 해양-강력하면서 훼손되기 쉬운(Our Ocean-Powerful yet Fragile)'처럼 글자 자체만으로도 의미를 잘 전달할 수도 있고, 시각적인 것들의 도움이 필요하지 않을 수도 있다. 하지만 이러한 경우라도 대개는 시각적인 요소를 전시 작품에 추가함으로써 이러한 글자들의 의미를 더 강력하게 해준다.

12   여러분 중에는 이러한 질문들을 여러분 스스로를 대상으로 하는 생각 나열하기 인터뷰라고 생각하는 사람도 있을 것이다. 생각 나열하기에 대한 보다 자세한 설명은 제8장과 제9장을 다시 한번 읽어보기 바란다. 〈표 8-3〉에서 나는 생각 나열하기를 할 수 있는 간단한 방법에 대해 설명한 바 있다.

13   이 7개 나라에는 호주, 캐나다, 뉴질랜드, 스페인, 스웨덴, 영국, 미국이 포함된다. 응답자들의 상당수는 유산관광 (heritage tourism)분야에서 일하는 나의 동료들이었지만 또 다른 상당수는 해설이나 환경 등과 관련이 없는 사람들이었다. 이러한 사람들 중에는 회계사, 마케팅 전문가, 연구자, 요양병원 관리자, 세일즈맨, 의료인, 바텐더, 웨이터, 목수, 지자체 공무원 등이 포함되어 있다.

14   부록 2의 제6번 응답자를 참고하라.

15   〈그림 10-5〉에 나와 있는 북극곰 이미지를 입수하기 전에 나는 먼저 전반적인 개념과 '굿바이?'라는 제목을 결정했다. 농담이지만 그때까지만 해도 나는 북극곰의 옆모습 이미지를 상상했지 내 등 뒤에서 나를 쨰려보고 있는 북극곰 사진을 구하게 될지는 몰랐다. 시각적인 것이 만들어 내는 차이는 천 마디 말보다 강한 것 같다.

16   또 다른 사람은 이것이 자신의 감정을 조정하려는 명백한 시도라고 언급하기도 했다. 내가 이 책을 통해 여러 차례 이야기한 바와 같이 모든 커뮤니케이션은 청자가 어떻게 듣느냐에 달려 있는 것 같다.

참고문헌

Absher, J. & Bright, A. (2004). Communication research in outdoor recreation and natural resources. In Manfredo, M., Vaske, J., Bruyere, B., Field, D., & Brown, P. (Eds.), *Society and natural resources: a summary of knowledge*. Jefferson, Missouri, USA: Modern Litho, 117-126.

Ajzen, I. (2005). Laws of human behavior: symmetry, compatibility, and attitude-behavior correspondence. In A. Beauducel, A., Biehl, B., Bosniak, M., Conrad, W., Schonberger, G., & Wagener, D. (Eds.), *Multivariate research strategies*. Maastricht, Netherlands: Shaker Publishers, 3-19.

Ajzen, I. (1992). Persuasive communication theory in social psychology: a historical perspective. In Manfredo, M, (Ed.), *Influencing human behavior*. Champaign, Illinois, USA: Sagamore Publishing Co., Inc., 1-27.

Ajzen, I. (1991). The theory of planned behavior. *Organizational Behavior and Human Decision Processes* 50: 179-211.

Ajzen, I., & Driver, B. (1992). Application of the theory of planned behavior to leisure choice. Journal of Leisure Research 24(3): 207-224.

Ajzen, I., & Fishbein, M. (2005). The influence of attitudes on behavior. In Albarracin, D., Johnson, B., & Zanna, M. (Eds.), *The handbook of attitudes*. Mahwah, New Jersey, USA: Erlbaum, 173-221.

Ajzen, I. & Fishbein, M. (1980). *Understanding attitudes and predicting social behavior*. Englewood, New Jersey, USA: Prentice-Hall.

Alderson, W. & Low, S. (1976). *Interpretation of historic sites* (2nd edition). Nashville, Tennessee, USA: American Association for State and Local History.

Alvord, V. (2000). Auschwitz disco draws outrage. *USA Today* (October 25): 22A.

Ames, K., Franco, B. & Frye, L. (1997). *Ideas and images—developing interpretive history exhibits*. Creek, California, USA: AltaMira Press.

Anderson, R. & Pitchert, J. (1978). Recall of previously unrecallable information following a shift in perspective. *Journal of Verbal Learning and Verbal Behavior* 17(1): 1-12.

Armstrong, E. & Weiler, B. (2003). They said what to whom?! In Black, R. & Weiler, B. (Eds.), *Interpreting the land down under—Australian heritage interpretation and tour guiding*. Fulcrum Applied Communication Series. Golden, Colorado, USA: Fulcrum Books, 109-127.

Arnould, E. & Price, L. (1993). River magic—extraordinary experience and the extended service encounter. *Journal of Consumer Research* 20: 24-45.

Asociacion para la Interpretacion del Patrimonio (Spanish Association for Heritage Interpretation). (2012). http://www.interpretaciondelpatrimonio.com/

Association for Heritage Interpretation. (2012). http://www.heritage-interpretation.org.uk/

Ausubel, D. (1960). The use of advance organizers in the learning and retention of meaningful verbal material. *Journal of Educational Psychology* 51: 267-272.

Baars, B. (2002). The conscious access hypothesis: origins and recent evidence. *Trends in Cognitive Sciences* 6(1): 47-52. http://www.nsi.edu/users/baars/other/BaarsTICS2002.pdf

Baars, B. & Franklin, S. (2003). How conscious experience and working memory interact. *Trends in Cognitive Sciences* 7(4): 166-172. http://csrg.cs.memphis.edu/csrg/assets/papers/TICSarticle.pdf

Baddeley, A. (2001). The concept of episodic memory. In Baddeley, A., Conway, M., & Aggleton, J. (Eds.), *Episodic memory—new directions in research*. Oxford: Oxford University Press, 1-10.

Baddeley, A., Conway, M., & Aggleton, J. (Eds.). (2001). *Episodic memory—new directions in research*. Oxford: Oxford University Press.

Ballantyne, R. & Packer, J. (2005). Promoting environmentally sustainable attitudes and behaviour through free-choice learning experiences: what it the state of the game? *Environmental Education Research* 11(3): 281-295.

Ballantyne, R. & Uzzell, D. (1999). International trends in heritage and environmental interpretation—future directions for Australian research and practice. *Journal of Interpretation Research* 4(1): 59-75.

Bamberg, S. (2003). How does environmental concern influence specific environmentally related behaviors? A new answer to an old question. *Journal of Environmental Psychology* 23: 21-32.

Barney, S. (2006). Capitalizing on the self-reference effect in general psychology: A preliminary study. *Journal of Constructivist Psychology* 20: 87-97.

Bass, J, Manfredo, M., Lee, M. & Allen, D. (1989). Evaluation of an informational brochure for promoting charter boat trip opportunities along the Oregon Coast. *Journal of Travel Research* 27(3): 35-37.

Batten, B. (2005). A shared history? Presenting Australia's post-contact indigenous past. *Journal of Interpretation Research* 10(1): 31-48.

Bazeley P. (2007). *Qualitative data analysis with NVivo.* London: Sage Publications.

Beaumont, N. (2001). Ecotourism and the conservation ethic—recruiting the uninitiated or preaching to the converted? *Journal of Sustainable Tourism* 9(4): 317-341.

Beck, L. (2005). Wicked interpretation—lessons from Broadway. *The Interpreter* 1(4): 14-17.

Beck, L. & Cable, T. (2002). The meaning of interpretation. *Journal of Interpretation Research* 7(1): 7-10.

Beck, L. & Cable, T. (1998). *Interpretation for the 21st century—Fifteen guiding principles for interpreting nature and culture.* Champaign, Illinois, USA: Sagamore Publishing.

Beck, L. & Cable, T. (2011). *The gifts of interpretation—Fifteen guiding principles for interpreting nature and culture.* Champaign, Illinois, USA: Sagamore Publishing.

Beckett, S. (1958). *Endgame.* New York: Grove Press.

Bitgood, S. (2000). The role of attention in designing effective interpretive labels. *Journal of Interpretation Research* 5(2): 31-45.

Bitgood, S. (1988). Museum fatigue—early studies. *Visitor Behavior* 3(1): 4-5.

Bitgood, S. & Patterson, D. (1993). The effect of gallery changes on visitor reading and object viewing time. *Environment & Behavior* 25(6): 761-781.

Bitgood, S., Patterson, D. & Benefield, A. (1988). Exhibit design and visitor behavior: Empirical relationships. *Environment and Behavior* 20(4): 474-491.

Bixler, R. (2001). Why we must 'preach to the choir.' *Legacy* 12(6): 33-34.

Blackburn, M. (2004). History, memory and interpretation. *Legacy* 15(5): 32-34.

Blizzard, T. & Ellis, R. (2006). Interpreting slavery in Virginia's colonial capital. *Legacy* 17(1): 24-31.

Bridal, T. (2004). *Exploring museum theatre.* Walnut Creek, California, USA: AltaMira Press.

Brochu, L. (2012). *Interpretive planning* (2nd ed.). Fort Collins, Colorado, USA: Heartfelt Publications.

Brochu, L. & Merriman, T. (2012). *Personal interpretation—connecting your audience to heritage resources* (3rd ed.). Fort Collins, Colorado, USA: Heartfelt Publications.

Brochu, L. & Merriman, T. (2008). *Personal interpretation—connecting your audience to heritage resources* (2nd ed.). Fort Collins, Colorado, USA: Interpress, National Association for Interpretation.

Brody, M., Hall, R., Tomkiewicz, W., & Graves, J. (2002). Park visitors' understandings, values and beliefs related to their experience at Midway Geyser Basin, Yellowstone National Park, USA. *International Journal of Science Education* 24(11): 1119-1141.

Brown, F. & Koran, J. (1998). Learning from ruins—a visitor study at Uxmal. *Curator* 41(2): 121-131.

Brown, P. & Hunt, J. (1969). The influence of information signs on visitor distribution and use. *Journal of Leisure Research* 1(1): 79-83.

Brown, T., Ham, S. & Hughes, M. (2010). Picking up litter: An application of theory-based communication to influence tourist behaviour in protected areas. *Journal of Sustainable Tourism* 18(7): 879-900.

Bryson, B. (2000). *In a sunburned country.* New York: Broadway Books.

Bucy, D. (2005). Applying communication theory to design, location and evaluation of interpretive signs. Ph.D. thesis. Moscow, Idaho, USA: University of Idaho, Department of Conservation Social Sciences.

Cable, T., Knudson, D. & Theobald, W. (1986). The application of the theory of reasoned action to the evaluation of interpretation. *Journal of Interpretation* 11(1): 11-25.

Cable, T., Knudson, D., Udd, E., & Stewart, D. (1987). Attitude change as a result of exposure to interpretive messages. *Journal of Park and Recreation Administration* 5(1): 47-60.

Cacioppo, J. & Petty, R. (1989). Effects of message repetition on argument processing, recall, and persuasion. *Basic and Applied Social Psychology* 10(1): 3-12.

Cameron, C. & Gatewood, J. (2003). Seeking numinous experiences in the unremembered past. *Ethnology* 42(1): 55-71.

Cameron, C. & Gatewood, J. (2000). Excursions into the un-remembered past: what people want from visits to historical sites. *The Public Historian* 22(3):107-127.

Capra, D. (2006). Seven words interpreters should know. *The Interpreter* 2(2): 6-7.}

Caputo, P., Lewis, S., & Brochu, L. (2008). *Interpretation by design: Graphic design basics for heritage interpreters.* Fort Collins, Colorado, USA: InterpPress.

Carter, J. (Ed.). (1997). *A sense of place: An interpretive planning handbook.* Inverness, Scotland: Tourism and Environment Initiative.

Chaiken, S. (1980). Heuristic versus systematic information processing and the use of source versus message cues in persuasion. *Journal of Personality and Social Psychology,* 39(5): 752-766.

Cherry, C. (1966). *On human communication* (2nd ed.). Cambridge, Massachusetts, USA: Massachusetts Institute of Technology.

Cialdini, R. (1996). Activating and aligning two kinds of norms in persuasive communication. *Journal of Interpretation Research* 1(1): 3-10.

Cialdini, R., Kallgren, C., & Reno, R. (1991). A focus theory of normative conduct: A theoretical refinement and reevaluation of the role of norms in human behavior. *Advances in Experimental Social Psychology* 24: 201-234.

Cohen, E. (1985). The tourist guide: the origins, structure and dynamics of a role. *Annals of Tourism Research* 12(1): 5-2.

Colquhoun, F. (Ed.). (2005). *Interpretation handbook and standard—distilling the essence.* Wellington: New Zealand Department of Conservation.

Cowan, N. (2005). *Working memory capacity: Essays in cognitive psychology.* New York, New York, USA: Psychology Press.

Cowan, N. (2001). The magical number 4 in short-term memory: A reconsideration of mental storage capacity. *Behavioral and Brain Sciences* 24: 87-185.

Craik, F. & Tulving, E. (1975). Depth of processing and the retention of words in episodic memory. *Journal of Experimental Psychology* (General) 104: 268-294.

Crocker, J. (1984). A schematic approach to changing consumers' beliefs. *Advances in Consumer Research* 11: 472-477.

Csikszentmihalyi, M. (1996). *Creativity—Flow and the psychology of discovery and invention.* New York, USA: HarperCollins Publishing.

Cunningham, M. (2004). *The interpreter's training manual for museums.* Washington, DC: American Association of Museums.

Curry, A. (2002). The better angels: why we are still fighting over who was right and who was wrong in the Civil War. US *News & World* Report 133(12): 56-63 (September 30).

Curtis, J. (2008). Influencing visitor use of alternative transportation systems in Australian national parks: An application of the theory of planned behaviour. Ph.D. thesis. Berwick, Victoria, Australia: Monash University.

Curtis, J., Ham, S., & Weiler, B. (2010). Identifying beliefs underlying visitor behaviour: A comparative elicitation study based on the theory of planned behaviour. *Annals of Tourism Research* 13(4): 564-589.

Curtis, J., Weiler, B. & Ham, S. (2006). Gaining visitor acceptance of alternative transportation systems in Australian national parks. In O'Mahony, G. & Whitelaw, P. (Eds.), *To the City and Beyond*. Proceedings, Council for Australian University Tourism and Hospitality Education Conference (CAUTHE), 1027-1031.

DeMares, R. & Kryka, K. (1998). Wild-animal-triggered peak experiences. *The Journal of Transpersonal Psychology* 30(2): 161-177.

Dierking, L., Ellenbogen, K., & Falk, J. (2004). In principle, in practice: perspectives on a decade of museum learning research (1994-2004). *Science Education* 88 (Supplement 1): S1-S70.

Doering, Z., Bickford, A., Darns, D. & Kindlon, A. (1999). Communication and persuasion in a didactic exhibition: The *Power of Maps study*. *Curator* 42(2): 88-107.

Egri, L. (1946). *The art of dramatic writing—its basis in the creative interpretation of human motives*. New York: Simon and Schuster.

Eveland, W., Cortese, J., Park, H., & Dunwoody, S. (2004). How website organization influences free recall, factual knowledge, and knowledge structure density. *Human Communication Research* 30(2): 208-233.

Falk, J. (1997). Testing a museum exhibition design assumption—effect of explicit labeling of exhibit clusters on visitor concept development. *Science Education* 81(6): 679-687.

Falk, J. & Dierking, L. (2000). *Learning from museums—visitor experiences and the making of meaning*. Walnut Creek, California, USA: AltaMira Press.

Falk, J. & Dierking, L. (1992). *The museum experience*. Washington, DC: Whalesback Books.

Falk, J., Koran, J., Dierking, L., & Dreblow, L. (1985). Predicting visitor behavior. *Curator* 28(4): 249-257.

Falk, J. & Storksdieck, M. (2005). Using the contextual model of learning to understand visitor learning from a science center exhibition. *Science Education* 89: 744-778.

Fallon, L. & Kriwoken, L. (2003). Experiences from the Strahan visitor center, Tasmania. In Black, R. & Weiler, B. (Eds.), *Interpreting the land down under—Australian heritage interpretation and tour guiding*. Fulcrum Applied Communication Series. Golden, Colorado, USA: Fulcrum Books, 41-72.

Fazio, R. (1995). Attitudes as object evaluation associations: determinants, consequences, and correlates of attitude accessibility. In Petty, R. & J. Krosnick (Eds.), *Attitude strength: antecedents and consequences*. Mahwah, NJ: Erlbaum, 247-282.

Fazio, R. (1986). How do attitudes guide behavior? In Sorrentino, R. & Tory, E. (Eds.), *Handbook of motivation and cognition: Foundations of social behavior*. New York, USA: Guilford Press, 204-243.

Fazio, R. & Towles-Schwen, T. (1999). The MODE model of attitude-behavior processes. In Chaiken, S. & Trope, Y. (Eds.), *Dual-process theories in social psychology*. New York: Guilford, 97-116.

Fennell, R. (2004). The National Park Service: de-kitsching souvenirs. Legacy 15(2): 28-29.

Field, G. & Lente, L. (2000). *Developing ecotours and other interpretive activity programs*. Perth, WA, Australia: Western Australia Department of Conservation.

Fishbein, M. & Ajzen, I. (2010). *Predicting and changing behavior—The reasoned action approach*. New York, USA: Psychology Press.

Fishbein, M. & Ajzen, I. (1975). *Belief, attitude, intention and behavior: an introduction to theory and research*. Reading, USA: Addison-Wesley. http://www-unix.oit.umass.edu/~aizen/f&a1975.html

참고문헌

Fishbein, M., & Ajzen, I. (1974). Attitudes towards objects as predictors of single and multiple behavioral criteria. *Psychological Review* 81: 59-74.

Fishbein, M. & Manfredo, M. (1992). A theory of behavior change. In Manfredo, M, (Ed.), *Influencing human behavior*. Champaign, Illinois, USA: Sagamore Publishing Co., Inc., 29-50.

Fishbein, M. & Yzer, M. (2003). Using theory to design effective health behavior interventions. *Communication Theory* 13(2): 164-183.

Fiske, S. & Taylor, S. (1991). *Social cognition* (2nd ed.). New York: McGraw-Hill, 96-141.

Flesch, R. (1949). *The art of readable writing.* New York: Harper & Row.

Forrest, J. (2006). Evaluation of effectiveness of interpretation at six visitor centres—Knockan Crag. Battleby, UK: Scottish Natural Heritage.

Fosnot, C. (2005). Constructivism revisited: Implications and reflections. The Constructivist 16(1). Retrieved from http://users.otenet.gr/~dimigo/files/fosnot.pdf

Franklin, S., Baars, B., Ramamurthy, U., & Ventura, M. (2005). The role of consciousness in memory. *Brains, Minds and Media* 1: bmm150 (urn:nbn:de:0009-3-1505). http://www.brains-minds-media. org/archive/150/index_html/?searchterm=Franklin

Frick, R. (1992). Interestingness. *British Journal of Psychology* 83: 113-128.

Frost, W. (2005). Making an edgier interpretation of the Gold Rushes: contrasting perspectives from Australia and New Zealand. *International Journal of Heritage Studies* 11(3): 235-250.

Fudge, R. (2003). Interpretive themes—what's the big idea? In Larsen, D. (Ed.), *Meaningful interpretation—how to connect hearts and minds to places, objects and other resources*. U.S. National Park Service. Fort Washington, Pennsylvania, USA: Eastern National, np.

Gatewood, J. & Cameron, C. (2000). Measures of numen-seeking at Gettysburg National Military Park. 99th Meeting of the American Anthropological Association, San Francisco.

Geva, A., & Goldman, A. (1991). Satisfaction measurement in guided tours. *Annals of Tourism Research*, 18: 177-185.

Glen, M. (1997). Tackling taboos—the interpretation of crime, strife, belief and relief. *Legacy* 8(2): 18-19, 26-28.

Gobet, F. & Clarkson, G. (2004). Chunks in expert memory: Evidence for the magical number four... or is it two? *Memory* 12: 732-747.

Goldman, T., Chen, W., & Larsen, D. (2001). Clicking the icon: exploring the meanings visitors attach to three national capital memorials. *Journal of Interpretation Research* 6(1): 3-30.

Goulding, C. (2001). Romancing the past: Heritage visiting and the nostalgic consumer. *Psychology & Marketing* 18(6): 565-592.

Goulding, C. (2000). The commodification of the past, postmodern pastiche, and the search for authentic experiences at contemporary heritage attractions. *European Journal of Marketing* 34(7): 835–853.

Goulding, C. & Domic, D. (2008). Heritage, identity and ideological manipulation: The case of Croatia. *Annals of Tourism Research* 36(1): 85-102.

Gramann, J. (2000). Protecting park resources using interpretation. *Park Science* 20 (Spring): 34-36.

Griest, D. (1981). Factors contributing to and effects of manager-interpreter conflict: an analysis of US Fish and Wildlife Service support for interpretation. Columbus, Ohio, USA: Masters Thesis, The Ohio State University, School of Natural Resources.

Griffin, E. (2000). *A first look at communication theory* (4th edition). Boston: McGraw-Hill.

Gross, M. & Zimmerman, R. (2002). *Interpretive centers: the history, design and development of nature and visitor centers*. Stevens Point, USA: University of Wisconsin, Stevens Point Foundation Press.

Gross, M., & Zimmerman, R. and Buchholz, J. (2006). *Signs, trails, and wayside exhibits: Connecting people and places* (3rd ed.). Stevens Point, USA: University of Wisconsin-Stevens Point Foundation Press.

Hall, T., Ham, S., & Lackey, B. (2010). Comparative evaluation of the attention capture and holding power of novel signs aimed at park visitors. *Journal of Interpretation Research* 15(1): 15-36.

Hall, T. & Roggenbuck, J. (2002). Response format effects in questions about norms: implications for the reliability and validity of the normative approach. *Leisure Sciences* 24: 325-337.

Ham, S. (2009a). From interpretation to protection: Is there a theoretical basis? *Journal of Interpretation Research, 14*(2): 48-58.

Ham, S. (2009b). The role of interpretation in profound visitor experiences. Keynote address to the World Federation of Tourist Guide Associations, Bali, Indonesia, January 12.

Ham, S. (2008). Enhancing visitor experiences and making a difference on purpose. Keynote address to the National Association for Interpretation Conference, Arcata, USA, March 7.

Ham, S. (2007). Can interpretation really make a difference? Answers to four questions from cognitive and behavioral psychology. In *Proceedings, Interpreting World Heritage Conference*, March 25-29, Vancouver, Canada. Fort Collins, USA: National Association for Interpretation, 42-52.

Ham, S. (2004). The psychology of giving: Lessons learned for travelers' philanthropy. Presentation to the Conference on Travelers' Philanthropy. Palo Alto, USA: Stanford University, Institute for International Studies, April 14.

Ham, S. (2002a). Meaning making—the premise and promise of interpretation. Keynote address to Scotland's First National Conference on Interpretation, Royal Botanic Gardens, Edinburgh, April 4.

Ham, S. (2002b). Cognitive psychology and interpretation. In Hooper-Greenhill, E. (Ed.), *The educational role of the museum* (2nd edition). London: Routledge, 161-171.

Ham, S. (1992). *Environmental interpretation—a practical guide for people with big ideas and small budgets*. Golden, Colorado, USA: Fulcrum Publishing.

Ham, S. (1983). Cognitive psychology and interpretation—synthesis and application. *Journal of Interpretation* 8(1): 11-27.

Ham, S., Brown, T., Curtis, J., Weiler, B., Hughes, M., & Poll, M. (2009). *Promoting persuasion in protected areas—A guide for managers*. Gold Coast, Australia: Collaborative Research Centre for Sustainable Tourism: http://www.crctourism.com.au/BookShop/BookDetail.aspx?d=656

Ham, S. & Ham, B. (2010). *The 2010 LEX/NG Fund for Galapagos: Report of research findings and recommended communication strategy*. Final report to Lindblad Expeditions and National Geographic Society. New York, USA: Lindblad Expeditions.

Ham, S., Housego, A., & Weiler, B. (2005). *Tasmanian thematic interpretation planning manual*. Hobart, Australia: Tourism Tasmania. http://www.tourismtasmania.com.au/tasind/thematic/thematic.htm

Ham, S. & Krumpe, E. (1996). Identifying audiences and messages for non-formal environmental education: A theoretical framework for interpreters. *Journal of Interpretation Research* 1(1): 11-23.

Ham, S. & Shew, R. (1979). A comparison of visitors' and interpreters' assessments of conducted interpretive activities. *Journal of Interpretation* 4(2): 39-44.

Ham, S. & Weiler, B. (2007). Isolating the role of on-site interpretation in a satisfying experience. *Journal of Interpretation Research* 12(2): 5-24.

Ham, S. & Weiler, B. (2006). *Development of a research-based tool for evaluating interpretation outcomes*. Gold Coast, Australia: Final Research Report to the CRC for Sustainable Tourism. http://www.crctourism.com.au/bookshop

Ham, S. & Weiler, B. (2003). Interpretation is persuasive when themes are compelling. *Interpret Scotland* 8 (Autumn): 1.

Ham, S. & Weiler, B. (2002). Toward a theory of quality in cruise-based nature guiding. *Journal of Interpretation Research* 7(2): 29-49.

Ham, S., Weiler, B., Hughes, M., Brown, T., Curtis, J., & Poll, M. (2008). *Asking visitors to help: Research to guide strategic communication for protected area management*. Final Technical Research Report (Project 80039). Gold Coast, Australia: Collaborative Research Centre for Sustainable Tourism. http://www.crctourism.com.au/BookShop/BookDetail.aspx?d=586

Harwit, M. (1996). *An exhibit denied: Lobbying the history of the Enola Gay*. New York: Copernicus.

Heberlein, T. (2012). *Navigating environmental attitudes*. New York: Oxford University Press.

Hockett, K. & Hall, T. (2007). The effect of moral and fear appeals on park visitors' beliefs about feeding wildlife. *Journal of Interpretation Research* 12(1): 5-27.

Holland, R., Verplanken, B., & Van Knippenberg, A. (2002). On the nature of attitude-behavior relations: the strong guide, the weak follow. *European Journal of Social Psychology* 32: 869-876.

Hooper, J. & Weiss, K. (1991). Interpretation as a management tool—a national study of interpretive professionals' views. *Legacy* 2(1): 10-16.

Hooper-Greenhill, E. (1999). *The educational role of the museum* (second edition). London, UK: Routledge.

Hovland, C., Janis, I., & Kelley, H. (1953). *Communication and persuasion*. New Haven, Connecticut, USA: Yale University Press.

Hovland, C. & Weiss, W. (1951). The influence of source credibility on communication effectiveness. *Public Opinion Quarterly* 15: 635-650.

Hughes, C. (1998). *Museum theatre—communicating with visitors through drama*. Portsmouth, New Hampshire, USA: Heinemann.

Hughes, M., Ham, S., & Brown, T. (2009). Influencing park visitor behavior: A belief-based approach. *Journal of Parks and Recreation Administration* 27(4): 38-53.

Hughes, M. & Morrison-Saunders, A. (2002). Impact of trail-side interpretive signs on visitor knowledge. *Journal of Ecotourism* 1(2): 122-132.

Hwang, S., Lee, C. & Chen, H. (2005). The relationship among tourists' involvement, place attachment and interpretation satisfaction in Taiwan's national parks. *Tourism Management* 26: 143-156.

Interpretation Australia Association. (2012). http://www.interpretationaustralia.asn.au/

Interpretation Canada. (2012). http://www.interpscan.ca/

Interpret Europe. (2012). http://www.interpret-europe.net/top/heritage-interpretation/benefits-frominterpretation. html

Kahneman, D. (2011). *Thinking fast and slow*. New York, New York, USA: Farrar, Strauss, Giroux.

Kardash, C., Royer, J., & Greene, B. (1988). Effects of schemata on both encoding and retrieval of information from prose. *Journal of Educational Psychology* 80(3): 324-29.

Klingberg, T. (2009). *The overflowing brain: Information overload and the limits of working memory*. New York, New York, USA: Oxford University Press.

Knapp, D. (2003). Interpretation that works. *Legacy* 14(6): 26-33.

Knapp, D. & Barrie, D. (1998). Ecology versus issue interpretation—the analysis of two different messages. *Journal of Interpretation Research* 3(1): 21-38.

Knapp, D. & Benton, G. (2005). Long-term recollections of an environmental interpretive program. *Journal of Interpretation Research* 10(1): 51-53.

Knapp, D. & Yang, L. (2002). A phenomenological analysis of long-term recollections of an interpretive program. *Journal of Interpretation Research* 7(2): 7-17.

Knudson, D., Cable, T., & Beck, L. (1995). *Interpretation of cultural and natural resources*. State College, Pennsylvania, USA: Venture Publishing.

Kohen, R. & Sikoryak, K. (2005). *A guide to comprehensive interpretive planning*. Denver, Colorado, USA: US National Park Service.

Kohl, J. (2004). Mighty messages make memorable presentations. *Legacy* 15(1): 42-44.

Kumkale, T. & Albarracı´n, D. (2004). The sleeper effect in persuasion: A meta-analytic review. *Psychological Bulletin* 130(1): 14-172.

Lackey, B. & Ham, S. (2004). Assessment of communication focused on human-black bear conflict at Yosemite National Park. *Journal of Interpretation Research* 8(1): 25-40.

Lackey, B. & Ham, S. (2003). Contextual analysis of interpretation focused on human-black bear conflicts in Yosemite National Park. *Applied Environmental Education and Communication* 2(1): 11-21.

Lampinen, J., Copeland, S., & Neuschatz, J. (2001). Recollection of things schematic: room schemas revisited. *Journal of Experimental Psychology: Learning, Memory and Cognition* 27(5): 1211-1222.

Langer, E. (1989). *Mindfulness*. Reading, Massachusetts, USA: Addison-Wesley.

Larsen, D. (2005). Personal communication. August 24.

Larsen, D. (Ed.). (2003). *Meaningful interpretation—how to connect hearts and minds to places, objects and other resources*. U.S. National Park Service. Fort Washington, Pennsylvania, USA: Eastern National.

Larsen, D. (2002). Be relevant or become a relic. *Journal of Interpretation Research* 7(1): 17-23.

Lee, T. & Balchin, N. (1995). Learning and attitude change at British Nuclear Fuel's Sellafield Visitors Centre. *Journal of Environmental Psychology* 15(4): 283-298.

Leinhardt, G., Crowley, K., & Knutson, K. (Eds.). (2002). *Learning conversations in museums*. Mahwah, New Jersey, USA: Lawrence Erlbaum Associates.

Leinhardt, G. & Knutson, K. (2004). *Listening in on museum conversations*. Walnut Creek, California, USA: AltaMira Press.

Leinhardt, G., Knutson, K., & Crowley, K. (2003). Museum learning collaborative redux. *Journal of Museum Education* 28(1): 23-31.

Leiper, N. (1990). Tourist attraction systems. *Annals of Tourism Research* 17(3): 367-384.

Levy, B., Lloyd, S., & Schreiber, S. (2001). *Great tours!Thematic tours and guide training for historic sites*. Walnut Creek, California, USA: AltaMira Press.

Lewis, W. (1980). *Interpreting for park visitors*. Philadelphia: Eastern National Park and Monument Association, Eastern Acorn Press.

Livingstone, P., Pedretti, E., & Soren, B. (2002). Visitor comments and the socio-cultural context of science: public perceptions and the exhibition *A Question of Truth*. *Museum Management and Curatorship* 19(4): 355-369.

Lonie, N. (1998). *Practice and profile of interpretation in Scotland*. http://www.scotinterpnet.org.uk/pdfs/fulllonie.pdf

Loomis, R. (1996). How do we know what the visitor knows?—learning from interpretation. *Journal of Interpretation Research* 1(1): 39-45.

Lundberg, A. (1997). Toward a thesis-based interpretation. *Legacy* 8(2): 14-17, 30-31.

Manfredo, M, (Ed.). (1992). *Influencing human behavior*. Champaign, Illinois, USA: Sagamore Publishing.

Manhart, K. (2005). Likely story—myths persist in modern culture because of the brain's biological need to impose order on the world. *Scientific American* MIND (December): 58-63.

Manning, R. (2003). Emerging principles for using information/education in Wilderness management. *International Journal of Wilderness* 9(1): 20-27.

Marler, L. (1972). A study of anti-litter messages. In Schoenfeld, C. (Ed.), *Interpreting environmental issues: research and development in conservation communications*. Madison, Wisconsin, USA: Dembar Educational Research Services, 178-179.

McKee, R. (1997). *Story—substance, structure, style, and the principles of screenwriting*. New York: Harper-Collins.

McLuhan, M. (1967). *The medium is the message*. New York: Bantam Books.

McManus, P. (1993). Memories as indicators of the impact of museum visits. *Museum Management and Curatorship* 12: 367-380.

McManus, P. (1989). Oh yes they do—how museum visitors read labels and interact with exhibit texts. *Curator* 32(3): 174-189.

Mead, G. (1934). *Mind, self and society*. Chicago: University of Chicago Press.

Medved, M. (2000). Remembering exhibits at museums of art, science, and sport: A longitudinal study. Ph.D. thesis. Toronto: University of Toronto.

Medved, M. & Oatley, K. (2000). Memories and scientific literacy: remembering exhibits from a science centre. *International Journal of Science Education* 22(10): 1117-1132.

Merriman, T. & Brochu, L. (2005). *Management of interpretive sites*. Fort Collins, Colorado, USA: InterpPress.

Miller, G. (1989). George A. Miller. In Gardner, L. (Ed.), *A history of psychology in autobiography* (Volume 8), Palo Alto, California, USA: Stanford University Press, 391-418.

Miller, G. (1956). The magical number seven, plus or minus two: Some limits on our capacity for processing information. *Psychological Review* 63(2): 81-97.

Moody, R. (2005). *The joy and enthusiasm of reading*. National Public Radio, Morning Edition, USA. Retrieved August 29, 2005 from. www.npr.org/templates/story/story.php?storyId=4816313

Morales, J. (1998). *Guia practica para la interpretacion del patrimonio—el arte de acercar el legado naturaly cultural al publico visitante*. Sevilla, Spain: Junta de Andalucia, Consejeria de Cultura.

Moray, N. (1959). Attention in dichotic listening: Effective cues and the influence of instructions. *Quarterly Journal of Experimental Psychology* 11(1): 56-60.

Morgan, M., Absher, J., Loudon, B., & Sutherland, D. (1997). The relative effectiveness of interpretive programs directed by youth and adult naturalists in a national forest. *Journal of Interpretation Research* 2(1): 13-26.

Morgan, M., Absher, J., & Whipple, R. (2003). The benefits of naturalist-led interpretive programs— implications for user fees. *Journal of Interpretation Research* 8(1): 41-54.

Moscardo, G. (1999a). Communicating with two million tourists—a formative evaluation of an interpretive brochure. *Journal of Interpretation Research* 4(1): 21-37.

Moscardo, G. (1999b). *Making visitors mindful—principles for creating sustainable visitor experiences through effective communication*. Champaign, Illinois, USA: Sagamore Publishing.

Moscardo, G. (1996). Mindful visitors—heritage and tourism. *Annals of Tourism Research* 23(2): 376-397.

Moscardo, G., Ballantyne, R., & Hughes, K. (2007). *Designing interpretive signs—Principles in practice*. Applied Communication Series. Golden, Colorado, USA: Fulcrum Publishing.

Museums Australia. (2012). http://www.museumsaustralia.org.au/

National Association for Interpretation. (2012). http://www.interpnet.com/

Novey, L. & Hall, T. (2007). The effect of audio tours on learning and social interaction: An evaluation at Carlsbad Caverns National Park. *Science Education* 91(2): 260-277.

Oliver, S., Roggenbuck, J., & Watson, A. (1985). Education to reduce impacts in forest campgrounds. *Journal of Forestry* 83(4): 234-236.

O'Mahony, B., Hall, J., Lockshin, L., Jago, L., & Brown, G. (2006). The impact of winery tourism on later wine consumption. In O'Mahony, G. & Whitelaw, P. (Eds.), *To the City and Beyond*, proceedings, Council for Australian University Tourism and Hospitality Education Conference (CAUTHE), 1816-1831.

Orams, M. (1997). The effectiveness of environmental education—can we turn tourists into 'greenies'? *Progress in Tourism and Hospitality Research* 3(4): 295-306.

Pastorelli, J. (2003). *Enriching the experience: an interpretive approach to tour guiding*. Frenchs Forest, Australia: Hospitality Press.

Pearce, P. & Moscardo, G. (1998). The role of interpretation in influencing visitor satisfaction: a rainforest case study. In Faulkner, W., Tidswell, C., & Weaver, D. (Eds.), *Progress in tourism and hospitality research, 1998, Part 1*. Proceedings of the Eighth Australian Tourism and Hospitality Research Conference, Gold Coast. Canberra: Bureau of Tourism Research, 309-319.

Peart, B. (1984). Impact of exhibit type on knowledge gain, attitude change and behavior. *Curator* 27(2): 220-237.

Pettus, A. (1976). Environmental education and environmental attitudes. *Journal of Environmental Education* 8: 48-51.

Petty, R. & Cacioppo, J. (1986). *Communication and persuasion: central and peripheral routes to attitude change*. New York: Springer-Verlag.

Petty, R. & Cacioppo, J. (1979). Issue involvement can increase or decrease persuasion by enhancing message-relevant cognitive processes. *Journal of Personality and Social Psychology* 37: 1915-1926.

Petty, R., Cacioppo, J., & Goldman, R. (1981). Personal involvement as a determinant of argumentbased persuasion. *Journal of Personality and Social Psychology* 41: 847-855.

Petty, R., Cacioppo, J., & Heesacker, M. (1981). The use of rhetorical questions in persuasion. A cognitive response analysis. *Journal of Personality and Social Psychology* 40: 432-440.

Petty, R., Cacioppo, J., & Schumann, D. (1983). Central and peripheral routes to advertising effectiveness—the moderating role of involvement. *Journal of Consumer Research* 10: 134-148.

Petty, R., McMichael, S., & Brannon, L. (1992). The elaboration likelihood model of persuasion: applications in recreation and tourism. In Manfredo, M. (Ed.), *Influencing human behavior: theory and applications in recreation, tourism and natural resources management*. Champaign, USA: Sagamore Press, 77-101.

Petty, R., Rucker, D., Bizer, G., & Cacioppo, J. (2004). The elaboration likelihood model of persuasion. Seiter, J. & Gass, R. (Eds.), *Perspectives on persuasion, social influence, and compliance gaining*. New York, USA: Pearson, 65-89.

Pine, J. & Gilmore, J. (1999). *The experience economy—work is theatre & every business a stage*. Boston: Harvard Business School Press.

Pinker, S. (1997). *How the mind works*. New York, USA: W.W. Norton & Co.

Powell, R. & Ham, S. (2008). Can ecotourism interpretation really lead to pro-conservation knowledge, attitudes and behaviors? Evidence from the Galapagos Islands. *Journal of Sustainable Tourism* 16(4): 467-489.

Rand, A. (2010). Examining cognitive outcomes from exposure to interpretive materials at the Menor's Ferry Historic District in Grand Teton National Park. Masters thesis. Moscow, Idaho, USA: University of Idaho, Department of Conservation Social Sciences.

Ratey, J. (2001). *A user's guide to the brain: perception, attention, and the four theaters of the brain*. New York: Vintage Books.

Regnier, K., Gross, M. & Zimmerman, R. (1994). *The interpreter's guidebook—techniques for programs and presentations* (3rd ed.). Stevens Point, Wisconsin, USA: University of Wisconsin-Stevens Point Foundation Press.

Reidy, J. & Riley, R. (2002). Who should interpret indigenous cultures and sacred places? *Legacy* 13(4): 26-28.

Rennie, L. & Johnston, D. (2004). The nature of learning and its implications for research on learning from museums. *Science Education* 88(S1): S4-S16.

Reno, R., Cialdini, R., & Kallgren, C. (1993). The transsituational influence of social norms. *Journal of Personality and Social Psychology* 64(1): 104-112.

Rivis, A. & Sheeran, P. (2003). Descriptive norms as an additional predictor in the theory of planned behaviour: A meta-analysis. *Current Psychology: Developmental, Learning, Personality, Social* (Fall) 22(3): 218-233.

Roggenbuck, J. (1992). Use of persuasion to reduce resource impacts and visitor conflicts. In Manfredo, M, (Ed.), *Influencing human behavior.* Champaign, Illinois, USA: Sagamore Publishing, 149-208.

Roggenbuck, J. & Ham, S. (1986). Information and education in wildland recreation management.

In, *A literature reviewthe president's commission on Americans outdoors*. Washington, D.C., USA: US Government Printing Office, 59-71.

Ross, A., Siepen, G., & O'Connor, S. (2003). Making distance learning E.R.O.T.I.C. Applying interpretation principles to distance learning. *Environmental Education Research* 9(4): 479-495.

Roxborough, S. (2004). *'Downfall' breaks taboo, portrays Hitler's human side*. http://www.hollywoodreporter.com/thr/article_display.jsp?vnu_content_id=1000624963

Savage, G. & James, J. (2001). *A practical guide to evaluating natural and cultural heritage interpretation—exit interviews, observation methods, focus group discussions*. Adelaide, Australia: Flinders University Press.

Schank, R. (1979). Interestingness—controlling inferences. *Artificial Intelligence* 12: 273-297.

Scherbaum, P. (2008). *Handles: A compendium of interpretive techniques to help visitors grasp resource meanings*. U.S. National Park Service. Fort Washington, Pennsylvania, USA: Eastern National.

Schramm, W. (1971). *The process and effects of mass communication*. Urbana, Illinois, USA: University of Illinois Press.

Schulhof, R. (1990). Visitor response to a native plant habitat exhibit. *Visitor Behavior* 5(4): 11-12.

Scottish Interpretation Network. (2006). http://www.scotinterpnet.org.uk/

Serrell, B. (1999). *Paying attention—visitors and museum exhibitions*. Washington, DC: American Association of Museums.

Serrell, B. (1977). Survey of visitor attitudes and awareness at an aquarium. *Curator* 20: 48-52.

Sharpe, G. & Gensler, G. (1978). Interpretation as a management tool. *Journal of Interpretation* 3(2): 3-9.

Shiner, J. & Shafer, E. (1975). *How long do people look at and listen to forest-oriented exhibits?* USDA Forest Service Research Paper NE-325. Upper Darby, Pennsylvania, USA: Northeast Forest Experiment Station.

Shuman, D. and Ham, S. (1997). Toward a theory of commitment to environmental education teaching. *Journal of Environmental Education* 28(2): 25-32.

Simon, J. (2003). In their own voice—the delicate matter of speaking for others. *Legacy* 14(1): 12-21.

Smith, L., Ham, S., & Weiler, B. (2011).The impacts of profound wildlife experiences. *Anthrozoos* 24(1): 51-64.

Smith, L. (2004). A qualitative analysis of profound wildlife encounters. Masters thesis. Melbourne, Australia: Monash University, Department of Management.

Smith-Jackson, T. & Hall, T. (2002). Information order and sign design: a schema-based approach. *Environment & Behavior* 34(4): 479-492.

Solso, R., MacLin, M., & MacLin, O. (2008). *Cognitive psychology* (8th edition). Needham Heights, Massachusetts, USA: Allyn & Bacon..

415

Spock, M. (Ed). (2000). *Philadelphia stories—a collection of pivotal museum memories*. Washington, DC: American Association of Museums.

Starkey, P. (2009). Effect of persuasive messages on campers' littering behavior in Wenatchee National Forest, Washington. Masters thesis. Moscow, Idaho, USA: University of Idaho, Department of Conservation Social Sciences.

Stern, M., Powell, R., Martin, E., & McLean, K. (2012). *Identifying best practices for live interpretive programs in the United States National Park Service*. Research report. Blacksburg, VA, USA: Virginia Tech University, Department of Forest Resources and Environmental Conservation.

Stevens, R. & Hall, R. (1997). Seeing *Tornado*: How video traces mediate visitor understandings of natural phenomena in a science museum. *Science Education* 81(6): 735-747.

Stevenson, J. (1991). The long-term impact of interactive exhibits. *International Journal of Science Education* 13(5): 521-531.

St. John, F., Edwards-Jones, G., & Jones, J. (2010). Conservation and human behaviour: lessons from social psychology. *Wildlife Research* 37: 658-667.

Stokes, A., Cook, S., & Drew, D. (2003). *Geotourism—the new trend in travel*. Washington, DC, USA: Travel Industry Association of America.

Storksdieck, M., Ellenbogen, K., & Heimlich, J. (2005). Changing minds? Reassessing outcomes in free-choice environmental education. *Environmental Education Research* 11(3): 353-369.

Strauss, S. (1996). *The passionate fact—storytelling in natural history and cultural interpretation*. Fulcrum Applied Communication Series. Golden, Colorado, USA: Fulcrum Books.

Symons, C. & Johnson, B. (1997). The self-reference effect in memory: A meta-analysis. *Psychological Bulletin* 121: 371-394.

Tardona, D. (2005). Exploring evolved psychological underpinnings of universal concepts and meaningful connections. *Journal of Interpretation Research* 10(1): 69-74.

Tarlton, J. & Ward, C. (2006). The effect of thematic interpretation on a child's knowledge of an interpretive program. Journal of Interpretation Research 11(1): 7-31.

Thorndyke, P. (1977). Cognitive structures in comprehension and memory of narrative discourse. *Cognitive Psychology* 9(1): 77-110.

Tilden, F. (1957). *Interpreting our heritage*. Chapel Hill, North Carolina, USA: University of North Carolina Press.

Tourism Tasmania. (2003). *Tasmanian experience strategy—creating unforgettable natural experiences*. Hobart, Australia: Tourism Tasmania. www.tourismtasmania.com.au/tasind/t_experience/

Trapp, S., Gross, M., & Zimmerman, R. (1994). *Signs, trails, and wayside exhibits: Connecting people and places*. Stevens Point, Wisconsin, USA: University of Wisconsin-Stevens Point Foundation Press.

Tubb, K. (2003). An evaluation of the effectiveness of interpretation within Dartmoor National Park in reaching the goals of sustainable tourism development. *Journal of Sustainable Tourism* 11(6): 476-498.

Tuckey, M. & Brewer, N. (2003). How schemas affect eyewitness memory over repeated retrieval attempts. *Applied Cognitive Psychology* 17: 785-800.

Tulving, E. (2001). Episodic memory and common sense—how far apart? In Baddeley, A., Conway, M., & Aggleton, J. (Eds.), *Episodic memory—new directions in research*. Oxford: Oxford University Press, 269-287.

Tulving, E. (1983). *Elements of episodic memory*. Oxford: Clarendon Press.

Tulving, E. (1972). Episodic and semantic memory. In Tulving, E. & Donaldson, W. (Eds.), *Organization of memory*. New York: Academic Press, 381-403.

US National Park Service. (2012). Interpretive development program. www.nps.gov/idp/interp/

Uzzell, D. & Ballantyne, R. (1998). Heritage that hurts: interpretation in a post-modern world. In

Uzzell, D. & Ballantyne, R. (Eds.), *Contemporary issues in heritage and environmental interpretation—problems and prospects*. London: The Stationery Office, 152-171.

Vander Stoep, G. & Gramann, J. (1987). The effects of verbal appeals and incentives on depreciative behavior among youthful park visitors. *Journal of Leisure Research* 19(2): 69-83.

von Oech, R. (1990). *A whack in the side of the head—How you can be more creative*. New York, USA: Warner Books.

von Ruschkowski, E., Arnberger, A., & Burns, R. (forthcoming). Visitor center exhibit use and visitor behaviour at Torfhaus, Harz National Park, Germany. *Visitor Studies*.

Vygotsky, L. (1978). *Mind in society*. Cambridge, Massachusetts, USA: Harvard University Press.

Vygotsky, L. (1962). *Thought and language*. Cambridge, Massachusetts, USA: MIT Press.

Wagar, J. (1976). *Cassette tapes for interpretation*. USDA Forest Service Research Paper PNW-207. Portland, Oregon, USA: Pacific Northwest Forest and Range Experiment Station.

Ward, C. & Roggenbuck, J. (2003). Understanding park visitors' responses to interventions to reduce petrified wood theft. *Journal of Interpretation Research* 8(1): 67-82.

Ward, C. & Wilkinson, A. (2006). *Conducting meaningful interpretation—a field guide for success*. Fulcrum Applied Communication Series. Golden, Colorado, USA: Fulcrum Books.

Washburne, R. & Wagar, J. (1972). Evaluating visitor response to exhibit content. *Curator* 15(3): 248-254.

Weigel, R. (1983). Environmental attitudes and the prediction of behavior. In N. R. Feimer, N. & Geller, E. (Eds.), *Environmental psychology: Directions and perspectives*. New York, USA: Praeger, 257-287.

Weigel, R. & Newman, L. (1976). Increasing attitude-behavior correspondence by broadening the scope of the behavioral measure. *Journal of Personality and Social Psychology* 33: 793-802.

Weiler, B. & Ham, S. (2002). Tour guide training: a model for sustainable capacity building in developing countries. *Journal of Sustainable Tourism* 10(1): 52-69.

Weiler, B. & Ham, S. (2001). Tour guides and interpretation. In Weaver, D. (Ed.), *The encyclopedia of ecotourism*. Wallingford, UK: CAB International, 549-563.

Werner, C., Rhodes, M., & Partain, K. (1998). Designing effective instructional signs with schema theory: case studies of polystyrene recycling. *Environment & Behavior* 30(5): 709-735.

Widner, C. & Roggenbuck, J. (2001). Reducing theft of petrified wood at Petrified Forest National Park. *Journal of Interpretation Research* 5(1): 1-18.

Widner, C. & Roggenbuck, J. (2003). Understanding park visitors' responses to interventions to reduce petrified wood theft. *Journal of Interpretation Research* 8(1): 67-82.

Wiles, R. & Hall, T. (2005). Can interpretive messages change park visitors' views on wildland fire? *Journal of Interpretation Research* 10(2): 18-35.

Winter, P. (2006). The impact of normative message types on off-trail hiking. Journal of Interpretation Research 11(1): 35-52.

Winter, P., Cialdini, R., Bator, R., Rhoads, K., & Sagarin, B. (1998). An analysis of normative messages in signs at recreation settings. *Journal of Interpretation Research* 3(1): 39-47.

Witteborg, L. (1981). *Good show! A practical guide for temporary exhibitions*. Washington, DC: The Smithsonian Institution.

Woods, B. & Moscardo, G. (2003). Enhancing wildlife education through mindfulness. *Australian Journal of Environmental Education* 19: 97-108.

World Association of Zoos and Aquaria. (2012). http://www.waza.org/

Yamada, N. & Ham, S. (2005). Impact assessments for interpretation: their advantages, disadvantages, and applications. *Japanese Journal of Environmental Education* 15(1): 2-10

이 저술은 국립공원공단의 재정지원을 받아 번역 출판되었음.

청중을 변화시키는 해설

초판 1쇄 발행   2023. 12. 20.

지은이 샘 햄(Sam H. Ham)
옮긴이 이진형
기획 국립공원공단
펴낸곳 주식회사 바른북스

편집진행 황금주
디자인 김민지

등록 2019년 4월 3일 제2019-000040호
주소 서울시 성동구 연무장5길 9-16, 301호 (성수동2가, 블루스톤타워)
대표전화 070-7857-9719 | **경영지원** 02-3409-9719 | **팩스** 070-7610-9820

•바른북스는 여러분의 다양한 아이디어와 원고 투고를 설레는 마음으로 기다리고 있습니다.

이메일 barunbooks21@naver.com | **원고투고** barunbooks21@naver.com
홈페이지 www.barunbooks.com | **공식 블로그** blog.naver.com/barunbooks7
공식 포스트 post.naver.com/barunbooks7 | **페이스북** facebook.com/barunbooks7

ⓒ 샘 햄(Sam H. Ham), 2023
ISBN 979-11-93647-58-5 93170